中国文化遗产研究院

中央级公益性科研院所基本科研业务费专项成果丛书·2013年

社会科学专辑 Ⅱ

——政策法规与综合研究

中国文化遗产研究院　编

文物出版社

图书在版编目（CIP）数据

社会科学专辑.2，政策法规与综合研究／中国文化遗产研究院编.
—北京：文物出版社，2013.9
（中央级公益性科研院所基本科研业务费专项成果丛书.2013年）
ISBN 978－7－5010－3821－3

Ⅰ.①社…　Ⅱ.①中…　Ⅲ.①社会科学－研究－中国 ②社会政策－研究－中国 ③社会工作－法规－研究－中国　Ⅳ.①C53 ②D601 ③D922.114

中国版本图书馆CIP数据核字（2013）第213942号

社会科学专辑Ⅱ
——政策法规与综合研究

编　　者　中国文化遗产研究院
封面设计　周小玮
责任印制　陆　联
责任编辑　王　戈
出版发行　文物出版社
地　　址　北京市东直门内北小街2号楼
　　　　　邮政编码　100007
　　　　　http：//www.wenwu.com
　　　　　E－mail：web@wenwu.com

印　　刷　北京君升印刷有限公司
经　　销　新华书店
开　　本　889×1194　1/16　　印张 20.5
版　　次　2013年9月第1版第1次印刷
书　　号　ISBN 978－7－5010－3821－3
定　　价　190.00元

序

刘曙光

《国家中长期科学和技术发展规划纲要》（2006～2020年）提出，加大对中央级公益性科学事业单位的支持力度，建立稳定的支持机制。财政部为此专设了中央级公益性科研院所基本科研业务费专项资金（以下简称“基本科研业务费专项”），重点支持40岁以下中青年科研人员开展储备性、创新性、孵化性科研工作。这是国家重视和支持科学与技术工作的一项重大决策。作为以文物保护应用科学研究为主业的科研机构，中国文化遗产研究院是这项政策的受益者。

长期以来，我院一直致力于通过组织、实施重要（大）科研项目，发掘、研究文物保护领域传统技术科学化工作，以解决文物保护与发展过程中遇到的实际问题。但由于经费短缺，在较长时间内制约了我院科研工作的进展。在财政部和国家文物局的关心下，自2007年起，我院开始持续获得基本科研业务费专项资金支持，可以根据重点工作和主要研究方向自主设置课题。

自2007至2013年，我院总计获得基本科研业务费专项资金2654.5万元，先后设立了93个科研课题。这些课题涉及文物保护科技、文物保护工程与规划、社会科学等诸多方面，内容广泛。概括起来，基本科研业务费专项资金的使用，对我院基础建设和科学发展所起到的推动作用，主要涵盖以下四个方面：

一是促进我院逐步确立了“实际需求导向、重点领域突破”的科研基本原则，以及“以项目产生课题，以课题带动研究，结合文物工作和文物保护的实际需求开展科研工作”的科研模式，逐渐强化应用型科研成果对文物保护工程项目的支撑作用，提高工程项目的科技含量，强化软科学成果对文物保护管理决策科学化的支持力度。

二是产生了一批具有较高质量并实现其价值的科研成果，在重要的文物保护工程中较好发挥了技术支撑与引领作用。例如，我院通过基本科研业务费专项先后立项6个课题，投入220万元，支持广西宁明花山岩画抢救性修复保护工程项目中渗水病害探测、颜料病害、保护材料与工艺、保护修复技术与方法、环境监测等方向的深入研究，确保了该工程项目的顺利实施，对全国相似石窟、古建筑等文物修复也起到了重要借鉴和示范作用。其他诸如高句丽墓葬壁画原址保护、哈尼梯田申报世界遗产项目、大运河保护规划编制及申报世界遗产项目、应县木塔稳定性监测与研究、援助柬埔寨吴哥古迹茶胶寺工程、海洋出水文物保护、大遗址保护行动跟踪研究等一批重点工作，都借助此项资金的支持而得以顺利开展并取得重要成果，在相关领域发挥了实质性的技术支撑与导向作用。

三是通过承担基本科研业务费课题，我院锻炼和培养了一批业务强、学风好的青年科研带头人与科研骨干，初步打造了世界遗产研究、考古遗址公园规划、海洋出水文物保护等跨学科、专业化的创新团队，为提高我院的人才队伍素质、促进年轻一代科研工作者成长，奠定了重要基础。

四是通过基本科研业务费课题的开展，为我院科研合作机制和评价体系向着“职责明确、评价科学、开放有序、管理规范”的现代科研院所发展提供了契机。

然而，毋庸讳言，对于我院这样专业领域较为宽泛的科研单位来说，选择适宜的经费投入结构与相对优先次序，仍是需要坚持探索的问题。我们认识到，在基本科研业务费专项的管理使用过程中，单位发展方向、重点科研项目设置和个人研究兴趣的结合，还存在着一个必要的磨合期。要使科研工作者个人的兴趣服从于事业发展大局的需要，在立项以及后期各个阶段，都需要精密的科学筹划和指导管理。

此外，由于课题承担者专业背景差异较大，长期困扰我院的工程项目与科研项目“两层皮”现象，在自主科研业务费专项上亦有表现。如何更好地发挥基本科研业务费专项资金储备性、创新性、孵化性功能，抓好重大科研问题的凝练与确定发展远景和路径，既考虑科研自身规律（科学性、探索性和不确定性），又照应科研成果在工程项目的实践性和可操作性，促进应用技术研发和文物保护工程实际相结合，仍是需要我们今后积极探索和科学实践的重要任务。

本专辑汇集了2007至2011年度我院已结题的基本科研业务费专项成果，既是对以往工作的总结汇报，也借以表达我们不断改进工作现状、提高工作水平的决心。“言之无文，行而不远”，将一个较大的课题内容在有限的篇幅内清晰展显，在一定程度上体现着研究者的提炼与概括能力，同时亦是一次提高与自我修正的学术历练。我们衷心感谢财政部、国家文物局的关心和支持，也由衷地希望及时得到同行的指正与批评。

2013年7月29日

PREFACE

Liu Shuguang

In the *National Guideline on Medium-and Long-Term Program for Science and Technology Development (2006 ~ 2020)*, the state has promised to enhance the support for central public research institutionswith stable mechanisms. Consequently, the Ministry of Finance has created the Central Public Research Institution Basal Research Fund (hereafter the Fund), which sponsors young scholars below 40 to carry out-research projects that have potential, innovative and incubative natures. It reflects the state's strategic commitment to the development of science and technology. As an institution oriented towards applied studies of cultural heritage conservation and utilization, the Chinese Academy of Cultural Heritage (CACH) is a beneficiary of the policy.

CACH has long been dedicated to solving practical problems emerging in cultural heritage conservation and development, by organizing and undertaking significant scientific research projects, and by exploring approaches to thescientific ation of traditional relics' conservation techniques. However, these programs used to be constrained due to lack of funding. With the support of the Ministry of Finance and the State Administration of Cultural Heritage, the Fund has been annually allocated since 2007 to CACH to organize major research projects according to our own key work schedules.

From 2007 to 2013, CACH has received the Fund totaling RMB 26,545,000 *yuan*, with which 93 research projects have been granted. The projects range from cultural heritage conservation technologies, conservation engineering and planning, to social sciences research. With the funds, CACH's institutional constitution and scientific development are largely fostered in four major aspects:

First, our philosophy in research have been further reinforced, which should be demand-oriented and key-focused. As a strategy, research subjects should be derived from practical works, from which acade-mic explorations should be grounded, so that all researches could be closely associated with cultural heritage conservation practices. It is in this way that we try to maximize the application of our research in cultural conservation projects, and upgrade the quality of the latter. Meanwhile, our social sciences researches also have strived for supporting and contributing to the state's cultural conservation policy-making.

Second, a number of research projects have made substantial progress and found advanced application in real conservation works. An exemplar is a series of six projects for the Rock Painting of the Mountain *Huashan* in Ningming, Guangxi. The series, with a total funding of RMB 2,200,000 *yuan*, explores a variety of aspects for salvage rescue and restoration of the rock painting, including examination of water-seepage and pigment diseases, conservation materials and techniques, restoration techniques and methods, and environment monitoring. The series of research is not only contributory to the restoration in practice, but also serves as an instructive model for other restoration projects of China's rock grottos or ancient buildings. Similarly, the Fund have benefited many other substantial projects, such as the protection of Koguryo Tomb's mural *paintings in situ*, World Heritage nomination for the Hani Terrace, Conservation Plan and World Heritage nomination for the Grand Canal, the monitoring and analysis on the stability of Ying County's Wooden Pagoda, the international project at Cambodia's Takeo Pagoda, the conservation of underwater heritage, the retrospective and longitudinal study of Large-scale Archaeological Sites, etc. These projects have made remarkable academic advancement and identified future potentials for researches in relevant fields.

Third, with the projects supported by the Fund, many young scholars in CACH have strengthened their academic capability and become more dedicated to heritage conservation. In addition, interdisciplinary research teams have been forged in such key fields as World Heritage studies, archaeological heritage park planning, and restoration of underwater cultural heritage. The teams, imbued with creativeness, are the basis of CACH's future in the academia.

Fourth, through management of the Fund CACH has been able to better streamline the quality control mechanism for research projects management in terms of team organizing and performance assessment, in an aim to develop into a more modernized research institute that is responsible, accountable, open and disciplined.

For CACH, an institution involved in relatively broad and multi-disciplinary fields, it is a difficult task to explore a proper balance in allocating a large sum of fund and giving an effective order of priority. We are fully aware of the long way yet to journey for gearing up to establish an integrate relationship between CACH's long-term goals, the research projects' objectives, and individual's academic interests. In order to better coordinate and guide individual work towards key goals of CACH, more sophisticated organization and management-mechanism is necessary at every phase of the research projects.

In addition, the variety of researchers' backgrounds tends to result in disconnection between practical-based works and academic-oriented projects, an old obsession in CACH which has also been not avoidable in the Fund projects. We will keep working hard to explore practical approaches to further integrate academic research of uncertain and unpredictable nature with real works of definite and pragmatic nature, to identify key research projects with strategic visions, and to make full use of the Fund in supporting potential, innovative andincubative research.

Herewith, we present volumes of reports from the funded research projects between 2007 and 2011. The publication is not only a summary of previous attainments, but also a proof of our determination to improve and advance our work performance. A Chinese saying tells us the importance of writing in itself: Non-elegant words will not become popular. It indeed takes great capability to present a grand project in a paper of limited length, a rewarding training process for our scholars. Hereby, we are especially grateful to the Ministry of Finance and the State Administration of Cultural Heritage for their solicitudes and supports. Last but not least, colleagues' comments and critiques are heartedly welcome and appreciated.

目录 | Contents

文化遗产保护理念研究

中国文化遗产研究院文物研究所 刘爱河

摘 要：我国在长期的文化遗产保护实践中逐步形成了“不改变文物原状”的保护理念和“保护为主、抢救第一、合理利用、加强管理”的工作方针。西方现代意义上的文化遗产保护理念始于欧洲的三大建筑修复流派，通过对西方三大建筑修复流派发展历程的介绍和国际宪章相关文献的回顾，可以较为系统地了解国际文化遗产保护理念的发展脉络。鉴于中西方现代化进程和审美思维的差异，文化遗产保护价值取向也有所不同。通过系统分析和比较研究，相互取长补短，为我国的文化遗产保护提供有益的借鉴和启示。真实性和完整性是目前文化遗产保护中公认的基本原则。随着保护实践的推进，人们对文化遗产保护的认识也逐步加深，保护方式更为科学，由原来的抢救性保护逐步向预防性保护转化。

关键词：文化遗产 保护理念 真实性 完整性

A Study of Cultural Heritage Preservation Philosophies

Liu Aihe

Abstract: During the long history of cultural heritage preservation in China, there has gradually formed the Philosophy of “no change to the original form of cultural relics” and the working principles of “giving priority to the protection of cultural relics, attaching primary importance to their rescue, making rational use of them and tightening control over them.” The modern notion of cultural heritage preservation in the West began with three European architect restoration schools. A review of the three schools and international charters and documents is necessary to systematically unfold the developing process of international cultural heritage preservation principles. Because of different processes of modernization and distinct senses of aesthetics, China and the West differ in the value orientation of cultural heritage preservation. Through a systematic comparative analysis, we can learn from their valuable experiences to improve our practices; and we can get beneficial reference and inspiration. Moreover, authenticity and integrity are two basic principles of preservation in present time. With the development of preservation practices, public awareness and understanding of cultural preservation have been profoundly euhanced; and more scientific approach to cultural preservation has been developed. Salvage preservation has been transformed by preventive preservation as the priority of cultural preservation.

Keywords: Cultural Heritage, Preservation Philosophies, Authenticity, Integrity

一 文化遗产保护的认知与反思

20世纪末，保护文化遗产的人被委托了新的任务，为完成这一任务，保护者必须前行在一条狭窄的路上，路的一边是消亡，另一边则是延续，对抗消亡，呵护延续，是保护者别无选择的历史使命。

（一）理性认知

当代建筑遗产研究者、史学家大卫·罗恩斯（David Lowenthal）曾说："遗产并不是我们联系过去的唯一纽带。历史、传统、记忆、神话及传记等也能使我们多样化地参与到过去的时光中，与先辈们、以及与早先的我们进行交流。这些通往过去的不同路径并不是一成不变的，其边界也不是牢固的：它们相互重叠，其关注的重点也在不断地变动。……"但遗产的诱惑现在已超越了其他模式的发展。无论是历史还是传统，都不曾像遗产这样扩展到如此大的范围，几乎是无处不在。遗产已经成为传统的继承人，如历史学家卡尔·休斯克（Carl Schorske）所担忧的那样，"文字写就的历史已经退居次席了。"[1]人类的历史已经或正在远逝，物化的遗存有如一串串脚印揭示和印证着人类既往历史的过程，对于人类记忆的物质而言，文化遗产是最好的媒介。通过它，我们可以了解人类的历史文化和发展历程。文化遗产保护的重要性业已成为全人类的共识，保护文化遗产已经成为人类生存的需要，成为文明延续的必要条件。

（二）文化诉求

《世界文化多样性宣言》指出：文化在不同的时代和不同的地方具有各种不同的表现形式。这种多样性的具体表现是构成人类的各群体和各社会的特性所具有的独特性和多样化。文化多样性是交流、革新和创作的源泉，对人类来讲就像生物多样性对维持生物平衡那样必不可少。从这个意义上讲，文化多样性是人类的共同遗产，应当从当代人和子孙后代的利益考虑予以承认和肯定。

各民族的传统文化都是世界文化不可或缺的一部分，都应该得到很好的保护，保护各民族的文化既是保持民族个性的需要，也是保护人类文化多样性的必然诉求。世界上任何一个民族，如果抛弃自己的传统文化，则会在世界民族之林中黯然失色，在国际社会中的影响力也会大大削减。当前的国际竞争是综合国力的竞争。综合国力既包括经济和军事等物质性的"硬"实力，也包括文化传统和民族精神等精神性的"软"实力，而且，"软"实力在综合国力中的地位越来越重要。近些年来，世界各国都十分重视民族精神的培养，避免在全球化浪潮中迷失方向，被外来文化同化。

在全球化和世界经济一体化的潮流下，在经济建设飞速发展的大潮中，中国的文化遗产也处在一个危险期。随着文化遗产的不断消失，中华民族的传统文化也面临巨大的冲击，对我们这一代人是一个巨大的考验。21世纪是东西方文化交融的世纪，我们在引进和吸收外来文化的同时，必须固守中华民族的本土文化，使外来文化融入中国文化，为我所用。

在新的世纪，人类将从东方文明中发现更多的智慧，东方各民族应致力于研究和保护自己的文明，将自己古老的文明与现代社会紧密结合，获取新的生命力。中华文明是东方文明的重要组成部分，我们有责任为本民族，也为全世界保护好文化遗产，保护好中华文明，这不仅是对我们的前人和后代负责，也是对全世界负责，对全人类负责。

（三）沉痛反思

我国有五千年的文明史，文化遗产的破坏也由来已久。李永翘和茹建敏在《历史的沉思——中华五千年文化遗产毁损之回顾》一文中指出：从古到今，中国的文化遗产所遭受的巨大浩劫和厄运，总其大者，共有三十一次，使得中国的文化遗产十不存一。文物保护专家谢辰生认为，中国文物最悲惨时期是在20世纪90年代，问题的严重程度超过以往各个年代。

一位国外建筑学家曾说："圆明园的残垣断壁是列强对中国的侵略，然而，古老的北京城连同它的城墙、宫殿、寺庙、公园……这些文明的象征横遭破坏，则要由中国人自己负责。现在的北京，与其说是一座城市，毋宁说是街道、建筑物和空地的堆砌。沿马路走上几个小时都很难见到一座前两个世纪留下的古代建筑，更不用说具有引人注目的建筑风格了。"这段话确实让国人汗颜。

我国的文化遗产保护始于20世纪20年代，已经走过了八十多年的历程。"近年来我国许多文化遗产惨遭破坏，除人类贪婪等外在因素外，有相当部分便是缘于我们理念上的滞后。……因此，借鉴国外经验，更新学术理念，提高理论水平，使我们不犯错误或少犯错误，已是迫在眉睫。"[2]

毋庸置疑，改革开放以来，我国的文化遗产保护取得了前所未有的成就，但同时也遭受了史无前例的破坏，面临着极为严峻的挑战。令人欣慰的是，国家对文化遗产保护的重视程度越来越高，民众的保护意识也在渐渐觉醒，但文化遗产保护依然任重而道远，需要一代又一代人为之不懈努力。

二　我国文化遗产保护理念研究

中华民族五千年文明史创造了璀璨的传统文化，留下了众多弥足珍贵的文化遗产，这些遗产让国人自豪，让世人赞叹，这是全人类的共同财富，理应得到妥善保存，但是千百年来，由于保护意识的缺失，文化遗产总是厄运连连，留下了无尽的遗憾。直至20世纪20年代，我国的文物保护才拉开序幕，经过几十年的探索和实践，已经取得了显著成就，形成了适合我国国情的保护理念和工作方针。

（一）我国文物保护理念的演进

我国现代意义的文物工作可以追溯到20世纪20年代，1922年北京大学成立了考古学研究室，是我国最早的文物保护相关研究机构。1928年，国民政府成立了"中央古物保管委员会"，这是由国家设立的第一个专门保护管理文物的机构。1930年，国民政府公布《古物保存法》，这是我国历史上由国家公布的第一个文物保护法规，对古物的含义、范围、种类、保存方式、管理方法、古物发掘等做了规定。1931年，国民政府行政院公布了《古物保存法施行细则》，增加了保护古建筑的内容："采掘古物不得损毁古代建筑物雕刻塑像碑文及其他附属地面上之古物遗物或减少其价值。"《古物保存法》及其《施行细则》的颁布标志着中国文物保护意识开始觉醒，但由于当时缺乏理论和实践基础，没有形成完善的体系。

1. 我国文物保护理念的初创

梁思成先生既是我国著名的建筑学家，也是文物建筑保护理论和实践的先驱。中国营造学社成立伊始，便开始系统地用现代科学方法研究中国古代建筑。1931 年，中华民族面临生死存亡的威胁，也正是在这一年，梁思成出任中国营造学社法式部主任，开始了他研究和保护中国古建筑的学术生涯，也开创了我国文物保护研究的先河。中国营造学社对历史建筑进行了广泛的调查活动。在长期的调查活动中，梁思成强烈地感受到中国古代建筑文化的博大精深，同时也为这些古建筑的安危所担忧，于是开始关注和研究古建筑的保护问题。自 20 世纪 30 年代开始，他提出了一系列颇有建树的文物建筑保护和修复思想，奠定了我国文物建筑保护的理论基础，为我国文物建筑保护事业做出了巨大贡献。

1932 年，在《蓟县独乐寺观音阁山门考》一文中，梁思成先生专门写了“今后的保护”部分，他提出：“保护之法，首须引起社会注意，使知建筑在文化上之价值；使知阁、门在中国文化史上及中国建筑史上之价值，是为保护之治本之办法。而此种之认识及觉悟，固非朝夕所能奏效，其根本乃在人民教育程度之提高，此是另一问题，非营造师一人所能为力。故目前最重要的问题，乃在保持阁、门现状，不使再加毁坏，实一技术问题也。”[3]梁先生同时阐述了自己的古建筑维修观：“以保存现状为保存古建筑之最良方法，复原部分，非有绝对把握，不宜轻易施行。”[4]

1934 年，梁思成先生在《修理故宫景山万春亭计划》中指出：“修理古物之原则，在美术上，以保存原有外观为第一要义。”[5]1935 年，在《杭州六合塔复原状计划》中指出：“我以为不修六合塔则已，若修则必须恢复塔初建时的原状，方对得住这钱塘江上的名迹。”[6]这两个修复计划中均表达了古建筑修复须“恢复原状”的观念。

这一观念在 1935 年的《曲阜孔庙的建筑及其修葺计划》的绪言中得到了进一步阐述：“在设计人的立脚点上看，我们今日所处的地位，与二千年以来每次重修时匠师所处地位，有一个根本不同之点。以往的重修，其唯一的目标，在将已破敝的庙庭，恢复为富丽堂皇、工坚料实的殿宇，若能拆去旧屋，另建新殿，在当时更是颂为无上的功业或美德。但是今天我们的工作却不同了，我们须对于各个时代之古建筑，负保存或恢复原状的责任。在设计以前须知道这座建筑物的年代，须知这年代间建筑物的特征；对于这建筑物，如见其有损毁处，须知其原因及补救方法；须尽我们的理智，应用到这座建筑本身上去，以求现存构物寿命最大限度的延长，不能像古人拆旧建新，于是这问题也就复杂多了。所以在设计上，我以为根本的要点，在将今日我们所有对于力学及新材料的知识，尽量的用来，补救孔庙现存建筑在结构上的缺点，而同时在外表上，我们要极力地维持或恢复现存各殿宇建筑初时的形制。所以在结构上，徒然将前人的错误（例如太肥太偏的额枋，其尺寸根本不足以承许多补间斗栱之重量者），照样的再袭做一次，是我这次计划中所不做的，在露明的部分，改用极不同的材料（例如用小方块水泥砖以代大方砖铺地），以致使参诣孔庙的人，得着与原用材料所给予极不同的印象者，也是我极力避免的。但在不露明的地方，凡有需要之处，必尽量地用新方法新材料，……；以补救旧材料古方法之不足；但是我们非万万不得已，绝不让这些东西改换了各殿宇原来的外形。”[7]

这段话集中体现了梁思成的文物建筑修复理念，主要包括：

第一，今日之维修与传统之重修有根本之不同，目的是使“现存构物寿命最大限度的延长”，不再是拆旧建新，而是“保存或恢复原状”，在外表上“极力的维持或恢复现存各殿宇建筑初时的形制”。这是梁思成关于文物建筑修复观念的根本所在，以后逐渐发展成“整旧如旧”的修缮原则。

第二，维修之前要对维修对象的历史、现状、特征、破损情况作详尽调查，在此基础上分析原因，确定补救办法。

第三，维修时，在不露明的地方可应用现代技术与材料，“以补救旧材料古方法之不足”。露明的地方要极力维持原状，在外表上不能有明显的不同。

1964 年，他在考察了赵州桥和正定一些古建筑的修缮工作后，写了《闲话文物建筑的重修与维护》一文，比较系统地论述了他的文物保护思想：

第一，坚持“整旧如旧”的修缮原则，反对“焕然一新”；

第二，针对古建筑的“病情”，“分别轻重缓急，逐一处理”；

第三，“红花还要绿叶托”，必须保护文物建筑的周围环境；

第四，文物修缮的最高境界：“有若无，实若虚，大智若愚”；

第五，修缮文物必须经过实验，避免对其造成伤害。

梁思成先生认为，在选择文物保护措施时，应当经过必要的实验，证明这些措施不会对文物建筑的历史价值、艺术价值造成损害，才能实施。

不仅在文物建筑保护领域，梁先生率先提出了与国际先进保护理念相一致的思想。在历史文化名城保护领域，他也有独到的见解。梁先生是最早用整体的眼光，从城市规划的角度去认识和分析北京古城的特点及其历史文化价值的学者，也是我国倡导保护历史文化名城的先驱。1950 年 2 月，梁思成先生和陈占祥先生共同提出《关于中央人民政府行政中心区位置的建设》，史称“梁陈方案”，其中包含了当时世界上最先进的城市发展理念，是一个全面的、系统的城市规划设计建议书。本着“古今兼顾、新旧两利”的原则，梁、陈两位先生对新中国的首都作了科学的规划与设计，主张将政府行政中心建在北京西郊，这样可以避免新旧矛盾，以便能够将北京古城较完整地保护下来。这是根据世界许多国家历史经验而提出的一个很有远见的建议。“梁陈方案”没有被采纳，于是在北京城内开始了新的建设，因此拆城墙、牌楼等一系列对文物建筑的冲击就是不可避免的了。

梁思成的“整旧如旧”、“恢复原状”、保护古建筑的环境、整体保护历史名城等理念对我国的文化遗产保护事业具有开创性的意义，从 20 世纪 30 年代到 60 年代一直占主导地位，直到 80 年代改革开放以后，文物保护也主要沿用了梁思成的保护思想。

2. 我国文物保护理念的形成和发展

1950 年，《中央人民政府政务院关于保护古文物建筑的指示》颁布。该《指示》指出：古文物建筑“凡因事实需要，不得不暂时利用者，应尽量保持旧观，经常加以保护”。

1961 年，《国务院关于进一步加强文物保护和管理工作的指示》中指出：“对于革命纪念建筑和古建筑，主要是保护原状，防止破坏，……保护文物古迹工作的本身，也是一件文化艺术工作，必须注意尽可能保持文物古迹工作的原状，不应当大拆大改或者将附近环境大加改变，那样做既浪费了人力、物力，又改变了文物的历史原貌，甚至弄得面目全非，实际上是对文物古迹的破坏。”

1961 年，国务院发布实施《文物保护管理暂行条例》，对古建筑的保护范围和修缮原则作了明确规定：“一切核定为文物保护单位的纪念建筑物、古建筑、石窟寺，石刻、雕塑等（包括建筑物的附属物），在进行修缮、保养的时候，必须严格遵守恢复原状或者保存现状的原则，在保护范围内不得进行其他的建设工程。"《条例》的发布执行，在相当长的时间内对全国的文物保护工作起着重要的指导作用。

1963年，为了加强对文物建筑修缮的管理、提高修缮质量，文化部根据《文物保护管理暂行条例》的规定，颁发了《革命纪念建筑、历史纪念建筑、古建筑、石窟寺修缮暂行管理办法》，将革命纪念建筑、历史纪念建筑、古建筑、石窟寺的修缮工程分为三类：经常性的保养维护工程、抢救性的加固工程和重点进行的修理修复工程，并提出了修缮原则："在保养维护、抢救、加固以及修理修复工程中，对建筑、石窟寺本身和附属文物如壁画、塑像、碑刻、题记、标语等，都必须根据不同情况贯彻保持现状或者恢复原状的原则，以充分保护文物所具有的历史、艺术、科学价值。"

《文物保护管理暂行条例》和《革命纪念建筑、历史纪念建筑、古建筑、石窟寺修缮暂行管理办法》都将"保持现状或者恢复原状"作为文物保护和修缮的基本原则。

经过二十年的实践之后，全国人大常委会于1982年通过了《中华人民共和国文物保护法》，其中对古建筑等不可移动文物保护范围的规定，与《文物保护管理暂行条例》基本相符。关于文物单位的修缮原则，《文物保护法》规定："核定为文物保护单位的革命遗址、纪念建筑物、古墓葬、古建筑、石窟寺、石刻等（包括建筑物的附属物），在进行修缮、保养、迁移的时候，必须遵守不改变文物原状的原则。"与《条例》相比，删去了"或者保存现状"一语，改"恢复原状"为"不改变文物原状"。《文物保护法》还提出了对文物保护单位环境进行保护的原则："根据保护文物的实际需要，经省、自治区、直辖市人民政府批准，可以在文物保护单位的周围划出一定的建设控制地带。在这个地带内修建新建筑和构筑物，不得破坏文物保护单位的环境风貌。"

1986年，文化部对《革命纪念建筑、历史纪念建筑、古建筑、石窟寺修缮暂行管理办法》进行修订，颁发了《纪念建筑、古建筑、石窟寺等修缮工程管理办法》。该《办法》第三条指出：纪念建筑、古建筑、石窟寺壁画、造像、古碑石刻等修缮工程，应严格遵守"不改变原状"的原则，并对"不改变原状"的内涵给予了明确界定：指不改变始建或历代重修、重建的原状。修缮时应按照建筑物的法式特征、材料质地、风格手法及文献或碑刻、题铭的记载，鉴别现存建筑物的年代和始建或重修、重建时的历史遗构，拟定按照现存法式特征、构造特点进行修缮或采取保护性措施；或按照现存的历代遗存，复原到一定历史时期的法式特征、风格手法、构造特点和材料质地等进行修缮。

1992发布的中华人民共和国国家标准《古建筑木结构维护与加固技术规范》指出："原状一般指古建筑个体或群体中一切有历史意义的遗存现状。"该《规范》指出：在维修古建筑时应保存以下内容：一、原来的建筑形制，包括原来建筑的平面布局、造型法式特征和艺术风格等；二、原来的建筑结构；三、原来的建筑材料；四、原来的工艺技术。

又经过了十几年的实践，《文物保护法》渐渐出现了与新形势不相适应的地方，经过六年的不懈努力，新的《文物保护法》终于修订成功，并于2002年由全国人大常委会通过。新的《文物保护法》在保护范围上增加了历史文化街区和村镇，在修缮保护原则上基本上继承了1982年的规定："对不可移动文物进行修缮、保养、迁移，必须遵守不改变文物原状的原则。""使用不可移动文物，必须遵守不改变文物原状的原则，负责保护建筑物及其附属文物的安全，不得损毁、改建、添建或者拆除不可移动文物。"对于馆藏文物也作出了相应规定："修复馆藏文物，不得改变馆藏文物的原状；复制、拍摄、拓印馆藏文物，不得对馆藏文物造成损害。"

1982年和2002年的《文物保护法》都以“不改变文物原状”为修缮保护原则，不再区分“现状”与“原状”的差别。对于古建筑的原状，前辈学者在20世纪80年代初就做了精辟总结：“应该保持古建筑在以下四个方面的原状，即：建筑物原来的造型；原来的结构法式；原来的构件质地和原来的制作工艺。如果是保持一座建筑群的原状，还应该增加一条，就是必须保持原来建筑时期或历史形成的健康的内部环境与周围环境的面貌。”[8]

《中国文物古迹保护准则》[9]是中国文物保护事业发展中的一部重要文献，是在国家文物局的领导下，由国际古迹遗址理事会中国国家委员会与美国盖蒂保护所和澳大利亚遗产委员会专家一起编制完成的。该《准则》是在《中华人民共和国文物保护法》的法律、法规体系框架下，根据中国的文物古迹保护实践，总结了半个多世纪来的文物保护实践经验，参照以《威尼斯宪章》为代表的国际原则，吸收了国际先进保护理念，体现了中国在文物保护领域的知识、理念、方法和技术上取得的新成果，是我国文物保护事业的一部行业规则。

《准则》的宗旨是对文物古迹实行有效的保护。保护是指为保存文物古迹实物遗存及其历史环境进行的全部活动。保护的目的是真实、全面地保存并延续其历史信息及全部价值。保护的任务是通过技术的和管理的措施，修缮自然力和人为造成的损伤，制止新的破坏。《准则》提出了文物古迹保护的总原则：“所有保护措施都必须遵守不改变文物原状的原则。”在总原则的框架下，具体规定了10项文物保护原则：1. 必须原址保护；2. 尽可能减少干预；3. 定期实行日常保养；4. 保护现存实物原状与历史信息；5. 按照保护要求使用保护技术；6. 正确把握审美标准；7. 必须保护文物环境；8. 已经不存在的建筑不应重建；9. 考古发掘应注意保护实物遗存；10. 预防灾害侵袭。

所有这些原则的表述，都是“不改变文物原状”的具体化，都可以归结为保护文物真实性和完整性的可操作原则，其中还包含了预防性保护和动态保护的思想。“为了落实《中国文物古迹保护准则》的应用，国家文物局与美国盖蒂保护所合作，分别在敦煌莫高窟和承德避暑山庄开辟了《中国文物古迹保护准则》应用试点项目，在遗产保护和管理中贯彻应用准则中的理念和方法，制订和执行保护规划以及某些具体的方针策略，例如游客管理与遗产展示、遗产地游客承载力研究、古建筑保存现状评估与保护措施等。通过具体的实践操作、示范并检验准则的各项条款，从而验证其可行性和有效性。经过几年来的密切配合和共同推进，现已取得了丰硕的阶段性成果，在保护技术和遗产管理方法等方面均取得了突破性进展”[10]。目前，《中国文物古迹保护准则》已逐渐为我国文物工作者所认可，在文物保护工作中发挥着重要作用。

关于历史文化名城保护，早在1982年，国务院就转批了《国家建委等部门关于保护我国历史文化名城的请示》，同时公布了第一批历史文化名城。之后，许多省、市陆续发布了本地区历史文化名城保护条例，对当地的文化名城保护起到了积极的指导作用。2008年，国务院公布《历史文化名城名镇名村保护条例》，针对目前由于一些地方的过度开发和不合理利用，许多重要历史文化遗产正在消失，传统格局和历史风貌遭到严重破坏的现状，确立了对历史文化名城、名镇、名村实行整体保护的原则，规定了严格的保护措施，如对核心保护范围内的建筑物、构筑物，区分不同情况，采取相应措施，实行分类保护；核心保护范围内的历史建筑，应当保持原有的高度、体量、外观形象及色彩等。该《条例》的实施将进一步加强对历史文化名城、名镇、名村的保护，有利于保持和延续传统格局和历史风貌，维护历史文化遗产的真实性和完整性。

此外，国家层面的法律还有2006年颁布的《长城保护条例》，这是针对长城保护中面临的特殊问题制定的专项法规。《条例》规定：长城保护应贯彻文物工作方针，坚持科学规划、原状保护的原则。国家对长城实行整体保护、分段管理。长城的修缮，应当遵守不改变原状的原则。长城段落已经损毁的，应当实施遗址保护，不得在原址重建。《条例》的颁布可以有效加强对长城的保护，规范长城的利用行为。这是我国首次为单项文物制定法规，开创了文物专项立法的先例。

法律、法规是文物保护的主要依据和根本保证，它们形成于特定的历史时期，在不同阶段、不同领域都发挥了积极作用。通过上述回顾总结，可以对我国文物保护理念的形成和发展脉络有一个明晰的认识，在此基础上，才可以鉴往知来，创新发展。

（二）文物工作方针

文物工作方针是我国文物工作的根本准则，是引导我国文物事业前进的方向和目标。通过对我国文物工作方针演变历程的介绍和文物保护十六字方针的解读，可以使我们进一步认识文物工作方针的深刻蕴意和合理内核。

1. 文物工作方针的演变

20世纪50年代初期，当全国开始进行大规模经济建设的时候，为了有效地保护文物古迹，党和政府就提出了“重点保护，重点发掘，既对基本建设有利，又对文物保护有利”的工作方针。按照“两重两利”方针，在进行基本建设之前，首先要进行考古调查。如果是重要遗址，就要视情况改变建设计划，或者首先进行考古发掘，根据发掘的结果再做处理。在很长一段时期内，“两重两利”方针发挥了积极作用，使得许多重要文物免遭破坏。

1987年11月，国务院颁发了《关于进一步加强文物工作的通知》，对建国以来的文物工作进行了全面总结，明确指出当前文物工作的任务和方针是“加强保护，改善管理，搞好改革，充分发挥文物的作用，继承和发扬民族优秀的文化传统，为社会主义服务，为人民服务，为建设具有中国特色的社会主义做出贡献”。《通知》还特别强调，加强文物保护，是文物工作的基础，是发挥文物作用的前提，离开了保护就不可能发挥文物的作用。《通知》深化了对新时期文物工作的认识，是改革开放新形势下对文物工作规律的有益探索。

1992年5月，国务院在西安召开全国文物工作会议，这是新中国成立以来规格最高、规模最大的一次文物工作会议。在全面总结新中国成立以来文物工作实践的基础上，针对当时的现实情况，党中央明确提出了“保护为主、抢救第一”的新时期文物工作方针，简称“八字方针”。这是根据当时大批文物正面临自然或人为毁损的现实情况而提出的。时任中共中央政治局常委的李瑞环同志指出：“只有坚定不移地把抢救放在首位，采取不同的措施妥善解决这些问题，大批濒临危亡的文物才能得救；同时，也只有把抢救放在首位，才能引起人们对这些问题的重视，从而动员全社会普遍关心、支持文物的保护和抢救工作。”

1995年9月，国务院又一次召开全国文物工作会议，针对市场经济条件下经济发展与文物保护的关系，进一步提出了“有效保护、合理利用、加强管理”的原则，这是对“八字方针”的补充和完善，二者共同形成文物工作完整的方针和原则。这是党和国家对新时期文物工作规律认识的重大突破，对发展社会主义市场经济新形势下的文物事业，具有很大的推动作用，这一方针和原则不仅在当时对文物工作产生了极为重要的积极意义，同时也为今后一个时期的文物工作指明了方向。

2002年新修订的《文物保护法》将“保护为主、抢救第一、合理利用、加强管理”的十六字方针以法律的形式给予确立，作为新时期指导文物工作的基本准则。2005年，国务院发布《关于加强文化遗产保护的通知》，进一步将之明确为物质文化遗产保护工作方针。

2. 新时期文物工作方针解读

全面准确地理解和贯彻十六字方针，关系到我国文物事业的成败得失，关系到民族文化的传承发展。

（1）保护为主

“保护为主”所强调的是保护的优先性和重要性，也就是说，在任何时候，任何地方，任何情境之下，都应该优先考虑保护，始终把保护放在头等重要的位置，不能以任何理由忽视保护，更不能以任何理由随意破坏。文物因其稀缺和不可替代，而异常珍贵，因其脆弱性和不可再生，故应倍加珍惜。而且，保护是利用的前提和基础，文物若得不到妥善保护，利用将无从谈起，其价值也难以体现。“保护为主”这一原则理解起来容易，但操作起来则有一定难度，在具体实践中，与之相背离的行为比比皆是，结果往往成了“利用为主”，这种片面追求经济效益的短视行为对文物保护有百害而无一利。

（2）抢救第一

“抢救第一”强调的是文物保护的轻重缓急，“抢救”意味着要优先保护、及早保护。就我国目前文物保护的人力和财力而言，与实际所需还有相当大的距离，不可能使所有的文物在近期内都得到有效保护，只能根据其珍贵程度和保存状况区别对待，分级分类逐步保护。早在1964年，梁思成先生在《闲话文物建筑的重修与维护》一文中就说：对危在旦夕的“病号”，必须准备“急诊”，随时抢救。

“抢救”固然重要，但既然是“抢救”，其中不免含有“意料之外”、“不得不如此”之意。“从保护效果看，它可能存在以下缺点。第一，它往往是应急性的，无法进行周详的事先准备，无法在抢救方案中考虑和妥善解决上、下、左、右、前、后的关系，有时甚至缺乏足够的技术和资金保障。第二，抢救活动往往在文物已经部分丢失或毁坏的基础上进行，这种丢失和毁坏对文物原真性的破坏，可能是永久的、不能恢复的。第三，抢救工作往往是在为建设工程让路的前提下进行，因此很难为被抢救的文物，特别是文化遗存，设计更为恰当的保护和利用方案”[11]。因此，在一定意义上抢救是一种权宜之计，也可以说是无奈之举，所以对于濒危文物的对策通俗地讲是“先抢救，再治病”，祛除病患、延年益寿才是根本。

因此，如果能将抢救和预防有效结合起来，在突发事件发生之前，充分考虑到多种可能性，并做出相应的对策和预案，一旦可能性变为现实性，就不会束手无策，或忙中出错，而是可以从容应对，有的放矢，取得理想效果。

（3）合理利用

“合理利用”至少可以从两个层面来理解，一是利用的方式，二是利用的限度。如果将这两个方面把握好了，恰当而且有度，“利用”就可以谓之“合理”，否则，便是不合理的利用。何谓“恰当”？何谓“有度”？则需根据不同文物的性质及其保存状况区别对待。

对文物进行利用，离不开对文物作用的认识。文物的作用，李晓东先生将其概括为史料作用、借鉴作用和教育作用。因此，对文物的利用应该以发挥这三个方面的作用为主。

近年来，文化遗产所产生或潜在的经济效益受到了前所未有的“重视”，把文化遗产当做“摇钱树”的事例屡见不鲜，而且有愈演愈烈的趋势，其结果可想而知，文化遗产遭到空前破坏，完全背离了“合理利用”的方针。所以，要想做到“合理利用”，必须是在不损害文物的前提下，在文物可以承受的限度之内，以发挥其科学研究和宣传教育功能为主的利用。目前国内的普遍情况是只管“利用”而不顾“合理”，不当利用和过度利用比比皆是，全然不顾文物的真实性、完整性及其承受能力。此类事件如不遏制，文化遗产地将会被破坏殆尽，文化遗产将失去其应有魅力。

（4）加强管理

“加强管理”是实现文物有效保护和合理利用的重要保障。“加强管理”可以从多方面来理解：有制度层面的管理，也有法规层面的管理；有中央的管理，也有地方的管理；保护需要管理，利用也需要管理。可以说，管理工作渗透到文物工作的方方面面，加强管理至少应该从健全体制、完善法制、加强宣传等方面着手。

目前，我国管理体制方面的主要问题有：“文化遗产管理体制不顺，管理主体多元化，管理层次多重化，责任不清。从中央层面看，遗产单位除了国家文物局外，还受到建设部、林业局、环保局、国土资源部、文化部宗教事务管理局和国家民委控制，还与国家工商局、海关总署和公安部有关，即所谓的‘块块管理’。从垂直关系来讲，又有中央、省、市、县、乡镇多重委托代理关系，即所谓的‘条条管理’。文化遗产管理条块分割，缺乏统一的有效的协调沟通机制。在实践中具体表现为遗产管理混乱，各有各的利益需求，相互扯皮、相互制约和互不买账。”[12]鉴此，为提高管理效能，应该建立一个权责明确、行为规范、运行合理、高效科学的管理体制，协调好中央和地方、不同部门之间的关系。

完善法制主要包括法制建设和依法行政两个方面。法制建设是文化遗产保护中最重要的基础性工作。我国在建国以来特别是改革开放以后陆续颁布施行了一系列法律法规及规范性文件，已初步形成文化遗产保护的法律法规体系。但不可否认的是，现有的法律、法规体系还不够完善，专项法规、技术规范、管理制度缺失较多。

多年来的实践表明，制定法律法规固然不易，贯彻实施更为艰难。如果法律、法规得不到政府官员、行政执法人员和社会公众的认知，法律、法规便很难起到应有作用。所以，立法只是第一步，随后的普及教育和行政执法工作更为重要。目前，在执法过程中有法不依、执法不严、违法不纠的问题还比较突出，对此，应从提高行政执法人员业务素质，完善行政执法行为的监管机制，营造良好的文物行政工作环境等多方面着手，切实提高我国文物保护行政执法的水平。

总体上看，我国文物保护管理水平还比较落后。对此，一方面要加强制度建设，以相应的法规和标准来制约和引导文物工作，另一方面，可以根据文物的性质和级别实行不同的管理制度，分类分级管理是比较可行的一种方式。文物保护管理工作的规范化和科学化，还有很长的路要走，需要我们在实践中不断探索。

文物工作方针虽然只有十六个字，但它对文物工作中最重要的四个方面作了高度概况，将文物的保护、抢救、利用和管理有机地统一起来，完整地阐述了四个方面的特征及其辩证关系，四个方面是一个整体，不能割裂开来理解，“各取所需，为我所用”的做法应该坚决摒弃。该方针具有高度的概括性，因此，在具体理解和阐释过程中便会见仁见智，不同的人会从不同的立场或角度来理解，其看法当然也会有所不同。但不管怎样，保护的宗旨不能变，保护的前提不能变，否则就会造成对方针的误解。

从20世纪50年代提出的“两重两利”到1987年的任务和方针，从1992年提出的“保护为主、抢救第一”的工作方针和1995年提出的“有效保护、合理利用、加强管理”的原则，再到2002年新修订的《文物保护法》确立的“保护为主、抢救第一、合理利用、加强管理”的十六字方针，其发展和演变是一个循序渐进、逐步完善的过程，反映出党和政府在文物工作中不断解放思想，研究新情况、解决新问题的过程，方针的演变与时俱进，渐趋完善和合理，为我国的文物事业指明了方向，引领我国的文物事业稳步前行。

三 国际文化遗产保护理念研究

近代以来，欧洲的经济和文化都得到了长足发展，随着社会的进步，人们逐渐认识到保护历史遗存的重要性，于是开始关注文物建筑的保护。

（一）欧洲三大建筑修复流派

现代意义上的文化遗产保护肇始于欧洲，而欧洲的文化遗产保护始于对古建筑的修复。18世纪末到19世纪初，伴随着工业化进程，欧洲的自然科学飞速发展，社会科学也全面发展，文学、艺术、哲学都达到了灿烂的高峰。欧洲学术界的眼光扩大了，对事物的认识深刻多了。在这样的历史文化背景下，英国、法国和意大利等国思想界和文化界的重要人物如维克多·雨果（Victor Hugo，1802～1885）、维奥勒－勒－杜克（Viollet-le-Duc，1814～1879）、约翰·罗斯金（John Ruskin，1819～1900）、威廉·莫里斯（William Morris，1834～1896）等率先意识到了保护古代建筑中珍品的重要性，呼吁保护修复本国重要的历史古迹，提出了不同的文物古迹修复观点及理论，在价值评价和修复方法上各持己见，逐渐形成了欧洲最为重要的三大修复流派：法国派、英国派和意大利派。于是，现代意义上的文化遗产保护运动正式拉开序幕。

1. 法国派

18世纪末，法国是欧洲重要的文化与艺术中心，文物保护意识觉醒也比较早。浪漫主义作家维克多·雨果在《巴黎圣母院》1832年堪定本的作者附告里说：“……我们在期待新的建筑物出现的同时，还是好好保护古文物吧！只要可能，我们就要激发全民族去爱护民族建筑。”作者宣称，本书的主要目的之一即在于此。在1840年，就在古建筑鉴定专家和文学家梅里美的倡议下，成立了世界上第一个专门政府机构“历史建筑总检查院（历史建筑管理局）”，并提出了《历史建筑法案》，从而开始了对城市个体建筑的系统保护。

法国派的修复理论经历了从“艺术性修复”到“风格性修复”两个发展阶段。“艺术性修复”的代表人物主要有梅里美和雨果，主张以恢复古建筑的艺术纪念意义为主要目的。但在理论上、方法学上及艺术史等领域缺乏必要的研究，修复工作的规律性及方法选择上自由度很大，缺少科学考证，建筑师只凭自己的主观想象进行修复，修复的主要方法为“编纂法”。也许是艺术家们意识到了“艺术性修复”的随意性太大，逐渐弃之不用，代之以“风格性修复”。

“风格性修复”作为对“艺术性修复”的发展，代表了当时法国派的基本思想：追求建筑风格的纯洁和统一。杰出的建筑师和理论家维奥勒－勒－杜克是“风格性修复”的代表人物，以他为代表的法国建筑师进行了大量古迹修复工作，其影响遍及欧洲，风格修复成为当时古迹修复领域中一种主导性潮流。

这种建立在建筑师自信的历史真实性基础上进行的艺术创作性文物保护，后来被称之为“风格性修复”。其特点是主张在修复前确定该建筑的风格，考察并研究该建筑鼎盛时期的建筑原形，找到原建筑师构思的出发点和规律性，最后依照类似的建筑作品手法将其被破坏的或现在已根本不存在，但符合当时风格特点的局部补充完善，从整体上修复古建筑。目的是恢复古建筑的艺术美学特色，并强调风格的统一。修复的主要方法为“合成法”。

巴黎圣母院是“风格性修复”的代表作。维奥勒－勒－杜克在1844年给巴黎圣母院做修复设计的时候，提出了“整体修复”古建筑的原则。为追求风格的纯正统一，修理了无数的创伤，补足了所有的缺失，使它“焕然一新”，还加建了一个本来没有而他认为应该有的尖塔。

英国建筑师吉尔伯特·斯科特（George Gilbert Scott，1811～1878）是有名的“教堂建筑师”。他本人始终没有承认自己的作品为风格性修复，但他的作品多为修复作品。他强调修复工作应保护各阶段不规则的形式和风格，让历史建筑体现出生长与变化的特点，建筑最老的部分一定要被保留为建筑的原始素材，将不合适的部分移走[13]。但是，正是“将不合适的部分移走”这一举动稍不留神就产生了无法弥补的损失，因为它或多或少强调艺术家的个人创造性。

莫里斯对斯科特修复提出强烈抗议，认为一些小的变动随着时间的推移将使建筑失去原来的真实性，更不要提大刀阔斧的改动了。美国人亨利·詹姆士在他的英伦游记中数次提到斯科特的创造性修复，以及遍布乡间宗教建筑的风格性修复，为修复中的狂想感到惋惜[14]。

风格性修复主要从建筑师的角度看待古建筑的修复问题，因而也被称作建筑师派，这种修复思想在继承历史风格方面卓有成效，成为19世纪下半叶到20世纪上半叶近一百年来欧洲文物建筑保护的主流。但由于它过分关注文物建筑的艺术和美学价值，强调风格统一，忽视保持历史信息的真实性，武断地添加和拆除，实际上是用“创作”代替了“修复”，因而给古建筑带来了极大伤害。

2. 英国派[15]

19世纪的英国是世界上最强大的国家，不断的新建、翻建与重建显示了大英帝国的繁荣，有建设就会有破坏，在城市建设的规模扩大和速度加快的进程中，由于缺乏统一的整修标准，大量历史信息在修复热潮中丢失，许多古老的建筑面临消失的危险。

英国人生性保守，尊重传统，在建筑保护和修复上也秉承了这一风格，因此，对中世纪教堂的浪漫修复行为在英国受到批判，“反修复运动”逐渐兴起，主要代表人物约翰·罗斯金和威廉·莫里斯等，对“风格性修复”予以严厉抨击，认为古建筑是不可以修复的，反对一切修缮与改动。在他们看来，当时法国派影响下的欧洲修复工作是对被破坏的纪念物件以虚假形象的破坏，修复的弊病必须终止。“反修复运动”强调真实，认为在新的历史文化背景中重建具有同样意义的物体是不可能的。他们的修复理论被称为英国派。

罗斯金提出了与“风格性修复”完全不同的见解，认为历史建筑是神圣不可侵犯的，从根本上否定了对古建筑的“修复”。罗斯金在《建筑的七盏明灯》的《记忆之灯》中写到：“建筑应当成为历史，并且作为历史加以保护。”“所谓的修复其实是最糟糕的毁灭方式”[16]。

为了避免修复，罗斯金提出了重视古建筑日常维护的思想：“小心看护你们的纪念碑，那样你们也许就不需要对它们进行修复。……小心呵护看管一座老建筑，尽可能守卫着它，不惜一切代价，保护着它不受破坏。”[17]这些观点有其积极的意义，但是他几乎排斥了一切为延长古建筑寿命而进行的干预，因而也是片面的。

斯科特在读了《记忆之灯》之后说，罗斯金太保守了。他认为，拒绝修复适用于古代的雕塑或已损毁的建筑物，但他指出，尚在使用的不仅仅是纪念物的建筑物，如教堂，如果不经常修理的话就很难维持下去。斯科特建议，修复应该“以尝试的循序渐进的方式开展”。

威廉·莫里斯是英国历史古迹保护的先驱之一，他强调历史建筑是人类生活的印记，必须真实妥善地加以保护，而最有效的保护方法则是保持它在物质上的真实性。他指出，用“保护”（protection）代替“修复”（restoration），用维护来防止破坏，他反对任何新的技艺介入修复和修缮。针对以吉尔伯特·斯科特为代表的教堂修复者，他提出了“保守性整修”的观点：修复不应定格在特定风格，而应建立在对存量评估的基础之上，模仿历史风格会造成古迹真实性的丧失，新旧应有所区别；古迹要日日勤于维护，要将真实材料原样原址保存。

1877 年，莫里斯与罗斯金、韦伯等共同创立了英国第一个古迹保护民间组织——“古建筑保护协会”（The Society for the Protection of Ancient Buildings），该协会一百多年来恪守“保守性整修”的理念，建筑利用或更新不在其统辖范畴，至今该观念都没有改变。

这种放任不管的态度虽然充分尊重了历史，但物质载体不存在，信息将何以附之。这种不切实际的做法走向了另一个极端。但不可否认的是，英国派在当时的修复热潮中抢救出少量的珍贵遗产，在理论方面也作出了应有的贡献，他们所倡导的“废墟保存、遗址保存”概念也成为西方“遗址公园保护”的核心思想。

3. 意大利派

很长一段时间内，法国派与英国派争论不断。在这两派的不断斗争中，另一种声音出现了，他们既不赞成法国派那种创造性的修复，也不赞成英国派对待古建筑的那种听之任之的消极态度。他们是普鲁士人格奥尔格·德里奥（Georg Dehio）与奥地利人阿洛伊斯·里格尔（Alois Reigl），德里奥提出了“要保护，不要恢复”的主张，里格尔提出了“年代价值”思想，这些思想迅速被欧洲遗产界接受，并与意大利遗产保护修复流派结合成为新的潮流。

意大利派的产生经历了一个较长的过程，19 世纪到 20 世纪意大利文物古迹修复理论与主要观点有：以波依多（Camilo Boito，1836～1914）为代表的“文献性修复”，以贝尔特拉米（Lucbeltrami，1854～1933）为代表的“历史性修复”，以乔瓦诺尼（G. Giovannoni，1873～1947）为代表的“科学性修复”和以切沙雷·布兰迪（Cesare Brandi，1906～1988）为代表的“评价性修复”。陈志华将意大利派的主要观点概括如下[18]：

第一，文物建筑具有多方面的价值，它不仅仅是艺术品，是文化史和社会史的“实物见证”，因此，保护工作不能着眼于它的构图的完整或风格的纯正，而应该着眼于它所携带的全部历史信息。

第二，不仅要尊重原先的建筑物，而且要尊重它身上以后陆续添上去的部分、改动的地方，在不影响文物建筑安全的前提下也保护它的缺失状态。它们都是文物生命的积极因素，都是它的真实性的重要部分，是文化史的重要资料。要保护文物建筑的全部历史信息，并且使这部历史清晰可读。

第三，因此，反对片面追求恢复文物建筑的原始风格，当它实际已损坏、已丧失时，更不能去“创造”根本不存在的纯正风格。修缮工作者不应该像维奥勒-勒-杜克说的那样，让原作者在自己身上复活，而要客观地、无个性地去研究文物建筑。

第四，要保护文物建筑原有的自然和人为环境。

意大利派则重视古城和古建筑的历史文化意义。他们既不赞成英国派那种任凭古建筑走向“有永恒之美的自然死亡”的态度，主张要千方百计制止它们的“死亡”，同时也不赞成法国派那种主观地“改造”、“提高”古城区和古建筑的材料，并使之明显区别于原有的材料。意大利派和法国派的争斗十分激烈，起初法国派占绝对统治的地位，后来，意大利派通过自己的实践渐渐完善了自己的理论并提出了完整的工作原则和方法，终于以《威尼斯宪章》赢得了对法国派的胜利，奠定了现代文化遗产保护理论的科学基础。意大利派是在吸取了法国派和英国派合理因素的基础上形成的，形成时间较晚，其理论也较为周密。直到今天，意大利派在文物建筑保护领域仍然代表着世界发展的主流。

（二）国际文化遗产保护法律文献概述

国际文化遗产保护起源较早，在长期的实践过程中，积累了许多宝贵的经验，形成了较为成熟的理论，国际宪章文件是其集中体现，这些宪章文件是我们了解国际文化遗产保护理念和基本原则最重要的一个切入点。

1. 国际宪章文献回顾

20 世纪 30 年代始，国际社会陆续通过了一系列关于文化遗产保护的重要宪章、宣言、公约和建议，这些法律文件凝聚了国际文化遗产保护领域的理论和实践精髓，从不同角度诠释了文化遗产保护的理论、原则和方法，集中反映了当时国际社会对文化遗产保护认识的最高水平，是指导各国文化遗产保护最重要、最权威的纲领性文献。

（1）两部《雅典宪章》

《威尼斯宪章》在国际文化遗产保护领域的重要性已经深入人心，其里程碑作用毋庸置疑，可以称之为 50 多年来最重要的宪章，但在此之前的两部《雅典宪章》尚未引起足够重视。两部《雅典宪章》，一部是 1931 年在雅典举行的历史古迹建筑师及技师国际会议第一次会议上通过的《关于历史古迹修复的雅典宪章》(The Athens Charter for the Restoration of Historic Monuments)，也被称为《修复宪章》；另一部是在 1933 年国际现代建筑协会（CIAM）雅典第四次大会上形成，最初由吉迪翁等人起草，题为《声明》(Constatations)，后经勒·柯布西埃修订和编辑，在 1943 年正式以《雅典宪章》(La Charte d'Athenes）的名称发表。

1931 年《雅典宪章》的条款中已经包含了真实性、完整性和可识别性等现代文化遗产保护基本原则的雏形。1933 年《雅典宪章》的基本精神是重视城市的功能，对城市中普遍存在的问题进行了全面分析，提出了城市规划应当处理好居住、工作、游憩和交通的功能关系，当时已经意识到历史古迹是城市规划中无法避免的问题，强调要保护历史建筑，反对重建，这种视野难能可贵。

（2）威尼斯宪章

《威尼斯宪章》是“第二届历史古迹建筑师及技师国际会议”于 1964 年 5 月在威尼斯通过的。它是对《雅典宪章》（1931年）的研究和拓展。《雅典宪章》和《威尼斯宪章》的诞生，反映出与会的西方国家同仁对人类创造的历史古迹价值的正确认识和科学保护理念。《宪章》在“保护”部分指出：对历史古迹的合理使用有利于古迹的保护，强调这种使用“决不能改变建筑的布局或装饰”。“修复”部分强调：“任何不可避免的添加都必须与该建筑的构成有所区别，并且必须要有现代标记。”《宪章》对“风格性修复”表示了不满，指出：“各个时代为一古迹之建筑物所做的正当贡献必须予以尊重，因为修复的目的不是追求风格的统一。”《宪章》还指出，对修复之外的“添加”要格外慎重，“任何添加均不允许，除非它们不至于贬低该建筑物的有趣部分、传统环境、布局平衡及其与周围环境的关系”。

《威尼斯宪章》制定之后，并没有立即被各国所接受。直到1975年“欧洲文化遗产年”开始，《威尼斯宪章》才被各国普遍承认，它的合理性日益凸显。

据威尼斯宪章的起草人讲，在起草的时候，他本来也想写到历史性城市的保护，但是当时历史性城市的保护刚刚兴起，经验不多，问题又非常复杂，所以只好暂时避开，只点到两句[19]。正是因为《威尼斯宪章》对历史古迹保护与修复的表述缺乏对特殊情况的考虑，因此，国际古遗址理事会17年后在佛罗伦萨召开会议，决定起草一份历史园林保护宪章，作为《威尼斯宪章》的附件。

（3）关于在国家一级保护文化和自然遗产的建议

《关于在国家一级保护文化和自然遗产的建议》是联合国教科文组织大会于1972年11月16日在巴黎通过的，该大会同时还通过了《保护世界文化和自然遗产公约》（简称《世界遗产公约》）。1972年是世界遗产保护史上具有里程碑意义的一年，《世界遗产公约》的公布标志着保护世界遗产全球化行动的开始，在国际社会产生了深远影响。《建议》从国家政策、行政组织、保护措施、教育和文化行动、国际合作等方面对《世界遗产公约》缔约国的遗产保护提出了具体建议和要求，反映了国际社会对文化和自然遗产保护的先进理念。

（4）内罗毕建议

《内罗毕建议》即联合国教科文组织大会第十九届会议于1976年11月26日在内罗毕通过的《关于历史地区的保护及其当代作用的建议》。《建议》对“历史和建筑（包括本地的）地区”、“环境”和“保护”给出了明确的定义，并提出了历史地区保护的指导原则。《内罗毕建议》指出，历史地区是各地人类日常环境的组成部分，它们代表着形成其过去的生动见证。针对历史地区在人类历史中的重要地位及其在当代建设中遭受破坏的现状，《建议》提出了一系列保护建议，以确保古迹和历史地区的景色不被破坏，并确保历史地区与当代生活和谐一致。

（5）马丘比丘宪章

《马丘比丘宪章》是1977年12月12日在秘鲁的马丘比丘山通过的。《马丘比丘宪章》肯定了《雅典宪章》（1933年）仍然是关于城市规划的一项基本文件，并根据二战后城市化进程中出现的新情况和新问题，对《雅典宪章》的某些思想和观点应该加以修改和发展，提出了一些卓越的思想和观点。《马丘比丘宪章》从继承文化传统的角度重申了历史遗产保护的重要性，其中包含了动态保护的理念，强调古迹保护和城市建设的和谐发展，这些理念在今天看来仍然有非常积极的意义。

（6）佛罗伦萨宪章

国际古迹遗址理事会与国际历史园林委员会于1981年5月21日在佛罗伦萨召开会议，决定起草一份将以该城市命名的历史园林保护宪章。《佛罗伦萨宪章》即由该委员会起草，并由国际古迹遗址理事会于1982年12月15日登记作为涉及有关具体领域的《威尼斯宪章》的附件。

《佛罗伦萨宪章》将“历史园林”定义为“从历史或艺术角度而言，民众所感兴趣的建筑和园艺构造”。鉴此，它应被看做是一古迹。“作为古迹，历史园林必须根据威尼斯宪章的精神予以保存。然而，既然它是一个活的古迹，其保存必须根据特定的规则进行，此乃本宪章之议题”。《佛罗伦萨宪章》的产生，正是为了弥补《威尼斯宪章》的不足，尤其是关于“任何添加均不允许”，“对任何重建都应事先予以制止”的条文，没有考虑到历史园林保护的特殊情况。这种补充没有违背《威尼斯宪章》的精神和原则，是对它的进一步完善。

（7）华盛顿宪章

《华盛顿宪章》即国际古迹遗址理事会全体大会第八届会议于1987年10月在华盛顿通过的《保护历史城镇与城区宪章》。该宪章是针对历史城镇和城区起草的国际宪章，作为对《威尼斯宪章》的补充。该宪章扩大了历史古迹保护的概念和内容，提出了“历史城镇”和“历史城区”的概念，保护的对象由历史古迹扩大到连同它周围的环境，再扩大到成片的有历史意义的城区和城镇。在总结了20多年来各国古城保护的理论与实践经验基础上，确定了历史城镇和城区保护的原则和目标，“所要保存的特性包括历史城镇和城区的特征以及表明这种特征的一切物质的和精神的组成部分”。保护的方式也不再停留在保存遗址那种博物馆式的保护，而是要与现代生活相适应，二者和谐发展。

（8）奈良真实性文件

《奈良真实性文件》（1994年11月1日至6日通过）构思于《威尼斯宪章》的精神之中。它以《威尼斯宪章》为基础，并顺应当代世界对文化遗产日益扩展的相关内容和利害关系，拓展这种精神。该文件是有关真实性问题最重要的国际文献。文件中肯定了真实性是定义、评估和监控文化遗产的一项基本因素。由于世界文化和文化遗产的多样性，将文化遗产价值和真实性的评价，置于固定的标准之中是不可能的。“有关文化遗产价值及相关信息源可信性的一切判断，在不同文化之间可能是不同的，甚至在同一文化内，也可能不同”。“为了尊重所有文化，则要求对遗产的特性必须在其所隶属的文化环境中加以思考和评判”。该文件的意义不仅在于它提出要尊重世界文化和文化遗产的多样性，在此基础上理解遗产的价值及其真实性问题，更重要的是由此而引发的关于文化遗产真实性概念的广泛讨论，使得对真实性的认识更为深入。

（9）会安草案——亚洲最佳保护范例

《会安草案——亚洲最佳保护范例》是联合国教科文组织于2005年12月30日在会安通过的。该草案旨在为亚洲遗产保护工作者提供具有实用性的操作指南，从而为亚洲地区建立高标准的最佳保护规范，尤其是在遗产地的文化真实性保护领域。

《草案》从理论和实践层面为可能直接或间接影响遗产资源真实性的行为的决策者和执行者提供指导。《草案》是针对亚洲遗产尚有欠保护的现状出发而形成的，专注于确认和记录遗产及其真实性元素的手段，是迄今为止针对亚洲文化遗产保护通过的唯一的国际性文件，应该受到亚洲各国的普遍重视。

（10）西安宣言

《西安宣言》是国际古迹遗址理事会第十五届全体大会于2005年10月21日在西安通过的。该宣言以保护文化遗产环境为宗旨，对文化遗产环境的关注程度远远超过了《威尼斯宪章》和国际古迹遗址理事会已有宪章及其他一些文件。《西安宣言》解决了世界范围内古迹遗址保护的理念问题，其核心内容是建议世界各国加强对古建筑、古遗址和历史区域周边环境的保护，对文化遗产的保护不能仅停留在对遗产本体的维护、保护和修复，更重要的是要对文化进行保护。这样，文化遗产的保护就从有形保护扩展到无形保护，从短期保护扩展到长期保护，充分说明现代社会有了更强的文化意识和更高的文化觉悟，使文化遗产保护在深度和广度上都得到延伸。

2. 国际宪章文献小结

宪章文件是国际文化遗产保护理念的浓缩体现，通过以上梳理和发掘，可以对国际文化遗产保护理念的发展脉络有一个较为清晰的认识，在此基础上，可以汲取其中许多有益成分，为我国的文化遗产保护提供指导和借鉴。

国际宪章文件主要由联合国教科文组织（UNESCO）、国际古迹遗址理事会（ICOMOS）和国际建筑师协会（UIA）通过。此外，欧洲理事会、美洲国家组织等区域性组织也通过了一些重要文件，如《阿姆斯特丹宣言》（1975 年）、《建筑遗产欧洲宪章》（1975 年）、《欧洲建筑遗产保护公约》（1985 年）、《圣萨尔瓦多公约》（1976 年）等，这些文件在国际社会影响力虽不及联合国教科文组织和国际古迹遗址理事会通过的文件，但传递出国际文化遗产保护的理论和实践精髓，能带给我们很多有益启示。

国际宪章文件从不同角度传达了国际社会保护文化遗产的理论、观点和规范，是我们把握文化遗产保护理念形成和演进最主要的依据。总的来看，国际文化遗产保护理念呈现出两大趋势：一、保护范围不断扩大；二、保护原则从抽象到具体，从不太成熟到逐步成熟。

范围的扩大主要表现在以下几个方面：

从小范围到大范围——从单个的文物古迹到文物古迹周边环境的保护，再到对历史街区乃至某个古城镇、历史文化名城的完整保护。

从单一性到综合性——从保护单一要素的文化遗产到保护多种要素的综合性文化遗产，如保护自然和文化的双重遗产，保护城市的历史性景观。

从贵族化到平民化——从保护建筑艺术精品，如宫殿、教堂、寺庙，到保护与普通人生活密切相关的一般建筑，如乡土民居、工业建筑、传统老字号等，也有人称之为“世间遗产”。

从远古到近现代——从重视古代文化遗产到重视近现代的文化遗产，从保护与当今生活已无关联的古建遗址等，到保护现在还有人继续生活、继续使用的建筑遗产、历史街区等，“20 世纪遗产”也受到普遍关注。

从物质到非物质——不仅关注文化遗产的物质层面，也关注其非物质的层面；不仅重视物质文化遗产保护，也重视非物质文化遗产保护，彰显了人类对自身文化的重视程度越来越高。

保护范围扩大的同时，保护理念也渐趋成熟，后出现的文件会对前面出现的文件进行评价和总结，并在原有文件的基础上补充、完善和发展。

四 中西方文化遗产保护比较研究

由于中西方所处的文化体系不同，社会发展进程也有较大差异，因而在文化遗产保护方面也存在较大差别。

（一）中西方文化遗产保护起源和发展比较

西方的文化遗产保护意识的觉醒比我国要早得多。18 世纪末到 19 世纪初，欧洲的自然科学飞速发展，社会科学也全面发展，在这样的历史文化背景下，英国、法国和意大利等国思想界和文化界的重要人物率先意识到了保护古代建筑中珍品的重要性，于是开始呼吁保护本国的重要历史古迹。1832 年，法国作家维克多·雨果就呼吁要保护文物。1872 年，意大利颁布了第一部文物建筑保护法。1877 年，英国成立了古建筑保护协会（SPAB）并发表了《SPAB 宣言》。1853 年，美国弗农冈女士协会自发对华盛顿故居进行保护。

19 世纪中叶，当欧美国家已经开始轰轰烈烈地保护文物建筑的时候，我国还处在内忧外患的水深火热之中，社会动荡不安，在这种形势下，文化遗产的保护自然也不可能被提上议事日程。我国现代意义上的文化遗产保护意识觉醒于 20 世纪之初。1922 年北京大学设立考古学研究室，后又设立考古学会，这是我国历史上最早的文物保护学术研究机构。中国营造学社对我国文物保护工作的科学化和系统化奠定了坚实的理论和实践基础。20 世纪 30 年代，国民政府先后颁布了《古物保存法》（1930 年）和《古物保存法实施细则》（1931 年），这些法令是中国历史上第一批由国民政府公布的文物保护政策法规。但由于政局动荡，没有形成稳定的管理体制，法律法规也没有得到执行。新中国政府针对文物破坏和流失的现状，陆续颁布了一系列有关法令、法规，初步形成了中国文物保护的法规体系和管理制度。1982 年，《中华人民共和国文物保护法》颁布，使我国的文物保护法律制度得到进一步完善，在很长一段时间内对我国的文物保护起到了非常重要的作用。

事实表明，只有经济和社会文化发展到一定程度，文化遗产保护才会得到足够重视。我国的文化遗产保护起步比西方晚了将近 100 年，而且发展也比较缓慢。一方面说明我国的经济发展还比较落后，另一方面说明整个社会的文化意识还比较淡薄，还没有充分意识到文化遗产对于传承民族文化的重要意义。

（二）中西方现代化进程比较

根据中国科学院可持续发展战略研究组的研究，世界“现代化”的进程可以分为先后相继的两个阶段，即第一次现代化和第二次现代化，或传统现代化和新现代化，或工业化时代的现代化和信息化时代（知识时代）的现代化。对主要发达国家，第一次现代化大致经历了 210 年（1763～1973 年），第二次现代化大约将经历 130 年（1971～2100 年）[20]。

美国社会学家丹尼尔·贝尔将现代工业社会按工业化程度高低分为三种社会形态：前工业社会、工业社会、后工业社会。前工业社会是同“自然界的竞争”，工业社会是同“经过加工的自然界竞争”，后工业社会是“人与人之间的竞争”。中国目前的经济发展水平还不是很均衡，整体上处于工业社会，但也兼具前工业社会和后工业社会的特征。囿于发展阶段的局限，大多数人还没有意识到文化遗产在文化和精神领域的重要作用，对文化遗产的保护和利用还没有引起足够的重视和认同。相反，欧美等西方发达国家目前已进入后工业社会阶段，人文关怀得到普遍重视，人们对历史脉络和文化传统更为关注，因而更加重视文化遗产保护。

中国的现代化具有极为典型的“二元性”特征，即在实现“工业化时代”目标的同时，叠加了

“信息化时代”的更高的现代化目标。在此双重压力下，一方面，我们需要弥补第一次现代化的缺课；另一方面，也需要追赶发达国家第二次现代化的先进水平。有学者称，“近代中国在工业化和城市化的浪潮中落伍了，在追赶世界发达国家的跑道上，我们已经变得饥不择食、囫囵吞枣，或是无所适从、不知所措。国门敞开后，在现代化的课尚未补完之时，后现代主义便登堂入室，真可谓你未唱罢我登场。曾有学者打过一个形象的比方，对于中国社会来说，现代化就像一架迟到的班机，而后现代化则像一架早到的班机，它们共同拥挤在中国这个大航空港里”[21]。

陈立旭对中西方现代化的方式和文化遗产保护意识的关系进行了深入研究。他认为，西方的现代化是内源式的现代化，传统和现代之间保持了较多的历史延续性，现代化乃是其历史的、传统的东西中生长出来的，是一种自然演化的结果。因此，在欧美国家，存在着传统和现代之间的相当程度的一致性、同质性。这使欧美国家的国民在现代化过程中，在心理上对传统的、历史的、文化遗产的东西具有较大的认同性。相反，中国的现代化是外源式的现代化，现代性的因素首先是从外部传入的，这些现代性的因素与本土固有的传统文明之间在性质上存在着较大差异，因而，当社会确立了现代化的目标之后，人们往往就会对传统的、历史文化遗产的东西产生排斥心理。对传统的这种“破旧立新”的态度，也波及了古建筑等历史文化遗产。

西方国家是在资本主义社会生产力充分发展的前提下，工业化进程取得了长足进步，随之而来产生了各种社会问题和城市问题，使得遗产遭到了严重破坏，在这种情况下，意识到保护文化遗产的重要性，于是开始倡导对本国的文化遗产进行保护，总体来说遗产保护走的是从实践中来又到实践中去的道路。

与西方资本主义国家相比，我国没有经过资本主义的自由发展，是在半封建半殖民地的背景下，由于受到外国列强的沉重打击而走上现代化道路的，这种现代化是“自上而下”的，无论是经济发展，还是国民意识，都没有发展到相应的水平。因此，文化遗产保护没有得到国人的足够重视。对于文物建筑保护来说，现代化是一把双刃剑。一方面，随着现代科学技术的发展，新的工艺不断推陈出新，为建筑保护提供了更为便捷和有效的方法，使得建筑保护变得相对容易，操作难度降低；另一方面，由于现代化程度的提高，人们不再满足于现状，希望居住条件得到改善，于是，旧建筑纷纷被改造甚至被淘汰，大量文物建筑被破坏便在所难免。

（三）中西方审美思维比较

所谓审美，指的是主体人对客观事物的审美意识，是人们在社会实践中逐步积累起来的审美情感、认识和能力的总和。中西方审美思维发源于不同的文化体系，存在着较为明显的差异。

1. 尚善与尚真

西方文化坚持以真为美的原则，其核心是求真；中国文化坚持以善为美的原则，其核心是尚善。以真为美的具体内涵是重科学、尚真诚；以善为美的具体内涵是重教化、尚伦理。

中国古代对“美”的定义，就有“美即是善”的说法。据有人统计，《论语》中14次讲到“美”字，其中10次用的是“善”和“好”的意思。孟子也认为，美与善浑然一体，美就是善的内容和其自身的外在感性形式的完美统一。因此，总体上看，“美即是善”的理解在中国古代占据主流地位。一座建筑之所以美，不仅仅是因为构造的美，能给人以赏心悦目的感觉，更重要的是它符合中国人心目中的宇宙秩序，象征着人与自然的和谐。艺术之所以美，并不在于它表现的真实性，而在于它能否与人产生共鸣，能否触动人们“善”的情感。

西方美学自发端以来便体现出重真的价值取向。古希腊的美学家多是数学家、天文学家和物理学家，他们关心美的客观现实基础，认为美是理性的，试图用一种程式化和规范化的模式来确定艺术美的标准与尺度。毕达哥拉斯学派把美看成是在数量比例上所表现出的和谐，并从数量比例的观点出发找出了美的一些形式因素：如完整（圆球形最美）、比例（“黄金分割”最美）、对称、节奏等。古希腊人的“和谐”指的是物体形式搭配协调，与中国人所指的人与自然的协调有所不同。亚里士多德认为，艺术起源于模仿，艺术是模仿的产物，模仿是艺术的特征。艺术之所以是艺术，在于它惟妙惟肖地复制自然。17 世纪法国的理性主义者布瓦洛认为，真理和美都具有普遍性和永恒性，因此，美和真实际上是一回事。他说：“只有真才美，只有真才可爱；真应该到处统治，寓言也不例外；一切虚构中的真正的虚假，都只为真理显得更耀眼。”[22]

对于历史上留存下来的文物古迹，中国人主要是考量它与社会主流价值观的关系，其价值主要体现在和它相关的历史事件或历史人物，以及因此而产生的美学和历史价值；西方人则强调科学与理性，以历史信息准确性作为判定文物古迹美与否的标准。

曲阜孔庙建于公元前 478 年。孔子死后第二年，即公元前 478 年，鲁哀公将其旧宅改建为庙。当初的孔庙规模很小，只有庙屋三间。至汉武帝“罢黜百家，独尊儒术”，孔子思想开始成为中国封建文化的正统，历代统治者各取所需，对孔子思想进行改造，将孔子奉为“至圣先师”，皇帝们或派官员或亲去孔庙祭祀，清乾隆皇帝就曾八次到过孔庙拜谒。千百年来，历代帝王不断加封孔子，扩建庙宇，其规模也越来越大，到今天已经发展成为庞大的建筑群，是中国现存规模仅次于故宫的古建筑群，堪称中国古代大型祠庙建筑的典范。据记载，孔庙自公元前 478 年至 1949 年以前，修建次数见于史料的有 70 次[23]。解放后又陆续进行了修整，今日之孔庙已远非昔日之孔庙，真实性更无从谈起，但由于它满足了人们对孔子的崇拜和对儒家文化的信仰，满足了人们的精神寄托和审美愿望，因而，并不影响孔庙在国人心中的神圣地位。

与之相反，西方人更重视文物古迹所承载的历史和文化信息，重视其在社会历史发展中的见证意义，重视其在展现民族精神方面的独特作用。

古罗马斗兽场是古罗马帝国和罗马城的象征，虽然现在只剩下大半个骨架，但其雄伟之气魄、磅礴之气势犹存，即使是残垣断壁也丝毫没有影响它在意大利人心中的形象。古罗马斗兽场曾多次修复，但基本上维持了其原貌，极力保存每个建筑残片，能不动的就不动，即使部分“完形”，也要保证史料的真实性及可读性，使斗兽场成为原真的历史纪念碑。

2. 整体与个体

中国人强调整体性和综合性，主张主体在把握审美对象时，不是孤立地、静止地看待某一方面，而是系统地、全局地把握对象，强调人与自然的统一、主体与客体的统一。天人合一和天人和谐是中国整体性思维方式的重要特点。西方人则注重局部和个体，注重分析和实证，偏重于对世界某一部分的精确研究和考察，分析性、多元性、发散性是其基本特征。

就建筑而言，中西方古代建筑存在明显差异。中国古代建筑注重虚实结合，强调人与自然的和谐关系。而且，中国古代建筑以群体取胜，体现出一种群体美。就单体建筑来说，没有西方的基督教和伊斯兰教建筑高大宏伟，显得略逊一筹，但就整体建筑群而言，其结构布局和恢弘气势又胜西方一筹。

简单的基本单位组成复杂的群体结构，形成在对称中有变化，在变化中又保持统一的整体风貌。

西方古典建筑非常强调建筑的个性，重视几何构图，强调建筑的雄伟壮丽。每座建筑都是一个独立、封闭的个体，常常有着巨大的体量与超然的尺度，远远超出了实际需要，重在表现一种理念，赋予建筑向上与向四周扩张的性格，由此表现出西方人征服自然的气概和改造自然的心态。

在这种审美思维的引导下，中国人更看重整体的和谐，西方人则更看重个体的精确；中国人更注重意义的传承，西方人则更注重信息的可读。表现在可识别原则上，中国人喜欢藏而不露，主张和谐而含蓄的可识别；西方人则喜欢泾渭分明，主张强烈而明显的可识别。

（四）中西方文化遗产保护价值取向比较

中西方历史文化背景和社会所处历史阶段有所不同，因而对待遗产的态度和保护遗产的侧重也有所不同。

1. 惜旧与厌旧

中国有“旧的不去，新的不来”的俗语，人们潜意识里对旧东西有一种排斥心理，向往新生事物，喜欢“万象更新”，没有形成保护旧东西的传统，因此，古建筑的保护在中国古代一直没有得到重视，大量古建筑被拆除，用其材料另建新建筑。当然，也有一些古建筑得以幸存，人们为了更好地利用，对其进行维护和修缮，但这种维护和修缮完全是出于实用的目的，重在物尽其用，并不在意其所包含的历史信息。

相比较而言，西方人对“遗产”更为珍惜。在西方人看来，古建筑是本民族历史和文化的重要表征和载体，为人们提供了文化灵魂的栖息地，通过它，人们可以直接感知和体味自己的文化。失去它，人们就会变得焦躁不安、无所适从。西方人视承载自己文化的建筑体为生命，于是倾其所有，保护文物建筑中的一砖一瓦。而且，在西方人眼里，建筑是艺术的最高形式，具有极高的艺术价值，理应得到妥善保护。

2. 历时性与共时性

文物建筑保护是文化遗产保护中最重要的组成部分，东西方建筑分属于不同的建筑结构体系，因而保护理念也有所区别。中国人重视建筑与人的亲和，因而将木材选作基本建材；西方人重视建筑的坚固和实用，因而将石材作为主要材料。千百年来，中国的建筑形式和材料没有太大变化，因此，中国人对建筑的基本态度是如果旧了破了就推倒重建，认为这是自然而然的新陈代谢，并未将这种做法与破坏联系起来。相反，西方建筑则经常求变，从古希腊式、古罗马式到哥特式、文艺复兴式，再到巴洛克式、古典主义式，形象、比例、装饰和空间布局都发生了很大变化，由于各个时代的建筑风格差异较大，因而建筑成为时代的符号和象征，从建筑中，人们可以触摸历史，感悟文化，因此，西方人对古建筑充满敬意并倾力保护。

对于文物建筑的保护，陈薇在《中西方文物建筑保护的比较与反思》一文中指出：“借用苏珊·朗格（Susanne K. Langer）对于符号的划分，可概括为：西方的文物建筑为‘推论的符号’，即能客观地表现它所跨越的历史及各时期的相互联系的特征，它像语言一样，用陈述的形式传递全部的事实信息，具有‘历时性’的特征，中国的文物建筑为‘表意的符号’，它展示出由简单到复杂各部分相互错综的整体关系，它不是将各种事实按时间顺序排列，而是将由建筑形式及建筑相互‘接合’所形成的一种比喻性或一种完整的意象一次性地呈现出来，具有‘同时性’的特征。”也就是说，对文物建筑的保护，西方着重于对建筑物各种元素的保留，中国则重在强调建筑物象征意义的传承。

3. 谨慎保存与过度利用

对待文化遗产的态度，总体而言，西方人重“保存”，而中国人重“保护”。保存，我们可以理解为防止衰败，使其生命和价值得以延伸的行为，保存的最大特点是将人为干预降到最低，主要手段是预防、防护、维护等。保护是在保存基础上的延续，修复、迁移、重建、复原、整修、利用等均在其范畴之内，保护的内涵更为丰富，手段也更加多样化。由于认识上的差异或标准的不统一，具体的保护过程中便会出现因人因事而异的现象，不够谨慎的行为的发生便不可避免。

在西方人眼里，哪怕是残垣断壁、瓦砾废墟，只要能真实地再现历史，就应该保存，而且要尽可能维持原来的状态。他们会保存一些在中国人看来很不起眼的东西，诸如残破的城堡、一面墙、甚至一堆破石头。在他们眼里，只有这些原汁原味的东西才是美的，保留残缺、再现原真是他们一贯坚持的信条。

中国人则不喜欢破败，建筑物如果旧了、破了，要么将之修缮一新，要么干脆推倒重建。长期以来，在古建筑保护方面都是坚持整旧如新的原则，及至近代，才有了整旧如旧的观念，但复制和仿制之风依然盛行。目前，随着国际先进保护理念的引入，我国的保护理念也朝着更趋合理的方向发展，但还存在不少问题，比较突出的是过于急功近利，舍本逐末，由于过度开发和利用，文化遗产地遭受破坏的事例屡见不鲜。

五 文化遗产保护原则探析

真实性和完整性是目前文化遗产保护中最基本的原则。随着文化遗产保护实践的推进，人们对文化遗产保护的认识也逐步加深，保护方式随之发生了转变，由原来的抢救性保护和静态保护逐步向预防性保护和动态保护转化。

（一）真实性原则

真实性（authenticity）是当前国际文化遗产领域中一个最基本、最重要的术语，它既是衡量文化遗产价值的重要标尺，也是保护文化遗产的根本依据。“真实性”概念正式纳入文化遗产领域是在20世纪60年代。《威尼斯宪章》开篇写道：“……人们越来越意识到人类价值的统一性，并把古代遗迹看作共同的遗产，认识到为后代保护这些古迹的共同责任。传递其真实性的全部信息是我们的职责。”[24]

《威尼斯宪章》主要是针对欧洲文物古迹的保护与修复提出的，真正使文化遗产真实性受到国际广泛关注的是《保护世界文化和自然公约》，《公约》的核心就是保持遗产的真实性和完整性。《实施世界遗产公约操作指南》（1999年、2002年、2005年）将遗产价值认证与遗产的真实性联系起来，并明确指出遗产申报必须经受“真实性检验”（test of authenticity）。

真实性作为检验世界文化遗产的一条重要原则，成为国际遗产界关注的焦点。世界各国都以本国遗产列入世界遗产为荣并为之不懈努力，努力的宗旨即是尽可能保持遗产的真实性。因此，我们可以说，世界遗产运动使得“真实性”得到了更多的关注和认同，也引发了更多的争论和热议。随之而来的理论和实践不断发展，在对“真实性”的解读、辨析、争论和应用的过程中，文化遗产保护的理论得到了丰富，实践也得到了发展。

《奈良真实性文件》首先肯定了真实性是界定、评估和监测文化遗产的一个本质要素，并指出“当真实性涉及文化遗产时，这一概念和应用应根植于特定的文化环境中，并应得到相应的考虑”，“有关文化遗产价值及相关信息源可信性的一切判断，在不同文化之间可能是不同的，甚至在同一文化内，也可能不同。因此，不可能依据固定标准进行价值和真实性的基本评判”。

1996 年 3 月，在德克萨斯州圣安东尼召开的“美洲国家文化遗产保护中的真实性”国际研讨会上，来自美洲国际古迹遗址理事会的委员们共同商讨奈良概念的应用问题。该会议通过了《圣安东尼宣言》（The Declaration of San Antonio）。该宣言讨论了遗产真实性与文化认同、历史、材料、社会价值、动态和静态遗址、管理和经济学之间的关系，包含了扩充真实性“证据”的相关建议，包括真实价值、完整性、环境、特性、使用和功能的反映，以及对不同类型遗址的相关建议，是对《奈良文件》的进一步深化和补充，具有普遍意义。

2005 年，联合国教科文组织根据亚洲遗产保护传统，为落实真实性概念而专门制定了《会安草案——亚洲最佳保护范例》（Hoi An Protocols）。该《草案》专注于确认和记录遗产及其真实性元素的手段，从理论和实践层面为可能直接或间接影响遗产资源真实性的行为决策者和执行者提供了指导。

在文化遗产保护实践的发展过程中，人们逐渐认识到真实性的理论和实践有一定的差距，实践操作中有很多特殊性是不得不面对的，于是，真实性概念不再被看做一个僵化的、一成不变的概念，在实践过程中，其内涵渐渐发生了演变：从遗产本体的原真演变为遗产信息的原真，从静态的原真演变为动态的原真，从绝对的原真演变为相对的原真。

因此，在文化遗产真实性的问题上没有一个放之四海而皆准的“绝对真理”，在绝大多数情况下应该具体问题具体分析，地域和文化差异、时代特征和发展历程都是必须考虑的因素。从总的趋势看，人们对真实性的理解开始摒弃以往狭隘保守的单一视角，以更宽容和开放的心态，更成熟和科学的眼光去认识和理解文化遗产的真实性。这一趋势反映出人们对遗产价值的认识更加深刻，对文化的多元更加重视，相应地，对遗产的保护也更加科学。由于理论和实践的矛盾以及人们对事物认识的不断进步，任何理论都处在不断更新和发展的过程中，国际遗产界对文化遗产真实性概念的认识也体现了这一规律。真实性概念的内涵还将随着保护实践的深入而不断丰富和发展。

（二）完整性原则

“完整性”概念应用于文化遗产保护领域，始见于《威尼斯宪章》。宪章指出：“古迹的保护包含着对一定范围环境的保护。凡现存的传统环境必须予以保持，决不允许任何导致群体和颜色关系改变的新建、拆除或改动”；“古迹不能与其所见证的历史和其产生的环境分离。”“古迹遗址必须成为专门照管对象，以保护其完整性，并确保用恰当的方式进行清理和开放展示。”

《保护世界文化和自然遗产公约》的实施极大地推进了世界各国的遗产保护运动。同时通过的《关于在国家一级保护文化和自然遗产的建议》中对世界文化和自然遗产完整性的保护提出了要求：“任何一件作品和物品按一般原则都不应与其环境相分离。”“古迹与其周围环境之间由时间和人类所建立起来的和谐极为重要，通常不应受到干扰和毁坏，不应允许通过破坏其周围环境而孤立该古迹；也不应试图将古迹迁移，除非作为处理问题的一个例外方法，并证明这么做的理由是出于紧迫的考虑”。

1975 年通过的《阿姆斯特丹宣言》提出了整体性保护的具体措施：“……任何整体性保护政策的成功都有赖于对社会因素的合理考虑；整体性保护需要立法和行政手段的协调；整体性保护需要适当的财政手段；整体性保护需要改进修缮、复原的方法、技术和工艺。”

1975 年欧洲理事会通过的《建筑遗产欧洲宪章》指出：“通过实施缜密的修复技术和正确选择适当的功能，能够达到整体性保护的要求。整体性保护并不排除在有老建筑的地区引入现代建筑，只要其尊重现存的环境、比例、形式、体量和尺度，并使用传统材料。”由此可见，该宪章所倡导的保护并不是静态的机械的保护，而是动态的可更新的保护。宪章还提出整体性保护依赖于法律、行政管理、财政和技术方面的支持。

《内罗毕建议》指出：“历史地区及其周围环境应从整体上被视为一个相互联系的统一体，其协调及特性取决于它的各组成部分的联合，这些组成部分包括人类活动、建筑物、空间结构及周围环境。因此，一切有效的组成部分，包括人类活动，无论多么微不足道，都对整体具有不可忽视的意义。”历史环境是人类日常生活环境的一部分，它能将文化、宗教、社会活动的丰富性和多样性如实地传达给后人，只有完整地保护好历史环境，才能使历史环境与现代生活融为一体，使现代生活更有历史韵味和文化内涵。该建议的目的正在于此。

《佛罗伦萨宪章》是关于历史园林保护的宪章。该宪章强调了历史园林保护的完整性：“在对历史园林或其中任何一部分的维护、保护、修复和重建工作中，必须同时处理其所有的构成特征。把各种处理孤立开来将会损害其整体性。”

《关于乡土建筑遗产的宪章》[25]指出：“乡土性几乎不可能通过单体建筑来表现，最好是各个地区经由维持和保存有典型特征的建筑群和村落来保护乡土性。”该宪章从乡土建筑的特殊性出发阐释了对其进行完整保护的重要性，并对保护原则予以界定，使得文化遗产完整性的内涵得到进一步丰富。

在第 29 届世界遗产委员会会议之前，对世界文化遗产申报对象进行价值评估的主要依据是文化遗产真实性原则的六条标准，而完整性原则主要用于评价自然遗产。随着申遗工作的深入开展，人们逐渐认识到两个原则不能截然分开，自然遗产也面临着真实性检验，而文化遗产也需要用完整性原则来评判，于是在第 29 届世界遗产委员会会议上，将原来文化遗产的六条标准与自然遗产的四条标准合并为十条标准，即原来适用于自然遗产的完整性原则也适用于文化遗产。《世界遗产公约实施指南》（2005 年）指出：“完整性用来衡量自然和/或文化遗产及其特征的整体性和无缺憾性。因而，审查遗产完整性就要评估遗产满足以下特征的程度：

a）包括所有表现其突出的普遍价值的必要因素；

b）形体上足够大，确保能完整地代表体现遗产价值的特色和过程；

c）受到发展的负面影响和/或被忽视。”

2005 年 10 月，国际古迹遗址理事会第十五届大会在我国西安举行，大会通过了《西安宣言——关于历史建筑、古遗址和历史地区周边环境的保护》。《西安宣言》的核心内容是建议世界各国加强对古建筑、古遗址和历史区域周边环境的保护，将文化遗产的保护范围扩大到遗产周边环境以及环境所包含的一切历史的、社会的、精神的、习俗的、经济的和文化的活动，使得文化遗产保护不仅停留在对遗产本体的维护、保护、修复，更重要的是要对文化进行保护。由对文化遗产本体的保护发展到对文化进行保护，充分说明现代社会有了更强的文化意识和更高的文化觉悟。对历史文化进行保护，是人类文明进步的表现，也是人类文化发展的必然要求。

“二十世纪文化资产保存的最大特色之一便是整合性保存（Integrated Conservation）的观念。如同呼应民族学与自然科学的生态展示，在二十世纪初，面临刚刚进入保存领域的都市建筑之保存的最大课题，并不仅在于保护单一建筑，而是必须以艺术、历史及文化的观点，保护建筑及其四周的聚落环境。二十世纪中期起益发受到重视的考古遗址的保存（尤其是都市考古及海下考古）、生态的保育等亦强调整合性保存的重要”[26]。

完整性概念的提出是文化遗产保护实践不断深化的结果，之后，随着人们对文化遗产性质及其价值认识的深入，其内涵逐步得到扩展，由对纪念物周边环境的保护扩展到包括社会、经济、历史、文化等多方面因素的保护。目前，完整性保护的理念已成为全世界文化遗产保护工作者的共识，这种全面的活态的保护观表明，人类对文化遗产的认识更为深刻，对自身的历史和文化更为尊重。

（三）预防性保护

早在19世纪末到20世纪初，以约翰·罗斯金和威廉·莫里斯为代表的英国派的“反修复”运动就包含了预防性保护思想的萌芽。日常维护其实就是预防性保护的一种表现形式。英国派消极无为的保护思想没有得到国际社会的认可，但其中所包含的预防性保护理念被意大利派所吸纳。

意大利派文物保护先驱布兰迪在20世纪中叶就提出预防性保护的思想，其目的在于推动对文物物质材料的状态及其周围环境的研究。他认为，文物保护最重要和优先的原则应该是对艺术品采取预防性保护措施，其效果极大地优于在紧急情况下的“临终”抢救性修复。

在其代表作《文物修复理论》一书中，布兰迪阐释了“预防性修复”的思想。他说：“‘预防性修复’是个异常的措词，这可导致错误地相信可能存在某种预防法，就像接种疫苗那样实施，使艺术品在时间的流转中免疫。我们立即指出，这样的预防法不存在也不可能存在，因为艺术品从建筑古迹到细密画，都不能设想同活的有机体一样，而只能在其审美实在和材料实在（艺术品得以存在并充任作为纯粹实在的艺术品表现的媒介）中被思考。”[27]“预防性修复”同特别紧急修复相比，若不是更不可或缺，也是更带强制性。因为预防性修复恰恰致力于避免特别紧急修复，后种修复难以实现对艺术品的全面抢救[28]。他认为，修复是一种被动的对文物实施干预的行为，无论采取多么科学的方法和材料都会对文物产生或多或少的影响，因此，应尽量避免“真正的修复”。人为干预的方式都是不得已而为之，最佳方式是通过控制文物的保存环境来避免或延缓文物的变质和老化。

目前，在意大利的文物保护工作中，“修复越来越多地转变成了预防措施。不断的维修保护阻止了珍贵的艺术遗产进一步遭受损坏”。“今天保护文化遗产并不仅仅意味着单体的修复工作，最近20多年来，在意大利人们尝试通过持续监查文物的保存状态来维护整个文化遗产。通过持续监查而获得的特殊遗产风险图可以确定和优先修复濒危度较大的文物，可以对那些地处自然灾害高发地带的各类遗产提前采取行动，这样即可达到更有效地利用财力，更好地保护文化遗产的目的”[29]。

国际古迹遗址理事会中国国家委员会通过的《中国文物古迹保护准则》也提出了“定期实施保养”的原则：“日常保养是最基本和最重要的保护手段。要制定日常保养制度，定期监测，并及时排除不安全因素和轻微的损伤。”日常保养是最主要的预防性保护措施，能有效地防止文物古迹的损坏和破败，日常保养应该有一套严格的保护程序，针对不同对象和不同情况采取相应的措施。《准则》在

“保护工程”中指出：“日常保养是及时化解外力侵害可能造成损伤的预防性措施，适用于任何保护对象。必须制定相应的保养制度，主要工作是对有隐患的部分实行连续监测，记录存档，并按照有关的规范实施保养工程。”国际古迹遗址理事会第十五届大会通过的《西安宣言》也提出，要对古建筑、古遗址和历史区域的周边环境发生的变化所产生的个别的和积累的影响进行监控和管理，从而为保护和管理提供依据。

由此可见，预防性保护已经成为文化遗产保护的一个重要理念。建立文化遗产保护日常养护长效机制，变被动保护为主动保护，是今后文化遗产保护的方向和目标。近年来，动态监测在文化遗产保护领域的应用越来越广，通过实时监测，可以了解遗产本体状态及所处环境的变化，进而决定采取何种方式进行保护。监测工作是预防性保护的手段之一，也是实现预防性保护重要前提。

当前，全球对文化遗产保护的关注超过了以往任何一个时代。在现代化浪潮的席卷之下，文化遗产面临的形势空前严峻，保护和破坏的矛盾异常尖锐，城市化进程的加速给文化遗产带来的巨大冲击我们已经深有感触。人类学家认为，民族的消亡首先是其文化的消亡。文化遗产是民族文化的重要载体，因此，我们应该在延续文明传承文化的高度来认识和保护文化遗产。

我国在长期的文化遗产保护实践中积累了丰富的经验，形成了适合我国国情的保护理念，回顾总结可以鉴往知来，创新发展。国际文化遗产保护经过一百多年的发展，已经形成较为成熟的保护理念和保护方法，对之进行系统分析，可以为我国的文化遗产保护提供一些有益的借鉴和启示。由于中西方所处的文化体系不同，社会发展进程也有所差异，因而在文化遗产保护方面存在较大差别。通过系统的比较研究，可以使我们对中西方文化遗产保护理念差异及其思想文化根源有更为清晰的认识。通过对真实性、完整性、预防性保护等文化遗产保护的基本原则进行剖析，可以进一步了解其发展脉络并在实践中践行。

克罗齐说：“一切历史都是当代史。”对于历史文化遗产也一样，一切认识都是当代的认识，一切保护都是当代的保护。因为我们对文化遗产的认识只是当代人的认识，既不同于前人，也不同于后人，我们的认识不可避免地受到当代人认识能力的局限，带有当代人的偏见。因此，我们对文化遗产的保护只是基于当代人认识视域下的保护，既受到当代认识能力的限制，也受到当代技术水平的限制。相对于文化遗产的历史长河，我们只是短暂的一瞬，我们的保护不可能也不应该是完结式保护，而只是当代保护，暂时保护。因此，必须树立动态保护的理念，随着人类认识能力的提高和各方面条件的变化，保护手段必然会有所改进，保护方式也会更趋合理。

目前，我国的文化遗产保护主要是政府引导的自上而下的模式，各级政府在文化遗产保护中发挥着主导作用，因此，各级政府应该本着对民族负责、对未来负责的态度，切实重视文化遗产保护，着重处理好“保护”与“发展”的矛盾。文化遗产保护不仅是政府与从业人员的责任，也是社会公众的责任。因此，公众也应该认识到自己肩负的责任，在文化遗产保护这个大舞台上，每个人都应成为主角和参与者，成为传统文化的守护者和传承者。

文化遗产保护是摆在人类面前的一个重大问题，我们不能回避，只能应对。作为一门综合性科学，文化遗产保护不仅需要自然科学的支撑，也需要社会科学的引导，不仅需要人类文化的视野，也需要科学理论的指导。文化遗产保护任重而道远，善待文化遗产，传承中华文明，我们义不容辞。

[1] David Lowenthal. The Heritage Crusade and Its Contradictions [A]. Giving Preservation a History, Histories of Historic Preservation in the United States [C], Routledge, 2004.
[2] 顾军，苑利．文化遗产报告——世界文化遗产保护运动的理论与实践［M］．北京：社会科学文献出版社，2005：16-17.
[3] 梁思成全集［C］（第一卷）．北京：中国建筑工业出版社，2001：221.
[4] 梁思成全集［C］（第一卷）．北京：中国建筑工业出版社，2001：221.
[5] 梁思成全集［C］（第二卷）．北京：中国建筑工业出版社，2001：219.
[6] 梁思成全集［C］（第二卷）．北京：中国建筑工业出版社，2001：355.
[7] 梁思成全集［C］（第三卷）．北京：中国建筑工业出版社，2001：1.
[8] 祁英涛．正定隆兴寺慈氏阁复原工程第一、二方案及说明．
[9] ICOMOS 中国国家委员会于2000年10月在承德通过．
[10] 张柏．践行中国文物古迹保护准则，彰显城市历史文化渊源．http：//www. sach. gov. cn/tabid/223/InfoID/7496/Default. aspx.
[11] 徐嵩龄．第三国策：论中国文化与自然遗产保护［M］．北京：科学出版社，2005：56.
[12] 陆建松．为文化遗产管理体制把脉［N］．中国文物报，2003-12-19.
[13] Jukka Jokilehto. A history of Architectural Conservation [M]. London: Butterworth, 1999: 188-200.
[14] 朱晓明编著．当代英国建筑遗产保护［M］．上海：同济大学出版社，2007：19-24.
[15] 参见朱晓明编著．当代英国建筑遗产保护［M］．上海：同济大学出版社，2007：19-24.
[16] ［英］约翰·罗斯金著．刘荣跃主编．张粼译．建筑的七盏明灯［M］．济南：山东画报出版社，2006：175.
[17] ［英］约翰·罗斯金著．刘荣跃主编．张粼译．建筑的七盏明灯［M］．济南：山东画报出版社，2006：175-176.
[18] 陈志华．欧洲文物建筑保护的几个流派．意大利古建筑散记［C］．合肥：安徽教育出版社，2003：396.
[19] 陈志华．介绍几份关于文物建筑和历史性城市保护的国际性文件［J］（一）．世界建筑，1989（2）.
[20] 第二次现代化即后现代化。后现代主义著名代言人哈森在他于1971年出版的代表作《肢解奥菲司：走向一种后现代文学》中首次用"后现代"一词统称文学、哲学以及社会中共同的文化倾向，即反基础、反本质、反中心、反实体、求异质、求相对、求变化、求边缘。到了20世纪70年代后期，在西方学界出版的三本著作使后现代主义逐渐成为一场在当代西方声势浩大的思想运动。这三本著作即詹克斯《后现代建筑的语言》（1977）、利奥塔《后现代状态：关于知识的报告》（1979）和罗蒂《哲学和自然之镜》（1979）。
[21] 魏小安，王洁平主编．创造未来文化遗产［M］．北京：中国人民大学出版社，2005：116.
[22] 朱光潜．西方美学史［M］（上卷）．北京：人民文学出版社，1979：187.
[23] 东南大学建筑系，曲阜文物管理委员会合编．曲阜孔庙建筑［M］．北京：中国建筑工业出版社，1987：19.
[24] 张松．城市文化遗产保护国际宪章与国内法规选编［C］．上海：同济大学出版社，2007：42.
[25] ICOMOS 第十二届全体大会于1999年10月17日至24日在墨西哥通过．
[26] 张婉真．整合性保存与文化经营——二十世纪文化资产保存的趋势与危机［A］//1901-2000 世界文化百年论文集［C］．台北：国立历史博物馆，1999：478.
[27] 布兰迪著．文物修复理论［M］．田时纲，詹长法译．意大利非洲和东方研究院，2006：69.
[28] 布兰迪著．文物修复理论［M］．田时纲，詹长法译．意大利非洲和东方研究院，2006：71.
[29] 詹长法．意大利艺术品的保护和修复［J］．中国文物科学研究，2006（4）.

文化遗产保护学科建设与发展之政策研究*

中国文化遗产研究院文物研究所 郑子良

摘 要：本课题通过寻绎文物、古物、文化遗产等关键词的来龙去脉，准确把握文化遗产的合理内涵，从学科建设的角度，提出建设文化遗产保护学科的设想，明确其学科定位和基本构成，并对目前文化遗产保护学科建设面临的问题进行分析，同时结合教育部相关要求，探讨文化遗产保护重点学科建设模式，提出以中国文化遗产研究院为依托开展文化遗产保护重点学科建设的政策建议。课题还对国内高校及行业内相关资源及国外文化遗产保护学科设置情况开展了较广泛调研，了解相关分支学科点及主要发展方向，并对高校开设的相关课程作了分析，为文化遗产保护学科建设提供参考。

关键词：文化遗产 保护 学科 研究

A Policy Research of Construction and Development of Cultural Heritage Disciplines

Zheng Ziliang

Abstract: This study examines the terminological constitution of concepts of cultural relics, historical relics, and cultural heritage, in order to understand the connotation of cultural heritage. On the basis of the terminological analysis, the study aims to develop an approach to the disciplinary construction of cultural heritage conservation studies, by articulating basic components of the discipline and its position within the academia. Challenges of the disciplinary construction are addressed and analyzed in the study. In addition, the study assesses the modes of cultural heritage studies as an "important discipline," a title named by the Ministry of Education; and it provides a policy-making suggestion that important discipline of cultural heritage studies should be institutionally established at the Chinese Academy of Cultural Heritage. Moreover, the study broadly investigates sources for heritage studies and related subjects ever included in general curri-

* 该课题组成员有付红领、王乐乐、范佳翎等人，四川大学历史文化学院协助开展了国内文化遗产保护相关学科现状的调研工作，范佳翎承担了国外文化遗产保护相关学科现状的调研工作。此外，课题报告在撰写及修改过程中还得到了张廷皓、孙华、曹兵武、黄克忠诸先生的指点，并得到于冰女士的帮助，英文提要得益于燕海鸣的帮助。

culumin both domestic and international institutions, based on which main directions of relevant subjects could be understood. Courses related to heritage studies are examined to provide a reference to the construction of cultural heritage conservation as an academic discipline.

Keywords: Cultural Heritage, Conservation, Discipline, Research

一 文化遗产保护学科的提出[1]

早在20世纪70年代，李晓东曾就文物学科问题与有关学者进行过探讨[2]。1990年李晓东在《中国文物学概论》[3]一书中明确提出了“文物学”的概念，指出“文物学”是一门以研究、整理和保护文物为目的的学科，并对文物的范围、特征，文物学的研究对象，文物学研究的基本方法，文物学的任务，文物学与地理学、方志学、宗教学、建筑学、法学及与自然科学、工程技术科学的关系，文物学体系的发展与完善等问题进行了论述。此说提出之后，学术界均对“文物学”的概念进行过探讨[4]。但之后关于“文物学”的研究较少，反应寥寥[5]。

1972年，联合国教科文组织正式在《保护世界文化和自然遗产公约》中明确提出文化遗产的概念。我国在20世纪80年代末将相关概念引进，并逐步掀起一股“遗产热”，使文化遗产成为公众关注的话题。同时，伴随经济的飞速发展和城镇化进程的加剧，城乡建设与文化遗产保护之间的矛盾逐渐尖锐，也促使建筑学、考古学、规划学等学科的学者将研究方向调整到文化遗产，以便共同应对新的变化和挑战。在这种大背景下，高等院校的教育也悄然发生变化，“遗产中心”或“文化遗产中心”等机构纷纷成立，并开设了遗产专业方向或关于遗产的课程，投身于文化遗产领域的研究人员不断增加，因而有不少学者提出了“文化遗产学”的概念。2002年3月，中国社会科学院环境与发展研究中心与文化研究中心共同主办的“文化遗产保护与经营研讨会”，即就文化遗产学科展开了专题探讨。2003年5月，曹兵武提出建立“文化遗产学”的设想，认为这是“一门新兴的职业性学科”、“一门应当和遗产价值及本体研究、管理、经营、运作等密切地结合在一起的高度综合的创新性学科”[6]，并指出“从更广泛的层面来说，文化遗产应该也正在快速地成为一门新兴的职业性学科。因为文化遗产本身包含的科学内涵极其丰富，而文化遗产事业要安身立命，又必须有良好的管理与运作体系，并在这个变化迅速的社会中和其他社会要素有比较好的匹配和结合，否则无以担当起保护、研究、弘扬、传承和创新的宏大任务”。此后，杨志刚也提出“文化遗产学”概念，指出“文化遗产学应该是一门涵盖面甚广、学科交叉性很强的学问”[7]。也有学者建议将这门新兴学科称为“文化遗产科学”[8]。

2005年12月国务院下发了《关于加强文化遗产保护的通知》，第一次在官方正式文件中使用了“文化遗产”这个名词，而非延续了几十年的“文物”。关于这种变化的意义，单霁翔认为：“等于是把文物的保护扩大到文化遗产的保护，这是社会的进步，也反映了社会认识水平的提高。”[9]在此倡导下，学术界有更多学者就“文化遗产学”发表自己的看法，比较有代表性的有：

贺云翱认为文化遗产学的研究内容包括基础理论研究（如文化遗产田野调查和研究方法，文化遗产资源及价值认定，与文化遗产保护、管理、利用相关的社会理论，文化遗产的相关法律等）、各类具体的文化遗产事项的研究（如不同类型的文化遗产的时间、空间、结构、形态、内涵、功能、传承、演变、特征、价值、原真性、生存环境、保护方法、利用形式等），以及文化遗产应用性研究（如文化遗产管理学、文化遗产保护的传统工艺、文化遗产科学保护技术、文化遗产保护领域的国际体系、文化遗产的保存与陈列展览等)[10]。

李志超认为，文化遗产学是文化学的分支，是传统史学、考古学、科技史学、公众教育学与现实的经济管理、文化管理等学科混融交叉的学科，是典型的文理交叉的学问[11]。

苑利认为，所谓文化遗产学，就是指以前人创造、传承并保留至今之传统文化遗产为主要研究对象的一门学问。它所要回答的主要问题包括：什么是文化遗产？为什么保护文化遗产？怎样保护文化遗产？文化遗产学是一门专业性很强的学问，有其独特的视角与视野。文化遗产大致可分为有形文化遗产、无形文化遗产及自然遗产三大部分，这同时也是文化遗产学的研究领域[12]。

杨志刚认为文化遗产学这门新兴的学科，其任务关键在于“该如何型塑，包括对已有的若干学科如何进行交叉与整合，以凝练出一个新的系统”[13]，明确表明了文化遗产学的学科性质是交叉性、融合性的新兴学科。

周新国则认为，从现有的“教育”大门类的十二个学科出发来建设“文化遗产学”都具备可能性，但必须要以“从专业建设到学科建设的最终走向”作为共同目标[14]。

在2007年中国文化遗产研究院召开的文化遗产保护学科建设座谈会上，从学科体系的角度，王建新提出了应把文化遗产学定位为一级学科，下设文化遗产学理论（法学、价值学、美学、保护史学）、文化遗产保护学（材料学、保护工程学、保护技术、保护理论）、文化遗产环境学（景观学、地理学）、文化遗产社会学（传承、传播、教育学）、文化遗产管理学（管理学、行政学、规划学），以及文化遗产经济学等若干二级学科的设想[15]；张廷皓则认为文化遗产学应由文化遗产学理论、文化遗产法学、文化遗产美学、文化遗产管理学、文化遗产保护学、文化遗产环境学、文化遗产教育学、文化遗产经济学等内容构成[16]。

目前，学术界及文物行业对于文化遗产学“是否为一个独立学科”，或“是否有必要成为一个独立学科”仍存争议，对于“文化遗产学”的认识也存在较大分歧。如孙华从文化遗产学与考古学、博物馆学与文物保护科学技术等相关学科的关系出发，认为重新构建一个文化遗产学会成为一个包罗万象的“文理科大综合”，重蹈“文物学”尴尬。同时指出，研究、保护和展示利用文化遗产所需的相关学科均已建立，没有必要建设“文化遗产学”这样的新学科，对文化遗产学成为一个独立学科提出了疑惑，尤其对其赖以生存的基本理论和方法、基本的技术知识体系，甚至是否具有独自的研究对象，均提出质疑[17]。

此外，彭兆荣也认为，若从传统“学科规则”去检验，遗产学似不“纯粹”。遗产学并非单一的学科领域，参与遗产研究的学科很多，领域也很广泛，不同学科将各自的触角深入其中，各学科的特质、品性、理念、方法和手段也大量渗入、移植到具体的遗产研究中[18]。

李军则从西方学术界的经验出发，强调从来不存在一门所谓纯粹的“文化遗产学科”，只能从某个具体的传统学科角度进入到文化遗产学的研究领域，并认为文化遗产研究的五个领域分别是：遗产的发现、保护、鉴定、修复、传承[19]。

同时，有学者开始提出文化遗产保护学科的概念，比较有代表性的是单霁翔和黄克忠。单霁翔提出，文化遗产保护是指针对文化遗产价值的调查、评估、认定、研究、展示、利用和传承，对文化遗产本体的保存、保全和修复，以及对文化遗产相关环境的控制与治理等。文化遗产保护科学技术包括人文社会科学、自然科学、工程与技术科学等一切与文化遗产保护相关的科学技术。“文化遗产保护科学技术除了要探讨文化遗产保护中共性的规律、理论和方法外，主要是综合和专门地将一切有利于文化遗产保护的现代科学技术，以及已认知的传统技艺，施用于从认知到合理利用全过程的一切文化遗产保护领域”[20]。黄克忠则认为，文化遗产保护是指“为保存文化遗产实物遗存及其历史环境进行的全部活动”，并认为“保存”是“保护”的核心内容[21]。

从“文化遗产学”到“文化遗产保护学”，两种概念相比较，“文化遗产学”的涉及面似乎要比“文化遗产保护学”更广，且多数学者将“文化遗产保护”作为“文化遗产学”的核心内容之一。究竟哪一种学科取向和定义更符合我国文化遗产保护工作的实际，哪种取向更符合事业发展的趋势呢？本课题研究认为，“文化遗产保护学”作为一个学科概念具备一个独立学科所需的各种要素，更符合文化遗产保护工作实际，并能适应方兴未艾的文化遗产保护事业，理由如下：

首先，在研究内容与对象上，将“文化遗产保护”视为研究对象既能概括行业需求及学科发展的主要方面，又能突出学科特色。我们可以先从“保护”内涵的认识入手。

作为动词的“保护”一词，本意是“尽力照顾，使不受伤害”，在引入文化遗产领域后，因文化遗产的特殊性质与作用，“保护”一词的含义发生了较大的延伸，如《奈良真实性文件》将保护定义为“所有旨在了解一项遗产，掌握其历史和意义，确保其自然形态，并在必要时进行修复和增强的行为”[22]。因此，可以从广义与狭义的角度来理解文化遗产保护，狭义的文化遗产保护仅限于文化遗产保护技术层面；而广义的文化遗产保护则扩展到遗产管理、利用、宣传等各个相关层面。单霁翔明确提出：“文化遗产保护是指针对文化遗产价值的调查、评估、认定、研究、展示、利用和传承，对文化遗产本体的保存、保全和修复，以及对文化遗产相关环境的控制与治理等。”[23]因此，对文化遗产的保护不再仅是保存过去文明成果的行为，而更多涉及文化遗产本身的认知，涉及到当代社会如何利用文化遗产的问题。

保护“历史的见证”是文化遗产概念的存在前提，那么，作为在文化遗产保护运动中诞生的所谓“文化遗产学”，其存在的目的也应该是保护。“文化遗产学”虽然以前人创造、传承并保留至今之传统文化遗产为主要研究对象，但它所要回答的主要问题却是哪些遗产值得保护？如何保护？因此，从“保护”的涵义上可以看出，保护既是目标，也是手段，是文化遗产价值体系与对象体系的核心和根源，也是文化遗产研究的特征之一，可以说是该学科的灵魂[24]。只有从保护的角度，方能紧紧抓住整个行业及学科的核心问题，因而文化遗产保护学更适合于我国文化遗产事业的现实及未来发展需要。

其次，在研究方法上，虽然文化遗产所包括的类型各异，且随着时代的发展还将不断丰富，但是文化遗产保护的理念和方式却有其稳定性。文化遗产领域中的保护是指运用多学科的知识、方法与技术，针对文化遗产所涉方面，希望减少自然或人为对遗产的干预和破坏，以延长文化遗产的存世时间以便利用为主要目的而进行的一项独立性和实践性较强的专业性活动。不管针对何种类型的文化遗产，其在保护的理念和方式上均有一个共同点，那就是强调原真性、完整性和可逆性，因为所保护的文化遗产均是不可再生的[25]。这是其他保护手段所不具备的特征，也是文化遗产保护学科在方法论上的独特所在。

当然，保护文化遗产，需要化学、生物学、建筑学、地质学、环境学、规划学、管理学、法学等学科的知识和技能；展示和利用文化遗产，则需要博物馆学、传播学、管理学、规划学、建筑学等学科专家的参与。随着现代科学技术的进步，如信息技术、生物技术、空间技术以及生命科学、能源科学，特别是基础研究的重大突破，为人类认知客观世界、推动技术和经济发展展现了新的前景，并将对文化遗产保护的理念和方法带来前所未有的影响，一切新的科学发现和技术发明都将会被考虑应用于文化遗产保护领域。但是，对保护理念和保护方式的选择却是不会更改的。

再次，从学科构成上看，以文化遗产保护为核心，能构筑起一个完整的学科体系。文化遗产保护有三方面核心内容：一是文化遗产本体的认知，这是文化遗产保护开展的前提和基础；二是从技术层面，解决文化遗产保护实际工作中遇到的各种问题和挑战；三是管理层面，从文化遗产与人和社会关系的处理与协调上明确文化遗产能在一个比较适合的大环境下生存发展。据此，从学科内容设置上，文化遗产保护学将包括两个层面的内涵：

（一）核心层面

这是文化遗产保护学科存在的基本所在，主要有三方面的内容：一是文化遗产保护技术研究与实践，主要有文物保护材料学，文物保护环境研究，文物保护技术研究（包括传统修复技术研究），文化遗产保护实践研究（包括古建筑及近现代建筑群保护与实践，考古遗址的保护与实践），文化遗产保护规划研究，新型遗产（如乡土建筑、工业遗产、文化线路、文化景观、20 世纪遗产等）保护研究，文化遗产的信息化（数字化）技术研究等；二是文化遗产保护管理及法律研究，主要有文化遗产管理法制研究，文物市场经营与管理研究，文物安全保卫研究，博物馆及藏品管理、博物馆文化建设、博物馆行业规范、博物馆陈列设计研究，新型遗产管理研究，中外文化遗产保护实践比较研究等；三是与文化遗产保护本体直接相关的基础性研究，具体来说有文物本体研究，包括各种材质和类别的文化遗产研究（如青铜器、陶瓷、钱币、玉器、字画等可移动文物研究，古建筑、考古遗址等不可移动文物研究），博物馆研究，针对文化遗产事业的特点、社会定位、发展规律及未来走向展开的研究，以及文化遗产的内涵和外延、知识探寻和价值评估等方面的研究。

（二）相关层面

这些是与文化遗产保护学科密切相关的学科及内容，主要有考古学、历史学、材料学、物理学、化学、管理学、规划学、建筑学、生物学、地质学、环境学、法学等学科，还包括信息技术、生物技术、空间技术以及生命科学、能源科学等现代新生学科。

在设计文化遗产保护学科框架中，必须做到以文史为基底，以理工为支持，以管理为延伸。由于文化遗产涉及面比较广，其保护还可细分为各个具体的领域，各领域的侧重点各有不同，从而搭建起一个完整的文化遗产保护学科框架。

此外，在学科建设上，文化遗产保护学科更有利于明确学科地位与归属。目前，构建文化遗产学或文化遗产保护学虽已得到学界乃至社会的部分认同，但根据我国目前的学科建设政策，任何新兴学科的设置必须要以现有学科门类为切入点。如现有学科门类业已比较科学化、规范化，也比较齐备，且能满足现代科学技术与人文科学研究的需要，也就没有增设新的学科门类的可能。因此，无论如何强调文化遗产本身的重要性与必要性，均无法将文化遗产视为独立学科门类，所以针对文化遗产保护方面的特色及其体系，建设文化遗产保护学科无疑更具有可操作性。教育部于 2003 年印发的《关于做好普通高等学校本科学科专业结构调整工作的若干原则意见》指出：“鼓励高等学校积极探索建立交叉学科专业，探索人才培养模式多样化的新机制。跨学科设置交叉专业，是培育和发展新兴学科的重要途径，也是国际上许多发达国家本科专业建设的共同趋势。”因此，如果能抓住目前的大好时机，争取将文化遗产保护学科列入国家学科目录，这对整个学科的建立与发展是尤为重要的。

根据我国教育部颁布的两个学科目录[26]，无论是学科门类，还是学科分类中，均无专门的文化遗产或文化遗产保护学科。从目前学科设置上看，要将文化遗产保护置于完全适合的学科中是不可能的，也是不现实的。我们只能充分权衡，从学科的核心内容和主要方面来选择文化遗产保护学科建设的有效途径。

根据文化遗产保护学科体系的内涵与外延及其学科范围，按照既要充分发展，又不超越边界，既不狭隘又不泛化的原则，在现有的学科格局中，可以先考虑将文化遗产保护学科作为二级学科增补进国家重点学科，再进一步争取成为国家一级重点学科。目前，围绕文化遗产保护学科建设途径的设想有三种方案：

方案一：将文化遗产保护学纳入到历史学中。毕竟文化遗产与历史有着千丝万缕的联系，遗产的概念本身就与历史密不可分，因此将之纳入历史学的学科范畴是可以理解的。但是关于文化遗产保护多是技术方面的范畴，而且有很大一部分属于管理和利用的层面，如将之纳入到历史学科中，则有相当部分内容不适应。

方案二：将文化遗产保护学纳入工学一级学科，与建筑学并列，将所有涉及文化遗产保护技术方面的学科纳入。但是文化遗产保护离不开本体的研究，而本体的研究纳入到工学中显然是不合适的；此外，文化遗产保护还有一部分是关于管理、利用层面的研究，这一部分也不太适合纳入工科。

方案三：将文化遗产保护学纳入到管理学一级学科中，这种想法考虑到了文化遗产保护之管理和利用的层面，但是对于文化遗产保护工作本身却包括不进来，而且对文化遗产本体保护也是不合适的。

三种设想均有利有弊，我们应从文化遗产保护学的学科定位、发展的主要趋势上着眼，立足于最大限度顾及该学科发展的主要方面，适应该学科长远发展，来选择最优建设方案。

从学科定位来看，文化遗产保护学科应定位于实用性、应用型学科，因此对于文化遗产本体的研究应是该学科的基础，而不是其最核心的层面。从文化遗产保护学科的内容来看，最核心的应属技术层面的具体保护学科和管理层面的学科，从这两部分比例来看，应是以前者为主流，因此，将文化遗产保护学科设置为工科下面的二级学科，应该比较符合现在的要求及今后形势发展的需要。此外，从目前的研究队伍来看，主要集中在文物系统及高校系统中，研究方向以本体研究居多，且高校中致力于本体研究的学者基本都是历史学或其二级学科考古学出身，技术层面及管理层面的研究均有待加强，从发展潮流来看，还是将之列入工学类，更能满足学科不断发展的需要。

二　国家关于重点学科的相关规定

重点学科系国家根据发展战略与重大需求而择优确定并重点建设的学科，是在高等教育学科体系中居于骨干和引领地位的学科[27]。在教育部2006年颁布的《国家重点学科建设与管理暂行办法》（以下简称《暂行办法》）以及《教育部关于加强国家重点学科建设的意见》中，明确提出要以“服务国家目标，提高建设效益，完善制度机制，建设一流学科”为指导思想，在规模基本稳定的基础上，重点根据国家和区域经济社会发展特别是创新体系建设的需求，对学科结构布局等进行调整，突出综合优势和整体水平，促进学科交叉、融合和新兴学科的成长[28]。在学科上一般按照一级学科和二级学科分设，其口径以现行的《授予博士、硕士学位和培养研究生的学科、专业目录》为依据，并以五年为一个建设周期。据此，文化遗产保护学科要成为国家重点学科的首要条件在于将文化遗产保护学科增列为国家专业目录，同时加快自身学科建设步伐，进入国家重点学科是完全有可能的。

在《暂行办法》中也对重点建设学科的基本条件提出了要求，具体为：

1. 主要学科方向对推动学科发展、科技创新，促进我国经济建设、社会进步、文化发展和国防建设等具有重要意义。

2. 拥有学术造诣高、具有一定国际影响或国内知名的学术带头人，有一支结构合理的高水平学术团队。

3. 应有完整的本科生和研究生培养体系，培养的博士生质量和数量位于国内同类学科的前列。

4. 具有鲜明的学科特色，在本学科领域有较大的学术影响；已取得较高水平的成果，对经济建设和社会文化发展做出了重要贡献；承担着国家重要的研究项目。

5. 教学、科研条件居国内同类学科先进水平，具有较强支撑相关学科的能力，有良好的图书文献和现代化信息保障体系。

6. 学术气氛浓厚，国际国内学术交流活跃。

可以看出，此中规定尤为重要的是前三项，即发展方向之确定、学科带头人之队伍和教学科研水平。学科发展方向主要指学术研究方向，是指对国民经济建设和科学技术发展具有重要作用，与国内同行相比有独自的特色，且处于国内领先的研究领域，在不断开拓创新的同时要保持相对稳定[29]。学科学术带头人一般都代表和决定了所在重点学科一定时期内的学术地位和学术水平，是这一学科群体的学术领导者，在这一群体中起着核心作用，学术带头人的水平将直接决定了该学科发展的速度和程度。

同时，在重点学科建设内容方面，教育部重点强调五方面内容：

首先，要根据学科发展的趋势、国家和所在地区建设和发展的需要，结合本学科的特点和基础，制订学科建设与发展规划。规划内容主要包括建设目标、主要研究方向、队伍建设、人才培养、环境和基础条件建设、经费筹措、预期成效等方面。

其次，做好学科方向凝练。这就要求各重点学科要与国际同类高水平学科进行比较，掌握本学科领域发展动态，紧密结合国家创新体系建设和哲学社会科学繁荣计划，瞄准国家及区域重大需求，根据自身学科优势，确定本学科研究方向。凝练学科方向其实也是做好国家重点学科建设规划的核心内容。

再次是进行师资队伍建设。师资队伍是国家重点学科建设的关键，教育部文件要求各重点学科所在单位要制订相应的优秀学术骨干选拔和引进办法，明确学科负责人在学科建设中的职责，为优秀学者和学术团队的发展创造条件，完善激励和约束机制。

第四是强调基础设施条件的建设。基础设施条件是重点学科发展的重要保障，教育部重点强调各重点学科所在单位要加强对国家重点学科的实验室、现代化信息环境、图书文献等基础设施和条件的建设。

最后是注重学术交流与学术影响力建设。各重点学科要建立国家重点学科信息网页，介绍本学科的基本情况和发展动态，促进信息交流，鼓励接受国内外访问学者，增强在国内外学术界的影响力，带动国内同类学科水平的提高。

在国家重点学科的遴选上，国家重点学科在定期考核的基础上，对符合条件的由教育部按有关程序经过考核重新确定为国家重点学科；一级学科国家重点学科由教育部按照确定标准和程序，从符合条件的二级学科国家重点学科中直接确定；二级学科国家重点学科的增补，将与国家和区域发展的重大需求相结合，经选优推荐并通过专家评审后增补。

教育部上述规定为文化遗产保护学科的建设指明了方向、目标及核心工作内容。我们可以先考虑将文化遗产保护学科作为二级学科增补进国家重点学科，再进一步争取成为一级国家重点学科，这在实际工作中也是最具可操作性的选择。

三 目前文化遗产保护学科建设面临的主要问题

随着保护文化遗产重要性与必要性的认识不断深化，加强文化遗产保护已成为国家战略，成立有利于文化遗产保护的专门学科的呼吁在众多学者的努力下变成了实践，不少高校开设了有关文化遗产保护的专业或课程，在本专科、研究生培养等层面开展探索，也出版了一些教材，为文化遗产保护学作为一个独立学科发展奠定了基础[30]。但学科基础不牢固、认识模糊、重实践应用轻理论总结等问题始终制约文化遗产保护学科的健康发展。目前，在学科建设中，内涵过大，外延不明确；学科定位不稳，学科地位偏低，社会认知度偏低等问题尤为突出。

（一）学科内部缺乏统筹协调，没有达成共识

文化遗产保护学科建设是一项综合性很强的工作，它辐射并渗透到文化遗产保护工作的每个环节，既包括理论探索，又包括实践检验；同时文化遗产保护学科建设又是一个系统工程，是文化遗产保护工作的综合性体现。目前，文化遗产保护学的下属相关学科各自有丰富的内涵，涉及面相当广。各界关于把文化遗产保护整合成一个学科，一直有不同的看法，没有形成共识。赞成者认为，涉及文化遗产保护的学科密切相关，并能相互利用，能起到互补的作用，且整合后能较好地解决原有学科的弱势问题，并可以拓宽学科范围。而反对者认为，现有文化遗产保护的学科各有不同的学术特点和研究侧重点，从人才结构、研究方法与内容上根本无法融合。由于人员知识结构分散，因此几年来也几乎没有真正意义上的科研协作[31]。此外，在理论方面的探索和研究也相当不够，特别是在保护技术与管理的理论层面的研究，存在从相关学科理论成果借鉴的简单移植倾向，缺乏知识论和方法论上的创新，反而在一些所谓“热点”问题研究上，出现相当数量简单重复的研究文章，研究的薄弱环节比比皆是。

目前，我国已有20余所高等院校开设了考古专业、博物馆专业、文物保护专业、文物建筑专业、建筑史专业的本科教育和研究生教育，为文化遗产保护工作输出大批人才。但高校中直接将文化遗产作为一个单独的院系或专业进行教学的并不多见，多是将其作为某个学院或专业下的一个方向来开展

教学和科研，其专业设置仅是实践需要的产物，暂时难以形成系统教学的任务和目的。在查阅高校各相关专业的设置时发现，文化遗产保护专业主要分布于硕士层次，在本科教学层次并不多见。此外，从横向比较来看，各高校文化遗产保护相关专业的发展水平也参差不齐，缺乏学科层面的统筹。

（二）人才缺乏，基础不扎实，成果不突出

受大环境的影响，目前文化遗产保护领域存在重实践轻基础、重文献轻工艺的现状，国内真正从事文化遗产保护工作的专家在数量上呈减少的趋势，缺乏有较高研究水平和影响力的代表性成果。再加上老一辈的文化遗产保护专家年事已高，新一代研究人员的基本功明显不足，因此要出现高质量的文化遗产保护研究成果则更加困难。

目前，无论是国家还是地方，文化遗产保护学研究方面的课题立项较少。在国家自然科学基金重大项目、国家社科项目、国家高技术产业化发展项目等高水平科研项目仍较为少见，同时重大成果少，高质量论文少，特别是创新成果少，成果转化和应用的更少，整体科技创新能力不强。客观来看，现行环境对文化遗产保护研究也不是很有利，实践和理论研究脱节仍然比较突出，科技及工程研究方面的实践多、理论研究少；而基础研究和理论研究工作则多与实践有较大距离。因此，整个学科相关研究显得比较低迷，仍在较低层次上徘徊。

此外，从事文化遗产保护研究工作，需要历史学、考古学、建筑学等多学科的知识背景，而现在人才的培养分科越来越细，分属不同学科门类，人为分割知识结构，从而导致现有人才能力结构不完整，综合性不够，具备多学科知识功底的人才越来越少。在研究生的培养方面，文化遗产保护学科的招生规模也呈下降趋势。由于毕业与就业的压力，近几年大量的该专业研究生所做的毕业课题中，多着眼于小的细节问题。这种专业人才培养模式的弊病已较为凸显，发展后劲明显不足，培养水平更有待进一步提高。

（三）学科方向凝练不够

按照学科建设理论，每一个二级学科，一般应当设置 3～5 个相对稳定的研究方向[32]。由于文化遗产保护学科的内涵、外延及其与相关学科的界限不十分明确，相关各学科形成了各自为战的局面，学科团队意识淡薄，没有形成几个稳定的具有核心带头作用的研究方向。

总之，目前的文化遗产保护相关学科建设远不能适应我国文化遗产保护的现实及未来发展需求，整合学科资源，建设文化遗产保护学科已是刻不容缓的历史使命。

四 建设文化遗产保护学科的对策分析

（一）国家要进一步明确文化遗产保护的学科地位

根据我国现行规定，人才的培养是按照教育部调整、制定和颁布两个学科目录执行的，它们分别是 1997 年颁布的《授予博士、硕士学位和培养研究生的学科、专业目录》，以及 1998 年教育部颁布的《普通高等学校本科专业目录》。这两个目录，不仅是高校专业设置、专业招生、专业学习及授予学位

的依据，同时也是进行学科规划、学科建设和专业设置的依据。而在这两个专业目录中，无论是学科门类，还是学科分类中，均无专门的文化遗产或文化遗产保护学科，但与文化遗产保护学科有密切关系的学科非常多，如：

06　学科门类：历史学

0601　历史学

060102　考古学及博物馆学

060103　历史地理学

060104　历史文献学（含敦煌学、古文字学）

060105　专门史

060106　中国古代史

060107　中国近现代史

060108　世界史

07　学科门类：理学

0709　地质学

070903　古生物学与地层学（含古人类学）

0712　科学技术史（注：分学科，可授予理学、工学、农学、医学学位）

08　学科门类：工学

0813　建筑学

081301　建筑历史与理论

081302　建筑设计及其理论

081304　建筑技术科学

其中，属于文化遗产保护学科中的核心内容之一的博物馆学就归属于历史学这一级学科下，与考古学并列；古建筑保护与维修研究则是归属于建筑学下的建筑技术科学；此外，在物理、化学、材料等学科中也涉及文物保护的层面，而且管理类、法学等学科也有文化遗产保护方面的内涵，因此，文化遗产保护学科是一个交叉的学科，最理想的状态就是在学科中将文化遗产保护学科设置为一级学科，然后再将相关的核心内容纳入进来。

确立文化遗产保护的学科地位，并使之纳入国家教育系列是建设文化遗产保护学科的首要和必要条件。教育部在《关于做好普通高等学校本科学科专业结构调整工作的若干原则意见》中明确指出要鼓励高等学校积极探索建立交叉学科专业，跨学科设置交叉专业，如能抓住目前大好时机，争取将文化遗产保护学科列入国家学科目录，这对整个学科的建立与发展尤为重要。为此，从国家决策层面建议国务院学位委员会、教育部在下一次修改《授予博士、硕士学位和培养研究生的学科、专业目录》时，正式将“文化遗产保护”作为二级学科，纳入国家专业教育体系，有助于解决目前学科隶属关系混乱的问题，从而促进文化遗产保护学科建设健康发展。同时，行业相关研究也要跟进，就现有学科目录调整提出政策建议，按照既要充分发展又不超越边界、既不狭隘又不泛化的原则，对现有的学科格局进行调整，进一步理顺文化遗产保护学科体系的内涵与外延，清晰界定相关学科范围。

（二）立足行业及国家需求，科学定位学科科研方向，制定科学的总体规划

进行科学、完善的文化遗产保护学科建设规划也是保证本学科建设的重要基础之一。由于学科建设是系统工程，与师资队伍建设、科学研究、研究生教育、实验室建设、图书资料建设等紧密相关。因此，需要进一步统一认识，落实文化遗产保护学科建设在整个文化遗产保护事业发展中的地位，找出学科建设的关键问题和薄弱环节，根据现有学科结构及学科基础，结合长期的学科积淀，在几个有可能突破的研究方向上整合发展，并集中精力系统建设，通过若干个一流的三级学科以带动整个学科群平台的发展。

在文化遗产保护学科建设规划中既要利用现有学科专业资源，更要利用各种外部资源优势。鼓励学科交叉融合，将一切有利于文化遗产保护的现代科学技术，以及传统的技艺纳入到文化遗产保护学科领域之中。同时规划拟筹建的核心学科专业数目或二级学科数目及其关系，明确文化遗产保护学科的合理内涵，采取成熟一个建设一个的方式，并统筹好各分支学科点的关系，对未来的发展具有一定的预见。

另外，在文化遗产保护学科建设规划中，要注意规范学科内涵，明确研究目标。文化遗产保护学科的研究范围不能无限延伸，研究内容要紧紧围绕文化遗产保护及利用等行业重大需求进行，做到目标明确，发挥各自的专长。至于其他相关学科只能作为技术研究的手段与方法，应当在各自领域中发展，寻找自己的研究目标和生长点，充分利用文化遗产保护学知识，为文化遗产保护研究服务。

（三）处理好其他相关学科与文化遗产保护学科的关系，努力培养特色优势学科，完善学科体系

文化遗产概念本身的丰富性与不断发展，决定了文化遗产保护工作对象、范围和方式也不断扩充或更新，从单纯的物质文化遗产的保护，发展到更多地对自然生态环境、历史变迁轨迹、人的内心世界的尊重，文化遗产保护体系也在动态发展。随着文化遗产的外延种类和评价体系的不断丰富，文化遗产保护的目的从对古物的收藏，扩展到集保护、研究、展示于一体的综合目标，保护的对象也从可供人们欣赏的艺术品，到各种文化遗址和历史建筑，再扩展到历史街区、历史城镇以及独具特色的历史性城市，保护的范围更从物质文化遗产扩展到非物质文化遗产以及相互联系生成的文化景观、文化空间。针对不同类型、不同质地、不同时代、不同保护级别、不同生存环境的文化遗产，在保护中需要采取不同的保护对策、保护方法和保护技术，因此，介入文化遗产保护的学科就有考古学、文物修复、法学、建筑学、物理学、化学、环境科学、材料科学等。就文化遗产保护学科的目的与内容而言，研究文化遗产需要考古学和科学技术史、艺术史等专门史的学问，同时需要化学、生物学、建筑学、地质学、环境学、规划学、管理学、法学等学科的知识和技能；而展示和利用文化遗产则需要博物馆学、传播学、管理学、规划学、建筑学等学科专家的参与。可以说文化遗产保护学科的突出特点就在于综合性、贯通性、应用性。

就“综合性”而言，它不限于涉及的“古物”、“文物”、“考古”、“民俗”等学术概念，而是把历史学、考古学、文物学、建筑学、博物馆学、文化人类学、民俗学、传统工艺学等，以及生态环境、规划、法律、资源管理、科技保护、展示和旅游等都考虑进去，“物质的”和“非物质的”，甚至生存

空间的以及文化景观的皆融入其间，具有十分鲜明的跨学科性和综合性。

在“贯通性”方面，文化遗产保护学的实践与研究对象不仅仅为古代遗产，也包括近代和现代遗产；其学术目标，不仅在于阐明与遗产相关的历史，更注重于面向当代甚至未来，这是该学科的另一显著特点，即在学术精神上追求贯通古今和未来，这就决定了文化遗产保护学科在建设过程中必须处理好其他相关学科与本学科的关系。

就“应用性”而言，文化遗产保护的相关研究均是围绕文化遗产保护的实际需求展开的，只有密切联系我国文物研究、保护、修复工作的实际，从各种迫切需要和热点、难点中，从基层、工地和现场来选题、来研究、来做事、来攻关、来出成果[33]。文化遗产保护研究也只有顺应中国文化遗产学科和文物保护科技基础建设的迫切需要，将中国特色文物保护实践的总结和理论探讨放在首位，才能创造和形成新的学科优势和特色，不断丰富和发展学科建设的途径和内容。

目前，在我国文化遗产保护学术界的组织机构基本上是以学科为基本单位，其管理体制主要也是基于学科组织为主线，导致跨学科研究活动面临管理体制上的冲突与障碍。特别是在高校，目前大部分仍按传统的学科分化的单学科形式设立学术组织和科研机构，这种组织结构明显不适应学科发展的需要。它只反映了同一学科领域的各学科之间的源流、衍生关系，未能反映不同学科领域学科相互融合互动的关系。“学科壁垒”和“学术壁垒”为文化遗产保护研究设置了人为障碍，造成了学科之间的隔阂与封闭，同一领域的科研人员形成了一个学科为中心的“圈”，人为地使得学术研究的封闭性更加坚固。

虽然现在文化遗产保护研究者不断开阔视野，越来越注重在更加广阔的基础上研究文化遗产保护问题，并开始涉猎社会学、经济学、管理学、哲学等其他学科的理论与方法，但仍有很多研究方法仅仅是借用了其他学科一部分适合于自身的学科要素，缺乏与文化遗产保护方法体系有机融合，有机械照搬之嫌。此外，将文化遗产保护作为其他学科研究的一个领域或问题域，由其他学科研究者用他学科的学科体系范式来研究文化遗产保护问题，从这种意义上说，文化遗产保护是他学科研究的组成部分。因此，要达到文化遗产保护学与其他相关学科的融合交叉，必须运用其他学科已取得的成果及其分析方法或者技术，以便为更好认识文化遗产保护学科研究对象，提供新的范式或者视角，并使之“再生”，从而达到他山之石、攻己之玉的目的。

除了很好地处理好与其他相关学科的关系外，在文化遗产保护学科建设中还必须采取不均衡的学科发展战略，即要特别注重特色鲜明、优势突出的学科群建设，完善学科体系。

首先，要有意识培育特色鲜明、突出的学科群，形成合理的学科体系。学科布局上可优先考虑国家与地方经济社会发展迫切需要的学科；或是已有深厚的基础、较强的实力，并具有明显的特色与优势的学科。这些学科应能代表和反映学科主流方向，符合现代科技、经济、社会发展趋势。

其次，要处理好本学科体系内的重点学科与一般学科、基础学科与主干学科之间关系。基础学科是由理论基础和应用基础等学科组成。这些学科既有其自身的学科特色，又对主干学科发展具有重要影响，是学科总体框架的基石。主干学科是学科总体框架的支柱，一般由反映和表征本学科水平的重点学科和优势学科组成。主干学科要带动一批相关学科的发展，促进新兴、交叉学科的成长，是培养高层次人才、出高水平成果的重要基地。没有高水平的基础学科，其他学科就不可能高水平的发展。主干学科的建设应根据国内外现有文化遗产保护学科发展状况，以及学科队伍的结构，确立特色学科方向进行重点建设，强化学科特色，确立学科优势，形成学科品牌；一方面指导其他学科根据学科建设的整体性要求加强建设，实现多学科协调发展[34]。

（四）鼓励相关基础研究与应用研究，鼓励跨学科综合研究，以科研促进学科建设

在学科建设中，科学研究是关键，要把科研和学科建设紧密结合起来，需要利用有限的资源，发挥优势，把握机遇，使科研成果转化为学科建设的优势。文化遗产保护学科建设中的科研工作可以重点从以下几个方面着手：一是在科学研究项目方面需要加大、加强科研项目申报力度，力争在国家级项目上有较大突破；二是在一般科研工作方面要完成更多高水平论文和学术专著；三是在科研成果转化方面要努力实现科学技术创新，推动科技成果转化。

在文化遗产保护的科研工作中，基础研究、应用研究是重点。文化遗产具有多样性、易损性等特殊属性，而且在我国分布十分广泛，需要保护的数量十分巨大，加之地域性与地方文化的差异性，导致不同的文化遗产在保护方面都对科学技术有不同的要求。这些特殊性构成了文化遗产保护领域独特的学科链和逻辑关系，其保护工作应该建立在扎实可靠的研究基础之上。可以说，没有基础研究，保护则可能意味着破坏。同时，没有应用性研究，也就无法为文化遗产保护提供经验与理论支撑。因此应特别加强文化遗产保护的基础性、应用性研究，包括对文化遗产的属性与价值研究、文化遗产的真实性和完整性研究、文化遗产的重要性研究、文化遗产的材料与工艺研究等，加强对文化遗产个体保护的技术工艺等应用性研究。

同时，在进行以科研促进文化遗产保护学科建设的过程中，还要鼓励跨学科研究。跨学科是指两门或两门以上不同学科之间紧密和明显的作用，包括从简单的交换学术思想，直至全面交流整个学术观点、方法、程序、认识、术语以及各种资料。跨学科研究的实质就是架起学科知识之间交叉研究、创新研究的桥梁。跨学科研究能直接提高学科创新的能力，进一步丰富学科内涵，扩大学科外延与学科知识体系，加快学科的创新建设与发展。在20世纪80年代，科学学科已发展为5550多门，其中非跨学科有2969门，而跨学科创建的新学科总量已达2581门，占全部学科总数的46.5%[35]。可见，跨学科研究对学科创新发展及创建新学科发展的作用力与推动力。

在文化遗产保护学相关学科各自纵向发展达到一定程度时，由于受到相邻或相关学科知识、理论、方法、技术等方面的冲击和渗透，加之文化遗产保护事业发展需要，推动文化遗产保护学科向外学科横向外扩发展，也会促进跨学科交叉融合而创新或创建新学科。有学者指出：“文化遗产的多样性以及文化遗产毁损原因的复杂性，决定了文化遗产保护科学技术研究必然是多学科交叉、自然科学与人文社会科学融合、基础研究与应用研究交叉展开的一个大跨度交叉和高度综合的集成体。”[36]

只有在跨学科研究过程中，文化遗产保护科学研究人员才能不断突破学科界限，延伸与拓展学科研究内容、范围，并通过大量的信息重组与组合创新，提升学科知识的逻辑性和科学性，促进学科分化或衍生新学科，不断增强学科创新能力。因此，文化遗产保护科研人员应进一步加强横向合作研究，主动走出文化遗产保护圈，积极与其他学科的专家、学者加强联系和合作，共同进行跨学科探索与研究，寻找新学科的“结合点”和“热点”，加快获取新成果。特别对边缘学科、软科学等的“真空带”，应联合进行开垦，努力开创出应用性强、知识层次高的新学科。具体而言，文化遗产保护学科的跨学科综合研究应主要体现在以下方面：（1）理论层次上的渗透与结合；（2）经验层次上的渗透与结

合；（3）方法论层次上的渗透与结合；（4）在一般科学和元科学层次上的渗透与结合；（5）学科功能结构层次上的渗透与结合；（6）在科学的目的、价值层次上的渗透与结合；（7）在科学研究组织管理层次上的渗透与结合[37]。也就是说文化遗产保护学科建设，不能囿于文化遗产科学领域内，应有开阔的学科视野，要关注整个科学学科的发展，包括社会科学、人文科学、自然科学和综合科学的学科及其新学科发展。

跨学科研究并不意味着泯灭自身特色，文化遗产保护学的科研人员要注意发挥各自优势，强调特色研究。目前，文化遗产保护学科中人员的知识结构和专长各有不同，研究的范围和内容各有侧重，通过开展专项特色研究，锤炼研究人员的创新思维质量及其创新拓展能力，促进文化遗产保护学科的创新发展。

（五）实施专业教育的适当调整，多渠道、全方位建设好学科队伍，加强科研后备力量建设

要使文化遗产保护学科具有持续发展的生命力，其专业教育需要有三个层次：（1）面向学科：为学科长远建设培养的高层次博士、硕士人才；（2）面向社会及中国文化遗产保护工作需求：为各类文化遗产保护机构培养专科、本科、硕士、博士多层次人才；（3）面向行业：为国家文化遗产保护和管理部门培养的大学本科、硕士人才。在这三个层次中，第二个层次已运转多年，为中国文化遗产保护工作培养了成千上万的专业人才。第三层次也逐步走上了正轨。而第一层面的发展还相当滞后，基础也最为薄弱，目前尚没有专门的文化遗产保护学科，本科及硕士培养的力度不大，因此急待于专业教育层次结构的调整和完善，为学科未来的加速发展铺平道路。

专业教育离不开专业师资队伍的建设，师资队伍的素质是决定教学质量高低的关键因素。目前，高校文化遗产保护相关教学的师资队伍存在的主要问题是：知识结构不合理，多数教学人员专业构成单一，跨学科交叉融合少，学术力量分散，没有形成学术梯队，学术研究方向与范围多局限于传统的文物范畴，没有形成文化遗产特别是新兴文化遗产保护的研究力量，复合型高层次师资少。为此，应优先加强高素质的师资队伍建设，逐步缓解当前师资队伍水平不适应文化遗产保护学发展需要的矛盾，为学科发展与建设提供强有力的智力和人才支持。较为可行的策略是，在文化遗产保护学研究与教学方面取得突出成绩的学校，如北京大学、西北大学、复旦大学等定期举办师资进修班，对从事文化遗产保护教学的教师进行理论与方法的全面培训，以提高他们的专业素养。同时，注重文、理、工结合地完善师资队伍结构，彻底改变当前文化遗产保护教学队伍中文科知识背景的教师偏多、理科知识及工科知识背景的教师极少的现状。此外，着意加强教学中的实践锻炼，通过理论与实践相结合来提高师资队伍水平，既可采取派现有教师参与实践锻炼的方式，也可以聘请一些实际部门的同志或领导干部为兼职教师。

其次，要科学制订人才培养目标与人才培养模式，打造多支方向合理的学术团队。重点从文化遗产保护的基础研究与技术应用来考虑，应兼有下列两类人才的培养：（1）“基础型”人才培养：这类人才具有明显的文理科特色，基础要厚一些、宽一些，强调基本理论和基础知识的掌握，这一部分人才必须要有高学历背景；（2）“应用型”人才培养：这类人才具有明显的理工结合的特点，在掌握专业基本理论和基础知识的基础上，注意知识面，加强本专业的专门知识和应用性知识及工程技术能力

培养，学生毕业后直接从事与文化遗产保护领域有关的工作。为了加快学科建设速度，可以充分吸收相关学科的科研力量，将不同学术背景、不同学术取向的学者纳入到文化遗产保护学科建设队伍中来，在组合的基础上实现教师队伍的力量整合，整合的重点可侧重于学术方向，突出本学科的整体性、综合性研究。

再次，应有意识加强后备科研人才的培养。由于历史原因，文博系统中高学历和专业对口人员所占比例偏低，高级技术人才缺乏，且数量偏少，专业知识结构不合理，综合素质较低，中青年学科带头人和高层次复合型人才严重不足，缺乏后备人才队伍。为保证学科建设的持续、连贯、健康的发展，应特别重视科研队伍建设问题，尤其要把后备力量的培养问题纳入学科长远发展的战略方针中去，着力培养青年学术骨干。为了使青年学术骨干能独立开展科学研究，促进学术梯队接班人的成长，激励青年科研人员开展科研工作，鼓励青年科研人员参加国际、国内学术会议，多发表论文、出版专著等，努力营造竞争环境，促其成长。

（六）完善基础科研设施和教学条件，搭建学科平台，创造良好的学术氛围

任何事物的发展与成长，都需要一个良好的氛围，一个好的平台，学科建设也是如此。必要的科研实验设备和丰富的情报图书资料是保证教学、科研顺利开展和人才培养质量稳步提高的重要基础。所以，基础设施建设的成功与否直接影响到学科研究方向的调整、人才培养、科学研究等诸多方面。国外著名大学之所以能培养高质量的人才、出高水平的科研成果，很重要的一点，就是因为他们拥有先进的实验室和科研仪器设备。反之，如果一个教学条件落后，设备陈旧，仪器老化，缺乏现代化教学手段的基地，不可能有高水平的研究成果，也不可能培养高素质的专业人才。因此，在完善科研设施和教学条件时，既要注意实验室及仪器设备的配置，同时也要加强文献资料和信息网络方面的建设。

在实验室的硬件条件建设上，要形成本学科科学研究的实验平台，打造具有特色的专业性实验室，以支持该学科的各个研究方向的发展。在文献资料、信息媒体的建设上，应建立丰富、多样的资料文献库和图书馆馆藏，形成现代化、网络化、数字化的图书资料服务基地。

在教学条件上（主要指高校文化遗产保护学科教学中），应注意弥补现有高校在教学过程中关于文化遗产保护教学条件的不足，改变理论学习与实践操作脱节的现象，鼓励开设文化遗产保护专业的高校与现有文博科研单位合作，如与各地的文物考古研究院（所）、文管所、博物馆以及从事文化遗产保护的其他社会团体单位等合作，树立在文化遗产保护实践过程中学习完善理论的学科建设思想，努力提高学科建设的实体化程度，不断提升学科教学、科研资源建设的优质化水平。

（七）加强学科建设宏观管理，避免资源浪费和恶性竞争

学科建设是一项复杂的系统工程，科学的管理是学科建设顺利发展的重要保证。文化遗产保护学科建设作为一门新兴而社会需求较大的应用型学科，在学科建设起步阶段必须着眼于整个文化遗产保护事业的现实需求和未来发展，加强学科建设过程中的宏观管理，科学谋划，合理布局，培养层次目标定位清楚，加强各人才培养单位及文化遗产保护单位之间的资源共享，避免恶性竞争，避免出现人才供求不对称，人才层次不清，严重影响文化遗产保护事业发展的不良局面。

首先，根据我国教育资源在人力、财力有限的实际情况下，树立大教育、大培训的观念，整合相

关资源，发挥优势互补作用，建立科学的文化遗产保护专业教育和培训体系，构建以行业主管部门为主体，高等院校、科研机构、博物馆相结合的文化遗产保护领域人才培训网络，多渠道开展各类文化遗产教育培训工作，通过岗位培训、学历教育、师承制传授等多种途径，建立完善的人才培养模式，尽快形成文化遗产保护人才队伍的基本力量。

其次，文化遗产保护学科建设在高校专业设置的数量、层次上要注意高等院校、行业资源的控制分配。目前，由于政策、集体或个人等多种原因，学术研究资源相对分散，从而导致某种浪费。在学科建设中常常可以见到，一方面是设备闲置，另一方面却在大量采购同类设备；一方面是资金沉淀，而另一方面却求资无门。为此，实现资源共享、提高资源的利用效率，共同开展文化遗产保护学科建设是必然选择。可考虑重点以目前行业科研机构及国内在考古博物馆专业或文物保护技术专业等有较强师资力量和较高学术水平的高校中布局文化遗产保护专业，进行文化遗产保护学科建设，避免出现因为文化遗产保护事业目前或未来一段时间内人才需求量大、就业前景好而所有高校竞相争办文化遗产保护专业的局面。现有的旅游管理专业就是最好的例证，目前几乎所有的高校或职业院校因为旅游业的快速发展而不顾师资力量和学术基础开办旅游管理专业，建设相关学科点，到目前出现人才过剩，学科师资转型或发展的尴尬局面[38]。同时在学科地区布局上，也要从宏观角度考虑我国文化遗产现存的地区分布和类型分布，可以考虑根据不同地区的文化遗产类型、数量等因素布局文化遗产保护学科建设的重点方向与重点内容，以适应当地文化遗产保护事业的需求。如在东北地区可以考虑重点学科建设以现代新型文化遗产保护为方向与内容等。同时考虑建设跨院系、跨学科的公共科研平台，以重大和关键科学问题为核心，以交叉学科为重要基础，整合高校及行业内的多学科力量和科技资源，建设跨院系、跨学科的研究中心及研发平台，实现科研和技术资源共享，以项目带动平台建设，以研究任务推动技术平台发展，以学科交叉重构共享体系。

第三，文化遗产保护学科建设要以提升科研质量与水平，稳步扩大影响力为主要建设方向。文化遗产保护学科应在现有基础上稳定发展规模，努力增设学科博士点或硕士点，并逐步扩大招生规模，提升科研质量。

五　文化遗产保护重点学科建设模式之探讨

学科建设是一个大系统，它与人才队伍建设、科学研究、实验室建设、基础资料建设等紧密相关。而重点学科的建设，更是在人才队伍、科研水平和基础条件方面提出更高的要求。根据教育部《国家重点学科建设与管理暂行办法》的规定，国家重点学科重点突出国家发展战略与重大需求，突出创新，突出其在教育体系中的骨干和引领地位。此外，教育部对申请国家重点学科还提出以下要求：申请学科须具有博士学位授予权且至少已正式招收一届博士生，并应具备以下条件之一：（1）申请学科应属“九五”期间教育部批复预审的原“211 工程”学校中的重点学科建设项目的组成部分；（2）申请学科在“九五”期间曾获得省部级二等奖（含二等奖）以上教学科研奖励；（3）申请学科为国家或省部级重点实验室、社科研究基地、工程中心等的重要组成部分；（4）申请学科所在一级学科已获得一级学科博士学位授予权[39]。其中，“具有博士学位授予权且至少已正式招收一届博士生”是一条最基本的要求。

根据重点学科建设的程序，分设一级学科和二级学科。以现行的《授予博士、硕士学位和培养研究生的学科、专业目录》来看，全国共有国家一级重点学科89个（2007年批准）；国家二级重点学科386个（2007年批准）。目前，在全国1700多所高校中，只有185所学校拥有国家重点学科，可见建设重点学科难度之大。

（一）文化遗产保护学科建设的可行性模式

文化遗产保护学科乃是对文化遗产实物、遗存及其历史环境保护、利用、管理等进行研究的学科，其主要任务是对文化遗产的发掘、保护和利用，举凡对具有文化意义的语言、思想、制度、价值体系、工具技能、艺术观念及创造物的遗存与变迁所进行的考察、研究、保护、利用以及管理，都属于文化遗产保护学科的范畴。现今全国各高校很多都增设了文化遗产保护学或文化遗产学专业，并在传统历史、考古博物馆专业及文物保护专业中进行了嫁接，在学科结构中增设了与文物保护相关的内容。客观地讲，目前中国文化遗产保护学科仍处于探索阶段，从学科概念、学科性质到学科实践范围缺少一定的系统性、明确性和指向性，与创建国家重点学科的要求相比有较大差距。整个行业在学科建设方面现存在以下问题：

第一，缺乏科学的总体规划，忽视了学科自身的发展规律，传统优势如何传承和发扬，与其他相关学科如何关联均不够明确。文化遗产保护学科所涵括的学科中，除考古学、博物馆学、建筑历史与理论等国家已经承认，并纳入了学科建设体系，教研力量、经费投入以及管理机制也有所保证。但文物修复、文物科技保护、遗产管理与旅游等其他类别均未引起足够的重视。此外，高校中考古学、建筑历史与理论的发展与文化遗产保护的需求也不尽一致；至于以文化遗产保护为角度，对相关学科进行整体规划，还停留在讨论阶段。这种状况既不利于学科发展，也不利于文化遗产事业的可持续发展。

第二，现有学科研究方向存在“老、同、活、散”的问题。所谓“老”，是指研究方向陈旧，与本学科领域国际国内研究现状和趋势脱节，缺乏新意和前沿性。“同”是指不同单位学科研究方向的内容互相雷同，缺乏各自的特色与优势。“活”是指有的研究方向带有较大的随意性，变化快，缺乏相对稳定性，难以形成这一研究方向的优势。“散”是指有些确立的研究方向没有很好地形成学科点全体人员一致的主攻目标，致使研究力量分散[40]。

第三，忽视形成学科群体优势。当今科技发展的趋势，不仅需要同一门类的学科之间打破障碍，进行交流与结合，而且需要不同类的学科进行跨学科的交叉、渗透与融合，以求在其结合点上派生出新的学科分支，从而促进学科的发展。目前文化遗产研究方面仍然还是单兵作战，没有从学科的角度进行考虑，取法形成学科的群体优势。

第四，学科带头人出现“青黄不接”的断层。学科建设的关键和核心是队伍的建设。“没有一流的队伍，就没有一流的学科”，而学科带头人又是学术队伍的“领头羊”，是关键之关键。目前，文化遗产事业科研方面学科带头人数量不足，无稳定的梯队；学科带头人年龄老化，缺少40～50岁年龄段的骨干科研力量，造成了年龄结构“断层”现象，不少学科无中青年学科带头人，急需补充。科研人才队伍建设明显滞后于方兴未艾的文化遗产事业。

国家文物局在《文化遗产保护科学和技术发展十一五规划》中即已提出要“整合以中国文化遗产研究院为代表的国家级文化遗产保护科研机构、重点科研基地和社会相关科技资源，至2010年，初步形成适应文化遗产保护科技创新和事业发展的支撑环境”。但是到“十一五”末，较为完整的学科体系尚未建立。与其他领域相比，文物保护领域的学科体系建设仍处于初期阶段，哲学层次、基础科学层次、技术科学层次和工程技术层次中包含的各分支学科的界定和相互关系尚需明确，制约了文物保护科技的发展[41]。为此，《国家文物保护科学和技术发展“十二五”规划》进一步将学科建设纳入战略研究中，旨在“通过对文化遗产保护基本理论与方法的研究，初步建立跨学科的文物保护理论框架体系。针对文化遗产保护学科的范畴、内涵、特征、理论体系和研究方法开展系统研究，依据学科发展规律，剖析学科重点领域和凝练学科方向，提出文化遗产保护学科建设的战略布局和构架，以及学科建设的发展规划”[42]。可见，文化遗产保护科学建设在国家决策层面受到相当重视。而目前，我国在文化遗产保护学科建设方面比较薄弱，因此，急需整合资源，以国家科研单位为依托，集中有限资源，全力开展重点学科建设。

一般而言，学科建设大致分三种模式，即以学位点建设为中心模式，以项目研究为中心模式和以基地建设为中心模式。

研究中心模式：研究中心模式就是通过大学所建立的跨学科研究中心来进行学科交叉研究，以解决交叉性问题。在现高校中，多采取这一形式，通过组建跨学科研究中心，将多种学科领域密切相关的科研资源与研究力量整合在一起，以科学研究为主，兼顾教学。如今，我国各大学的交叉性研究中心增长十分迅速，已经成为现代大学的科研基地和高层次人才培养中心，取得了丰硕的成果。

项目研究模式：项目研究模式就是通过跨学科课题的形式，将不同学科的教学和科研人员组织起来，进行跨学科攻关。通过课题形式组织起来的研究组织，不是一个实体性组织。

学位点建设模式：学位点建设模式，就是以建设交叉性硕士点、博士点为契机进行学科交叉研究。从目前的实施情况来看，所进行的交叉性学位点建设，都是二级学科或二级学科以下的交叉性学位点建设[43]。

以上学科建设模式，各有优劣，但其有一个共同点，那就是打破系际、校际、行业界限，把相邻和相关学科点上的学术骨干，通过采取多种“介入”的方式，及时吸收到本学科上来开展合作研究，从而形成一个以本学科力量为主，其他学科积极配合、协同攻关的有机整体或科研实体，成为一个知识结构、年龄结构、学历结构较为合理，团结合作，富有活力和创新开拓精神的新的学科梯队。本课题认为，以中国文化遗产研究院为依托，以重点科研项目为支撑，结合学位点的共建，全面推进文化遗产保护重点学科建设是比较可行，也是最能见效的方式。

（二）以中国文化遗产研究院为依托的学科建设模式分析（相关数据截至2008年年底）

中国文化遗产研究院作为国家文物局直属的国家级科研机构，其学术环境对国内的研究人员具有相当的吸引力，因而具备整合散居于全国各文物机构以及高校研究人员的能力。作为文化遗产保护学科的重点研究阵地，经过多年的发展，已经成为我国文化遗产保护学科的一个重镇，是文化遗产保护学科建设较理想的平台。具体论证如下：

1. 中国文化遗产研究院具备较强的综合研究能力

中国文化遗产研究院是中国国家级文化遗产保护科学技术研究机构，受国家文物局直接领导，主要职责是：（1）开展国家文化遗产资源的调查、登录工作；（2）承担文化遗产科学的基础研究、专项研究，开展文化遗产保护应用技术研究，推广科学技术研究成果；（3）承担国家重要文化遗产保护项目的有关具体工作；（4）开展文化遗产保护科学技术的国际合作、学术交流和教育培训工作；（5）承担国家文物局交办的其他事项[44]。

据不完全统计，中国文化遗产研究院目前是主持或参与全国重点文物保护单位维修设计、规划编制最多的科研机构，工作范围涵盖全国28个省、自治区、直辖市。其中山西永乐宫搬迁工程、河北赵州桥维修工程、西藏布达拉宫大修、柬埔寨吴哥古迹周萨神庙维修工程、天津蓟县独乐寺维修工程、重庆大足石刻千手观音保护工程、山西应县木塔现状监测、大运河保护规划、广东“南澳一号”遗址发掘等项目，都在中国文物研究和保护史上占重要地位。

同时，中国文化遗产研究院完成的科研课题甚多，承担的项目多次荣获国家及省部级奖励，已出版专著100余种，发表学术论文1000余篇。该院较早在国内开展古建筑及石窟寺维修、出土竹木漆器保护及出土墓志和文献整理等工作，目前在大遗址保护、壁画保护、海洋出水文物保护、石质文物和古建彩画保护研究等方面具有较高水平。该院具备国家文物保护领域所有的专业资质，即国家考古发掘团体领队资质、文物保护工程甲级勘察设计资质、可移动文物技术保护设计资质、可移动文物修复资质、文物保护工程甲级监理资质，是人力资源和社会保障部批准的博士后工作站设站单位，还获得国家外国专家局颁发的“聘请外国专家单位资格认可证书”。同时，该院作为国家文物保护和修复的重要培养基地，为全国文博系统培养了大批专业人才[45]。

可以说，中国文化遗产研究院有着深厚的科研积淀，而且研究涉及面相当广，几乎涵盖了整个文化遗产保护领域，其整体科研实力在行业中位居前列，以之为平台开展国家重点学科建设乃是理想之选。

2. 中国文化遗产研究院能密切结合国家行业重大需求，有力开展各项科研工作，为创建重点学科提供政策保障

目前，国家在文化遗产保护宏观管理方面的需求主要在于两个层面：

技术层面：通过重大保护项目的实施，对文化遗产保护重点、难点问题实施联合攻关行动，在饱水漆器脱水、青铜器有害锈处理、风化壁画地仗脱盐、纸张去酸化、糟朽丝织品保护、潮湿环境下土遗址和墓葬壁画保护、馆藏文物微环境控制、考古发掘现场脆弱物品的提取和保护，以及发掘信息的最大化综合提取技术等方面取得重大突破，逐步形成文化遗产保护领域普适性的核心科学技术体系。同时，科学研究文化遗产的保存信息，注重现代尖端分析技术在我国文化遗产材料解析中的应用研究，建立以无损和微损为特点的文化遗产分析科学；吸纳现代材料科学的最新研究成果，研究适合的保护材料和方法，形成我国文化遗产材料科学；引进现代科学技术，推进传统文物保护科学技术的现代化进程；加强文物保护和修复新材料、新工艺评估及行业准入标准研究等。尤其强调以下领域：（1）文物保护与修复理念研究，形成符合我国国情的保护与修复理念；（2）文物材料与工艺研究，研究各类文物的材质及其形成工艺；（3）文物破坏机理研究，研究各种文物材料的退质机理和退质性变，以及影响退质的环境条件；（4）减缓或控制文物自然破坏的方法研究，研究采用直接或间接手段减缓与控制文物损坏的方法；（5）文物保护材料研究，研究文物保护需要的各种材料；（6）文物保存环境研究，研究环境因素与文物的相互作用，以及如何控制环境因素。文物保护科学技术的基础研究内容繁多，而且难度甚大，要注重结合中国文物的国情，善于借鉴国外文物保护的先进经验和研究成果，避

免重复和低起点的研究；要注重研究、消化、吸收和集成自然科学和工程技术相关领域的研究成果。

管理层面：主要有文物保护工程现场管理，文物保护工程与监理标准体系建设，世界遗产监测与管理，文化遗产安全防范应急体系建设，文化遗产保护总体战略研究，历史文化遗产地保护管理及体制研究，文化遗产保护事业和国民经济及社会发展计划的协调研究，文化遗产资源保护利用与旅游发展关系研究，文化遗产保护的政策研究，文物安全保护体制研究，社会参与文化遗产保护机制研究，博物馆管理法规及办法研究，博物馆社会教育和服务功能的实现，文物流通领域法规建设等，从文化遗产资源的调查、发掘、现场保护到运输、修复、保存、展示、研究等一系列环节都有科学的管理标准和操作规范，对古城镇、古建筑（群）、古遗址等不可移动文物都建立起保护和利用准则以及安全监控网络，基本完善各类文物突发事件的应急机制和应对系统[46]。

中国文化遗产研究院作为国家文物局唯一的承担科研任务的直属单位，承担了上述重要项目及课题中一部分任务，取得了较好的效果。这种独特的优势为文化遗产保护学科建设提供了项目和资金支持。

3. 目前主干学科和相关学科门类齐全，师资队伍基础较强

中国文化遗产研究院历来注重培养和引进文化遗产保护人才，历史上曾经汇聚了马衡、张镈、唐长孺、祁英涛等享誉海内外的学术大家。改革开放以来，在罗哲文、黄景略、王丹华、黄克忠、王世襄、胡继高等著名专家的引领下，涌现出一大批优秀的科研人员和专业技术人员。全院整体规模从20世纪80年代初的60余人，发展至今已有在册职工144人，其中具有研究生以上学历者82人（博士29人，硕士53人），具有高级专业技术职称资格者65人（正高级16人，副高级49人）[47]。从人才的知识结构来看，覆盖了整个行业的各行各类。中国文化遗产研究院的科研人员还多次获得国内外各类奖项，其中包括张廷皓、詹长法被聘为意大利非洲与东方研究院研究员，马清林入选国家“百千万”人才工程，19人获得国务院特殊津贴。

同时，在全国高校中也有一批学术精英，并已经形成学术梯队，如：

（1）北京大学考古与文博学院研究梯队。该院以考古学为依托，主要从事文化遗产保护、博物馆学、文物研究与鉴定、有机质类文物保护、遗产管理、中国建筑历史与理论、遗产地建筑设计等方面研究，主要学者有孙华、杭侃、宋向光、张辛、张晓梅、胡东波、张成渝、徐怡涛等。该院在以往考古学、博物馆研究的基础上，正在逐步加强文物科技保护和古建筑保护方面的研究力量，综合科研实力十分雄厚。

（2）复旦大学文博学院研究团队。该院现有专任研究员15人，其中教授6人、副教授5人，主要学者有杨志刚、陆建松、陈淳等。该院承担了《当代中国文化遗产保护和利用：现状、问题及政策思考》、《国家文化遗产保护中长期科学技术战略研究》、《论文物保护与旅游开发利用的关系》、《考古学理论与方法》、《复旦大学文化人类学数字博物馆建设项目》、《数字化博物馆应用软件》、《民间文物的流通和管理研究》、《世博会与上海市历史文化遗产的保护和利用》、《上海市行业博物馆发展对策研究》、《博物馆陈列布展工程行业规范和标准》等课题，并与国外合作开展《中国古村落文化遗产研究》等项目，创办了《文化遗产研究集刊》（已出版5期）。可见该院的研究特长在于文化遗产保护基础理论与管理方面的研究。

（3）西北大学文博学院。该院的主要科研人员有王丽琴、刘成、孙满莉、惠任、杨璐、孙丽娟

等，主要研究方向集中于文物保护材料、文物保护技术、文化遗产保护规划、考古发掘现场文物保护、科技考古、土遗址及石窟的保护与研究、文物保存环境等，已培养了9届本科生、7届研究生、2届专科生，分布在全国20多个省、自治区和直辖市的文物保护、博物馆、考古研究和管理机构。经过十多年建设和发展，西北大学文化遗产保护科学系已逐步成为我国文物保护科学研究和人才培养的重要基地。在科研方面，承担了多项国家级、省部级以及国内外合作项目，出版了5部学术著作及教材，发表学术论文百余篇，其中6篇被SCI收录，形成了彩绘无损分析、青铜器保护、土遗址保护、文物保护材料、科技考古等研究方向，成为我国文物保护科技研究的一支重要力量。

（4）清华大学建筑学院学术梯队。该院现有在职教师104人，其中教授38人、副教授44人。教授中有中国科学院院士和中国工程院院士4人，通过人才引进战略引进“杰青”1人、“百人计划”1人、“长江学者”特聘教授1人。教师中具有博士学位者66人，占63%，具有一年以上在国外学习和工作经历者68人，占65%。学院教师队伍整体素质好，理论基础和基本功扎实，富于团队精神。2000～2008年，建筑学院共完成纵向和国际合作科研项目75项，2001～2008年期间学院教师发表论文一千多篇，其中SCI检索105篇、EI检索192篇、国内核心期刊发表1000余篇；出版学术著作、译著和教材200多部。该院实行教学、科研、实践三结合的方针，学术研究与设计规划创作紧密联系，在建筑学学科的各主要领域全面协调发展，使整体水平处于学术前沿，在建筑历史及历史文化遗产保护研究、景观与旅游规划及自然遗产保护研究等方面成果十分显著。

（5）天津大学建筑学院学术梯队。该院现有在职的教职工100余名，教师84名。其中教授（研究员）27名、副教授28名，博士生导师16名，硕士生导师25名，中国科学院院士1名，全国高等学校教学名师1名，长期任教的特聘外籍教授2名。师资队伍力量雄厚，业务素质高。一大批具有博士学位或从国外留学、进修归来的中青年教师工作在教学和科研第一线，近年来承担多项国家及省部级科研项目，取得突出成绩，在国内外建筑界享有很高的学术声誉。

（6）东南大学建筑学院学术梯队。该院拥有3名院士、16名博士生导师、2名教育部“长江学者”特聘教授、1名“国家杰出青年基金”获得者，3人入选教育部“新世纪优秀人才支持计划”，5人入选省人才培养计划。目前已形成一支以院士、长江学者等中青年学术带头人为骨干的学科队伍，在建筑、规划、历史、技术等主要二级学科方向，博士学位教师已达到55%，其中超过70%的教师有国外攻读学位、学习进修和科研合作的经历。

中国文化遗产研究院一直寻求跨行业、跨学科的合作，致力于文化遗产保护科研平台的搭建，实现优势互补，开展文化遗产保护领域内重点科研课题项目的攻关。经过不懈努力，现已初步形成了具有战略性、基础性的合作框架，如著名专家学者两院院士吴良镛、哈尔滨工业大学沈仕钊院士、大连理工大学沈一萍院士、经济学家胡鞍钢教授等率领各自的研究团队加盟。同时，还与西安文物保护修复中心（现陕西省文物保护研究院）、龙门石窟研究院、湖北省荆州文物保护中心、深圳市文物考古研究所、成都博物院、广东省文物考古研究所等机构达成合作意向，基本形成了研究院与高校、各级科研机构及地方政府多学科、跨区域合作的新格局。因此，中国文化遗产研究院可以在充分发挥自身科研优势的同时，有效与北京大学等高校开展合作，充分吸收他们在考古学、博物馆学、文化遗产管理与政策研究、文物科技保护及古建筑保护工程等方面的优势，有力推动文化遗产保护学科跨越发展。

4. 中国文化遗产研究院已在主干学科领域承担并完成了大量国家重大项目，并取得相应成果，在

行业内外有重大影响

中国文化遗产研究院在继承和弘扬文物保护传统技术的基础上，进一步加大现代科学技术在文化遗产保护与研究中的作用，努力探索与应用新技术、新材料、新方法、新观念，承担并完成了诸多重大文物保护工程项目和国家重点科研课题。

在科研方面，集中开展课题攻关。近五年，承担的国家级（含国家文物局）科研课题范畴涉及文化遗产保护各个方面，基础研究、应用基础研究、应用研究课题比例大致相当。这些课题利用多学科交叉联合的特点，在课题开展中培养了人才，产生了一批科研成果。尤其是近来承担了国家“十一五”科技支撑计划课题“铁质文物综合保护技术研究”、“空间信息技术在大遗址保护中的应用研究（以京杭大运河为例）”两个重大课题，在集成研究和科研创新方面取得了一定成果。

在古建筑保护维修方面，发挥传统优势，增加科技含量。承担了国家援藏项目布达拉宫一期、二期维修保护项目设计；完成了吉林高句丽王城、王陵及贵族墓葬保护工程设计，为其顺利列入世界文化遗产名录作出了贡献；承担了多年来一直困扰着文物保护界的山西应县木塔的保养维护和监测工作。同时还完成了天津蓟县独乐寺修缮、青海塔尔寺保护维修、山西省平遥古城城墙保护等一批重大文物保护工程的指导或设计工作。

在壁画、纺织品、竹木漆器、陶器、石刻、金属等各类文物的科技保护与修复方面取得了可喜的成果。如敦煌莫高窟起甲壁画修复、长沙马王堆汉墓出土竹木漆器脱水修复、山东临沂金雀山帛画揭裱、吉林集安长川1号墓壁画保护等文物科技保护项目。其中胡继高主持的敦煌莫高窟起甲壁画修复荣获文化部科技成果一等奖、山东临沂金雀山帛画揭裱技术荣获文化部科技成果三等奖、长沙马王堆汉墓出土竹木漆器脱水修复技术和吉林集安长川1号墓壁画保护荣获全国科技大会集体奖；徐毓明主持研究的AC-1型防紫外线胶片的研制与应用荣获文化部科技进步三等奖；张之平参与完成的《古建筑木结构维护与加固技术规范》（GB 50165-92）获建设部科技进步一等奖。

在出土文献整理和研究方面也是硕果累累，银雀山汉墓竹简、睡虎地秦墓竹简、吐鲁番出土文书、长沙走马楼三国竹简及新中国出土墓志等一批重大出土文献的整理研究项目顺利开展，专著不断面世，其中《睡虎地秦墓竹简》、《吐鲁番出土文书》获首届全国古籍图书一等奖，《银雀山汉墓竹简》获二等奖。

在文物保护规划方面，以大遗址保护规划为切入点，逐步承担了不同地区、不同类型和不同环境的大遗址保护规划项目。其中包括国家三峡工程淹没及移民迁建区文物古迹保护规划、大运河遗产保护规划第一阶段编制要求、宁夏西夏陵保护规划等重点保护规划项目。在规划中突出文物保护原则、坚持遗址本体保护的主旨思想，在全国遗址保护方面产生较大影响。在完成规划的同时，已开始考虑文物保护规划的规范及标准制定等工作，为国家宏观管理奠定基础。

在文化遗产管理及政策研究方面，组织开展了行业中长期科技发展规划战略研究工作，完成了《历史文化遗产保护领域中长期科学和技术发展规划战略研究报告》，制定了《历史文化遗产保护领域中长期科学和技术发展规划纲要》，并着力凝练若干重大科技专项，如“指南针计划——中国古代发明创造的价值挖掘与展示”、“大运河遗存综合研究”等课题，并积极参与国家标准化制定工作。

5. 中国文化遗产研究院现已具备开展综合学科建设工作平台的工作条件

改革开放以来，国家对中国文化遗产研究院基础设施改善的资金投入逐年增长，其中1994年国家财政投资新建了1万余平方米的科研大楼，全面改善了科研及办公条件；2006年起，在中央级科学事业单位修缮购置专项资金的支持下，院实验室、文物库房条件得以改善，并更新、添置科研仪器和设备。现拥有的先进科研仪器设备有：扫描电子显微镜、X射线衍射仪、大腔体及便携式X射线荧光分析仪、红外光谱仪、离子色谱仪、派拉纶气相真空沉积设备、真空冷冻干燥设备、物候环境试验箱、万能材料试验机、软X射线仪、XGT荧光能谱仪、C-14分析仪、环氧乙烷熏蒸设备、真空冷冻干燥设备、色差仪、便携环境分析仪等，并建设了较高标准配置的金属修复实验室、纸张修复实验室、壁画修复实验室、纺织品修复实验室等各类修复实验室和分析检测实验室，为各种材质文物的修复和分析检测提供可能。

中国文化遗产研究院积极实施“走出去”和“引进来”战略，积极支持、鼓励年轻科研人员，尤其是有研究成果的研究人员，参加学术交流。其承担的我国政府第一个文物保护援外项目——中国政府援助柬埔寨吴哥窟古迹保护项目，谱写了我国文物保护科技迈出国门的新篇章。此外，还开展了中日合作北京智化寺智化殿壁画保护项目、中德合作安岳石窟科技保护项目。多年来，同日本、美国、法国、意大利、德国、韩国、瑞士、马耳他、奥地利、英国、荷兰等国家或地区的研究机构建立了良好的合作关系，如日本东京文化财研究所、日本奈良文化财研究所、美国盖蒂保护所、韩国国立文化财研究所、法国国家遗产学院、瑞士苏黎世大学、德国慕尼黑工业大学等。中国文化遗产研究院还是中意两国政府合作进行文物保护修复的培训项目基地，举办了“中日韩合作丝绸之路沿线文物保护修复技术人员培训班”、“亚非国家文化遗产保护和管理研修班”、“ICCROM博物馆藏品风险防范培训班”等[48]。

综上所述，中国文化遗产研究院在文化遗产保护学科建设发展方面，既有研究方面的优势，也具备构建学科梯队的能力，且与国内多所知名大学有着良好的合作关系，这些均有助于合理的学科构建。

（三）进一步加强文化遗产保护学科建设的建议

中国文化遗产研究院虽然在文化遗产保护学科建设发展方面有上述的优势，但在教学方面经验及相关条件方面比较欠缺，特别是在科研工作与学科建设的关联度方面还较为薄弱，因此，在明确中国文化遗产研究院在文化遗产保护学科建设中的主导地位的前提下，应进一步加强与相关科研机构，包括国外科研机构的合作，加大整合力度，形成高效的科研和教学团队。国家文物局作为行业主管部门，应将中国文化遗产研究院作为国家文化遗产保护与研究中心，予以科研项目的支持和倾斜。为此，中国文化遗产研究院可重点加强以下几方面工作：

首先，围绕重点学科，开展专业教育和教材的编写工作。专业是学科的载体，专业建设是学科建设的基地，专业建设的内容主要包括制定专业培养目标与规格，制定专业教学计划、进行课程建设、教材建设、实训基地建设、教学方法革新等内容[49]。其中教材与课程建设是其核心所在。教材作为文化的载体和文化的表现形式，被赋予了特定的价值使命。教材应从学科知识的系统性、完整性来考虑内容选择，体现时代特点和现代意识。

其次，抓好教学、科研条件的基本建设和重点实验室建设。要根据本学科点教学和科研任务的实际需要以及财力、物力可能，在充分利用现有设施及工作条件基础上，提出实验室建设或改造计划，不搞“大而全”或“小而全”，提倡跨学科、跨学校联合建设，实行共建、共管、共用。同时，要加强管理，注重实效，要抓紧配备一支结构、层次合理，优化组合的技术人员、辅助人员以及管理人员的实验队伍。同时，以现图书馆为依托，加快文化遗产保护文献和数据中心的建设工作，为重点学科建设提供专项服务。

再次，可以先与有关高校联合培养博士，在招生、学生课程教学及管理、学生就业等方面形成协议，共建专业博士授权点。同时，努力申报硕士点，建造博士后流动站，待条件成熟后单独申报博士点。

由于经济发展迅速，文化遗产保护与经济建设的矛盾日益突出，我国目前文化遗产保护的总体水平与有着五千年文明历史的文化遗产大国的地位不相适应，与新形势下所面临的文化遗产抢救保护的繁重任务不相适应。保护文化遗产，尽可能减少自然或人为对遗产的干预和破坏，使之能延年益寿，是文化遗产保护工作者义不容辞的责任。从文化遗产的提出到文化遗产保护学的创设，既是一种必然的因果，也是学术界对文化遗产及文化遗产保护的认识与研究的升华，有助于文化遗产保护从实践到理论的不断提高。

21 世纪的前三十年既是我国文化遗产保护事业建设和发展的关键时期，同时伴随着高等教育国际化、大众化进程的加快，文化遗产保护学科专业建设和发展也相应提出了新的、更高的要求。为主动适应高等教育发展的新形势和我国文化遗产保护事业对人才培养及学科专业发展的新要求，促进文化遗产保护学科建设跨越式发展，必须采取相应的行政措施和政策倾斜，从重点学科建设的需要出发，围绕我国文化遗产保护重点领域和热点、难点问题，高效配置研究资源，开展技术集成和科研创新，实现行业内外科研人才和科研资源的共享，坚持有所为、有所不为，重点突出以中国文化遗产研究院为依托，开展文化遗产保护学科建设，这对于整个学科的建设和发展有一定指导意义。

---

[1] 此部分已发表。郑子良．文化遗产保护学刍议［J］．东南文化，2010，(5)．

[2] 李晓东文物学(序言)．北京：学苑出版社，2005；程京生．文物保护管理与文物学——访李晓东先生．东南文化，1991，(1)．

[3] 李晓东．中国文物学概论（2005 年学苑出版社出版《文物学》系该书的修订版）．石家庄：河北人民出版社，1990.

[4] 启新．推荐《中国文物学概论》．文物春秋，1990，(4)；《文物天地》1991 年第 3 期组织苏秉琦、黄景略、李学勤、李伯谦、史树青、孙机、王士伦等先生笔谈；蒋若是．《中国文物学概论》评述．中原文物，1991，(2)．

[5] 据查，仅吴诗池编著．文物学概论．上海文艺出版社，2002；梁吉生文物学发微——关于中国文物学的回顾与前瞻．中国文物科学研究．2007，(1)．

[6] 傅兵(曹兵武)．文化遗产学：试说一门新兴学科的雏形［J］．中国文物报，2003-5-30（8）．

[7] 杨志刚．文化遗产研究与文化遗产学［J］．中国文物报，2003-9-12（8）．

[8] 贺云翱．文化遗产科学初论［J］//南京大学文化与自然遗产研究所，孝陵博物馆编．世界遗产论坛——世界遗产与城市发展之互动［M］．北京：科学出版社，2006：62－73.

[9] 单霁翔．文化遗产是城市资本而不是包袱［J］．中国文物报，2007-4-11（3）．

[10] 贺云翱．文化遗产学初论［J］．南京大学学报（哲学·人文科学·社会科学），2007，(3)．

[11] 李志超．文化遗产学的基本概念及大学责任［J］．教育与现代化，2007，(3)．

[12] 苑利．文化遗产与文化遗产学解读［J］．江西社会科学，2005，(3)．
[13] 杨志刚．文化遗产科学的学科建设及其“对象”问题［J］．中国文物报，2006-8-18（8）．
[14] 李菲．“文化遗产学时代”：问题与路径——中国高校首届文化遗产学学科建设研讨会综述［J］．重庆文理学院学报（社会科学版），2008（3）．
[15] 中国文物研究所科研处．文化遗产保护学科建设座谈会会议纪要（内部资料）［R］，2007年4月15日．
[16] 张廷皓．关于文化遗产保护学科建设的议案（内部资料，全国政协第十一届代表大会提交议案）［R］，2009年．
[17] 孙华．文化遗产“学”的困惑［J］．中国文化遗产，2005，(5)．
[18] 彭兆荣．遗产学与遗产运动：表述与制造［J］．文艺研究，2008，(2)．
[19] 李菲．“文化遗产学时代”：问题与路径——中国高校首届文化遗产学学科建设研讨会综述［J］．重庆文理学院学报（社会科学版），2008（3）．
[20] 单霁翔．文化遗产保护科学技术发展辩证思考［J］．文物，2008，(3)．
[21] 黄克忠．文化遗产保护与保存科学［J］．中国文物科学研究，2007，(4)．
[22] 国家文物局．国际文化遗产保护文件选编［M］．北京：文物出版社，2007：143.
[23] 单霁翔．文化遗产保护科学技术发展辩证思考［J］．文物，2008，(3)．
[24] 郭桂香．文化遗产保护学科建设进入讨论阶段［J］．中国文物报，2007-4-18（1）．
[25] “可逆性”，即当获取新的认识时，可将旧的修复添加物取消或代之以更合适的措施（参见国际古迹遗址理事会．建筑遗产分析、保护和结构修复原则//联合国教科文组织世界遗产中心，国家文物局等主编．国际文化遗产保护文件选编．文物出版社，2007：245)。“原真性”是英文“Authenticity”的译名。它的英文本义是表示“真的，而非假的，原本的，而非复制的，忠实的，而非虚伪的，神圣的、而非亵渎的”含义。1964年的《威尼斯宪章》奠定了原真性对国际现代遗产保护的意义，提出“将文化遗产真实地、完整地传下去是我们的责任。”1994年12月在日本古都奈良通过的《关于原真性的奈良文件》指出：“原真性本身不是遗产的价值，而对文化遗产价值的理解取决于有关信息来源是否真实有效。由于世界文化和文化遗产的多样性，将文化遗产价值和原真性的评价，置于固定的标准之中是不可能的。”文化遗产的原真性是衡量文化遗产的表现形式和文化意义的内在统一程度。参见阮仪三，林林．文化遗产保护的原真性原则．同济大学学报（社会科学版），2003（4）．
[26] 1997年《授予博士、硕士学位和培养研究生的学科、专业目录》和1998年《普通高等学校本科专业目录》．
[27] 罗云．中国重点大学与学科建设［M］．北京：中国社会科学出版社，2005：2.
[28] 马桂林．论学科建设中的几个关系［J］．清华大学教育研究，2001，(4)．
[29] 王建华．学科、学科制度、学科建制与学科建设［J］，江苏高教，2003，(3)．
[30] 详细调研资料见课题整体报告，兹不赘述。
[31] 汪永平．现代文物保护与相关人才培养［J］．南京工业大学学报（社会科学版），2004，(4)．
[32] 王梅．我国高教学科建设研究述评．中国地质大学学报（社科版）［J］，2006，(1)．
[33] 参见刘曙光．坚持公益属性，加强专业和学术建设，面向社会与市场，为我国文物的科学研究与保护作出更大贡献（在参加贯彻落实全国文物工作会议精神座谈会的发言，2013年7月10日）［R］，内部资料．
[34] 王建华．学科、学科制度、学科建制与学科建设［J］．江苏高教，2003，(3)．
[35] 中国社会科学院研究生院，中国科学院研究生院．论现代自然科学和社会科学的结合［M］．长沙：湖南人民出版社，1986.
[36] 单霁翔．从“文物保护”走向“文化遗产保护”［M］．天津：天津大学出版社，2008：25.
[37] 冯向东．学科、专业建设与人才培养［J］．高等教育研究，2002，(3)．
[38] 张凌云．我国旅游学研究现状与学科体系建构研究［J］．旅游科学，2012，(1)．
[39] 张慧明．新一轮重点学科建设的理论思考［J］．教育发展研究，1999，(8)．
[40] 参见中国文化遗产研究院(中国文物研究所)．文化遗产保护学科建设座谈会会议纪要（内部资料）［R］，2007年4月15日．
[41] 国家文物局编．文物博物馆事业发展“十二五”规划资料汇编（内部资料）［R］，153.
[42] 国家文物局编．文物博物馆事业发展“十二五”规划资料汇编（内部资料）［R］，157.
[43] 王大中．学科建设是研究型大学的创新关键［J］．中国高等教育，2002，(2)．
[44] 中国文化遗产研究院年报，2010（内部资料）［R］．
[45] 中国文化遗产研究院编．中国文化遗产研究院、国家文物局水下文化遗产保护中心简介（2013）［R］，内部资料．
[46] 国家文物局编．历史文化遗产保护领域中长期科学和技术发展规划纲要（2006－2020）［R］，内部资料．
[47] 中国文化遗产研究院编．中国文化遗产研究院年报，2012（内部资料）［R］．
[48] 中国文化遗产研究院编．中国文化遗产研究院、国家文物局水下文化遗产保护中心简介（2013）［R］，内部资料．
[49] 刘海燕，曾晓虹．学科与专业、学科建设与专业建设关系辨析［J］．高等教育研究学报，2007，(4)．

七批国保申报标准和信息采集标准研究*

中国文化遗产研究院文物研究所　刘文艳
全国文物保护标准化技术委员会秘书处　李春玲
中国文化遗产研究院文物保护工程与规划所　王臣立

摘　要：全国重点文物保护单位（本文简称“国保单位”）指国务院核定公布的具有重大历史、艺术、科学价值的不可移动文物。全国重点文物保护单位的确定与公布，是我国政府在全国范围内依法采取的一项加强文物保护管理的重大措施。本文将对第一至六批全国重点文物保护单位公布的历史背景进行回顾，分析我国在国保单位申报工作中存在的不足，提出解决问题的对策和建议。同时，针对第七批全国重点文物保护单位申报工作，提出了申报标准和信息采集标准建议。

关键词：全国重点文物保护单位　申报标准

A Study of Criteria for the Nomination and Data Collection for the 7th Batch National Key Protected Units of Cultural Relics

Liu Wenyan, Li Chunling, Wang Chenli

Abstract: National Key Protected Units of Cultural Relics (NKPUCR), designated by the State Council, refers to unmovable cultural relics of great historical, aesthetic, and scientific values. According to the Law on the Protection of Cultural Relics, the identification and designation of the sites is an important strategy by the Chinese government to strengthen cultural relics management. The article reviews the historical contexts in which the first six NKPUCRS were designated, in order to reveal the drawbacks during the nomination, as well as to develop problem-solving strategies and recommendations for the 7th KNPURCS.

* 2008年5月，中国文化遗产研究院受国家文物局委托，承担了“制订第七批全国重点文物保护单位申报标准和信息采集标准”项目。中国文化遗产研究院组建了“第七批国保单位申报标准和信息采集标准制订项目组”，具体承担有关研究和编制工作。课题组成员主要有刘文艳、杨招君、李春玲、王元林、王臣立等。在此项课题研究中，荣大为（原中国文化遗产研究院副院长）、魏正谨（原南京市文物局局长）多次参加有关讨论会，给予了很多指导和帮助。郭于菁、邢淑琴等对乡土建筑、中华老字号等进行了专题研究。在有关人员的共同努力下，形成了关于国保单位分析、20世纪遗产、工业遗产、中华老字号、乡土建筑、文化线路、文化景观等专题调研论文。在此，对各位参与人员的辛勤劳动，表示衷心感谢。

Keywords: National Key Protected Units of Cultural Relics, Nomination Criteria

一 第一至六批国保单位公布背景和基本情况[1]

全国重点文物保护单位（以下简称“国保单位”）是由国务院核定公布的具有重大历史、艺术、科学价值的不可移动文物，其确定与公布，是我国政府在全国范围内依法采取的加强文物保护管理的重大措施之一。建国以来，国务院已于1961年、1982年、1988年、1996年、2001年、2006年分六批公布了2352处国保单位[2]，受当时的社会背景、文物保护理念等的影响，每一批国保单位都有其鲜明的特点和时代烙印，都不断地借鉴和融入新的文物保护理念。

（一）第一批国保单位公布背景和基本情况

新中国成立初期，我国进行了土地改革运动等，巩固了人民民主专政的国家政权，迅速恢复了国民经济。文物保护工作随着国家建设事业的发展而不断向前推进。建国初期，文物工作“主要是颁布法令、建立机构、对外禁止盗运、对内严禁破坏，在整顿旧中国极为薄弱的文物事业基础上，建立新中国的文物事业”[3]。

从1953年开始，兴起了建设社会主义的高潮，加速工业化进程、大规模的城市建设和改造所开展的基本建设工程，以及兴修水利、平整土地等各项农业生产建设，在全国范围内广泛开展。在新的形势下，迫切需要妥善处理好文物保护和基本建设的关系。因此，20世纪50年代，中央人民政府政务院颁布了一系列保护文物的法令和法规，如《关于在基本建设工程中保护历史及革命文物的指示》等，并提出了“重点保护，重点发掘，既对文物保护有利，又对基本建设有利”的方针，文物保护事业得到了很大发展。1956年国务院发出《关于在农业生产建设中保护文物的通知》，要求“各省、自治区、直辖市文化局应该首先就已知的重要古文化遗址、古墓葬地区和重要革命遗迹、纪念建筑物、古建筑、碑碣等，在本通知到达后两个月内提出保护单位名单，报省（市）人民委员会批准先行公布，并且通知县、乡，做出标志，加以保护。然后将名单上报文化部汇总审核，并且在普查过程中逐步补充，分批分期地由文化部报告国务院批准，置于国家保护之列”[4]，第一次提出了由各省先行公布文物保护单位名单，通知县、乡加以保护，并将名单报文化部汇总审核后报国务院批准，基本奠定了文物保护单位公布审核的程序，提出了各级政府都负有保护职责。各省纷纷响应，至1957年共有27个省、市、自治区“相继提出或公布了首批文物保护单位名单，这样在全国范围内除西藏自治区外，每一个省、市、自治区都迈出了文物保护单位名录体系建设的第一步”[5]，为第一次国保单位的公布奠定了良好的基础。

1959年，“开始着手起草《文物保护管理暂行条例》，这其中就提出了建立各级文物保护单位的要求，并且考虑公布《条例》的同时，公布第一批全国重点文物保护单位。……1960年11月，国务院105次全体会议，讨论通过了《文物保护管理暂行条例》和第一批全国重点文物保护单位名单”[6]。

1961年3月4日，国务院下发《关于公布第一批全国重点文物保护单位名单的通知》，将180处具有重大历史、艺术、科学价值的不可移动文物核定公布为全国重点文物保护单位。同时，要求各省“在短期内组织有关部门对本地区内的国保单位划出保护范围，做出标志说明，并逐步建立科学记录档案”[7]。

同时，国务院颁布了《文物保护管理暂行条例》，在第四条中规定：“各级文化行政部门必须进行经常的文物调查工作，并且应当陆续选择重点的革命遗址、纪念建筑物、古建筑、石窟寺、古文化遗址、古墓葬等，根据它们的价值大小”[8]，公布为县（市）级文物保护单位或者省级文物保护单位。“文化部应当在省（自治区、直辖市）级文物保护单位中，选择具有重大历史、艺术、科学价值的文物保护单位，分别报国务院核定公布，作为国保单位”[9]。这是国务院行政法规对公布文物保护单位第一次做出明确规定，第一次从法律上明确了不可移动文物的文物保护单位政策，第一次从法律上明确了文物保护单位的“四有”工作，使不可移动文物的保护开始走上了法制化和规范化。“为了贯彻执行条例，文化部又陆续颁发了有关文物保护单位、考古发掘、古建筑修缮以及限制文物出口等一系列具体管理办法”[10]。实践证明，公布文物保护单位这一制度有效地保护了大批珍贵文物，第一批180处国保单位虽然历经“文革”浩劫，但仍能较为完整地留存至今。

第一批国保单位是从全国具有重大价值的不可移动文物中进行遴选核定的，共分六大类。从数量来看，依次为：古建筑及历史纪念建筑物77处、革命遗址及革命纪念建筑物33处、古遗址26处、古墓葬19处、石窟寺14处、石刻及其他11处。就价值而言，无论哪一类中的文物保护单位都在全国具有特别重大的影响。其中如第一类革命遗址及革命纪念建筑物中，有韶山冲毛主席旧居、上海中山故居、中国共产党第一次代表大会会址等，都是对新中国的建立发挥全局性重大作用的有关人物故居、机构和重大历史事件等旧址。在石窟类，云冈石窟、莫高窟、龙门石窟等，都是颇具特点、在全国乃至世界上影响很大的石窟寺。

在第一批国保单位的遴选中，将革命遗址及革命纪念建筑物放在第一类和突出的位置，体现了当时特定的历史背景，革命遗址及革命纪念建筑物主要突出的是文物所体现的革命历史价值。同时，第一批国保单位比较注重宗教类文物和民族类文物，在古建筑及历史纪念建筑物类中，与宗教有关的文物如寺、庙、塔等共45处，约占此类的60%；在石刻及其他类中，仅有的四块碑刻为爨宝子碑、爨龙颜碑、段氏三十七部会盟碑、凉州重修护国寺感应塔碑，都是反映古代少数民族以及民族融合有关情况的。

（二）第二至四批国保单位公布背景和基本情况

从1961年第一批国保单位公布，到1982年第二批国保单位的公布，整整21年。在此期间，“文革”十年使刚刚建立起来的文物保护制度受到几乎毁灭性的打击，许多文物保护单位和其他文化遗产遭受严重的人为破坏。1976年“文革”结束以后，特别是党的十一届三中全会以后，中国进入了改革开放的大发展时期，经济迅速发展，文物事业也随之发生了翻天覆地的变化。

1. 第二至四批国保单位公布时的社会背景

“中共十一届三中全会以来，我们整个国家都发生了巨大的变化，文物保护工作和其他战线一样也出现了大好形势，它的主要标志是得到中共中央、国务院的高度重视”[11]。1980年5月17日，国务院颁布《关于加强历史文物保护工作的通知》，指出要“认真保护各种有历史意义和艺术价值的古建筑、石刻、石窟等历史文物，未经原来规定为文物保护单位的机构批准，不得对这些历史文物进行拆除、改建，严禁损伤或其他破坏活动，违者严惩”[12]。同时，国务院转发国家文物事业管理局、国家基本建设委员会《关于加强古建筑和文物古迹保护管理工作的请示报告》，要求各级人民政府在调查研究的基础上，“调整、补充、重新公布各级文物保护单位名单，并且要按照政策法令规定的要求，落实保护管理的具体措施。凡是由政府公布的各级文物保护单位其所有权属于国家，任何单位都不得据为己有。一切使用单位包括专设的研究所、博物馆（院）、文管所对于使用的古建筑只有保护安全的责任，没有拆除、改建的权利。在需要修缮的时候，必须严格遵守保持现状或恢复原状的原则，提出修缮计划”[13]，按规定履行报批手续，未经批准，一律不得动工。“各级文物保护单位必须划定保护范围，在保护范围内不得随便增添新建筑物，并应注意保持周围环境的风貌”[14]。1981 年国务院下发《关于开展文物普查工作的通知》，在全国范围内开展文物普查、复查工作。“因为过去文物保护单位起了很大作用，所以准备继续公布第二批全国重点文物保护单位”[15]。1982 年 2 月，国务院公布了第二批国保单位 62 处。第二批国保单位是在改革开放初期，在第二次全国文物普查初步开展的基础上公布的，旨在汲取十年“文革”对文物造成破坏的教训，拨乱反正，解决大规模的基本建设与文物保护之间的矛盾，尽快将一批具有重大价值的文物保护单位置于国家的重点保护，使其免遭破坏。

20 世纪 80 年代初，我国开始了经济体制改革，提出了在社会主义初级阶段“一个中心、两个基本点”的基本路线。随着经济体制改革的稳步推进，计划经济体制下商品经济的发展，出现的新思想新思潮，对文物保护领域也产生了一定的影响，如何处理好文物的保护和发挥文物的作用、社会效益和经济效益等方面的关系，如何充分发挥文物在社会主义精神文明和物质文明建设中的作用，是当时着重思考的问题。1982 年，颁布了《中华人民共和国文物保护法》，文化部、国家文物局和各级地方政府也相继制定了许多文物管理工作的章程、条例，推动了全国文物工作走上有法可依，有章可循的法制轨道。1987 年 11 月，国务院颁发了《关于进一步加强文物工作的通知》，全面系统地总结了建国以来的文物工作，明确指出文物工作的方针是“加强保护，改善管理，搞好改革，充分发挥文物的作用，继承和发扬民族优秀的文化传统，为社会主义服务，为人民服务”[16]。至 1988 年，随着第二次文物普查的结束，发现了一批具有重大价值的不可移动文物。为了切实对文物“加强保护，改善管理”，认真贯彻落实《文物保护法》，1988 年 1 月，国务院公布了第三批国保单位，改变了国保单位数量太少的状况，加大了国家对不可移动文物的重点保护力度。

20 世纪 80 年代末、90 年代初，随着苏联的解体，东欧国家的剧变，世界格局发生了重大变化。1992 年初，邓小平视察南方，发表了重要讲话。10 月，党的十四大通过了《加快改革开放和现代化建设步伐，夺取有中国特色社会主义事业的更大胜利》的报告，明确我国经济体制改革的目标是建立社会主义市场经济体制，中国社会主义改革开放和现代化建设事业进入新的发展阶段。1992 年 5 月，国务院在西安召开全国文物工作会议，这是建国以来规格最高、规模最大的一次文物工作会议，会议提出了“保护为主、抢救第一”的文物工作方针。此次会议上有的专家提出“希望国家重点文物保护单位和历史文化名城在不久的将来有更大的增长。并不是要追求数量，而是有必要给一批真具有历史、艺术、科学价值的文物发放‘护身符’、‘身份证’，取得受《文物保护法》保护的合法身份——这本身就是对文物的抢救。有许多应该评为国家级的文物，如果不抓紧，可能会被建设的浪潮轻而易举地冲毁了。像北京的湖广会馆戏台等，那种古戏台的建筑样式，全国都不多见，至今还作为一些单位的普通用房使用着”[17]。1995 年，再次在西安召开了全国文物工作会议，会议确定要继续坚定不移地贯彻“保护为主，抢救第一”的方针，并提出了“有效保护，合理利用，加强管理”的指导思想，形成了文物工作完整的方针原则。西安会议后，中央财政大幅度增加了文物保护直拨经费，在全国范围内开展了建国以来空前规模的文物抢救维修工作，文物工作的社会环境和舆论环境大为改善，文物考古调查和发掘等工作取得了显著成绩。同时，经过大规模文物普查的初步统计，全国须进行登记的古遗址、古墓葬、古建筑、石窟寺和革命纪念建筑物等文物点近40万处。“在这些历史遗存中，尚有相当数量的文物价值极高的应该公布为保护单位。特别是在当前经济建设的大潮中，在旧城改造、土地批租、工程建设中许多文物正处于危急之中，甚至有许多已遭到破坏”[18]。文化名城的保护、文物保护单位的保护、地下大型文化遗址的保护都遇到许多新的问题，文物保护和基本建设历来就存在的矛盾日益尖锐。1996年11月，国务院公布了第四批国保单位。它的公布，是在我国社会主义市场经济体制建立以后，认真贯彻执行文物工作方针和原则的具体体现。

2. 第二至四批国保单位公布情况

国务院先后于1982年、1988年、1996年分别公布了第二批、第三批、第四批国保单位，计570处，使一大批具有重大价值的文化遗产置于国家的保护之下，中国文物保护单位制度无论在形式上，还是从内容上都发生了很大的变化。

第二批、第三批国保单位，仍沿用第一批国保单位的分类方法，文物保护单位分为革命遗址及革命纪念建筑物等六大类。第二批国保单位于1982年公布，计62处，没有发生大的变化。第三批国保单位不仅数量有了很大增加，为258处，数量多于前两批国保之和，而且内容也发生了一定的变化，主要表现在：古遗址、古墓葬数量增多，与当时严厉打击盗墓之风有一定关系；保护单位名单开始出现有关衙署官邸（如卓克基土司官寨、直隶总督署）、驿站会馆（如社旗山陕会馆、西秦会馆）、牌坊影壁（如“治世玄岳”牌坊）、池塘井泉（桑海井、安丰塘）、明清时期的宅第民居（如潜口民宅、祥集弄民宅）、基督教堂（如望海楼教堂）等。第三批国保单位公布时，随着中国加入《保护世界文化和自然遗产公约》，东西方文化遗产保护方面交流的日益增多，文物保护理念也随之发生了一定的变化，“开始注意到文物古迹与周边环境的关系，注意到历史城区的保护问题，确立了历史文化名城的保护概念并将其纳入法律调整的范围”[19]。

第四批国保单位250处，在数量上与第三批国保单位基本相当，但在分类上有了大的改变，分为古遗址、古墓葬、古建筑、石窟寺及石刻、近现代重要史迹及代表性建筑、其他六大类，将“古遗址”、“古墓葬”列为前两项，将“石刻”与“石窟寺”放在一起为一类，将“革命遗址及革命纪念建筑物”更名为“近现代重要史迹及代表性建筑”，将“其他”单列为一类。此国保单位分类法，一直延续至今。第四批国保单位不仅沿用了第三批国保单位内容上变化的一些做法，而且更加注重近现代文物以及有关经济、文化、教育、金融商贸等方面的文物保护，增加了历史价值较高的近代建筑，以及历史意义一般但建筑价值较高的近代建筑，反映经济、文化、教育、金融商贸等方面文物的比例大大提高，公布了一批近现代典型建筑风格的建筑物（如上海外滩建筑群、大连俄国建筑、哈尔滨颐园街一号欧式建筑）。在第四批国保单位评审过程中，“一些专家指出，在我国一些城市中保存着许多优秀的近现代建筑，它反映那个时期中国的社会状况和外来文化在建筑上的影响，不少已毁掉了，如不及时保护，其损失将无法挽回”[20]。

（三）第五批和第六批国保单位基本情况

1961年第一批国保单位的公布和《文物保护管理暂行条例》的实施，初步建立了全国重点文物保护单位制度。第二批至第四批国保单位的公布，1982年《文物保护法》以及相关法律法规的颁布实施，从法律上更加明确了国保单位的公布程序和保护内涵，全国重点文物保护单位制度得到了巩固与发展。随着中国社会经济的不断发展、国家的和谐富强与稳定，每隔五年左右公布一批国保单位，逐步成为各级政府的共识和惯例。第五批和第六批国保单位的公布固然与前几批国保单位一样，和当时的社会发展与文物工作形势有着密不可分的关系，但已经成为文博单位的一项日常工作。

第六批全国重点文物保护单位的遴选工作始于2004年，文化部于2004年6月下发了《关于推荐第六批全国重点文物保护单位的通知》，要求各省、自治区、直辖市于10月底将有关申报材料报送国家文物局。此次遴选工作"分为两个阶段：首先是由各省、自治区、直辖市在本辖区进行初评。然后由国家文物局组织有关单位的60多位文物、考古、建筑史、党史、近现代史等方面的权威专家，组成专家评审委员会进行分类评审。在专家评审的基础上，国家文物局提出了第六批全国重点文物保护单位初步推荐名单，并分别征询了中宣部、外交部、发展改革委、财政部、建设部、宗教局、中央党史研究室、中央文献研究室等有关部门的意见。在充分尊重专家和各有关部门意见的基础上，形成了最终的包含1081个单位的推荐名单，报请国务院核定公布"[21]。在第六批全国重点文物保护单位遴选工作中，坚持的遴选"原则和标准主要可概括为：首先，被遴选对象必须是历史上遗留下来的真实的实物，且其时代、性质、特征基本明确，学术界对其价值的认识比较一致；第二，对现代重建和严重改建过的，一般不予考虑；第三，在要求候选单位具有代表性、典型性或者独特价值之外，还特别要求相关地方政府能够对其实施有效保护和管理，文物保护'四有'（有保护范围、保护档案、保护标志和保护机构）工作完成得较好。在选择标准方面，重点考虑了相关文物的价值、代表性、典型性等"[22]。

第五批和第六批国保单位的公布，既是以往工作的延续，同时又具有明显的时代特征，突出表现在：第一，在数量上有了大幅度增加，分别为521处和1080处，大大超过了前几批国保单位的数量，"这从一个方面体现了党和政府对文物保护工作的重视和支持，体现了党和政府加强文物工作的决心大，信心足，力度强；同时，也反映出我国综合国力不断增强，文化遗产保护工作水平有较大幅度提高"[23]。第二，国保单位所包括的范围更加广泛。第五批和第六批国保单位仍然沿用了原来的分类法，包括古遗址、古墓葬、古建筑、石窟寺及石刻、近现代重要史迹及代表性建筑、其他六大类，但第五批国保单位"它所包容的建筑类型是历次全国重点文物保护单位名单中最丰富的。这一名单的公布标志着中国文化遗产保护的一个新的时代的来临。……第五批全国重点文物保护单位名单所列项目有以下几个不同于以往的重要特征：一些历史价值并不十分突出的建筑项目被列入名单；一定数量的村落被列入名单；一些保持着设计之初的使用功能，从未改变使用性质的项目被列入名单"[24]。第六批国保单位"包括了一些以往较少进入全国重点文物保护单位之列的，反映我国民族文化、地域文化和近现代文化生活、经济活动等方面的文化遗产"[25]，如大生纱厂等工业遗产、聚馆古贡枣园等农业遗产、大栅栏商业建筑等商业遗产、日斯满巴碉房等乡土建筑，以及三坊七巷和朱紫坊建筑群等历史文化街区和南屏村古建筑群等历史文化村镇。"对近年来要求加强保护呼声较高的'文化线路'、'文化景观'、'20世纪文化遗产'等遗产类型也进一步做了有益的尝试"[26]，如井陉古驿道等文化线路、红旗渠等文化景观、唐山大地震等现代遗产。"对于具有典型特征（地区、民族、时代等方面）的古代民居、民族建筑等也给予了充分的重视"[27]。第三，把长城、大运河等以往分点段公布文物保护单位的超大型文物归并为一个单位公布，体现了对保护文物完整性的进一步重视，同时也体现了我国文物保护、管理水平提高的现实。

（四）第一至六批全国重点文物保护单位概况分析

第一至六批国保单位，分布在全国31个省、市、自治区（见表1），虽然各省数量不一，但在一定程度上体现了各省文物的状况和特点。

表1　　第一至六批全国重点文物保护单位分布情况统计表

序号	省、自治区、直辖市	古遗址	古墓葬	古建筑	石窟寺及石刻	近现代重要史迹及代表性建筑	其他	合计
1	北京市	6	5	63	0	24	0	98
2	天津市	1	0	3	1	9	0	14
3	河北省	32	18	86	8	17	2	163
4	山西省	21	11	222	6	10	0	270
5	内蒙古自治区	41	9	19	3	5	0	77
6	辽宁省	13	9	15	1	14	0	52
7	吉林省	21	7	2	2	1	0	33
8	黑龙江省	15	1	2	1	9	0	28
9	上海市	1	1	4	1	12	0	19
10	江苏省	16	10	55	9	28	1	119
11	浙江省	20	8	69	8	23	2	130
12	安徽省	13	4	30	2	7	0	56
13	福建省	9	4	48	8	15	1	85
14	江西省	12	2	18	4	15	0	51
15	山东省	35	13	26	9	12	0	95
16	河南省	63	17	77	18	14	0	189
17	湖北省	27	10	25	5	24	0	91
18	湖南省	10	1	20	2	25	2	59
19	广东省	5	1	30	2	27	1	66
20	广西壮族自治区	8	1	12	3	18	0	42
21	海南省	4	2	4	0	4	0	14
22	重庆市	3	0	5	5	7	0	20
23	四川省	13	15	68	14	15	3	128
24	贵州省	6	3	21	0	9	0	39
25	云南省	7	4	35	10	18	2	76
26	西藏自治区	3	4	27	0	1	0	35
27	陕西省	42	20	55	10	10	1	138
28	甘肃省	21	4	24	16	6	0	71
29	青海省	6	1	7	1	3	0	18
30	宁夏回族自治区	7	1	6	2	1	0	17
31	新疆维吾尔自治区	25	18	5	7	3	0	58
	合计	506	204	1083	158	386	15	2352

由表1可知，从分布地域来说，国保单位分布在全国31个省、市、自治区，其中，100处以上的省份依次为：山西省270处，河南省189处，河北省163处，陕西省138处，浙江省130处，四川省128处，江苏省119处；有20处及以下的省份依次为：重庆市20处，上海市19处，青海省18处，宁夏回族自治区17处，天津市14处，海南省14处。

从类别来说，古遗址数量在前五位的省份依次为：河南省63处，陕西省42处，内蒙古自治区41处，山东省35处，河北省32处；古墓葬数量在前五位的省份依次为：陕西省20处，河北省18处，新疆维吾尔自治区18处，河南省17处，四川省15处；古建筑数量在前五位的省份依次为：山西省222处，河北省86处，浙江省69处，四川省68处，北京市63处；石窟寺及石刻数量前五位的省份依次为：河南省18处，甘肃省16处，云南省10处，陕西省10处，江苏省、山东省各为9处；近现代重要史迹及代表性建筑数量在前五位的省份依次为：江苏省28处，广东省27处，北京市、湖北省、湖南省各有24处。

山西省国保单位数量最多，而其中古建筑222处，约占国保单位中古建筑总数的20.5%，充分反映了山西省拥有数量较多、价值较高的古建筑。河南省189处，其中古遗址63处、古墓葬17处，与河南地处中原、历史悠久、地下遗存丰富密切相关，陕西、河北、新疆等省、自治区文化遗存亦十分丰富。江苏、广东、北京、湖南等省、市，近现代重要史迹及代表性建筑数量较多。宁夏回族自治区、海南省等，国保单位数量相对较少。

一至六批国保单位主要包括古遗址、古墓葬、古建筑、石窟寺与石刻、近现代重要史迹及代表性建筑、其他六大类，每一批国保单位的数量呈逐步增加趋势（见表2）。

表2　第一至六批全国重点文物保护单位分类情况统计表

类　别	第一批	第二批	第三批	第四批	第五批	第六批	合　计
古遗址	26	10	49	56	145	220	506
古墓葬	19	7	29	22	50	77	204
古建筑	77	28	107	110	248	513	1083
石窟寺及石刻	21	5	27	10	32	63	158
近现代	33	10	45	50	41	207	386
其他	4	2	1	2	5	1	15
合计	180	62	258	250	521	1081	2352

由表2可知，第一批国保单位为180处，第二批国保单位1982年公布，“因为‘文革’刚结束，很多工作都亟待进行，所以根据当时的情况，只公布了62处。是在没有公布《文物保护法》之前公布的。《文物保护法》公布之后强化了文物保护管理工作的措施和要求。为贯彻《文物保护法》，1988年公布了第三批全国重点文物保护单位，数量就增加了，有258处”[28]。至第六批，国保单位数量有了很大的增长，公布了1081处。国保单位数量的不断增加，从一个侧面反映了随着社会的进步，经济的发展，把社会效益放在第一位的文物保护工作有了更好的经济基础，文物事业有了很大的发展，保护不可移动文物的力度在逐步加大。

在国保单位六大类别中，古建筑数量最多，为1083处，约占46%；古遗址506处，约占22%；近现代重要史迹及代表性建筑386处，约占16%；古墓葬204处，约占9%；石窟寺及石刻158处，约占7%；其他15处，约占0.6%。

近现代重要史迹及代表性建筑这一类别的变化，在一定程度上反映了我国文物保护理念的变化，因此，对一至六批国保单位中的近现代重要史迹及代表性建筑进行了统计（见表3）。

表3　　第一至六批全国重点文物保护单位中近现代重要史迹及代表性建筑分类情况统计

	类别	第一批	第二批	第三批	第四批	第五批	第六批	合计
近现代重要史迹及代表性建筑	重要历史事件和重要机构旧址	23	8	22	18	10	70	151
	重要历史事件及人物活动纪念地	4	0	2	1	1	8	16
	名人故居、旧居	2	1	12	10	10	35	70
	传统民居	0	0	0	0	1	1	2
	宗教建筑	0	0	1	2	0	10	13
	名人墓	2	1	4	2	0	3	12
	烈士墓及纪念设施	2	0	2	0	1	0	5
	工业建筑及附属物	0	0	0	0	1	2	3
	金融商贸建筑	0	0	0	2	2	9	13
	中华老字号	0	0	0	0	0	0	0
	水利设施及附属物	0	0	0	0	0	4	4
	文化教育建筑及附属物	0	0	0	1	5	28	34
	医疗卫生建筑	0	0	0	0	0	2	2
	军事建筑及设施	0	0	1	2	0	5	8
	交通道路设施	0	0	0	0	1	6	7
	典型风格建筑或构筑物	0	0	0	12	9	22	43
	其他近现代重要史迹及代表建筑	0	0	1	0	0	2	3
	合计	33	10	45	50	41	207	386

从表3中可以看出，前三批基本上是“重要历史事件和重要机构旧址”、“重要历史事件及人物活动纪念地”、“名人故居、旧居”、“名人墓、烈士墓及纪念设施”等几类，主要突出的是文物的历史价值，在公布国保单位的排序上，将革命遗址及革命纪念建筑物放在第一类。革命遗址及革命纪念建筑物基本上为近现代史迹，也包括始建年代久远，但在近代历史上有重要纪念意义的文物，如卢沟桥。其选择的标准，主要体现在近现代革命历史的重大意义方面，而对近现代建筑物、构筑物本身的技术价值、美学价值和艺术价值等，并未作为重要的评判标准。

自第四批起，革命遗址及革命纪念建筑物这一类别被近现代重要史迹及代表性建筑所取代，这一分类涵盖的范围更加广泛，除革命历史意义重大的史迹外，还包括了其他重要近现代史迹，不仅强调文物的历史价值，也增加了许多具有艺术价值和科学价值的文物，增加了一些艺术风格独特、反映时代特征的建筑，这些建筑虽然历史价值并不是重大的，但是建筑艺术价值甚高。在第四批中，增加了金融商贸建筑（烟台福建会馆）、文化教育建筑及附属物（南开学校旧址）、典型风格建筑或构筑物（如上海外滩建筑群等）等反映文化教育、金融商贸、艺术价值较高的建筑物。

第五、六批国保单位更加注重具有艺术价值和科学价值的文物。从表 3 可以看出，第六批近现代重要史迹及代表性建筑中，工业建筑及附属物增加了 2 处，金融商贸建筑增加了 9 处、文化教育建筑及附属物增加了 28 处，典型风格建筑或构筑物增加了 22 处，并新增了水利设施及附属物 4 处（如红旗渠）、医疗卫生建筑 2 处（如协和医学院旧址）等几个类型，“对于代表性建筑则重点考虑 19 世纪 40 年代以来建造的，反映一定时期城乡建设进程、有明显建筑风格特征的建筑物、构筑物和设施；承载政治、经济、军事、文化、教育等历史发展信息的建筑物、构筑物和设施等”[29]。说明我国文物保护的领域更加拓宽，文物概念的内涵和外延也有了新的发展和变化，更加注重混合遗产、工业遗产、线性文化遗产，以及风格独特、价值较高的建筑物和构筑物等。

全国重点文物保护单位制度自实行以来，随着我国社会进步与发展、对外开放的日益加强、文物保护实践的不断深入，“从第一批国保的分类和公布、到第六批国保的分类和公布，文物的概念不断深化，文物保护的范畴不断扩大，理念不断进步”[30]，国保单位制度不断得到巩固、发展和完善。实践证明，国保单位制度符合我国国情和文物工作实际，符合国际社会保护文物的基本原则，它的实施对保护我国优秀文化遗产、促进社会经济发展等方面发挥了重要的、不可替代的作用。

二 国保单位申报工作中存在的问题及对策建议

全国重点文物保护单位制度，体现了党和政府对文化遗产保护工作的重视，随着我国改革开放的逐步深入，社会经济的快速发展，综合国力的提高，不断得到发展和完善。自 1961 年实行以来，经过半个多世纪的实践，成功和有效地保护了大批重要的文化遗产，初步形成了从不同侧面系统反映中华民族光辉灿烂古代文化及社会发展历程的文物史迹网络，基本建立了中国不可移动文物的结构框架体系；文化遗产保护的内涵逐步扩大，保护领域逐步拓宽，从重视革命历史价值，到重视历史价值、艺术价值、科学价值以及社会价值，从重视“静态遗产”的保护，到同时重视“动态遗产”和“活态遗产”的保护，从重视文化遗产“点”、“面”的保护，到同时重视“大型文化遗产”和“线性文化遗产”的保护，从重视“古代文物”、“近代史迹”的保护，到同时重视“20 世纪遗产”、“当代遗产”的保护，我国文化遗产保护工作逐步更加科学化、规范化。

全国重点文物保护单位的申报，是我国文化遗产保护工作的重要举措，从第一批国保单位由专家评审推出到第五批编制了申报范本，再到第六批有了初步的标准，国保单位申报工作有了长足的进步。文物保护单位模式的建立，法律地位的确立，保护制度的完善，使文物保护单位制度成为保护不可移动文物的重要制度，在实际工作中发挥了重要的作用，已成为一种具有我国本土特色的文物保护制度。但是，我们也应看到，国保单位申报工作中还存在一些不足，还存在一些认识和操作上的问题，需要我们进行分析研究和解决。

（一）国保单位申报工作中存在的问题及分析

1. 对申报工作的认识不够一致

国保单位的申报工作历来就得到了各级政府的重视，各级文物保护单位尤其是全国重点文物保护单位的公布使我国一大批弥足珍贵的不可移动文物得到了及时的保护，特别是文物保护法律的贯彻实施有效地遏制了各级文物保护单位被蚕食、破坏等问题。但是我们还应该看到，在申报国保单位中还一定程度上存在着不正确的态度。一方面，当今社会关注经济发展、崇尚现代建筑，许多地方政府在旧城改造中热衷于大规模拆迁和建设。我国的《文物保护法》和《文物保护法实施细则》明确规定了在文物保护单位周围应划分建设控制地带，而这必然对一些新城规划造成影响。因此，一些地方政府极力规避国保单位的申报工作，无视辖区内符合国保单位申报条件的不可移动文物，出现瞒报、少报的现象。另外一方面，日益兴起的遗产旅游成为地区经济增长的重要拉动因素，文物保护单位门票涨价热愈演愈烈，各文物景点门票收入逐年猛增。国保单位的金字招牌几乎是旅游人气的保证，一些地区对于申报趋之若鹜，出现热情过度膨胀，对于辖区内的文物不分主次，一律申报的现象。

2. 对“新品类”的认识不足

近年来，“文化遗产”这一概念越来越广泛地应用于我国的文物保护领域中，文物的内涵和外延不断扩大，不再是单纯的“遗迹”。保护文化空间、文化景观、文化线路、文化区域等也不再是新兴的词汇，而成了实实在在的文化遗产保护行动。《国务院关于加强文化遗产保护的通知》、《国务院关于开展第三次全国文物普查的通知》等有关文物普查和文化遗产保护的法律法规、方针政策指出，要注重宣传文化遗产保护工作发展的趋势，对文化线路、工业遗产、乡土建筑等文化遗产新品类加强宣传。但是，目前我们对这些新品类的界定还不清楚，在实际运用过程中还存在“囫囵吞枣”、“不求甚解”的情况。

例如，我们对文化景观的认识。文化景观的选择应基于它们自身的突出、普遍的价值，其明确划定的地理—文化区域的代表性及其体现此类区域的基本而具有独特文化因素的能力。它通常体现持久的土地使用的现代化技术及保持或提高景观的自然价值，保护文化景观有助于保护生物多样性。从保护文物的角度看，文化景观与文物保护单位既有区别又有密切的联系。很多文物保护单位事实上就是一种微型的文化景观，文物点本身和其周围的环境共同构成一处文化景观。但是，文物部门的文化景观其概念和外延具有其特殊性，我们将文化景观列为国保单位还存在划定保护范围等问题。因此，在鼓励其申报国保单位的同时，我们应该对其进行分析。

对已经列入国保单位的不可移动文物应该加强理论研究，给出科学的、符合我国文物保护实际的定义。例如，文物部门对“中华老字号”的使用早于对它的定义。从已公布的各级文物保护单位中寻找线索，我们不难发现，“中华老字号”的概念已经渗透在古建筑、古遗址、近现代重要史迹及代表性建筑的保护中。在新的文化遗产保护理念不断更新、进步的形势下，在第七批国保单位申报工作即将开展的契机下，我们有必要将这一“熟悉”的新概念进行界定，分析作为国保单位“中华老字号”的条件。

3. 对文物价值的认定不到位

当前国际上一般将文物的价值划分为历史价值和艺术价值。我国把文物的价值界定为三大价值，即历史价值、科学价值和艺术价值，科学价值在一定程度上可归入文物的历史价值中。申报、遴选国保单位的主要标准是衡量其作为文物的三大价值，简单地说，国保单位就是具有重大的历史、艺术和科学价值的不可移动文物。

目前，我国文物研究工作中存在着将历史价值过度放大，有用文物的历史价值概括科学价值和艺术价值的倾向。“在西方的文物研究工作中，文物的美学价值被提得非常之高。文物的美学价值虽然具有一定的独立性，但它还是部分反映了文物制作特定时期内的人的审美观。从这一点而言，它的这部分反映古代社会审美观的美学价值也可以划定到文物的历史价值的范畴中。……文物的美学价值是文物吸引人们的一大重要价值。但是与文物的历史价值相比，美学价值还是居于次位”[31]。

《世界遗产名录》对不可移动文物的六条评定标准中无不体现科学和艺术价值。其中“独特的艺术成就，一种创造性的天才杰作”，“对建筑艺术、纪念物艺术、城镇规划或景观设计方面的发展产生过大影响”、“传统的人类居住地或使用地的杰出范例”对艺术价值和科学价值的重视程度尤为突出，而历史价值只不过是在表现其他两项价值时的附属物。

从已经公布的国保单位的情况来看，我们在申报和遴选时也存在着对三大价值把握不平衡、侧重薄厚不均的问题。从已公布的国保单位来看，古遗址、古墓葬、古建筑等与时代相关的类型占到了绝大部分的比例。而因为具有突出艺术价值、科学价值的不可移动文物列入名单的数量相对较少。

另外，对文物社会价值的重视也是远远不够的。在国保单位申报遴选中，更多地考虑了古遗址、古墓葬、古建筑等，但文物保护单位不应仅仅局限于此。许多近现代的文物对社会公众的教育意义巨大，具有重大的社会影响，在国保申报中重视不足。

文物价值内涵的复杂性和人们价值观念的不同，给评价文物价值带来了很大的难处。这就需要有一个能为人们所公认的价值尺度，来规范对文物价值的评价。文物是生产力和生产关系不断发展、变革的见证或标志。衡量和评价文物价值的尺度，只能是它所证明的生产力发展的水平和说明社会问题的程度。所以在申报遴选国保单位时，我们不能以某处不可移动文物年代的久远程度作为评定的主要标准，而是要看其是否体现了那一历史时期的发展水平，和多大程度上代表了当时的科技尖端水准和艺术审美思想等。

20 世纪遗产、工业遗产在国保单位中的日益增多，表明了我们对文物三大价值的认识越来越客观。酒泉卫星发射中心导弹卫星发射场旧址、中国第一座水电站石龙坝水电站、大庆油田第一口油井、青海省中国第一个核武器研制基地等工业遗产、20 世纪遗产列入国保单位，表明了我们对文物价值认识的不断深化。但是和其他类型的文化遗产相比，我们对它们的重视还远远不够。

4. 申报工作不够规范

从我国认定、公布全国重点文物保护单位的起步和整个发展过程看，法律和法规依据历来是我们重要的工作原则。但是，基于我国历史悠久、地域辽阔、民族众多的国情，在全国重点文物保护单位认定和公布时常常面临一些很复杂的问题。而这些问题不能也不可能仅凭一部法律性文件就能够解决。亟须制定涵盖面广且易于操作的相关规范。在确认、公布文物保护单位的多年实践中，积累了比较丰富的经验。比如，国家文物局在向国务院报审公布第五批全国重点文物保护单位的请示中就提出了在“必须具有重大历史、艺术、科学价值的同时，强调文物的真实性。文物保护单位必须是历史上遗留下来的真实的实物，且其时代、性质、特征基本明确，学术界对其价值的认识比较一致的基本原则，对现代重建和严重改建过的则一般不予考虑；要求申报的文物保护单位应当具有代表性、典型性或者独特价值；要求相关地方政府能够对文物保护单位实施有效保护和管理，文物保护‘四有’（有保护范围、保护档案、保护标志和保护组织）工作完成得较好；注重保护体系的完整性，入选单位包括了一些以往较少进入全国重点文物保护单位行列的反映我国民族、民俗和近现代文化生活、经济活动……”等有关原则性意见。这些意见对于推进国保单位认定、公布的规范化具有一定的作用。提升全国重点文物保护单位认定、公布的质量，推动文物保护理念的进步，亟须有切合我国实际的相关标准、规范出台，借以统一人们的认识和工作秩序。这个标准或规范主要解决在认定和公布国保单位工作方面需要把握的原则性要求和具体操作问题。

5. 申报材料重点不突出

申报材料是遴选国保单位的重要依据，国家文物局对申报材料的信息采集有一定的要求。《关于推荐第六批全国重点文物保护单位的通知》规定了申报材料由申报文本和拟推荐单位的“四有”档案组成。申报文本包括推荐报告、保护范围、建设控制地带及有关保护机构等情况的文件、专家评估意见书、图纸、照片等，是一份完整的文物档案。文物档案是在文物工作中形成的有价值的资料，是进行文物考古、发掘、保护、修复、研究的依据和必要条件，与文物形成相互依存的关系，失去档案或档案不完备的文物，其历史、科学价值将大打折扣。但是，由于一些地方文物部门对档案工作的不理解、不重视，往往使申报材料针对性不强。

为了对国保单位的推荐材料有直观的认识，我们随机抽查了22份第六批全国重点文物保护单位的推荐材料（其中七处申报单位已经列为第六批全国重点文物保护单位），发现存在如下问题。

（1）文字描述过于简略

文字材料包括对地理位置、人文环境、历史沿革、基本状况描述、价值评估、相关研究情况、建设控制地带及建设项目控制情况、保护工作情况的具体描述。一些申报材料对这些重要的信息寥寥数言、几笔带过，或是偏重某一个方面，不能全面、翔实地反映文物的历史和现存状态。在抽查的22份国保单位推荐材料中仅有4份文字描述较为详细，价值评估简单的有5处，历史沿革没有交代或交代不清的有12份，地理位置描述不清的有10处，其中对人文环境没有描述或描述不清的有13份，对文物现存状态没有描述或描述不清的有6份。如升为国保单位的甘肃甘家八角城遗址的推荐材料对地理位置的描述仅有一句话；福建锦江楼的推荐材料，仅以“保存较好”四个字概括文物的现存状况。

（2）照片不能充分反映文物特征

照片是文物最客观的信息载体，能够说明问题的照片资料应展示文物的周边环境、整体面貌、各个侧立面、能够断代的特征点以及文物的损毁程度。一些申报材料中的照片资料多注重展示文物整体的美观和完整，对其特征点反映不充分。在抽查的22份国保单位推荐材料中，以反映全景为主的照片占到5份、缺少局部特征照片的占到11份，缺少保护标志照片的占12份，缺少照片文字说明的有1份。例如，抽查材料中已经列为国保单位的安溪文庙，局部特写照片仅有一张藻井，且缺少保护标志照片。

（3）建筑图纸缺失

对历史建筑而言，建筑图纸既是文物结构的如实反映，更是文物价值的评判依据，科学的建筑结构是先辈们智慧的结晶。文物档案的制作过程中，对建筑图纸的重要性认识不足，四川汶川的“5・12”地震，导致大量的古代建筑垮塌，而建筑图纸的缺失，给灾后重建工作带来了很大困难，这是对图纸档案重要性的警告性启示。在国保单位的申报过程中，一些申报材料的建筑图更是过于简单，既不符合档案性的原则，同时又人为地弱化了文物的科学价值。从22份抽查的国保推荐材料中看，没有地理位置的有3份，地理位置图模糊不清的有10份，缺少实测总平面图的有9份，实测总平面图不清楚的有7份，实测总平面图保护范围和建设控制地带不清的有11份，缺少主体建筑图的有12份。例如，抽查中已升为国保单位的横镇遗址，地理位置图、实测总平面图等模糊不清，且没有标注保护范围及建筑控制地带。

（4）文物风险评估缺失

我国的文物保护工作没有明确提出对文物进行风险评估。但是《文物保护法》关于文物工作“抢救第一”的方针，实际上指出了这一工作的重要性。《保护世界文化和自然遗产公约》第III. H条规定：“如某项遗产在相关专家咨询机构看来毫无疑问符合列入《世界遗产名录》的标准，且因为自然或人为因素受到损害或面临重大危险，其申报材料的提交和申报的受理不使用通常的时间表和关于材料完整性的定义。这类申报将被紧急受理。”可见准确地描述文物所面临的风险，既反映了文物的现存状态，也反映了文物需要高级别保护的紧迫性。这一问题也应在国保单位申报标准的制定中予以考虑。

（二）国保单位申报工作问题的对策建议

1. 提高对文物价值的认识

文物保护的实践，使得我们对文物价值认识的不断深入，但是与国际先进的文化遗产保护理念相比较，我们的这些认识还是不够全面和深刻的。因此，我们要积极吸纳国际先进的文物保护理念，从人类社会遗产保护的角度去研究文物的价值。在判定一处不可移动文物是否为国保时要有意识地跳出古遗址、古建筑的思考范围，要从文物反映社会、历史，以及其社会教育等作用多方面进行评判，从宏观上，全面地看待和认识国保单位的文物价值；从文物所承载的反映一定时期社会政治、经济、军事、文化、宗教活动等的文化内涵出发，开展对文物价值基础理论研究，使我们的文物保护实践建立在较高的理论水平上；在实际的文物工作实践中将理论认识进一步发展和完善，最终形成一套符合我国实际的有关文物价值认定的理论体系。

2. 学习新的文化遗产保护理念，加强对新品类的重视

近年来，随着我国文物保护事业的发展，文物保护的要素、类型、空间尺度、时间尺度、性质和形态等方面都在不断地发展，新的文化遗产保护理念日益创新。国保单位申报工作应顺应这一形势，在学习新的文化遗产保护理念的基础上，对新品类进行深入地研究分析，将其与我国文物保护的实际相结合，在申报遴选中加强对其重视，充分认识到对这些新品类进行保护的重要性。

3. 根据文物保护的需求适当增加国保单位的数量

至第六批全国重点文物保护单位公布，全国公布各级文物保护单位约7万处，其中县（市）级文物保护单位6万处，省级文物保护单位7000多处，全国重点文物保护单位共2352处。

公布为国保单位的不可移动文物在一定程度上得到了较好的保护。但是这和我国悠久的历史和丰富的文化遗产资源远远不能匹配，也不能满足在城市发展建设中保护文物的实际需求。尤其是对那些具有突出文物价值的不可移动文物保护形势更加严峻。因此，全国重点文物保护单位的数量需要较大幅度的增加，使这种不可再生资源在现有法律制度下能够得到保护。

4. 科学制定国保单位的申报、遴选标准

客观地评价一处不可移动文物是否能公布为国保单位必须有一定的标准作为衡量尺度。在第一批国保单位申报中，采用了专家推荐的形式。在这之后的几批国保单位的申报工作中，各省都上报了各自省区的国保单位预备名单。但究竟什么才够得上国保单位，大家都没有一个非常清楚的认识。由此产生了申报过程中为发展旅游“渲染”文物价值，或者为了城市建设对具有重要价值不可移动文物“回避”上报的情况。因此有必要出台一个客观、科学的国保单位申报遴选标准，使得大家在申报遴选时有一定的参照。

5. 规范申报信息的采集标准

在客观、科学的申报遴选标准作为参照的基础上，对上报的材料还必须有一定的规范。只有通过翔实、客观、能够反映不可移动文物特点的资料，专家在评审遴选国保单位时才有真实可靠的评判依据。这些资料包括照片、图纸、录像、文本等。这些资料要建立在对不可移动文物的真实调查上。例如，照片不但要反映其整体面貌也要反映其突出特点。因此，还需要一个对国保单位申报、遴选的信息采集标准，使得在评审阶段有据可依。

6. 加强对文物认定制度的研究

公布全国重点文物保护单位是我国文物保护工作最重要的举措，确立了文物保护单位的法律地位。但是，国保单位的遴选是一个长期的、发展的过程，其规模相对于文物保护的需求来说可谓是“杯水车薪”。我国的文物保护单位由政府公布这一作法，对于一些符合标准，而又一时不能列入国保单位的文物的保护带来了很大隐患。因此，在积极开展国保单位申报、遴选的同时，应该加强对国际先进的文物认定制度的研究，将国保单位的指定和登录结合。在进一步完善文物保护单位制度的基础上，采纳国际成功经验和做法，形成科学的保护机制，把文物保护由“少数的抗争”变成“共同的努力”，为我国的国保单位储备更多的后备力量。

7. 加强文物专业知识的学习和研究

开办各类文化遗产保护的培训班是学习最新相关理念的捷径。在文化遗产保护理念不断更新的形势下，根据我国文物事业发展的需要，加大对文化遗产理念的培训力度。同时，为了加强与其他相关部门的协调和联系，定期举行领导干部文物工作培训班，通过参观考察的方式，让政府相关职能部门的领导体会到珍贵的文化遗产在社会政治、经济中发挥的重要作用，从而加强对申报遴选国保单位的重视。

尤其是在国保单位申报、遴选标准出台后，应举办申报工作培训班，通过对文物价值认定、申报遴选标准和信息采集要求的讲解，提高文物工作者的理论修养和实践水平，深化申报、遴选国保单位的认识。

三 七批国保申报标准和信息采集标准的编制

（一）标准的编制过程

研究编制工作分两个阶段进行：

第一阶段为课题研究阶段，主要的研究内容包括以下方面：

（1）调查研究第一至六批国保单位公布的时代背景，剖析了半个多世纪以来我国文物界在文物保护理念、文物类别划分和对文物历史、艺术、科学价值认识等方面观念发展变化的过程，说明了对文物和文化遗产的观念性认识是随着历史的进程不断发展、完善和深化的。在新形势下，我国文物保护工作的重要任务之一，就是要加快与国际通行做法的衔接，形成先进的理念、完善的法律和制度、以及科学的保护方法和手段。

（2）根据近几年我国在历史文化遗产保护理论方面的研究状况，调查研究国际上对文物理念、文物价值和文物类别的认识。分别就文化线路、文化景观、20 世纪遗产、工业遗产、“中华老字号”商业遗产、乡土建筑等文化遗产新品类的概念界定，文物三大价值在其中的体现，及其申报国保单位的情况和标准进行了专题调查研究。

（3）通过对历次全国重点文物保护单位申报情况及近年来文化遗产保护的新理念和理论研究成果的分析研究，提出制定第七批国保单位申报标准和信息采集标准应遵循的基本原则和注意的倾向问题。第七批全国重点文物保护单位的申报标准，应遵循“保护为主，抢救第一，合理利用、加强管理”的文物工作方针，根据《中华人民共和国文物保护法》的有关规定，考虑我国文物保护工作面临的新形势，吸收文化遗产保护理论的最新研究成果。在标准的表述上，总体标准中关于文物三大价值标准的规定，既要参考“世遗”标准，又要根据我国文物的具体情况决定，并用中国化的语言表述；既要进行具体规定，又不要规定得太细太死，以免捆住地方的手脚，妨碍地方的申报积极性。

第二阶段为《标准》编制阶段：

（1）课题组经多次讨论形成《标准》编制大纲。

（2）项目组于 2008 年 5 月 26 日召开专家咨询会，邀请曾参加过第一至六批全国重点文物保护单位讨论审核专家谢辰生、黄景略、杨志军、叶学明等参加，对《标准》的编制大纲提出修改意见。

（3）项目组在反复讨论的基础上形成《第七批全国重点文物保护单位申报标准和信息采集标准》的初稿。

（4）项目组于 6 月 24 日召开 30 余位专家参加的研讨会，邀请了国家文物局系统、中国社会科学院考古研究所及甘肃省、湖南省等专家。与会代表从法律、行政和专业角度，对《标准》的初稿进行了讨论，在基本肯定《标准》的框架和主要条款的前提下，提出了一些具体的修改意见。

（5）根据专家意见，项目组对《标准》又作了多次修改。报国家文物局的审定稿共修改十二稿。

（二）标准的主要内容和特点

1. 标准的主要内容

《第七批全国重点文物保护单位申报标准》分为五部分。第 1 ~ 3 部分分别说明本《标准》的适用范围、编制标准的主要依据和第七批国保单位的申报范围。第 4、5 两部分提出了第七批国保单位的申报标准，其中第 4 部分为总体标准，第 5 部分为分类标准。

《第七批全国重点文物保护单位信息采集标准》分为两部分，第 1 部分为申报文本的内容，第 2 部分为申报文本的格式和要求。

关于第七批国保单位的申报标准，文本中分为“总体标准”和“分类标准”两个部分进行规定。“总体标准”，即原则标准，是对拟申报为第七批国保单位的不可移动文物价值、现状及其特征等方面，从总体上提出的原则标准。《中华人民共和国文物保护法》规定，国保单位应具有“重大的历史、艺术、科学价值”。《标准》根据国家法律，参照《保护世界文化和自然遗产公约》、《中国文物古迹保护准则》等国际、国内的相关规范性文件，对这一原则规定提出了七条具体的衡量标准。不可移动文物的真实性和完整性，是考察文物本体及其环境现状、体现文物价值的主要要素之一。上述国内外文件对此都有明确的阐述，我国文物保存的现状更从实际上说明了这一原则的重要性。《标准》对此提出了四条具体的衡量标准。

“分类标准”按照现已公布的国保单位的分类，分别就古遗址、古墓葬、古建筑、石窟寺及石刻、近现代重要史迹及代表性建筑五大类别提出了申报的具体标准。为避免文字的重复，凡在“总体标准”中已作规定的，“分类标准”中不再复述。

关于申报第七批国保单位的不可移动文物的信息采集标准，主要参考了第5、6批国保单位申报的材料要求和“四有”记录档案、“第三次全国文物普查”档案的要求制定。这一标准分为“申报文本”及相关的图纸、照片等，并分别作了相应的具体规定。

2. 标准的特点

与《文化部关于推荐第六批全国重点文物保护单位的通知》中“推荐标准”相对照，《第七批全国重点文物保护单位申报标准》具有如下特点：

第一，对文物的三大价值进行了阐述，使全国重点文物保护单位的遴选标准更具有可操作性。《第七批全国重点文物保护单位申报标准》“总体标准”中，提出了具有重大历史、艺术、科学价值的不可移动文物，应具备的条件。一是对揭示史前文化具有重要价值的；二是对反映古代历史时期社会政治、经济、军事、文化及其交流等方面具有重大价值的；三是反映近现代经济和社会发展，以及与重大事件和重要人物活动有关、具有突出价值的；四是对反映中国社会某一历史时期的美学思想、艺术发展等方面具有重要价值的；五是在建筑艺术、景观艺术、造型艺术等方面具有突出成就的；六是体现我国科学技术进步、促进社会发展和生活方式变化具有典型意义的；七是反映我国历史某一时期生态保护、灾害防御、聚落及城镇规划、工程设计、材料、工艺等方面成就的。

第二，明确提出了“真实性”和“完整性”的要求。参照《世界遗产公约》，文物本体的真实性和完整性，也应是申报全国重点文物保护单位的主要标准之一。在《第七批全国重点文物保护单位申报标准》中，考虑地上文物和地下文物的保存状况，分别提出了其“真实性”和“完整性”的要求。“在考古工作的基础上，地下遗存分布范围、文化内涵和特征界定清楚”、“地面文物的基本面貌，如主要结构、材质和传统技术等方面，在整体或主要部分上能够真实地显示与其时代特征相一致的原创性”，并考虑文物本体及其环境现状是体现文物价值的主要要素之一，提出了“文物本体周边的生态环境，有利于文物的持续保存”。

第三，吸收了近年来文化遗产研究的最新成果，提出了应予以重视的文化遗产，其中包括了“内涵丰富的文化线路和文化景观”、“近现代工业遗产”、“‘中华老字号’作坊和店铺旧址”、“20世纪具有代表性的文化遗产”。

第四，提出文化的多样性和地区的均衡性。我国幅员广大、历史悠久、具有文化多样性的显著特征，在遴选拟申报的文物时，于文化的多样性中坚持均衡性原则，对于反映我国少数民族和边远地区文明和历史发展进程、民族文化交流融合以及近年来提出的文化遗产的新品类给予更多的重视，也是一个十分重要的原则。提出的应予以重视的文化遗产包括了“少数民族聚居地区，具有显著民族特色和典型意义的不可移动文物”。

第五，按照不可移动文物的六大类别，提出了申报的分类标准。分类标准力求细化、量化、表述清晰，以便于各地文物部门在遴选、申报第七批全国重点文物保护单位时，能够准确理解和操作。

从申报工作中信息采集方面看，《第七批全国重点文物保护单位信息采集标准》专门设计了《申报登记表》，明确了信息采集的内容，并对照片、图纸的内容提出了一定的要求（见表4）。

表4 第六批与第七批全国重点文物保护单位申报标准对比表

批次 对比情况	第六批	第七批
总体标准	无	有
真实性与完整性要求	无	有
文化遗产新品类	近现代重要史迹及代表性建筑	内涵丰富的文化线路和文化景观； 具有中国传统和地方特色的乡土建筑群； 少数民族聚居地区，具有显著民族特色和典型意义的不可移动文物； 近代工业遗产，“中华老字号”作坊和店铺旧址等； 20世纪具有代表性的文化遗产
文化多样性和地区均衡性结合	特殊品类的稀有文物	少数民族聚居地区，具有显著民族特色和典型意义的不可移动文物
分类标准	无	古遗址、古墓葬、古建筑、石窟寺及石刻、近现代重要史迹及代表性建筑、其他类别的不可移动文物分类标准

（三）第七批国保单位申报中采纳课题研究成果情况

2008年5月19日，我院收到国家文物局办公室《关于委托制订第七批全国重点文物保护单位申报标准和信息采集标准的函》（办保函［2008］404号）。根据函件要求，我院于2008年8月完成《第七批全国重点文物保护单位申报标准和信息采集标准》（以下简称《标准》）的制订及相关课题的研究工作，并将有关成果上报国家文物局。

2009年5月，国家文物局下发了《关于开展第七批全国重点文物保护单位申报工作的通知》（文物保发［2009］14号）。其中《第七批全国重点文物保护单位申报指导意见》、《第七批全国重点文物保护单位申报信息采集标准》，采纳了课题研究的部分成果。现对比如下（见表5）：

表 5　　第七批全国重点文物保护单位申报标准采纳情况

<table>
<tr><th>标准
内容对比</th><th>发布标准</th><th>报审标准</th></tr>
<tr><td>申报总体标准</td><td>申报对象的形式与设计、原料与材料、用途与功能、位置与环境等必须是真实可信的，其现状必须是历史上遗留的原状，包括始建时的状态、历史上多次改建状态和长期受损后残缺的状态，在整体或主要部分上能够真实地显示与其时代特征一致性。
体现申报对象全部价值所需因素中的相当一部分必须得到良好保存，包括其周边环境，确保能完整地代表或体现申报对象价值的特色和过程</td><td>在考古工作的基础上，地下遗存分布范围、文化内涵和特征界定清楚；
地面文物的基本面貌，如主要结构、材质和传统技术等方面，在整体或主要部分上能够真实地显示与其时代特征相一致的原创性；
文物本体周边的生态环境，有利于文物的持续保存；
上报的基本信息必须全面，文物本体面临自然和人为的风险评估真实、可靠</td></tr>
<tr><td>予以重视的文化遗产</td><td>有代表性的近现代工业遗产、20 世纪遗产</td><td>近代工业遗产，“中华老字号”作坊和店铺旧址等；
20 世纪具有代表性的文化遗产</td></tr>
<tr><td rowspan="10">申报分类</td><td colspan="2">古遗址</td></tr>
<tr><td>古人类化石出土地点、古人类活动的遗址以及第四纪古脊椎动物化石出土地点</td><td>古人类化石出土地点和古人类活动遗迹清晰、出土遗物丰富的洞穴遗址</td></tr>
<tr><td>史前聚落和古代村落遗址</td><td>保存较好的史前聚落和古代村落遗址</td></tr>
<tr><td>古城址以及古建筑、建筑群遗址</td><td>保存较好的古城址，以及具有代表性和典型性的古建筑和建筑群遗址</td></tr>
<tr><td>水利、交通、手工业（窑址、矿冶）、祭祀、军事等设施和构筑物遗址；水下遗址和水下遗存地点</td><td>能够反映原始布局或结构特征的著名水利、交通等基础设施和构筑物遗址</td></tr>
<tr><td colspan="2">古墓葬</td></tr>
<tr><td>其他重要的古墓葬或墓葬群</td><td>大型贵族墓葬；
名人墓葬；
具有一定规模，保存较完整的墓葬群</td></tr>
<tr><td colspan="2">古建筑</td></tr>
<tr><td>宫殿、坛庙、衙署、苑囿、园林</td><td>保存基本完整的宫殿、坛庙、衙署、府邸、苑囿、林园、殿堂、亭台、楼阁</td></tr>
<tr><td>宗教类建筑</td><td>保存基本完整的寺庙、道观、佛塔、经幢</td></tr>
</table>

续表 5

标准 内容对比	发布标准	报审标准
申报分类	古建筑	
	居住类建筑	规模较大，保存基本完整的宅第、民居、会馆、工艺水平较高的牌坊、影壁
	教育类建筑	保存基本完整的书院、学堂等建筑群
	商业类建筑	店铺、作坊
	民间祭祀类建筑	寺观、祠堂
	交通、水利、军事、手工业等设施及建筑	保存基本完整的驿站、古道、桥梁、码头、堤坝等
	石窟寺及石刻	
	石窟寺及石窟群	保存基本完整的石窟寺及石窟群
	摩崖石刻、岩画	分布面积较大，内容丰富的摩崖石刻、岩画群
	在原址独立存在的碑刻、石雕	在原址独立存在、保存完整、学术价值较高的碑刻、石雕
		其他重要的石窟寺及石刻
	近现代重要史迹及代表性建筑	
	重要历史事件或重要机构旧址、地点明确的纪念地	具有重大影响，保存基本完整的重要历史事件或重要机构旧址和地点明确的纪念地
	已故名人的故居、旧居、墓及纪念设施	具有重大影响已故名人的故居、旧居、墓
	20 世纪 60 年代前（含 60 年代），具有民族传统的群体或单体乡土建筑	20 世纪 50 年代前（含 50 年代），具有民族传统、规模成群的典型民居
	近现代工业、交通、通讯、水利、邮政、金融、商贸、文化、教育、宗教、体育、医疗、军事、航天等设施或代表性建筑	20 世纪 50 年代前（含 50 年代），在中国工业发展史上具有开创意义和举足轻重作用的工业遗产（矿山、厂房、大型设备等）； 近代中国著名的水利设施，具有代表性或工程设计特点的车站、码头，铁路、有轨电车轨道等交通设施； 近代全国著名的金融、商贸、文化、教育、体育、医疗、卫生等机构的代表性建筑； “中华老字号”作坊、店铺旧址； 近现代中国具有代表性的军事、航天设施

续表 5

标准 内容 对比	发布标准	报审标准
申报分类	其他类别的不可移动文物	
	无列举	出土遗物丰富的第四纪古脊椎动物化石出土地点； 具有特殊意义的古代种植园和农业设施； 具有重大价值，但又不能归入上述五种类别的不可移动文物

从申报标准来看，两《申报标准》在内容上并无大的出入。在总体标准上，都涵盖了“真实性”和“完整性”，仅表达有所区别；分类标准部分，发布的《申报标准》合并了报审的《申报标准》中的部分内容，更为简洁；报审的《申报标准》要求更严格。分类标准中多提出“保存基本完整”、“规模较大”、“分布面积较大、内容丰富”、“具有重大影响”、“具有开创意义和举足轻重作用”等条件。

从采集标准看，发布的标准则更为详尽。申报文本规定了纸质文本的字体、字号，照片、图纸和电子文本的目录格式，对填报分栏目进行了解释。

[附　件]

第七批全国重点文物保护单位申报标准

（报 审 稿）

1. 适用范围

本标准适用于第七批全国重点文物保护单位的遴选和申报。

2. 主要依据

《中华人民共和国文物保护法》（2002 年）第九届全国人民代表大会常务委员会第三十次会议通过。

《中华人民共和国文物保护法实施条例》（2003 年）国务院第八次常务会议通过。

3. 遴选、申报范围

3.1　省级、县（市）级文物保护单位中具有重大价值的；

3.2　其他不可移动文物中价值重大的；

3.3　第三次全国文物普查中新发现的不可移动文物，具有重大历史、艺术、科学价值的。

4. 申报的总体标准

4.1　具有重大的历史、艺术、科学价值

4.1.1　对揭示史前文化具有重要价值的；

4.1.2　对反映古代历史时期社会政治、经济、军事、文化及其交流等方面具有重大价值的；

4.1.3　反映近现代经济和社会发展，以及与重大事件和重要人物活动有关、具有突出价值的；

4.1.4　对反映中国社会某一历史时期的美学思想、艺术发展等方面具有重要价值的；

4.1.5　在建筑艺术、景观艺术、造型艺术等方面具有突出成就的；

4.1.6　体现我国科学技术进步、促进社会发展和生活方式变化具有典型意义的；

4.1.7　反映我国历史某一时期生态保护、灾害防御、聚落及城镇规划、工程设计、材料、工艺等方面成就的。

4.2　具有真实性和完整性

4.2.1　在考古工作的基础上，地下遗存分布范围、文化内涵和特征界定清楚；

4.2.2　地面文物的基本面貌，如主要结构、材质和传统技术等方面，在整体或主要部分上能够真实地显示与其时代特征相一致的原创性；

4.2.3　文物本体周边的生态环境，有利于文物的持续保存；

4.2.4　上报的基本信息必须全面，文物本体面临自然和人为的风险评估真实、可靠；

4.3 对下列文化遗产应予以重视：

4.3.1 元代以前（含元代）保存较为完整的地上砖石结构建筑；

4.3.2 明代以前（含明代）保存较为完整的木结构建筑；

4.3.3 内涵丰富的文化线路和文化景观；

4.3.4 具有中国传统和地方特色的乡土建筑群；

4.3.5 少数民族聚居地区，具有显著民族特色和典型意义的不可移动文物；

4.3.6 近代工业遗产，“中华老字号”作坊和店铺旧址等；

4.3.7 20世纪具有代表性的文化遗产；

4.3.8 从时代和类别上衡量，在本地区数量稀少，或富有特色的不可移动文物。

5. 申报的分类标准

5.1 古遗址

5.1.1 古人类化石出土地点和古人类活动遗迹清晰、出土遗物丰富的洞穴遗址；

5.1.2 保存较好的史前聚落和古代村落遗址；

5.1.3 保存较好的古城址，以及具有代表性和典型性的古建筑和建筑群遗址；

5.1.4 能够反映原始布局或结构特征的著名水利、交通等基础设施和构筑物遗址；

5.1.5 出土文物丰富（或珍贵）的水下遗址；

5.1.6 其他重要的古遗址。

5.2 古墓葬

5.2.1 帝王陵寝（含少数民族和地方政权的王陵、王墓）；

5.2.2 大型贵族墓葬；

5.2.3 名人墓葬；

5.2.4 具有一定规模，保存较完整的墓葬群；

5.2.5 其他重要的古墓葬。

5.3 古建筑

5.3.1 形制完整的城垣、城楼；

5.3.2 保存基本完整的宫殿、坛庙、衙署、府邸、苑囿、园林、殿堂、亭台、楼阁；

5.3.3 保存基本完整的寺庙、道观、佛塔、经幢；

5.3.4 规模较大，保存基本完整的宅第、民居、会馆、店铺、作坊；

5.3.5 保存基本完整的驿站、古道、桥梁、码头、堤坝等；

5.3.6 保存基本完整的寺观、祠堂、书院、学堂等建筑群；

5.3.7 工艺水平较高的牌坊、影壁；

5.3.8 保存完整的涵洞、池塘、井泉；

5.3.9 其他重要的古建筑。

5.4 石窟寺及石刻

5.4.1 保存基本完整的石窟寺及石窟群；

5.4.2 分布面积较大，内容丰富的摩崖石刻、岩画群；

5.4.3　在原址独立存在、保存完整、学术价值较高的碑刻、石雕；

5.4.4　其他重要的石窟寺及石刻。

5.5　近现代重要史迹及代表性建筑

5.5.1　具有重大影响，保存基本完整的重要历史事件或重要机构旧址和地点明确的纪念地；

5.5.2　具有重大影响已故名人的故居、旧居、陵墓；

5.5.3　中国知名的烈士墓及纪念设施；

5.5.4　20世纪50年代前（含50年代），具有民族传统、规模成群的典型民居；

5.5.5　20世纪50年代前（含50年代），在中国工业发展史上具有开创意义和举足轻重作用的工业遗产（矿山、厂房、大型设备等）；

5.5.6　近代中国著名的水利设施，具有代表性或工程设计特点的车站、码头，铁路、有轨电车轨道等交通设施；

5.5.7　近代全国著名的金融、商贸、文化、教育、体育、医疗、卫生等机构的代表性建筑；

5.5.8　“中华老字号”作坊、店铺旧址；

5.5.9　近现代中国具有代表性的军事、航天设施；

5.5.10　其他重要的近现代重要史迹及代表性建筑。

5.6　其他类别的不可移动文物

5.6.1　出土遗物丰富的第四纪古脊椎动物化石出土地点；

5.6.2　具有特殊意义的古代种植园和农业设施；

5.6.3　具有重大价值，但又不能归入上述五种类别的不可移动文物。

第七批全国重点文物保护单位信息采集标准

（报 审 稿）

1. 申报文本内容

1.1 省级人民政府文物主管部门的推荐报告；

1.2 各级人民政府公布的保护范围、建设控制地带及有关保护机构等情况的文件；

1.3 专家评估意见书；

1.4 《第七批全国重点文物保护单位申报登记表》。

1.4.1 申报登记表；

1.4.2 被推荐文保单位简介：地理位置，自然与人文环境，历史沿革，基本状况描述，价值评估，相关研究情况，调查、发掘、保护工程、文物展示情况，保护范围、建设控制地带及建设项目控制情况，保护标志情况，保护机构情况，安全保卫工作情况等；

1.4.3 图纸。

1.4.3.1 能够明确标示不可移动文物所在县、市的地理位置图；

1.4.3.2 反映不可移动文物分布情况的实测总平面图。（原为省、市、县级文物保护单位的，应标出保护范围和建设控制地带）；

1.4.3.3 不可移动文物主体建筑平面图和正立面图。地理位置图、实测总平面图（标出保护范围、建设控制地带）、主体建筑平面图和正立面图等。

1.4.4 照片（包括简要文字说明）

1.4.4.1 不可移动文物全景照片（也可附航测照片）；

1.4.4.2 不可移动文物主体正面、侧面、背面、重要部位和构件的照片；

1.4.4.3 不可移动文物内重要藏品照片（1～5件）；

1.4.4.4 原文物保护单位保护标志、界桩安置情况照片（原系尚未核定公布为文物保护单位的不可移动文物和第三次全国文物普查中新发现的不可移动文物除外）。

2. 申报文本格式和要求

2.1 统一用A4幅面纸印制，一式二份（式样参照申报范本，也可在国家文物局网站www.sach.gov.cn上查询）；

2.2 同时提交电子文本一份；

2.3 《第七批全国重点文物保护单位申报登记表》和被推荐文保单位简介，按国家文物局《关于发布〈全国重点文物保护单位记录档案工作规范（试行）〉的通知》（文物保发［2003］93号）的要求顺序填写；

2.4 图纸粘贴在图纸册页上，折叠成A4幅面；

2.5 照片不小于5英寸，粘贴在照片册页上。

---

［1］ 本节部分内容发表在《中国文物科学研究》，2013，（2）.

［2］ 1961年，第一批国保单位公布180处；1982年，第二批国保单位公布62处；1988年，第三批国保单位公布258处；1996年，第四批国保单位公布250处；2001年，第五批国保单位公布518处，2002年增补里耶古城遗址，2003年增补焦裕禄烈士墓、阿尔寨石窟；2006年，第六批国保单位公布1080处，2009年增补安江农校纪念园，合计2352处.

［3］ 谢辰生．新中国文物保护工作50年［J］．当代中国史研究，2002，（3）.

［4］ 国务院．1956年．关于在农业生产建设中保护文物的通知//国家文物局编．中国文化遗产事业法规文件汇编（1949-2009）［M］．北京：文物出版社，2009.

［5］ 王运良．中国文物保护单位制度研究．复旦大学博士学位论文，2009-3.

［6］ 谢冰．“国保”的由来——访国家文物局原顾问谢辰生［J］．中国文物报，2001-7-15.

［7］ 国务院，1961年．关于公布第一批国保单位名单的通知//国家文物局编．中国文化遗产事业法规文件汇编（1949-2009）［M］．文物出版社，2009.

［8］ 国务院．1961年．文物保护管理暂行条例//国家文物局编．中国文化遗产事业法规文件汇编（1949-2009）［M］．北京：文物出版社，2009.

［9］ 同［8］.

［10］ 同［3］.

［11］ 同［3］.

［12］ 国务院．关于加强历史文物保护工作的通知．1980年//国家文物局编．中国文化遗产事业法规文件汇编（1949-2009）［M］．北京：文物出版社，2009.

［13］ 国务院批转国家文物事业管理局、国家基本建设委员会．关于加强古建筑和文物古迹保护管理工作的请示报告//国家文物局编．中国文化遗产事业法规文件汇编（1949-2009）［M］．北京：文物出版社，2009.

［14］ 同［13］.

［15］ 同［6］.

［16］ 国务院．1987年．关于进一步加强文物工作的通知//国家文物局编．中国文化遗产事业法规文件汇编（1949-2009）［M］．北京：文物出版社，2009.

［17］ 李泓冰．燃眉之急话文物．李瑞环同志与全国文物工作会议代表座谈纪实［J］．中国文物报，1992-6-28.

［18］ 何洪．国家文物局评审第四批国保单位［J］．中国文物报，1994-04-10.

［19］ 朱兵．文化遗产保护与我国实践［J］．湖北行政学院学报，2002，（3）.

［20］ 同［18］.

［21］ 柴晓明．文化遗产保护工作的又一重大成就——国务院核定公布第六批全国重点文物保护单位［J］．中国文化遗产，2006，（3）.

［22］ 同［21］.

［23］ 张文彬．努力实践“三个代表”重要思想不断提高我国文物保护水平——就国务院公布第五批全国重点文物保护单位答记者问//张文彬文博文集［M］．北京：文物出版社，2012.

［24］ 吕舟．从第五批全国重点文物保护单位名单看中国文化遗产保护面临的新问题［J］．建筑史论文集（第16辑），2002.

［25］ 单霁翔．文化遗产保护与城市文化建设，北京：中国建筑工业出版社，2009.

［26］ 同［25］.

［27］ 同［21］.

［28］ 同［6］.

［29］ 同［21］.

［30］ 国家文物局编．中国文物事业60年［M］，北京：文物出版社，2009.

［31］ 杨璐．保护、修复、研究领域中文物的价值［J］．文物保护与考古科学，2006，18（4）.

意大利文化遗产登录制度与我国文物保护单位评审制度对比研究*

中国文化遗产研究院文物修复与培训中心　王乐乐

摘　要： 我国施行多年的文物“精品”指定保护策略，随着时代的发展逐渐呈现出与社会需求不平衡的弊端，文化遗产登录制度的审慎引入，当是对现行指定制度的有益补充。一方面，国际上通行的文化遗产保护宪章和保护实践，登录保护制度学理的普适性，使得我国的保护思想和保护意识逐步国际化与全球化；另一方面，构建和落实这一制度，可能将遇到许多复杂的矛盾和困惑。本文在探讨这些问题时，着眼于众多历史建筑保护实践中因其身份界定不清与控制原则含糊所带来的矛盾性和复杂性，通过对意大利等国家登录制度的多层次、多角度分析，提出建立和完善适合我国国情的文物登录保护制度的构想和原则。

关键词： 文化遗产保护　文物保护单位　建筑文化遗产　指定制度　登录制度

A Comparison between the Cultural Heritage Registration System in Italy and the Cultural Relics Protected Units Nomination System in China

Wang Lele

Abstract: With the deuelopment of the times, the long-lasting strategy of China's cultural relics desiguation protection that is oriented to the "elite" relics has become increasingly incompatible. Therefore, the introduction of the cultural heritage registration system would serve as beneficial supplement of the existing system. On the one hand, basic principles and consciousness of conservation in China has become globalized with the implementation of international charters and practices, which entail universal applicability. On the other hand, there might yield complex contradictions and confusions while this registration system is adopted in local and specific protection practices.

* 本研究课题为2009年财政部“公益性科研院所基本科研业务费专项资金”、“意大利文化遗产登录制度与我国国保单位对比研究”课题部分内容，课题负责人王乐乐。工作中得到中国文化遗产研究院詹长法研究员与李春玲副研究员的热情帮助，在此表示感谢！

This paper focuses on the contradiction and complexity brought by the unclear status classification and the ambiguous control principles of historical building's protection. The registration system of Italy and other western countries are introduced in multiple perspectives as an inspiration for development and improvement of cultural relics registration system in chinese context.

Keywords: Protection of Cultural Heritage, Sites to Be Protected, Architectural Cultural Heritage, Designation, Registration

一 绪论

(一) 国家间制度比较分析的必要性与可行性

在文化发展的历史长河中，各民族间文化和交流制度影响是不争的事实。正如国家法律制度的创立、社会秩序的形成，是相互间对比借鉴的产物。我国近现代文物制度的产生也是如此。

以意大利与中国相较而言，两国间有着许多相似的历史特点和文化心理结构，虽然两者各自拥有完全独立的文化遗产保护法规体系，却暗含着某种趋同的审美角度和价值取向，蕴含着类似的文化张力。文化界常拿二者进行多侧面的比较，也是因其有许多共通之处。古罗马帝国堪与中华民族相媲美的辉煌文明，所经历的相似发展路程和多民族构成形式的大背景，使得二者在对待文物的态度和价值判断上产生了相似的文化心理状态和特点。然而，不同的社会进程与经济发展水平，又造成两国文化遗产保护事业的发展具有相对的异相特征。从历史演变过程看，两国文化遗产保护活动的发展，在时间脉络上具有不同的节点和高潮。从社会背景看，在不同历史土壤中生长出来的差异性政治环境和社会制度，又决定二者在文化遗产保护领域积淀形成各具特色且适合本国国情的经验。意大利遗产保护和利用方面的法律和政策，很值得我国借鉴[1]。

中国作为一个发展中大国，在国际文化遗产保护活动中显示出越来越大的影响，要更好地在国际文化遗产保护领域发挥作用，就必须将我国自身文化传统和社会价值观念所形成的文化遗产保护理念总结升华，批判性地借鉴吸收国外成熟的文物工作政策及工作方法，建立更加适应我国社会经济发展的文物工作制度，在完善自我并独树一帜的过程中，进而兼济世界和造福人类，这是真正实现向文物强国迈进的必由之路。

(二) 我国现阶段文化遗产保护现状及存在问题

1. 保护现状

中国历史文化遗产资源丰富。在过去几十年中，我国的文化遗产保护事业取得了长足发展，国家出台了一系列文物保护法律、法规，文物保护工作逐步迈向了法制化轨道。但与此同时，由于经济的、社会的和历史诸多方面的原因，我国文化遗产保护中的问题和危机也日益凸显。

第一，作为文物大国，文物保护单位数量过少，对未列入各级保护单位的文物缺乏有效管理。

我国地大物博文化遗产积淀丰厚，文物类型和数量众多。但文化遗产保护工作的繁重与从业人员数量较少的明显反差，文物保护所需经费巨大与资金投入匮乏的突出矛盾，导致我国被列入保护单位的文化遗产数量偏少，这种状况与丰富的文化遗产资源很不相称。对文化遗产认定的不同价值判定标准，也是造成我国与西方发达国家相比文物数量偏少的直接原因。同时，不同的价值判定标准产生的不同的保护思路和策略，又进一步造成某些极有价值的文化遗产面临不利的处境和命运。

第二，城市化发展和经济建设与文化遗产保护工作之间的矛盾日益加剧。

以广场型文化遗产为例，中国近代的城市广场多是受西方影响的建筑体，某种程度上只是对一种西方城市建设传统的形式模仿，是一种城市景观元素，而少有社会学意义上的城市公共空间价值。近几十年来，城市广场的建设又表现出较强的计划经济体制特征以及形式主义色彩，一度出现了“规模过大、占地过多、求新过急、标准过高”的现象，特别是近二十年来，大规模的城市建设、广场建设和道路建设热潮，对中国的城市空间及结构产生了巨大影响，以拆毁文物建筑为代价的城市建设潮流逐渐滋生蔓延，大量富含地方特色的风土建筑在急进式的“大拆大建”和“拆真造假”城乡改造中永久消失。这种改变已经留下了很多遗憾。如何在改善城市环境，推进社会经济可持续发展的大背景中做好文物保护，是各级政府和文物工作者面对的重大问题[2]。

第三，历史环境整体保护面临窘境。

目前，我国城市中许多建筑物虽然被作为文物保存下来，但却淹没在与之不相协调的现代化钢筋水泥丛林中，失去了其表达的文化背景与历史元素。而从文物工作本质而言，对历史文化遗产保护内涵的认识应远远超出仅对文物古迹的个体保存，我们必须学会将现有的狭猛的“保护视角”扩展至城市文化景观整体保护当中，这是一个不可忽视的课题。

第四，各级文物保护单位名单之外的文物得不到有效保护。

我国实行文物保护单位制度多年，文物保护单位尤其是全国文物保护单位，均是在某方面特别突出和价值突出的文物。它体现的是从国家的角度出发进行重点保护与精品保护的策略和思路。其优点是，可使入选文物因国家提供的充足资金和技术支持而得到良好的保护和管理；不利之处是，使相当多未列入保护单位但又十分重要的文物处在缺乏保护与缺乏管理的状态，在城市更新和开发建设中面临改观、破坏甚至被拆除的危险。

第五，文化遗产保护的公众参与实现难度颇大。

公众参与（Public Participation）从社会学角度讲，是指社会群众、社会组织、单位或个人作为主体，在其权利义务范围内有目的的社会行动[3]。参与文化遗产保护的公众应包括文物的所有权人和与文物无直接关联的普通群众，他们作为社会构成的基础，对发展文化遗产保护事业与构建和谐社会意义重大。文化遗产保护工作中的公众参与是一种双向交流，其目的是发挥服务公众作用和强化公众参与，实现社会效益、经济效益、环境效益等的协调统一。我国这方面的工作目前尚在起步阶段。

2. 存在问题及其原因

反思我国文化遗产保护中出现的种种问题，除去社会经济发展的历史原因外，主要归纳为以下几点：

第一，文化遗产保护观念尚不明确。

虽然以上问题的表现形式各异，但均不同程度反映了当前我国文化遗产保护中的核心问题，即为什么保护、保护什么、如何保护，这些问题从学术层面到管理层面均存在认识不足或不充分的先天缺陷。

“保护与发展”关系观念的差异实际上反映出的是利益与价值观的冲突。在探讨经济发展对文化遗产保护的冲击问题上，我们缺乏从城市可持续发展角度去理解遗产保护的战略眼光，忽略了文化遗产具有促进社会协调发展的重要潜力，使一些原本可以通过规范行为达到双赢的举措无法顺利实施；同时又对一些急功近利的做法缺乏批驳的理论基础，使富有远见的建议和准则在含含糊糊中被一再践踏。

此外，对国外文化遗产保护理论成果借鉴不足也是造成观念滞后的重要原因。在历史文化遗产领域，国家文物局法制处主持编译的《国际保护文化遗产法律文件选编》（1993 年）和《外国保护遗产法律文件选编》（1995 年），为中国遗产保护提供了丰富的信息。2000 年国际古迹遗址理事会中国国家委员会与美国盖蒂保护所等机构合作完成了《中国文物古迹保护准则》。但此后时断时续，系统性的理论引进始终不尽如人意，致使对国外遗产保护发展现状与研究成果借鉴不够充分，影响了我国文物保护工作的开展。

第二，遗产保护法律体系建设不够完善。

1982 年我国颁布了《中华人民共和国文物保护法》（以下简称《文物保护法》），2002 年又对其进行修订。在此部法律基础之上，由国务院批准颁布实施了《纪念建筑、古建筑、石窟寺修缮工程管理办法》、《中华人民共和国水下文物保护管理条例》、《中华人民共和国考古涉外工作管理办法》、《文物保护法实施细则》等，分别从不同侧面对《文物保护法》作了细化和专题规定。在文物保护工程管理方面，2003 年修订了《文物保护工程管理条例》。

除了专门性法律外，国家从刑事、民事以及治安管理角度，出台了针对历史文化遗产保护的相关法律条文。例如，我国在《刑法》中列出独立章节初步规范了对文物犯罪的刑罚。除此之外，在《治安管理处罚条例》，以及行政保护相关法律如《城市规划法》、《环境保护法》、《自然保护区条例》、《地质遗迹保护管理规定》、《风景名胜区管理暂行条例》、《森林法》、《矿产资源法》、《大气污染防治法》等中均制定了维护文化遗产安全的条文。这些都是我国文化遗产保护工作的重要依据和保障。在国家法律之外，各地方政府结合本地实际情况，也出台了一系列地方性法规和政府规章。

但是，综观整个法律体系建设情况，问题与矛盾仍然突出。主要表现为：

① 相关法律规定主要针对文物保护，忽视了文物“法定身份”之外的有价值对象的保护。以建筑为例，重点关注文物建筑的安全维护，而对于其环境及相关无形遗产以及复合类遗产的保护等较少涉及。尤其一些近现代建筑，由于无法确定身份，缺乏相关保护理念和方法，使这些建筑游离于保留与破坏之间，形势危急。

② 对于文化遗产再利用问题，如产权问题和价值评价问题以及文化遗产管理过程中的公共管理与市场管理问题，缺少严格有效的法律规定。

③ 相对于刑法、民法等法律而言，由于文物保护法形成较晚，虽对我国文化遗产的保护方法和手段作了原则性的规定，但对于保护管理的程序、国家和地方及各部门的职责等的规定过于笼统，可操作性不强。例如，没有制定明确的法律条文去规定相关物业业主和使用者的权利和义务，在很大程度上影响了法律的约束力，且难以调动民众保护文化遗产的积极性。也没有规定一旦发生涉外文物保护纠纷时，如何解决法律冲突等。

④ 管理部门责权不清和多重管理。我国文化遗产保护管理体系多级与多部门交叉的情况比较突出，导致了在文化遗产遭受破坏时难于采取果断有效的措施。比如平遥城墙坍塌、武当山遇真宫火灾和孔庙文物被毁等，均因具体管理和保护职责游离于当地政府和文物管理部门直接控制之外。平遥古

城的经营权属于平遥古城旅游股份有限公司，武当山遇真宫的使用权被文物管理部门转让给一家私立武术学校，“三孔”（孔庙、孔府、孔林）的管理开发归中国孔子国际旅游股份有限公司。由于政府和管理部门缺位，导致重要的历史文化遗产成了开发盈利者的“摇钱树”，而科学管理与保护则成为被忽略的一纸空文。

文化遗产保护作为国家及地方文物保护部门的专有职能，过去与履行城市管理职能的其他部门关联较弱，在城市化建设高速发展的今天，如何平衡和协调与城市规划等部门之间的关系，关乎文化遗产的命运和未来。

二　文化遗产保护的国家体制及机构设置

从世界范围看，文化遗产保护工作大多已纳入国家计划与管理当中，遗产保护已成为一种基本的国家意识与国家行为，许多国家的政府都制订了有关文化遗产保护的法律、政策，建立了专门的文化遗产保护管理部门以及相关研究或咨询机构。以国家为主体进行文化遗产保护工作，要求建立完备的文化遗产保护国家体制。

（一）国家文化遗产保护体制

关于文化遗产的保护，国际上现行三种制度形式，即指定制度（Designate）、登录制度（Register）、指定制度 + 登录制度[4]。

1. 指定制度

文物指定制是由政府专门的文物保护机构或部门，根据国家制订的文物评定原则或标准，将符合条件的各类物质或非物质遗产选定为文物，并同时确定该文物为何等保护级别。被指定的文物由国家文物部门负责管理和实施保护，并提供维护和修缮所需的经费及其他资源条件。我国文物保护单位制度实行的就是文物指定制，文物认定标准和办法由国务院文物行政部门制订，并经国务院批准[5]。

我国根据不可移动文物的历史、艺术、科学价值，将其分别确定为全国重点文物保护单位，省级文物保护单位，市、县级文物保护单位。

从20世纪50年代中期首次提出“保护单位”概念至今，国务院已分七批公布了共计4294处全国重点文物保护单位。各级文物保护单位经相应的文物行政主管部门审核同意后，报相应级别人民政府核准公布，同时报上一级政府部门备案。

1982年11月通过的《中华人民共和国文物保护法》，以国家法律的形式明确完善了我国文物保护单位的指定制度：国务院文物行政部门在省级，市、县级文物保护单位中，选择具有重大历史、艺术、科学价值的确定为全国重点文物保护单位，或者直接确定为全国重点文物保护单位，报国务院核定公布；省级文物保护单位，由省、自治区、直辖市人民政府核定公布，并报国务院备案；市级和县级文物保护单位，分别由设区的市、自治州和县级人民政府核定公布，并报省、自治区、直辖市人民政府备案；尚未核定公布为文物保护单位的不可移动文物，由县级人民政府文物行政部门予以登记并公布。该法案还首次提出了“历史文化名城”的概念及其指定程序，即“由国家文化行政管理部门会同城乡建设环境保护部门报国务院核定公布”。2002年通过的《文物保护法》修订案第14条，又首次将“历史文化街区、村镇”的概念以法律形式确定下来。“保存文物特别丰富并且具有重大历史价值或者革命纪念意义的城镇、街道、村庄，由省、自治区、直辖市人民政府核定公布为历史文化街区、村镇，并报国务院备案”。近半个世纪以来，我国文物保护单位的确认一直沿用这种指定制度。

2. 登录制度

文物登录制度指由文物的所有者提出申请（如国家确认某物具有重要价值，政府有权以特别行政令的方式通知物主，并宣布其受国家保护），经过政府有关部门的调查、评定，达到国家制订的文物标准的即可登录成为文物，受到国家的保护。登录文物的所有者要依据国家有关文物保护的法律、法规对拥有的登录文物进行日常性的管理和维护，以及周期性的必要修缮。国家对于登录文物实施各项优惠政策，对其所有者在管理、维护及修缮等保护工作中给予技术上和经济上的指导与支援。文物登录制度目前主要适用于建筑遗产类不可移动文物的保护。

意大利实行的是文物登录制度。它将登录的对象分为两个部分：文化财产、特定保护的文化财产。文化财产包括属于国家、大区、其他地方行政部门、其他任何公共团体和机构及民间非营利社团所有的具有艺术、历史、考古或人种—人类学价值的可移动和不可移动文物，或属于以上机构以外的具有特别重要价值的可移动和不可移动文物。对文化财产进行登录的前提条件是具有50年以上的历史。特定保护的文化财产规定了对于具有特殊艺术价值的当代建筑师的建筑作品等也进行登录，这种特殊价值的认定需要通过监管人的承认。

登录文物的所有者、占有者或持有者有义务对登录文物进行维护和其他保存工作，文化遗产部将针对工作内容给予其不超过实际开支二分之一的资金发放，以及减免税费等优惠政策。如对登录文物的保护措施特别重要或关系到公众使用或享用的物品，文化遗产部可以考虑全额拨款。对于登录的文化遗产，意大利政府规定在不改变外观的前提下，允许内部结构改动和装饰。意大利的文化遗产登录制度实际上体现的是“整体保护原则”。

在实践中，“整体保护原则”分为两个层次：一是对“历史中心区”的宏观保护，二是对“大遗址”的整体保护。

对“历史中心区”的宏观保护，法律规定必须保持古城的原有格局和风貌，不准以任何名义进行任何形式的破坏。区内所有建筑物的外部结构管理权属于国家。房产开发商、居民和商店经营者，只能拥有房屋的所有权和内部使用权，而不拥有对建筑物整体改造的权力。对房屋外部结构做任何性质的维修，必须按国家相关法律和获得批准的方案进行，不能自作主张。超过一百年以上的建筑物，其内部装修改造亦须经过政府批准。“历史中心区”内一切具有考古价值的历史遗存物——房基、残墙、断柱、洞穴、树木等，必须原地保存，未经政府文物保护部门的批准，禁止任何形式的拆除、移动、修改或修复。

对“大遗址”的整体保护，是指对发掘出土的大片古代遗址的保护。其原则是不改变遗址古迹的原貌，以遗址公园或博物馆等形式将出土时的现状全面完整地保护起来。遗址发掘出来是什么样就是什么样，绝不重建或“修复”。意大利人认为，在历史遗迹之上制作任何一种复制品，都将破坏遗迹的历史真实性，扭曲它所传达的历史信息。如位于罗马市中心的著名“古罗马广场”遗址和与之毗邻的“帝国大道”废墟，每年都会吸引数百万游客，使参观者贴近历史，怀古思今。专家学者们则可借此探索昔日社会形态和某些重大政治事件的原委。类似这样的“大遗址”，意大利还有“庞贝及埃尔科拉诺考古区”、“古奥斯蒂亚海港城市遗址”、玛特拉市“石头城”等等，堪称当今“大遗址”保护、开发和利用的典范。

此外，英国、美国也采用了文物登录制度，而这种制度主要用于历史建筑的保护。

指定制与登录制在具体操作方式和达成的结果等诸方面有着各自不同的特点，除了上述的“整体保护”原则以外，在具体实践中，登录制还具有较指定制更加科学的方面。指定制是以国家的力量和能力去实施保护，被指定保护的文物能够在资金、技术、管理等方面得到政府和专业保护机构的良好支持与指导，能保持比较理想的保护状态。但是相对于需要得到保护的庞大数量的文物而言，政府和专业保护机构能够投入的财力与人力是有限的，而登录制所具有的公众认知、公众参与和专业评估、认定相结合的文物选定方式，政府和专业保护机构进行宏观控制、管理和指导，文物所有者自主实行的具体保护行为，恰好能够弥补文物指定制度在文物保护全面性和广泛性方面的不足。文物登录制度其本质体现的正是保护方法的多样化和社会化。

登录制的优势在于能够尽可能大范围地保护文物，并深入到社会生活的各个层次，通过登录过程中的提名、选择、评价等一系列步骤与程序，唤起公众对文物保护的关注和兴趣，使人们意识到文物保护与自身生活之间存在的种种联系或利害关系，从而激发和促使公众参与到文化遗产保护的实践活动当中。同时，这种广泛性和公众基础也赋予了文化遗产保护工作丰富与多样化的地域特点。

登录制度的实行，公众的文物意识和价值取向是其基础。政府登录制度的法规政策，对于登录文物的行为的鼓励和褒扬，对登录文物及所有者给予资助及各种优惠政策是登录制度实行的保障。

相对于指定制度而言，登录制度能够更大范围地保护文物，更重要的是能够广泛地唤起公众的保护意识，因为公众的保护意识对于文物保护事业的良性发展是至关重要的。

3. 指定 + 登录制度

指定制与登录制相结合的双轨制是以指定制为主体，以登录制为补充的文物保护体制。其特点综合了两种保护体制的优势，既有专业保护部门实施“点”的保护，又有以公众参与为基础的“面”的保护。

目前采用双轨制的国家有法国[6]和日本[7]。

双轨制在法国的文物建筑保护中，既是并行的两种保护方式，同时也是保护、管理的两个层次：一是被列为建筑保护单位的建筑（CHM），二是登录到建筑遗产清单上注册备案的建筑（ISMH）。法国的文物建筑由列级的和登录的两类建筑组成。列级的文物建筑是在登录的文物建筑中经过再次选择确定的。这两个层次的文物建筑，都同样必须依照、遵循国家制定的各项保护政策与法规、条例，对它们进行的任何改变都要受到政府保护部门的控制。

日本一直实行的是文化财物指定制度，1990 年开始导入登录制度。1950 年《文化财物保护法》确立了文化财物指定、保护与管理、利用的一整套制度。1975 年修改的《文化财物保护法》，建筑遗产保护不只限于单体建筑，而是包括了建筑群以及由建筑物构成的街道，建立了传统建筑物群保存地区的制度。登录建筑的所有者同样要对登录文物进行日常管理和周期性的必要修缮。

（二）机构设置

1. 中国：金字塔式的多级化管理

我国的文化遗产保护体制，是国家级的垂直管理与地方级的多级化分散管理相结合的管理模式。

作为国家级的文物行政管理部门，国家文物局主管全国性的文物工作；在地方，县级以上地方各级人民政府设立专门的文物保护管理机构（包括文物管理委员会、文物保管所、文物研究所、博物馆等），由当地的文化行政管理部门承担本行政区域内的文化遗产保护工作。历史文化名城、历史文化保护区等的保护管理工作由规划部门和文化部门共同负责，即在中央由建设部（城市规划司）和国家文物局主管，在地方由地方城建规划部门和文物、文化部门负责。而自然遗产，如风景名胜区又由林业局和建设部门共同管理。这种方式的优点是由上下两级机构共同负责，合作性增强，而缺点也十分明显，主要表现在从中央到县市的管理单位过于复杂，而且行政管理职责不够明确。

对文物保护单位的保护管理主要包括：（1）日常性的保护管理工作，以及制定保护工作计划；（2）对涉及文物保护单位的各项行为和活动的申请进行审批，包括对文物保护单位进行的日常维护管理之外的修缮、大修及改扩建工程等。但是审批的权力并不全在文物保护管理机构，对于文物保护单位使用性质的变更要由当地文化行政管理部门报政府批准，迁移或拆除文物保护单位要根据该文物保护单位的保护级别报同一级人民政府和上一级文化行政管理部门批准，而文物保护单位木身的大修、改扩建、涉及文物保护单位的建设工程、保护范围或建设控制地带内的各种建设项目等，在获得文物行政管理部门的同意后还要报城乡规划管理部门审批。

可见，国家文物局作为我国专司文化遗产保护管理的行政机构，它所管理的文化遗产是不完全的。以建筑遗产为例，一部分古代建筑如宗教建筑归宗教局和宗教协会等部门管理，历史园林归园林局或林业局管理，其中命名为“风景名胜区”的又划归建设部管理，历史文化名城（名镇、名村）也归建设部管理，对这些遗产进行旅游开发又要接受旅游部门的管理、评定和分级。其中被确定为文物保护单位的文物点又由文物局负责管理。

以河南省建筑保护为例，相关管理单位及其关系构建如下（图1）：

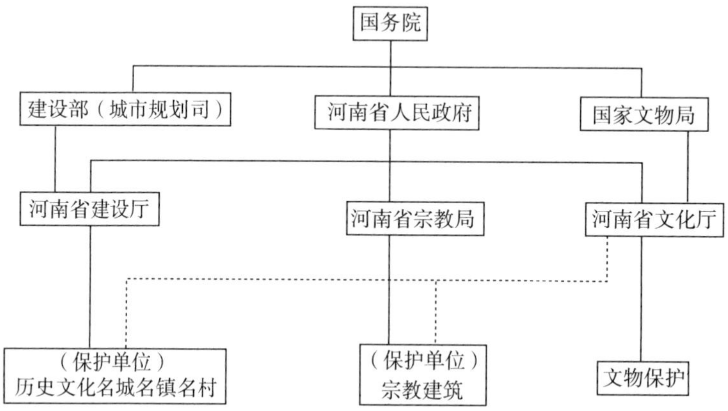

图1 河南省建筑保护体制构建

如图1所示，在参与文化遗产管理的过程中，很多部门的职能并不是遗产保护，保护只是其承担的各项职能中的一项而已。此外，这种体制还存在以下几个问题：

第一，多部门管理造成了各部门的职能重叠，如历史文化名城（名镇、名村）归建设部门管理，涉及文物保护工作及保护单位管理时又要经由文化厅负责。令出多门，导致管理分散与混乱。如果不同部门之间在管理上发生行政权力及经济利益上的冲突和矛盾，其最终协调所达成的结果很有可能是被行政级别高或是实力强的部门所左右，而不是本着是否有利于文化遗产保护这一根本原则抉择的。

第二，与管理体系对应的法律法规不完善。以建筑保护为例，在由文物、宗教建筑及历史文化名城（名镇、名村）组成的三个保护层次中，文物保护法律体系起步早，相对也较完善，其他两个缺乏与之相对应的完善的法律和法规，目前仅有数量很少的法规性文件。而有权力管理相关文化遗产的部门又有各自的管理规则、章程及标准，它们是各部门从自身的管理工作及内容出发制定的，存在着与文物部门法规和标准不一致的内容，如国家旅游局颁布的一些评级标准，还与文物法规相矛盾。单就文物管理部门而言，也常常难以成为一个独立的部门，比如很多地方特别是县级文物管理部门大多是与旅游部门归并在一起的，称为文化旅游局或文物旅游局，有的则是由旅游部门下设的文物处室管理文物工作。

第三，大部分出台的相关文件缺乏正式的立法程序，不是严格意义上的国家或地方行政法规，导致执行力度不强，在实际操作过程中缺乏实现目标的保障。

2. 意大利：行政管理归一

意大利的文化遗产行政管理结构比较清晰，采用国家集中管理的体系，基本做到了行政管理归一（图2）。

意大利政府实行中央政府垂直管理的文物行政体系，这种国家集中管理文化遗产的制度保证了国家管理的权威性和唯一性。意大利文化遗产部的行为宗旨可以概括为三点：一是全力繁衍传统文化的内在生命，提高全民族特别是青年一代的文化素质；二是对外树立意大利形象，并积极参与国际竞争，防止沦为“文化霸权”的殖民地；三是以传统文化优势促进现代经济的全面发展。

单一行政管理体系具有非常重要的意义，这种只设立一个行政主管部门保护管理不同内容和类型文化遗产，并通过它来对下级直接指导，其他相关部门只在自身职责范围内协助或监督该主管部门工作的管理方式，保证了管理职责明确，避免了政出多门的弊端。

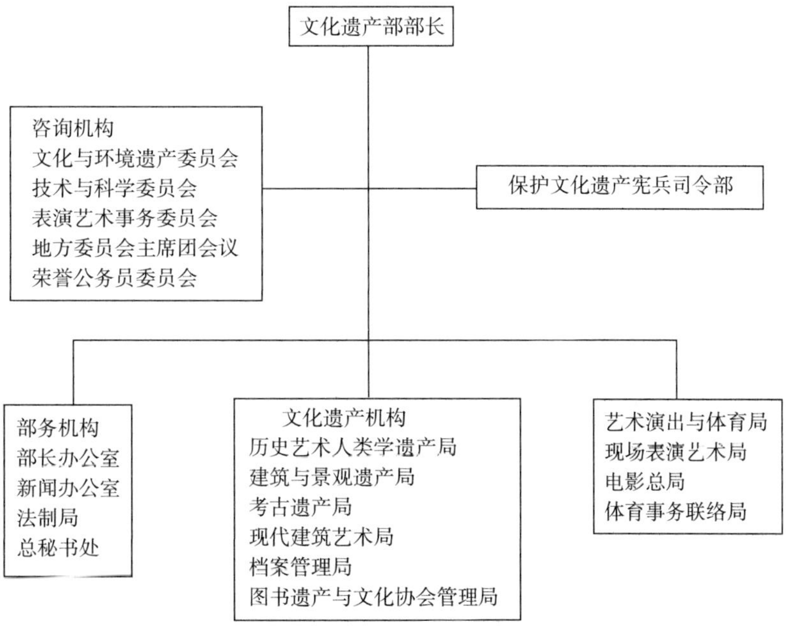

图2　意大利文化遗产部机关组织结构图[8]

《意大利文化与景观遗产法典》[9]（以下简称《法典》）中规定，文化遗产部对属于国家的文化财产行使保护职能，即使这些文化财产一直在其他行政部门或实体的保管之下或已经同意交由他们使用。而有关非国家所有和保护的书稿、手迹、文献、资料、古籍和藏书，以及非国家所有的书籍、出版物、雕版画等的保护职能由大区负责，同时，大区也可以行使对私人藏书及其他非国家所有的带有相应底片和铸模的地图、乐谱、照片、影片或音像资料的保护职能。凡国有的文化财产，不管其使用或保管单位是谁，均由文化遗产部直接监管。

意大利全国各地的重要遗址、考古区、文物建筑、文物和博物馆藏品等，统由文化遗产部直接管理。在意大利本国任何地方进行的考古探查和文化财产的发现活动均由文化遗产部统一负责，任何人以任何方式在地下或海床发现的文化财产，均属国家所有，不管是可移动的还是不可移动的，都将成为政府财产和政府不可剥夺资产的一部分。

意大利在文化遗产保护方面取得的诸多成绩与其完备的法律法规体系有密切关系。通过一系列法律法规的制定，国家获得了对所有考古活动的绝对垄断权，同时也获得了对所有重要文化遗产的绝对监管权，促进了文化遗产保护行为的规范化，也最大程度保证了国家的文化遗产不受侵占或危害。

为缓解文物保护与资金不足的矛盾，挖掘文物内部潜力，做好大遗址保护、文物古迹保护工作，从 1997 年开始，根据中央政令，文化遗产部开始在庞贝中心局和罗马、佛罗伦萨、比萨等地试行改革。改革后的庞贝中心局现设三个局长，共同组成一个管理委员会，凡与中心局工作有关的重大决策，均需经委员会协商后做出。中心局有更多的自主权，自行审批遗址保护和考古发掘工作，自主决定每年用于维护和发掘等业务工作的资金。自己制定两种新门票，门票收入及一些为游客提供服务的门市经营收入等都不再上交中央财政，而全都由庞贝中心局管理支配。庞贝中心局人事管理实行“一局两制”，除国家工作人员外，又从社会上招聘了一些专门从事“经营”工作的人员，这些“经营”人员从事与公共宣传和公众服务相关的商业活动，熟悉市场，长于策划，大多具有较强的经营和管理能力。他们的加入，大大改善了经营状况，并增加了收入。

在意大利，遗产单位与旅游、文物交易等行业的关系也依靠商业性法规约束。如规定旅游部门只负责历史文化遗产的促销，不参与遗产的直接管理。意大利采取的由政府负责保护，私人或企业管理和经营的文物保护模式，极大地调动了私人和企业的积极性。

文化遗产尤其是具有旅游开发价值的文化遗产可以带来巨大的经济利益，具有重要的经济价值。保存完好的意大利城市景观成为国家取之不尽的旅游资源，使国土面积并不大的意大利始终保持在旅游大国之列。但是必须认识到，意大利并没有将城市景观的经济价值置于它的文化价值之上。当两种价值发生冲突时，一定以其文化价值为重。事实上，这些文化遗产之所以能够作为旅游资源，也是因为它们的文化价值，没有文化价值的存在，经济价值无从谈起。在意大利，对于文化遗产的保护与修缮从未间断过，也绝不会因为旅游旺季而暂时停工，虽然很多来自世界各地的游客因为没有亲自走到维罗纳竞技场的中央而感到遗憾。正因为这种持续不断的修缮，才保持了其从未衰减的风采。

目前，我国很多地方对文化遗产的保护和开发都存在问题，不懂得或不愿意把保护作为开发的前提，而仅仅当做吸引游人的摇钱树。更有一部分人把文化遗产保护视为经济发展的障碍，以牺牲国家文物的代价换取一时之利。此外，上文谈到的文化遗产多部门管理的格局也是造成保护实施不力的原因之一，当不同部门之间在管理上发生行政权力及经济利益上的冲突时，最终协调所达成的结果往往与文化遗产价值的保全要求相去甚远。

三　两国保护法规中保护对象的认定

1947 年制定的《意大利共和国宪法》第 9 条中规定，“共和国将保护国家的风景以及历史、艺术遗产”。在罗马，至今能够看到众多的残墙断垣，它们对现代生活来说并不存在太多功能性，但为了突出城市的历史文化特点，相关部门依然对其进行大力保护。此外，意大利至今仍保留了众多完整的古罗马时期的广场、中世纪的街道和成片的街区、文艺复兴时期的庭院园林……这些优秀和珍贵的城市景观遗产在世界城市景观史上占有极其重要的地位，其丰富的处理手法所构筑的独特城市景观令世人称赞。

我国情况却不容乐观，从沿海城市到内地城市，从原来的古代名都到现代新兴城市，扩张趋势大体上都朝着现代或超现代化的城市基调方向发展，既缺乏时代气息，也缺乏区域风格。这种缺乏整体风格定位和“城市特质形象定位”的城市规划与建设，隐含着一种十分有害的“建设性的破坏”因素。以北京城市建设为例，其发展规模之争的错误决断直接导致了北京明清旧城被破坏。

同样具有悠久历史的文化遗产，它们在各自所属国命运迥异，很值得我们深思。

（一）保护目标与保护对象

1. 中国

《中华人民共和国文物保护法》（下简称《文物保护法》）对保护目标和保护对象阐释如下：

> 第一条　为了加强对文物的保护，继承中华民族优秀的历史文化遗产，促进科学研究工作，进行爱国主义和革命传统教育，建设社会主义精神文明和物质文明，根据宪法，制定本法。
>
> 第二条　在中华人民共和国境内，下列文物受国家保护：（一）具有历史、艺术、科学价值的古文化遗址、古墓葬、古建筑、石窟寺和石刻、壁画；（二）与重大历史事件、革命运动或者著名人物有关的以及具有重要纪念意义、教育意义或者史料价值的近代现代重要史迹、实物、代表性建筑……

2. 意大利

《法典》对保护目标和保护对象的说明如下：

> 第 1 条第 2 款　文化遗产的保护和强化应致力于保持全体国民对历史文化遗产及其国土的记忆，致力于推动文化的发展。
>
> 第 2 条第 2 款　根据第 10 条和第 11 条的定义，文化财产包括具有艺术、历史、考古、人种—人类学、档案和目录学价值的可移动和不可移动物品，以及其他由法律确定为或根据法律证明具有历史文化价值的物品。

可见，从保护目标上看，两者各有侧重。《文物保护法》是以“继承中华民族优秀的历史文化遗产，促进科学研究，进行爱国主义和革命传统教育”为目标，更加强调保护对象的纪念意义、教育意义或者史料价值；《法典》是以“保持全体国民对历史文化遗产及其国土的记忆”为目标，国土记忆的界定将其保护范畴增大，同时强调了整体性保护。同时，二者都强调了保护对象的历史、艺术和科学研究等价值，这是二者在保护理念上的共同之处。但文化遗产的内涵与国民的共同记忆是可以不断被挖掘和积累的，它们不仅呈现着过去和现在，还启发着对未来发展的想象和活力，这也是两国致力于推动本国文化发展、促进文明进步的认识区别之所在。

（二）信息获取方式

1. 中国

在我国，文物普查是进行保护单位评定的主要的信息获取方式。建国以来，我国先后进行了三次不同规模的文物普查行动。第一次全国文物普查，是在1956年全国农业合作化高潮开始之后，政务院颁布了《关于在农业生产建设中保护文物的通知》，文件中第一次提出了文物普查和建立文物保护单位制度，要求文物普查与公布文物保护单位同时进行。于是1956年进行了全国第一次规模并不很大的文物普查工作，在此基础上，国务院于1961年公布了全国第一批重点文物保护单位。

第二次全国文物普查是20世纪80年代。1981年1月15日，《国务院批转国家文物局关于加强文物工作的请示报告》中提出“各省、市、自治区要分别情况进行一次文物普查或复查工作。”1982年2月，在全国文物（文化）局长会议上，布置开展文物普查和编写文物志的工作。1983年8月，国家文物局召开全国文物普查、文物志编写工作座谈会，其后，全国陆续开展第二次文物普查工作。在此基础上，国务院先后于1982、1988、1996、2001、2006、2013年公布了第二批至第七批全国文物保护单位名单。

2007年开始的第三次全国文物普查，首次将老建筑、工业遗产、乡土建筑等列入普查范围，并将以调查和登记新发现的不可移动文物为重点。在本次调查中，运用了激光测绘、遥感系统、全球卫星定位系统等现代科技手段。

此外，《文物保护法》还规定[10]，在工程建设和农业生产中有发现文物的情况应及时报告当地文物行政部门，保证了在普查以外发现文物的安全。但条款中并未对发现文物的保护进行说明。

2. 意大利

意大利文化遗产信息的获取基本包括探查活动与偶然发现两大类。

《法典》第88条　探查活动

1. 在本国领土任何一部分进行的考古探查和第10条所属物品的发现活动由文化遗产部统一负责。

2. 文化遗产部可下令占用第1款所述探查和发现活动所在地的建筑物。

3. 建筑物业主有资格获得占有补偿，补偿方式按公共征用的一般规定确定。补偿可以用货币，也可以根据业主的要求用对国家没有收藏价值的全部或部分发现物品抵偿。

第90条　偶然发现

任何人偶然发现第10条所述不可移动或可移动的物品，应在24小时内报告文化财产监管人、市长或公共安全部门，并采取临时保存措施，让其在原发现地保存原状。

……

4. 监护和移动过程中发生的费用由文化遗产部补偿。

比较两个法律条文的规定，其中最明显的差异在于对发现者补偿的相关规定。我国《文物保护法》中明确规定，"凡因进行基本建设和生产建设需要的考古调查、勘探、发掘，所需要费用列入工程预算。"但是现实中，除了调查、勘探、发掘费用外，还有因调查、勘探、发掘超过规定时限给建设单位带来的一系列财产性后果，如停工损失、竣工迟延导致合同不能按期履行的违约责任，或因有重大文物发现，不能继续建设，需要原址保护等。上述原因导致一些建设单位在施工建设中发现文物时或隐匿损毁或破坏遗址。所以对因延期进行考古调查、勘探、发掘，或需要实施原址保护而受到经济损失的建设单位给予补偿，是有效制止文物破坏的方式之一，在《文物保护法》中也应当有所体现。

（三）价值判断方式

1. 保护对象的认定程序

（1）中国

我国文物保护单位的认定实行的是文物指定制，其认定的标准和办法是由国务院行政部门制定、并经国务院批准的。《文物保护法》对认定程序的规定如下：

> 第十三条　国务院文物行政部门在省级、市、县级文物保护单位中，选择具有重大历史、艺术、科学价值的确定为全国重点文物保护单位，或者直接确定为全国重点文物保护单位，报国务院核定公布。
>
> 省级文物保护单位，由省、自治区、直辖市人民政府核定公布，并报国务院备案。
>
> 市级和县级文物保护单位，分别由设区的市、自治州和县级人民政府核定公布，并报省、自治区、直辖市人民政府备案。
>
> 尚未核定公布为文物保护单位的不可移动文物，由县级人民政府文物行政部门予以登记并公布。

我国关于文物保护单位的申报、审批程序并未有明确的法规依据，各地在进行省级、市县级重点文物保护单位的申报和审批时根据其实际情况，采用沿袭惯例的程序和方法。一般来说，文物保护单位的申报是有时间限制的，多数需根据上级部门的指示，按照批次申报。某项不可移动文物如若在某批次的申报中未获批准，则将在下一批次重新申报。全国重点文物保护单位相对省级、市县级文物保护单位的申报和审批程序上更为统一（图3）。

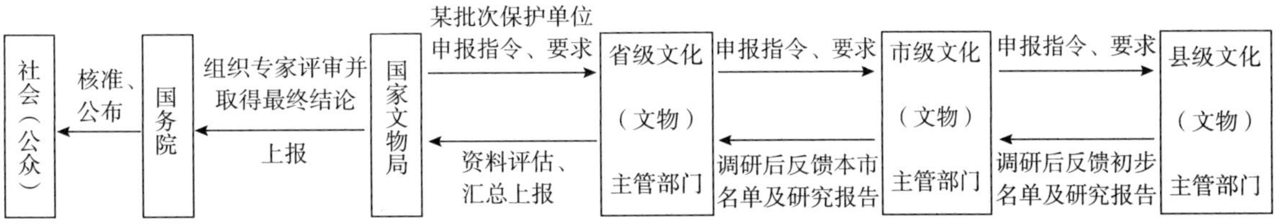

图3　全国重点文物保护单位申报、审批程序示意图

全国重点文物保护单位的申报和审批程序如下：在国家统一部署和安排下，根据申报批次，由国家文物局向各省级文化（文物）主管部门发布专门性文件，布置和下达有关该批次申报的行政指令；省级行政主管部门将指令下发市县级文化（文物）主管部门，市县级文化（文物）主管部门根据已经掌握的情况，征求各方意见，制作报告，向省级行政主管部门汇报，省级行政主管部门经过筛选及论

证将各省情况资料报国家文物局。国家文物局主管部门将各省情况汇总，组织专家组，针对一些不熟悉的、或是有争议的文物，进行现场调查和评估，并得出结论。将这些结论报国务院，最终确认该批次的全国文物保护单位，并将其公布备案。

从以上文物保护单位审批和申报程序可以看出，由上而下的指定特点明显，缺乏自下而上的自主功能。我国的文物保护指定机制一直以来是一种非常专业化的活动，其推进很大程度上依靠具有专业知识的专家和相关职能部门，通过专业的法规和规划的方法来进行，无论是文物的普查、申报还是审批，仅限于相关职能部门和少数专家参与，普通公民极少能够参与进来。由于专业人员数量有限，同时缺乏必要的推动机制，这种缺少全社会保护基础和公众保护热情的指定制度，在一定程度上造成了保护措施落实不到位，大量的保护对象虽有保护之名却无保护之实的局面。

其次，对于不可移动文物保护级别的确定，《文物保护法》中缺乏规范的、严格的可资参照的标准，只规定了“……根据它们的历史、艺术、科学价值，可以分别确定为全国重点文物保护单位，省级文物保护单位，市、县级文物保护单位”，由于没有提出对应于各个保护级别的评定标准，什么样的不可移动文物够得上哪一级别的文物保护单位界限不清，三个保护级别的区别是什么也很难确定，这给文物保护单位级别核准工作带来了困难。从历年来各级文物保护单位的申报和评定情况看，一部分文物保护单位是直接申报、并通过评选确定保护级别的，一部分是从次一级的文物保护单位向上申报的，比如有的申报全国重点文物保护单位的文物，先申报成为省级文物保护单位，若干年后再申报全国重点文物保护单位。

就迄今为止公布的七批全国重点文物保护单位来说，虽然同为国保单位，但是具体到个案，其间价值大小的差距还是显见的。至于由省、自治区、直辖市人民政府核定公布的省级文物保护单位，地区性的差异就更为明显。同为省级文物保护单位，不同省区的品质显然不在同一标准线上。以建筑遗产为例，在一些建筑遗产比较少的省区，价值并不十分突出的建筑遗产也能够被评定为省级文物保护单位，而在一些建筑遗产丰富的省区，不少价值较高的建筑遗产由于保护经费和保护能力等实际问题未能入选，而得不到应有的保护。这些现象的存在都说明文物保护单位保护级别的评定缺乏客观的统一标准，这一标准应该在文物普查工作开展之前形成。

（2）意大利

意大利文化遗产的认定程序包括申请、鉴定、公示、公示通知、公示行政复议、编目。

第一步：申请

申请是意大利文化遗产认定的第一步骤。物品所有者需在提供有关证明材料的前提下提出申请；对国家所有的不可移动物品，申请应包括物品清单和相应说明的信息单。准备物品清单的标准、填写信息清单的格式及两个表单的传送方式由国有财产局通过发布部长令的办法确定。

第二步：鉴定

文化遗产的鉴定需要主管机构依据职权鉴定，或者物品所有者提出申请，文化遗产部对物品作出鉴定，以确定其是否具有艺术、历史、考古和人种—人类学价值。

鉴定工作以文化遗产和活动部门规定的总体原则为依据。

国家财产局主管部门向大区监管部门提交经过鉴定的国有或属于国家财产的建筑物清单，并附描述性说明，包括与具体建筑有关的识别数据。清单的标准规格和描述性说明的行文方式及递送程序，由文化遗产和活动部以法规形式规定，或由其他行政部门代为规定。申请鉴定时要同时提供各建筑物的描述性说明。鉴定为具有艺术、历史、考古或人种—人类学价值的财产，应无限期按规定加以保护。

第三步：公示

文化遗产价值鉴定结果的公示程序应由监管人主动启动，也可以由监管人所在的大区或其他任何相关地方政府部门提出要求时启动，同时要通知被鉴定的合法所有者、占有者或持有者；通知的内容包括通过初步调查确定的物品鉴定和评估要素，执行监管与检查、保护措施、转让的相关规定，并提供观察结果的期限说明。如果公示程序关系到建筑群，通知还要发送到自治市或都市区。

第四步：公示通知

鉴定结果公示通过信使或有回执的挂号信件通知被鉴定物品的合法所有者、拥有者或者持有者。如果涉及的可移动或不可移动物品必须公告，鉴定结果公示根据监管人的要求在相关登记机构备案，并对其后的合法所有者、拥有者或者持有者具有法律效力。

第五步：公示行政复议

对鉴定结果公示的合法性和法律依据有异议，可在接到通知后30天内向文化遗产部提起行政复议。文化遗产部应在收到行政复议后90天内，经与主管咨询机构协商后对此作出裁决。

第六步：编目

文化遗产部在大区和其他地方行政部门的参与下，做好文化财产的编目工作，并协调相关活动。编目的程序和方式由部长令制定。文化遗产部、大区和其他地方行政部门按照部长令规定的方式负责为自己占有的文化财产编目，并在与所有者取得一致的前提下负责其他文化财产的编目工作。有关数据汇总到国家文化财产目录。

2. 保护对象的认定依据

（1）中国

《文物保护法》中有关保护对象身份认定的条款。

> 第二条　在中华人民共和国境内，下列文物受国家保护：（一）具有历史、艺术、科学价值的古文化遗址、古墓葬、古建筑、石窟寺和石刻、壁画；（二）与重大历史事件、革命运动或者著名人物有关的以及具有重要纪念意义、教育意义或者史料价值的近代现代重要史迹、实物、代表性建筑；……文物认定的标准和办法由国务院文物行政部门制定，并报国务院批准……
>
> 第三条　古文化遗址、古墓葬、古建筑、石窟寺、石刻、壁画、近代现代重要史迹和代表性建筑等不可移动文物，根据它们的历史、艺术、科学价值，可以分别确定为全国重点文物保护单位，省级文物保护单位，市、县级文物保护单位……

《文物保护法》对历史、艺术、科学价值高的少数文物给予优厚保护的指定制度，也即推行“少数精品主义”和重点保护政策。从所见证的信息角度出发，在考虑文化遗产历史价值、艺术价值、科学价值之时，还应考虑其社会学价值、建筑学与城市规划价值、环境与生态价值等。

以建筑遗产为例，从其能够发挥功能作用的角度出发，则有使用价值（延续原有使用功能或是承担新的使用功能）、教育价值（进行爱国主义教育、传统文化教育及革命传统教育）等等。以见证的信息为依据划分价值的内容构成，和以建筑遗产的功能作用为依据划分价值的内容构成，在根本上是源自于对“价值”的不同理解。前者是将价值理解为建筑遗产的固有属性之一，对遗产性质和内容的了解决定了价值的内容构成；后者是将建筑遗产放在社会发展中去探究它能够发挥的作用，着眼点不仅在遗产自身，还在于遗产与社会其他因素的关系。

在社会经济发展迅速的今天，我们应该把文化遗产的价值更多地理解为在社会中能够发挥的作用，以及对于人类发展所具备的意义。这样不仅能够全面认识和理解文化遗产本身，更能够厘清和把握文化遗产同整个社会的相互关系、相互作用和相互影响。将文化遗产的价值问题同其他社会因素的关系分析清楚、把握准确，可以使我们明确保护什么和怎样保护，从而正确处理社会工作中的多种矛盾。

（2）意大利

《法典》第一章对保护对象作了详细的界定。

> 第 10 条　文化财产
>
> 第 1 款，文化财产包括属于国家、大区、其他地方政府部门、其他任何公共团体和机构及民间非盈利社团所有的，具有艺术、历史、考古、人种—人类学、档案和目录学价值的可移动和不可移动物品。
>
> 第 10 条第 3 款，根据第 13 条进行了公示的情况下，文化财产还包括：
>
> a）第 10 条第 1 款所属机构之外的主题的具有艺术、历史、考古、人种—人类学、档案和目录学价值的可移动和不可移动物品。
>
> ……
>
> d）文化财产还包括：由于从总体上涉及政治或军事历史，以及文学、艺术和文化历史，或对于证明公共、集体或宗教机构身份和历史而言具有特别重要价值的可移动和不可移动物品，不管这些物品属于谁。

第 10 条第 4 款对上述遗产进行了具体解释，其中不可移动的物品一般包括：具有艺术或历史价值的别墅、公园和花园；具有艺术或历史价值的公共广场、街道、道路及其他城市室外空间；具有历史和人类学价值的采矿点；具有历史或人类学价值，可作为乡村经济传承见证的乡村建筑物。

此外，《法典》第 11 条指出，意大利还有一类文化财产是特定保护的文化财产。在不影响第 10 条适用的情况下，以下物品都应视为文化遗产：未经监管人批准禁止拆除的壁画、铭牌、涂鸦、牌匾、碑文、壁龛和其他建筑装饰物，不管是否向公众展示；有特殊规定的艺术家工作室；有文化价值的公共区域；具有特殊艺术价值的当代建筑师的建筑作品；由法律认定的第一次世界大战历史遗迹。

意大利对保护对象采取了比较科学全面的认定方式，除了对具有艺术、考古、历史等价值的文物点保护外，对有价值建筑物构成的街道、公共广场等能彰显当时风格的建筑作品也都给予保护，并注重整体城市风格的和谐与统一（图 4）。

从意大利对登录文物的选定标准来看，不仅考虑到候选物品的单体价值，还从整体性角度，将物品的单体价值融入到更大范围内的城市景观、城市特色范畴中。同时使用者的介入，使得选定结果不仅在形式上，更在功能和用途上满足社会和使用者的需求。

3. 保护对象的控制原则

（1）中国

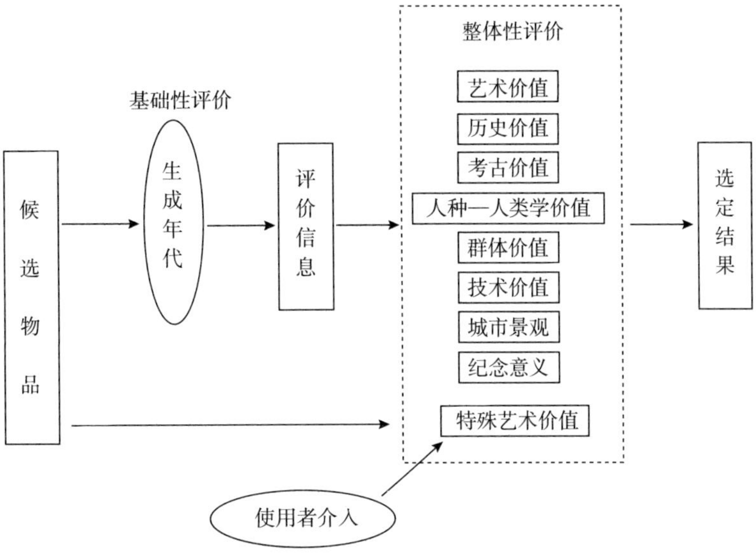

图4 意大利文化遗产选定标准模式分析

我国对保护单位一般遵循整体性和原真性的保护原则。香港大学李浩然教授（Dr. Ho - Yin Lee）针对香港的历史文化保护提出四项原则[11]，笔者认为它对中国的保护制度应具有相当的普适性。具体为：环境的可持续性，关键是控制变化的步调；社会的可持续性，关键是社会结构和物理结构的延续；文化的可持续性，关键是保持城市社区的多样化；政治的可持续性，关键是政府的参与，而不是不作为，甚至是与民众的对抗。

法规中的控制原则是针对实践层面的指导标准。《文物保护法》对文物保护单位的控制虽然非常严格，但对一般的不可移动文物的保护规定仍有待完善。

《文物保护法》

第十七条 文物保护单位的保护范围内不得进行其他建设工程或者爆破、钻探、挖掘等作业……

第十八条 ……在文物保护单位的建设控制地带内进行建设工程，不得破坏文物保护单位的历史风貌；工程设计方案应当根据文物保护单位的级别，经相应的文物行政部门同意后，报城乡建设规划部门批准。

第十九条 在文物保护单位的保护范围和建设控制地带内，不得建设污染文物保护单位及其环境的设施，不得进行可能影响文物保护单位安全及其环境的活动。对已有的污染文物保护单位及其环境的设施，应当限期治理。

第二十条 建设工程选址，应当尽可能避开不可移动文物；因特殊情况不能避开的，对文物保护单位应当尽可能实施原址保护。……无法实施原址保护，必须迁移异地保护或者拆除的，应当报省、自治区、直辖市人民政府批准……

第二十一条 ……对不可移动文物进行修缮、保养、迁移，必须遵守不改变文物原状的原则。

《文物保护法》中还规定了不可移动文物的单体文物的修复、复制、拍摄、拓印，不得改变其原状[12]。

（2）意大利

《法典》第20条

1. 不得破坏和损害文化财产，不得将文化财产用于与其历史与艺术性不符的目的，对文化财产的使用不得影响其保存。

2. 文化财产档案不能分散流失。

第21条

1. 下列活动需经文化遗产部批准：

a）拆除文化财产的构件，即使事后经过修复的；

b）移除文化财产，即使不违反第2款和第3款规定的暂时移动；

c）收藏品及系列文化财产分割；

d）根据第13条已公示过的，且已经存入公、私档案的文件的抛弃；

e）向其他法人实体转让属于公共档案和私人档案的成套文件。

2. 由于持有人住所或经营场所的变更需移动文化财产应提前通告监管者。监管人可在接到通告后30天内提出防止文化财产在运输过程中受损的必要措施。

3. 国家、政府部门和机构现有档案的移动无需批准。

4. 除上述各项所述情况外，其他各种涉及文化财产的工程活动均需监管人批准。

5. 批准相关活动的依据是项目的施工图纸、或申请人提供的工程技术说明。批准的同时，可以提出某些建议。

意大利对文化遗产保存措施的规定非常清晰，包括了研究、预防、维护和修复几个方面。

第29条 保存

1. 文化遗产的保存工作靠一贯的、协调的和有计划的研究、预防、维护和修复工作加以保障。

2. 预防是指可以将与文化财产有关的风险限制在一定的范围之内的系列活动。

3. 维护是指为控制文化财产的状态、保持文化财产及其组成部分的完整性、功能性和独特性而从事的所有活动和工作。

4. 修复是指为实现文化财产的完整性、恢复其本来状态、保护和传播其文化价值而通过一系列活动对其进行直接干预。根据现行法律规定，对于那些位于已宣布存在地震风险的不可移动文化财产，其修复工作应包括机构上的加固。

意大利政府和社会各界每年都投入巨大的人力和财力，维修遍布全国各地的濒危古代建筑、壁画和雕塑。他们在维修过程中始终遵循以下原则：一是“真实性”，即对原物尽可能不做“干预”，干预的宗旨是在必要的情况下防止文物进一步破坏；二是“可识别”，即维修的添加物与历史原物相区别，让人们能分辨出哪部分是“古”的，哪部分是“新”的；三是“可逆性”，即保证修复添加物不损坏原物，再次修复时可以将添加物剥离而不致破坏文物的原貌。

意大利文化财产占有者有保存文化财产的义务，保存包括志愿保存和强制保存。

第30条 保存义务

1. 国家、大区、其他地方政府部门及其他任何政府部门和机构必须做好其所占用的文化财产的保存工作，并保证其安全。

2. 第1款上所述的机构，还有民间非营利性社团，除现有档案外，应按监管人规定的方式将他们所占有的文化财产放置在规定的位置。

3. 文化财产的私人所有者、占有者或持有者必须做好他们的所有、占有或持有的文化财产的保存工作。

4. 第1款所述的机构必须做好其档案保存和整理工作，保持它们的完整性，并为它们的历史档案编写目录。历史档案包括40年以前形成的相关文字资料。根据第13条的规定，已公示的私人档案的不论所有者、占用者、或是持有者都要承担同样的义务。

除此之外，意大利的文化财产保护形式还有间接保护指令。

为了防止可移动文化财产的完整性遭遇威胁，因透视或自然照明受到损害，因镶嵌使装饰面被改变等，对保护距离和保管方法等都做出了指令性规定。间接保护指令一旦生效，将被政府部门纳入建筑规则和城市规划指导文件。

在不可移动文化财产保护方面，《法典》还对广告、文化财产拆除、艺术家工作室、有文化价值区域的商业活动作了规定。

比较两个国家的法律条款，可以看出对保护对象控制原则方面存在区别。我国对保护对象采取冷冻式保存的控制原则，其修缮经营绝对不允许改变原状。意大利在保护时允许对文化财产的某些构建拆除，但需经文化遗产部的批准。此外，意大利不仅对文化财产保护，对其档案的管理也提出了要求。在对文化遗产控制时，意大利从预防开始到修复作了一系列详细的规定，对有关广告及其他商业活动都做了严格的限定。这些规定不仅保证了文化财产的安全，也保证了其整体风貌的一致性。

在保护方法上，早在1964年的《威尼斯宪章》中就提出，“保护的目的不仅仅是保存一个历史遗迹以满足人们对历史文化的怀念，更是为了从物质层面上延续我们的文化甚至生活本身。为社会公用之目的使用古迹永远有利于古迹的保护，这是保护的宗旨”。1977年，《马丘比丘宪章》进一步完整的阐述了以上观点。它明确地提出“城市的个性和特性取决于城市的体型结构和社会特征。保护、恢复和重新使用现有历史遗址和古建筑必须同城市建设过程结合起来，以保证这些文物具有经济意义并继续具有生命力”，“可适性再利用（Adaptive Reuse）方法是恰当的”。换言之，为了更好地发挥历史文化遗产在当代社会生活中的作用，对它们有效合理的利用也变得顺理成章。因为城市更新是不可逆转的，现代生活形态逐步渗入到城市的每个角落，而城市中那些物质功能、社会功能不再适应当代社会需求的历史遗迹，不可能仅仅做博物馆式的冻结保全，对它们进行有机改造，重新整合资源是社会发展的必然要求。而不论是历史建筑内部的改建、加建，还是历史建筑周围新建，其目标都是通过功能的优化或更替，使历史建筑继续体现其内在价值，达到新的完整性。

四　意大利文化遗产登录制度之借鉴——以建筑类遗产为例

我国实行文物指定制度多年，就建筑遗产而论，包括六批全国重点文物保护单位、省级文物保护单位及市、县级文物保护单位在内虽然已有一定数量，但除此之外，仍然有相当多的无法确知的各类型建筑遗产。这些各级文物保护单位名单之外的建筑遗产，无论对公众还是对文化遗产保护管理部门来说，都处在一种未知的或不甚清晰的状态中。有关它们的信息资料、保护与破坏的现状及其前途命运就更加引人关注，有的常常是因某种原因即将消失时才引起公众的关注。更有不计其数的建筑遗产在我们毫不知情的情况下已然消失不见。这些被忽略的建筑遗产面临的破坏状况大致包括下列几种：私人所有的房产；现在的所有者或使用者拆旧建新；单位、集体对其所有的老建筑进行较大程度的改造或者拆旧建新；具有一定规模、存在多年的传统居住街坊及商业店铺等，因为城市更新、改造及房地产开发不得不迁出居民，成片地、大规模地拆除。这种破坏情况相比于私有房产的拆旧建新，其作用和影响更为强烈和显著，它能够在很短的时间里彻底改变一个地区乃至一个城市的内容与构成，割断其历史联系。独立存在的单体建筑物，往往因为缺乏相应的周围环境，无所依托，极易遭受破坏。

在上述破坏状况中，传统居住建筑物群落和近现代建筑最易遭受破坏。低层、高密度的传统建筑群落由于多位于现在城市的中心区域，或者是接近中心的区域，成为开发建设的热点地段。它们的位置优势所产生的巨大经济效益常使之成为开发的重点。因此，我国现在能够加以保护的传统居住建筑物群落，大多处在小城镇和乡村地区，城市地区的只能以局部的、小片的零散状态存在。至于近现代建筑遗产，现在受到保护的不外乎两种情况，一是有与重大历史事件或历史人物有关的革命史迹及有纪念性质的，二是大型公共建筑，主要是银行、办公大楼、百货大楼、教堂等，大多数现在仍然可以使用。其他类型的近代建筑，特别是普通的居住建筑，还有现代建筑，尤其是1949年至20世纪70年代这二十几年间的现代建筑，常常因拆旧建新而被破坏，或是因大规模改造而面目全非，这就很有可能造成近现代某些建筑类型，或者某一历史时期建筑遗产的现存数量过少甚至空白。比如建国初期至20世纪70年代之间，这些距离今天不过30～50年的建筑，就是现在我们身边消失得最多、最快的文化遗产。

如果能够引入登录制度作为现行指定制度之补充，上述诸多问题就有可能得到解决。这些目前其价值评估结果尚不能列入各级文物保护单位标准的建筑遗产，就可以通过列入登录文物名单的形式受到国家法律制度的保护。使从事保护工作的专门机构、有关专家和热心于文化遗产保护事业的社会各方人士及团体，能够在国家法律和制度的保障下实施保护。而不是当发生破坏时，只能由相关文物部门和专家去呼吁和奔走，依靠社会舆论去批评和谴责。

登录制度已为世界上不少国家所采用，世界遗产申报和评选采用的也是登录制度。我国应借鉴和吸纳这些国家实行登录制度多年积累的经验和成果，将其作为我国现行指定制度的有效补充和完善，二者有效结合，共同组成一个有机灵活的文物保护体制，以适应文化遗产保护事业现状和未来的发展趋势。

第三次全国文物普查已经完成，共登记不可移动文物70余万处。从类型看，工业遗产、乡土建筑、20世纪遗产等一批新型文化遗产得到充分重视。结合此次普查，我国可以尝试逐步启动“登录文化遗产制度”。就保护与管理而言，登录制度可为我国现行的指定制度增加一个保护层次，可以将登录文物视为国家各级文物保护单位的预备或预选文物。对于一些新发现的，或者因现状复杂目前尚难以准确评估其价值的建筑遗产，都可以先列入登录名单，按照登录文物的保护要求实施保护。这既体现了《文物保护法》提出的“保护为主，抢救第一”的文物工作方针，同时，可以将文物保护单位周围与之直接相关环境的具体构成物列为登录文物，实现对文物保护单位的整体式保护。

结合现阶段我国法律制度的整体状况，登录制度应着眼于从国家和地方两个层面共同构建，实现政府与公众共同参与。

第一，进行国家文物登录制度立法。以相应法律的制定为标志，实现文物登录制度体系形成、发展及完善；确立保护内容，保护管理运行程序，保护机构职能，保护资金来源，乃至监督机构以及民间团体、公众个人的参与方式等保护制度内容。以法律形式规范文物的登录行为，保护和再利用过程，约束管理机构的管理行为及保护资金管理等。

《物权法》中所规定的对私有财产保护可能会导致一些人从个人角度出发（如登录为文物后私人利益受损，或者要接受政府有关部门的管理和监督，对日常生活造成妨碍）拒绝将私产登录为文物，或者为避免登录而对私有的、可能成为文物的建筑物改造甚至拆毁。要解决这些问题，除了加强法律保障之外，还需要进一步完善登录制度本身，使政府管理和控制措施更为严密有效。最重要的是要通过政府积极引导、教育和鼓励，得到公众更为广泛和自觉的支持与配合。

第二，加强文物登录制度的地方立法。我国地域广阔，民族众多，文化遗产类型丰富，在加强和完善国家对登录文物保护的法律体系基础上，应加强地方性法规建设，将其作为《文物保护法》的补充。目前，在地方立法中最迫切需要结合不同地域特点，建立城镇近现代乃至当代历史建筑和传统民居建筑的登录及保护制度；结合各地遗产资源情况，加大地方性保护及再利用法规的针对性和可操作性等。

（一）登录制度的总体思路

如前所述，目前我国文化遗产保护有对单一类型过分强调而忽视整体保护的弱点。比如，就遗产价值类型，主要强调艺术、教育和政治价值，而忽略社会价值、资源价值与文化价值；在遗产形态类型方面，主要关注单体文物建筑，而忽略了遗产概念已经向“复合遗产、系列遗产”发展；在保护参与社会力量类型方面，主要强调国家政府的工作，而未充分利用社会公众力量和非政府专业机构力量；关于保护资金来源，主要强调国家投入，而未充分发挥市场资本和慈善基金的作用等。这些不足使遗产保护陷入一个相对封闭的运行体系，停留在孤立静止的状态。因此，在文化遗产保护时，必须强调遗产保护的系统性特点，建立整体保护观念。

第一，应扩大受保护“历史建筑”的范围。我国关于监护遗产保护范围，目前社会争议最大的是对一般性建筑遗产的保护问题。到目前为止，我国获得普遍认同的仍然是“文物古迹的艺术、教育的价值以及精英文化价值”。而对于登录文物的价值认定，应着眼于其多元化特征。一方面，建筑遗产身份的内涵需要扩大，建筑遗产的认定不应该受其形式或其完整性、使用者身份地位等因素所限，另一方面，价值判断在尊重历史的同时还需面向未来。文化内涵与共同记忆是可不断挖掘和积累的，它们不仅呈现着过去和现在，还启发着对未来发展的想象。

第二，遗产保护要向“区域化、系列化”方向发展。“系列性遗产”是联合国教科文组织（UNESCO）世界遗产委员会（WHC）提出的新概念（ROSSLER，2003），它提出“在一个主题框架下建立现存遗产之间的关系的必要性”。按照《实施世界遗产公约操作指南》中的定义，“一项系列遗产可以包括不同地理位置的一系列文化或自然遗产，它们应属于同一历史文化群体，具有同一地理区特征，同一地质地貌构成，同一生物地理省，或同一生态系统”[13]。由于我国文化遗产具有“多朝代更迭、多文化融合、多民族分布”等特点，“系列遗产”概念可以深化对登录遗产共性的理解，从遗产间相互关联透视遗产的价值，改变孤立地评价单个建筑遗产价值的认识方式，深化对区域或类型遗产的价值认识。

第三，重视遗产周边环境的真实性。20世纪90年代以来，我国相关保护法规中对文物古迹环境保护作出了规定，作为文物保护单位的建筑，应划定保护范围和建设控制地带，对有重要价值或对环境要求十分严格的文物古迹可加划环境协调区。在保护范围内还要保存其历史上形成的环境，包括原有的建筑组群关系和古树名木等绿化环境，在建设控制地带内不得建造危及文物安全的设施，不得修建外观与环境风貌不协调的建筑物等。

第四，保护遗产中的“无形文化遗产”。无形遗产保护与历史环境保护概念有较强关联性。许多历史古迹和文化遗产与其环境同时存在，保护无形遗产最重要的就是保护历史信息。单体文物建筑所传承的历史信息是有限的，许多信息承载于古迹周围环境及其区域形态和结构，甚至包括在城市的景观风貌中。保护无形遗产不能等同于保护特色风貌。前者的外延更大一些，涵盖了与遗产研究相关的所有因素。在对登录文物保护时，要注重在保护有形遗产同时保护无形历史信息，要将无形遗产保护贯彻到有形遗产保护体系当中，使之成为一个整体。

第五，对登录文物的保护要兼顾严格性和灵活性。“严格性”旨在控制每个案例之具体价值在法规保护下不受侵犯，“灵活性”旨在为具体情况提供适用空间。登录遗产保护，在实践层面上有其个案的特殊性，有时难于教条地套用操作规范，特殊性才是其价值根本。

总之，在保护制度建设方面，要将国际文化遗产发展最新趋势和我国独特的丰富遗产资源相结合，充分认识各类型之间的差异，建立适用的“复合等级结构”。

（二）登录制度的法律与标准体系构建

依法规管理，才能真正做到具体工作中有法可依和有法必依。

文物登录制度法律法规的制定，需要重视不同社会阶层或利益团体的相互关系。历史建筑保护在实践层面的矛盾性和复杂性，根本在于各方权益博弈的问题，因此，该法律体系应该为介入到保护其中的各种关系建构一个平衡的生态系统。其中，对普通民众权益的考虑，是平衡这些关系的主要考量。笔者拟从登录标准、登录程序、经费机制、监督机制、保护管理机制等方面探讨我国登录制度的法律体系之构建。

1. 登录标准

登录标准的确定。一方面要根据我国文化遗产的特点和现状，另一方面要考虑已有的文物指定标准，做到与其相区别又同时补足其遗漏和缺失。我国指定制度选定文物的标准主要着眼于评选对象的信息价值，即《文物保护法》中所表述的其历史的、艺术的、科学的信息价值。对于近代和现代评选对象则是注重纪念性、与重大历史事件或历史人物的关联性。所以登录文物的标准就需要体现出指定文物标准所忽略或无法包括的内容，主要是情感与象征价值。此外，登录对象需详细界定认定原则的诸项指标和程序，便于申请人申请。

以下遗产应属于登录范围：

（1）具有标志性意义的建筑物；（2）构成各级文物保护单位外围历史环境的建筑物群落；（3）重要建筑师的代表作品；（4）能够说明某个历史时期社会、经济、文化状况的非常见类型建筑物；（5）能够成为艺术典范的建筑物；（6）具有特殊艺术价值的当代建筑师建筑作品。

一般来说，建成时间在30年以上者即可申请登录。对于符合上述第6条规定的，建成时间不作具体要求。上述登录标准适用于不同历史时期的建筑遗产，即包括古代、近代、现代甚至当代，只要符合其中一项内容，就可以成为登录文物。

笔者认为，结合我国目前建筑遗产保护的现实情况，登录制度应更多侧重对形成建筑遗产外围历史环境的建筑物群落和近现代甚至当代建筑的保护。形成建筑遗产外围历史环境的建筑物群落，在现有的文物保护制度中，是作为各级文物保护单位的建设控制地带受到保护的。但是《文物保护法》中只规定了在建设控制地带内“不得”进行的活动[14]，没有提出如何对建设控制地带进行保护。现实中，在建设控制地带内发生的对文物保护单位造成不良影响及破坏的活动，远比《文物保护法》中提到的破坏历史风貌、污染等复杂得多。如果将文物保护单位周围已构成历史环境的建筑物与建筑物群当做一个完整的单元列为保护对象，将便于控制与管理文物保护单位周围的各类活动，上述在建设控制地带内发生的破坏活动也避免。对于部分现代建筑，我国目前还没有将其纳入文物保护的范畴之内，实行文物登录制度就可以将这部分遗产补充进来。

未来若干年内，我国大部分城镇地区都将处在一个快速的更新状态。如果不能有目的地保存一些有价值的兴建于不同时期的代表性建筑，很有可能造成某一个历史时期的建筑物彻底消失，城市历史的某一段落将会成为空白。

准确的价值判断，有赖于细致公正的普查，大量有价值的遗产因缺乏细致普查而不被认识，导致未能得到相应保护。地域差异形成的主流、非主流文化圈，也客观导致了文化上待遇的欠公平，通常是边远、边缘文化相对受到忽视。所以，目前应针对建成30年以上的建筑开始进行细致、客观地调查、评估，有计划有选择性地保存各种类型的建筑遗产，同时将对建筑的周期性调查、评估、登录作为建筑遗产保护的日常工作开展起来。

2. 登录程序

登录程序大体分为三个步骤：

第一，提出登录的申请。对提出登录申请的申请人不作任何限制，可以是申请建筑的所有者或是现在的使用者，可以是认为该建筑达到了登录文物标准的其他个人或团体、机构，也可以是文物保护管理部门。在后两种情况下，只要该建筑符合登录标准即可成为登录文物，不需获得其所有者或使用者的同意。为了确保实际工作效率，可以通过发放“登录建筑调查表”的方式，提出登录建筑必须具备的基础资料要求，使申请人在确认符合登录要求时再申请。

第二，文物部门收集并整理调查表，定期组织专家及相关人员评审。登录申请提出后，由登录评选委员会对申请对象实地调查，然后给出综合评价，如果达到登录标准，就将其列入预备登录名单，进行公布。公布一定时间后召开有文物保护管理部门、相关的政府管理部门（如城市规划部门、土地管理部门、市政部门等）、申请对象的所有者或使用者、所在地区的居民代表、以及其他代表等参加的公开评议会，听取各方意见。若无异议即可上报文物保护管理部门正式列入登录名单，然后将登录结果通知所有者或使用者，以及相关政府管理部门，并经新闻媒体公布于众。

其中，评审委员会的人员构成，要充分体现登录制度以广泛的公众参与为基础的特点。委员会应由专业委员和普通委员构成。专业委员包括文物、建筑史、工程技术、城市规划、考古与历史、经济学等方面经验丰富的专业工作者；普通委员由熟悉当地历史、文化、热心保护事业的社会各方人士及团体的代表和当地居民代表组成。专业委员主要从专业角度对申请对象评估，普通委员为专业委员提供更多、更详细、更感性化、更具体的有关信息，和与之相关的各方（所有者，现在的使用者，邻近居民，开发或投资的集团或个人，有关的管理部门等）的态度。

评审委员会直属当地行政级别最高的文物管理部门，设置固定管理日常事务的机构，定期召集委员们进行评选等工作。评选委员会的工作包含两方面的内容：一方面是对申请登录的建筑遗产的评定，另一方面是负责对列入登录文物名单的建筑遗产实行监督和定期检查，防止出现保护不当或者未经文物保护管理部门的批准擅自改动的情况。同时委员会也负责接受公众提供的有关信息，并加以调查、验证，对公众的监督、举报做出回应。对已经发生的破坏状况做出评估，提出处理意见，交由文物保护管理部门实施，并由政府相关部门追究破坏责任。

第三，颁布登录建筑名单，并对登录建筑的管理措施和奖罚措施予以落实。比如，给予房主维修资金补贴，修缮工程技术指导；或联系发放无息贷款、减免税收等。一旦成为“登录建筑”，它必须服从特定的管理程序，其维修和改扩建以及拆除必须适应相关管理条款。

3. 经费使用机制

在西方国家，直接由国家负责管理的建筑遗产只占到总量的30%，其余都采用社会管理方式，这在很大程度上缓解了国家的财政压力，并实现了公众的广泛参与。

在我国，随着登录制度的实施，遗产保护范围将逐渐扩大。目前我国的遗产保护工作主要为政府直接经费资助，其经费额度对于数量繁多的登录遗产而言远远不够支持其维护运营。因此，对于登录遗产的保护，应以“适度”的中央政府补助基金为基础，加大地方政府的资金投入，特别是在沿海等经济发达的地区。如苏州市在2004年制定了《苏州市区古建筑抢修贷款贴息和奖励办法》，按照规定，经文物部门认定的民资，介入古建筑保护有功者，政府将予以贷款贴息或奖励，其中政府贴息额度为50%，总额一般不超过100万元，奖励的最高标准为工程维修总额的10%。

此外，还需要以各种形式动员、鼓励集体和个人对文化遗产保护经费的投资和资助。如对投资者制定奖励和优惠政策（例如免税、免调控等）；建立文化遗产保护事业基金委员会，集中使用保护基金；对文物系统内部机构改革，激活内部运转机制，挖掘内部潜力，注重文物产业开发，不仅关注抢救、维修、保护，同时注意利用和效益；利用发行文物彩票方式积累文物保护资金等。

鼓励公众参与文化遗产保护的一项优惠政策就是税费优惠。以美国的税费政策为例，在20世纪80年代以前，其税费政策一直偏重于营利性的商业历史建筑，而在80年代后期，政府开始在普通住宅房屋修复中引入税费优惠政策。正是基于这种激励机制，美国的遗产保护得到了私人业主、开发商、公益组织、学者以及普通市民的广泛参与。其经验是值得我们借鉴的[15]。

我国近年来文化遗产保护同房地产开发直接相关，开发工程环节的政策优惠事实上已经成为政府用来激励和平衡开发商利益的主要手段。源自20世纪90年代旧城改造过程中积累起来的方法主要包括：国有土地使用权出让、安置房用地指标、市政基础设施费用、土地出让金减免、有关规费减免等，但这些优惠政策多数偏重于利益集团（房地产商）。因此，税费优惠政策应面向个人、企业和公益组织，鼓励他们积极参与。

随着我国个人所得税以及住房贷款政策的发展，已经为进一步开展税费优惠政策铺好了基础。自1994年实施新《个人所得税法》以来，我国个人所得税保持了很高增幅（年均递增50%以上），2004年全国个人所得税收入总额为1737亿元，接近发展中国家所得税占GDP的平均值，个人所得税已经成为我国第四大税收来源。近年来，我国许多城市都颁布和修改了地方历史文化保护法规，提出了政府鼓励市民参与以及寻求多渠道筹集保护资金的思路。如2005年的《北京历史文化名城保护条例》第七条："本市鼓励单位和个人以捐赠、资助、提供技术服务或者提出建议等方式参与北京历史文化名城的保护工作"。2003年的《上海市历史文化风貌区和优秀历史建筑保护条例》指出，"历史文化风貌区和优秀历史建筑的保护资金，应当多渠道筹集"。民间资本投入遗产保护的潜力是巨大的，我国可借鉴意大利的历史遗产保护所得税抵扣和低收入者住房抵扣政策，制订合理科学的抵扣和退税标准，提高公益组织、私人业主和居民参与遗产保护工作的积极性。

对于登录文物所有者给予一定的资金补助，是鼓励公众参与遗产保护的又一重要措施。对确因经济困难无力进行遗产维护的个人，可适当加大补偿力度。比如对散布在城镇中的祠庙、会馆和官衙等，由过去的公共建筑变成了大杂院，环境恶劣，内部基础设施差，人口拥挤对文物建筑破坏严重的；由私人使用的民居，虽然建筑结构保护基本完好，但内部基础设施很差，个人又无力改造维修的。可以采用外迁部分居民，给予低息维修贷款等经济补偿措施，促使居民自觉进行维护。对于一些艺术价值较高的建筑，可鼓励开办私人民居博物馆，并采取低税或免税政策，将部分收益补贴维修费用。

同时，政府还应加大对公益组织的资金补助，援助公益保护社团。提供各种形式的补助和低息贷款，利用公益组织的专业技术力量，很好地推动登录遗产保护，使得非政府非营利性的民间干预力量更多参与到遗产保护工作中。

4. 保护管理机制

建立登录文物保护管理机制的原则是在明确法定保护界线的前提下，为准确认知和挖掘遗产价值内涵提供充分的灵活性。法规的条文精神，应在于严格控制审批程序，而不是控制保护的范围、框架或细节。我国法规文件的内容多以明确保护的对象、内容与方法为主，而对保护运行过程中具体管理操作的法律问题涉及较少，这扩大了执行过程中人为量度的范围与尺度。加上历史文化遗产保护涉及问题的复杂性，造成实际操作执行存在很大难度。在建筑遗产保护的问题上，从设定"保护"转向对"更新"的控制，法规应着力对"保护"之后的"更新"，使建筑遗产保护实现可持续发展。鼓励民间力量的广泛介入，并为其提供途径。被登录保护的文化遗产是公众的遗产，应倡导民主式的文化遗产保护，设立一些特别程序，如类似英国文化遗产保护经验中的"强制购买"、"紧急登录"制度等，为特殊情况提供保险。保护法规的根本目的是要"保护"，建筑遗产遭破坏后的惩罚警示，不是设立保护法规的目的。法规的设定应该是"防患于未然"。所以对待一般性历史建筑，应着眼现代设计与传统形态的契合，以及保护和再利用，使其与城市规划和社区及城镇经济和文化振兴计划相关联。这才是我国遗产保护整体可持续发展之路。

具体控制原则如下：

第一，采取"以用代养"的保护原则。符合登录标准的建筑物成为登录文物后，同指定文物一样受到国家有关法律、政策的保护，并接受文物部门的管理。与指定文物不同的是，登录建筑遗产作为受国家保护的文物可以由其所有者继续拥有，登录文物的所有者可以以捐赠的方式将其赠予国家，或者以出售的方式转让给国家。在某个建筑遗产成为登录文物后，不论其所有者属于何种情况，只要其原有使用者的使用对登录文物的保护不产生不良影响，也不会造成日后的保护隐患，就可以继续使用。如果不利于登录文物的保护，则原有使用功能必须改变。登录文物的所有者及使用者必须依照国家有关文物保护的法规、政策，在当地文物保护管理部门的监督和技术指导下，对文物进行日常维护、管理和定期的修缮，国家在此过程中应提供及时的技术支持。

如果登录文物的所有者或使用者要对登录文物进行改动（包括改变外立面的式样、材料、色彩，内部空间的划分，管道、设备的改造等），必须向文物保护管理部门提交正式的书面申请，并附图纸，详细说明改动的具体内容与改动的方法，在获得正式批准后方可实行。若文物保护管理部门不允许，则不得进行任何改动。如未提出申请或未获批准擅自对登录文物改动，文物保护管理部门及政府有关部门可以对其处罚。情节严重、造成不易挽回后果的，国家可强制性地将该登录文物收归国有，并依据相关法律、法规，追究当事人的责任。

第二，建立以文化遗产价值评估为基础的可持续再利用模式。在西方国家，文化遗产保护所依据的文件以保护规划（Conservation Project）为核心。在《新西兰宪章》中就明确提出，“保护规划是保护古迹遗产价值，指出在它将来的使用过程中采用哪些恰当的措施才能保证价值不被破坏；并对它将来的前途与发展给予指导的文件”。

我国对于文物保护单位也要求制订保护规划，2004年国家文物局发布的《全国重点文物保护单位保护规划编制要求》中，就提出保护规划设计应包括的基本内容：“专项评估、规划框架、保护区划、保护措施、环境规划、展示规划、管理规划、规划分期以及投资估算。”同年出台的《关于加强对城市优秀近现代建筑规划保护的指导意见》，从城市规划角度进一步提出“由城市规划行政主管部门根据城市总体规划组织编制近代历史建筑保护规划”，包括对建筑遗产提出具体的保护原则，分别对保护范围界线和建设控制范围界线内的建设行为提出明确的管治措施。前者主要以技术性文件，文物建筑保护修复设计为主体，后者主要从城市规划角度对“三区”建设控制提出要求。就目前执行的情况和规划编制内容深度来看，西方的保护规划更加注重设计过程的研究性特征和遗产管理与综合效益获得之间的关系，即必须“有助于解决新与旧之间平衡问题；它不仅提供基础信息资料，最重要的是提出全部保护方案和管理方式”[16]。

以意大利设计咨询公司初期协助中方设计项目组拟订的重庆湖广会馆文物建筑保护修复设计工作程序为例[17]（图5），它与我国《中国文物古迹保护准则》相关规定[18]（图6）比较而言，其价值评估与可持续再利用方式选择方面的联系更为密切。在对我国登录文化遗产保护再利用的过程中，应加强保护规划设计前期阶段对价值研究和价值评价方法的重视。其中价值研究主要包括历史文献研究、实地调查研究和实验室研究，价值综合评价包括内在价值与社会可利用性价值评价以及管理状况评价，前者是后期价值评价的基础，后者是对遗产综合价值的定性与定量研究。它们是最终制定科学合理保护修复与再利用措施，实施妥善管理的必要依据。

第三，建立社会化文化遗产保护观，不仅代表民众参与保护的热情与自觉性，更是增强社会凝聚力、民间社会活力及维护社会公平的可靠保障。新的登录建筑遗产制度产生后，其所有者和使用者必须参加由文物保护管理部门组织的针对登录建筑遗产所有者和使用者的文物保护短期培训。培训的目

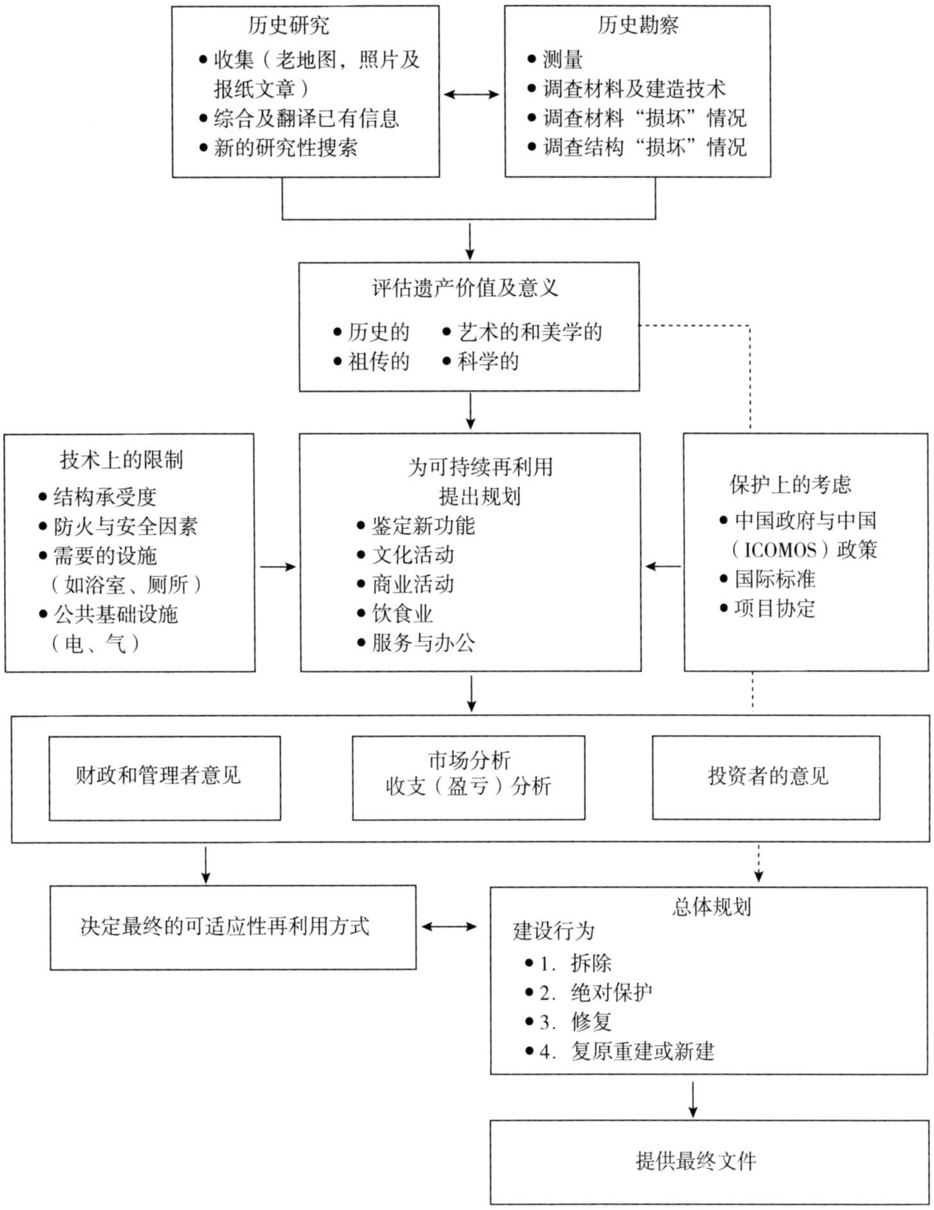

图 5　意大利专家关于重庆湖广会馆核心区保护规划设计程序表

的在于使建筑遗产的所有者和使用者具备有关文物保护的基本知识，了解关于文物保护的政策法规，形成关于保护的基本观念，了解自己所拥有或使用的建筑遗产，并懂得如何对其进行日常的维护和管理。通过一系列措施，最终完成登录遗产的保护管理由国家统管，向国家、社会民间机构，甚至私人共同管理模式转化。

5. 监督机制

针对被登录的文化遗产，建立严格的监督机制。设立专门的监督主体，明确监督权限的范围和程序，以及相关的法律责任。其中，监督机构的组成人员可由专业人员和普通民众共同组成。

在我国，由于政府是承担文物保护工作的唯一主体，没有针对文物保护工作的专业性监督与评价机构，对于政府保护工作的得失一直缺乏有效的监督和批评。监督机制的建立，可减少或避免政府有

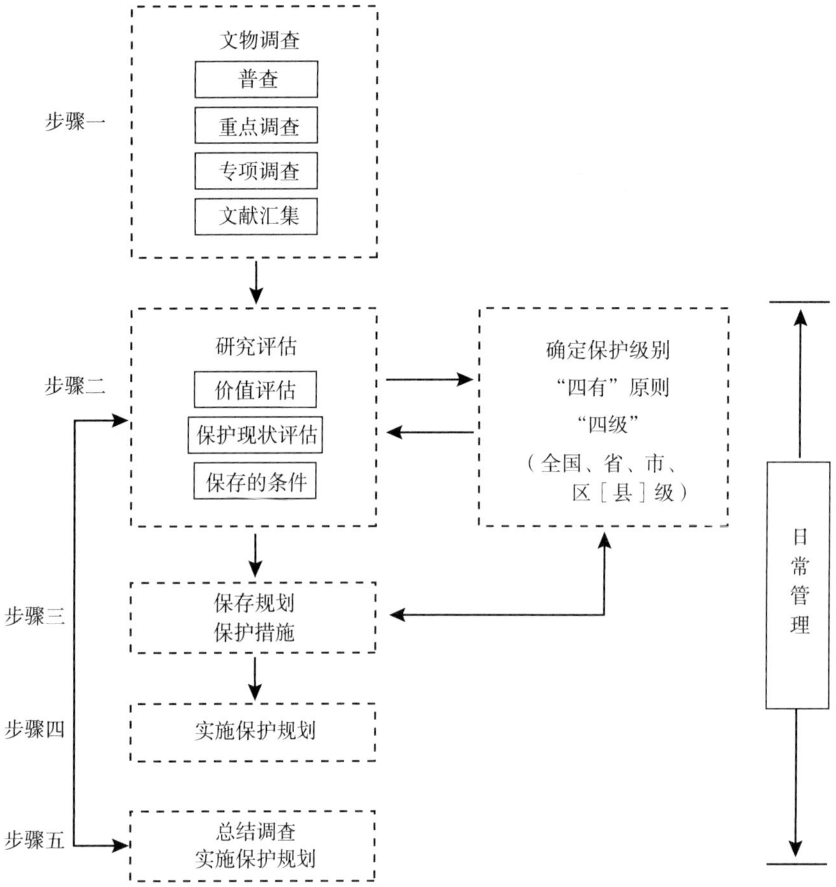

图6　《中国文物古迹保护准则》中规定的“文物古迹的保护工作程序”

关部门因工作失误或是因协调各方利益关系而妥协折中，对文物保护工作造成的损害及不利影响。同时，还要对可能涉及到登录文物保护的各类规划、设计、工程项目进行监督。监督机制有利于督促政府不断完善有关保护的法律体系，完善全国性、地方性的有关保护政策、法规，督促并协助政府文物部门及时总结经验和纠正错误，以提高保护管理工作的水平。

建立监督机制的关键是成立保护组织，文物保护组织在很多国家的文物保护活动中起着重要作用。关于保护组织，《文物保护法》中尚未提及。保护组织的缺乏，反映出我国公众对文物保护事业的参与程度还较低，政府和公众都有必要提高认识。比如有些涉及城市总体环境，具有重大社会效益，并关系到公众切身利益的建筑遗产保护工作，由于缺乏社会的普遍理解和支持，实施起来问题很多、困难重重。本来是能够产生良好环境效益和社会效益、有利于社会整体利益的好事情，却只是文物保护部门单干，社会回应较少，这应是公众找不到合适诉求途径所致。因此政府可以通过保护组织建立与公众沟通的桥梁，获得反馈信息，作为制定保护政策和开展工作的依据，公众也因此能有组织地参与到文物保护活动中，有效表达诉求，并可对政府的保护工作监督与批评。

对于尚未列入指定登录文物的和没有条件成立专门保护机构的建筑遗产，可以由有关保护组织承担起日常的保护管理工作，如民居保护协会、乡土建筑保护研究组织等。这样有利于突出工作重点，有效利用现有资源和条件，汇集某一领域的有识之士，更利于遗产价值的保护。

以上所述内容与方法，将随着登录遗产保护事业的发展和社会环境的变化不断增添新内容，在动态的持续发展过程中不断完善。

五　结语

美国诗人惠特曼在《草叶集》序中写道："过去、现在与未来不是脱节的，而是相连的，最伟大的诗人总是根据过去与现在构成将来的一致。"历史是一个国家或民族发展的镜子，那些历经沧桑而依然存在的文化遗产，更是一部部"无字史书"，诠释着一个国家或民族的生命基因。保护历史文化的遗存，就是保护我们的过去、现在和未来。

文化遗产登录制度的审慎引入，是对现行指定制度的有益补充。本研究通过对意大利等国家登录制度的多层次多角度分析，结合我国国情，提出以下结论：

其一，我国应当实行指定制度和登录制度并行的文化遗产保护行动。

其二，对于登录文物的身份认定需要一个更为开放的姿态，这是由价值判断的多元化决定的。登录制度的相关法规条款必须保证文物身份认定的明确性，这是保持其开放性的基础。

其三，登录遗产法规中的控制原则需兼顾严格性和灵活性。严格性旨在控制每个案例之具体价值在法规保护下不受侵犯，灵活性旨在为具体情况提供适应空间。

其四，登录遗产保护的经费，应以适度的中央政府补助基金为基础，加大地方政府（尤其是沿海等经济发达地区）对文化遗产保护的资金投入，动员公益组织的资金补助。此外，还需要以各种形式鼓励集体和个人对文化遗产保护经费的投入与资助，并将其作为登录遗产保护资金补偿的主要来源，促使登录遗产保护成为富有活力的和可持续发展的社会事业。

其五，登录遗产法规的制定，必须兼顾不同社会阶层或利益团体的相互关系，尤其是顾及普通民众的权益。

其六，针对已登录的遗产，应建立严格的监督机制，设立专门的监督主体，明确监督权限的范围、程序和相关的法律责任。

以上观点，亦可视为我们通过比较研究提出的适合并实现我国登录遗产保护实践的基本原则和设想，希望借此对我国文化遗产的完善保护有所助益。

[1]　刘曙光．文明古国、遗产大国、保护强国——意大利文化遗产保护速写［J］．中国文物报，2003.
[2]　阮仪三．城市遗产保护论［M］．上海：上海科技出版社，2005.
[3]　刘婧．历史文化遗产保护中的公众参与［D］．重庆大学硕士论文，2007.
[4]　张松．历史城市保护学导论——文化遗产和历史环境保护的一种整体性方法（第二版）［M］．上海：上海科学技术出版社，2008.
[5]　文物保护法，第二章“不可移动文物”第13条．
[6]　邵甬，阮仪三．关于历史文化遗产保护的法制建设——法国历史文化遗产保护制度发展的启示［J］．城市规划汇刊．2002，(3)．
[7]　张松．日本的文化财登录制度与近现代建筑保护［J］．中国近代建筑史国际研讨会，1998.
[8]　顾军，苑利．文化遗产报告——世界文化遗产保护运动的理论与实践［M］．北京：社会科学文献出版社，2005.
[9]　国家文物局编译．意大利文化与景观遗产法典（2004）．北京：文物出版社，2009.
[10]　文物保护法，第三章“考古发掘”第32条．
[11]　Ho - Yin Lee, Welcome Embrace of a Living City. South China Morning Post. 2007/10/11.
[12]　文物保护法，第四章“馆藏文物”第46条．
[13]　实施世界遗产公约操作指南，第19条．
[14]　文物保护法，第二章“不可移动文物”第18条．
[15]　沈海虹．美国文化遗产保护领域中的税费激励政策［J］．建筑学报，2006，(6)．
[16]　新西兰宪章.
[17]　何智亚．重庆湖广会馆：历史与修复的研究［M］．重庆：重庆出版社，2006.
[18]　国际古迹遗址理事会中国国家委员会(China ICOMOS)．中国文物古迹保护准则．国家文物局推荐，2000.

加入 2001 年 UNESCO《保护水下文化遗产公约》对中国水下文化遗产保护的影响研究

中国文化遗产研究院（国家文物局水下文化遗产保护中心）　王　晶
北京工业大学　郭　萍
西安交通大学　刘丽娜

摘　要：作为陆上文化遗产保护工作的延伸，我国水下文化遗产保护受到关注的时间较晚。虽然近年其发展速度不可谓不快，但距离形成一种更为理想的水下文化遗产保护体制和机制的要求还相差很多。本文初步对我国水下文化遗产技术保护、法律保护等方面进行了分析，试图由水下文化遗产的国际合作的视角，探讨如何利用国际规则促进我国水下文化遗产事业的发展。课题以《保护水下文化遗产公约》（以下简称《2001 年公约》）生效后对中国水下文化遗产保护的影响为核心问题，分析公约中水下文化遗产的国际法保护内容及一般原则；梳理已有的公约缔约国、非缔约国对该国国内水下文化遗产法律保护与实践经验；比较公约与中国水下文化遗产立法、保护理念上的异同；结合我国水下文化遗产保护的现实情况，最终形成了“中国加入《2001 年公约》可行性分析报告”，总结分析了我国加入该公约能够享有的权益，需要承担的义务及后续工作，以及不加入该公约的对策。

关键词：《保护水下文化遗产公约》　中国水下文化遗产保护　水下考古　国际合作　海洋战略

On the Impact of China's Ratification of the UNESCO 2001 Convention on Underwater Cultural Heritage

Wang Jing, Guo Ping, Liu Lina

Abstract: As the extension of the conservation of land cultural heritage, the conservation of Underwater Cultural Heritage (UCH) has lately been attended in China. Despite its rapid development in recent years, there is still a long way to go for an more ideal system and mechanism of UCH conservation. The article preliminary analyzes the technical and legal conservation of UCH in China, discussing how to use the international rules to promote the conservation of UCH in China.

The project focuses on the impact of the Convention on UCH in China if it would be ratified, analyzes the international legislations and general principles, sorts out UCH laws and practical experience of States Members and non-States Members of the Convention, compares the similarities and disparities between the Convention and the legislation and philosophy in China, deliberates on the conservation status in China and develops a feasibility study report, which summarizes and analysizes the rights and duties for China if ratifying the Convention, and the countermeasures if not.

Keywords: Conventon on the Protection of UCH, UCH Conservation in China, Underwater Archaeology, International Cooperation, Ocean Strategy

本文以2001年UNESCO《保护水下文化遗产公约》（以下简称《2001年公约》）对中国的影响为中心，基于“中国”、“水下文化遗产”（Underwater Cultural Heritage，以下简称UCH）的情况，立足于分析法律如何运用于中国UCH的更好保护，对UCH特性的理解贯穿于研究工作，研究内容具有领域前瞻性，为行业政策决定提供依据，因此，密切结合中国UCH情况与现状，多用案例，力图务实、实用。本文主要分为三个部分，首先，梳理《2001年公约》的背景、结构、主要制度、一般原则、实践等；然后，梳理我国水下文化遗产保护情况，尤其是相关法律保护现状；最后，论述中国水下文化遗产保护与国际水下文化遗产保护的衔接问题，借鉴（非）缔约国UCH情况、（不）加入公约的考量与工作，分析加入《2001年公约》中国享有的权利，以及承担的义务，加入《2001年公约》中国应注意的问题和程序问题，不加入《2001年公约》的理由及应对方式。

一　课题研究的必要性

（一）水下文化遗产具有重要价值

远古人类大都逐水而居，生活与水密不可分。随着地质环境的变化，一些人类活动的遗迹沉入水中。除了具备文物的历史、艺术、科学等价值外，UCH保护还具有重要的战略意义。我国拥有海洋国土面积约300万平方公里，除渤海为我国内水外，黄海、东海和南海都是开放海域，中国对这些海域的管辖权与其他国家都存在不同程度的争议。确认中国对位于不同海域的UCH进行合法保护的权利，同时也具有主权宣示的意义。

（二）水下文化遗产亟须保护

科技的进步赋予了人类进一步认识海底世界的能力，但另一方面，大量遗留于海底的文化遗产的保存状况开始面临严峻考验。除了商业性打捞和开发UCH的活动外，一些伴随各国对海洋的开发走向纵深，这类损害常常规模更大，范围更广，威胁到这些海底遗存的完整性。一国实施的破坏行为，往往还会连带影响另一国水下文化遗产的保存状况。

水下考古是科学地开展水下文化遗产保护的前提条件。一般认为，20世纪40年代水肺发明以后，科学意义上的水下考古事业开始启动，现代意义上的UCH保护才逐渐兴起。与陆上文化遗产相比，除了对专业人员和设备要求更高之外，UCH法律保护有其特殊性。UCH是位于水下的文化遗产，而“水下”既包含内水以下，也包括领海、毗连区、专属经济区、大陆架及公海海底。1982年《联合国海洋法公约》确立的海域划分格局已经无法解决在一国内水、领海以外UCH的保护问题。

（三）开展本课题研究有利于中国水下文化遗产保护

我国海岸线绵长，海洋国土面积约300万平方公里，同时，12.3万公里的内河航运里程以及2万多个天然湖泊，为我国留存了丰富的水下文化遗产。丰富的UCH资源对中国的水下文化遗产保护提出要求。中国的UCH保护工作自20世纪80年代末起步，进入21世纪，其保护更是日益受到重视。2007年10月1日，第三次全国文物普查进入实地调查阶段，在此次普查的指导性文件《第三次全国文物普查实施方案》中，明确提出将“水下文物”列入其普查对象。虽然发展迅速，但UCH保护工作在中国展开至今不过20余年，无论在理论和实践上都处于发展阶段。从实际工作来看，仍然存在专业人员较少，设备比较落后的客观情况，国家水下文化遗产调查工作尚未摸清我国沿海区域水下文化遗产的情况，同时，我国的近现代航海历史记录少，对我国历史航线、我国起源水下文物的考证也待进一步爬梳、整理。

除此之外，中国的水下文化遗产法律保护也仍待完善。立法能够规范保护和管理水下文化遗产的行为，使其遵循正确的规则开展。因此，完备的UCH法律保护体系能有效规制当前有关UCH的活动，指引UCH保护工作有效进行。从目前中国的法律保护实践来看，一方面，中国已有有关UCH保护的专门立法。1989年10月20日，国务院公布了《中华人民共和国水下文物保护管理条例》（以下简称《1989年水下条例》），通过专门立法保护水下文化遗产。此外，《中华人民共和国文物保护法》（以下简称《文物保护法》）及其实施条例、《外商参与打捞沉船沉物管理办法》等法律中的一些规定也能适用于UCH保护，中国UCH立法保护并非空白。但《1989年水下条例》颁布于20余年前，有些规定已经无法适用，其规定也稍显笼统，不能适应中国当下UCH保护工作的需要。

综上所述，客观地说，作为陆上文化遗产保护工作的延伸，水下文化遗产保护受到关注的时间较晚，其在中国的发展速度虽然不可谓不快，但离形成一种更为理想的UCH保护体制和机制的要求还有距离。目前，国际上和一些国家已经有了一些先进经验，如果能在结合我国国情的前提下，提炼出这些经验中可供借鉴之处，将会使中国UCH事业进步更快、少走弯路。而要实现上述目标，除了在技术层面开展国际范围内的合作、提升水下文化遗产保护技术水平外，积极关注国际水下文化遗产保护方面的理念、管理体制和机制更新也是十分必要的。

自水下考古兴起的60余年间，除了鼓励开发有关UCH保护的技术外，国际社会制定了一系列相关法律及文件以从制度层面保护UCH，2001年《保护水下文化遗产公约》就是这种超国家专门立法的代表，公约的通过是国际UCH保护史上的标志性事件。《2001年公约》是国际社会多年来在UCH保护方面经验的总结，对其诞生背景及内容等进行分析，能从新的角度启发中国的UCH保护；此外，一些保护机构、国家及专家参与到《2001年公约》的制定、完善和细化中，由此聚集了一大批代表UCH保护国际先进水平的力量。虽然公约中有相当部分的条款是各国间妥协的产物，但这毕竟是第一部在全球范围内达成的专门以UCH保护为目的的国际公约，是国际社会对UCH保护技术和管理手段的总结。同时，《2001年公约》的推广促进了水下文化遗产保护国际化的趋势，一方面公约精神在影响国家相关国内法的制定与修订，逐渐形成国际行业规则；另一方面，联合国教科文组织（UNESCO）通过水下文化遗产保护区域中心、II类中心的设立，会议、培训等国际活动，使公约缔约国获得更多的专业信息与协助。

二 2001年《保护水下文化遗产公约》概述

分析加入《2001年公约》后对中国水下文化遗产保护工作可能的影响，首先应当对公约的内容有比较细致的了解。因此，本部分将着力对公约的文本进行解析，并以公约为中心，就其通过前、通过后、生效前、生效后的一些实践进行梳理及分析。

《2001年公约》通过后，UCH保护有了统一的原则及准则作为指导，国际层面的UCH立法就主要以对《2001年公约》的完善为主。公约正文提出的原则，已经成为国际社会公认的UCH保护基本准则，对UCH理论和实践均具标杆作用。相较公约正文而言，其附件中提出的技术性原则及指导性规范，受到更广泛的认同及执行，二者可谓整部《2001年公约》精髓所在。

此外，根据公约23.4条款的规定，2009年12月，缔约国成立了一个由缔约国提名的专家组成的科技咨询机构（Scientific and Technical Advisory Body），承担公约的部分实际执行工作，如公约操作指南的确定、缔约国的协助方案、提供科技咨询帮助等等。该机构分别于2010年6月、2011年4月和2012年4月召开会议，并在使公约更具执行力上已经做出一些努力。因此，也有必要对科技咨询机构的工作情况做一详述。

（一）公约的基本信息

2001年11月2日，联合国教科文组织在法国巴黎通过了《保护水下文化遗产公约》（Convention on the Protection of Underwater Cultural Heritage）。2009年1月2日，公约开始生效。依据UNESCO网站上公布的资料，已有42个国家批准或接受该公约。目前，《2001年公约》缔约国在各大洲的分布情况是：

1. 北美洲（3国）：墨西哥、格林纳达、海地；

2. 拉丁美洲（11国）：巴拿马、巴拉圭、厄瓜多尔、圣卢西亚岛、巴巴多斯岛、圣克里斯托弗和尼维斯联邦、阿根廷、洪都拉斯、特立尼达和多巴哥、圣文森特和格林纳丁斯；

3. 非洲（9国）：阿拉伯利比亚民众国、尼日利亚、突尼斯、加蓬、刚果民主共和国、纳米比亚、摩洛哥、贝宁、牙买加；

4. 欧洲（14国）：保加利亚、克罗地亚、西班牙、立陶宛、葡萄牙、乌克兰、罗马尼亚、黑山共和国、斯洛文尼亚、斯洛伐克、阿尔巴尼亚、波斯尼亚和黑塞哥维那、意大利、法国；

5. 亚洲（5国）：黎巴嫩、柬埔寨、伊朗、约旦、巴勒斯坦；

其中，2003年2国；2004年1国；2005年3国；2006年6国；2007年4国；2008年4国；2009年9国；2010年7国；2011年5国；2013年1国。

（二）公约文本解析

《2001 年公约》的正式文本包括序言、正文 35 条以及附件两个部分。附件分为 14 部分，计 36 条。

《2001 年公约》正文内容十分丰富。不仅确定了 UCH 的概念，规定了公约与其他国际法的关系，对不同区域各国就 UCH 保护享有的管辖权作了相对细致的规定，还极富创见地设立了“协调国”制度，建立了完备的事后控制机制。

1. 公约序言

依照国际公约的惯例，“序言”一般载明公约制定背景及动机，并表达制定的必要性和紧迫性。依据《维也纳条约法》第 31 条“解释之通则”，条约应依其用语按其上下文并参照条约之目的及宗旨所具有之通常意义，善意解释之，上下文包括连同“序言及附件在内之约文”。因此，序言对公约亦具解释作用。综述之，《2001 年公约》的序言主要包含三方面内容。

（1）阐明公约制定背景

序言中有关公约制定背景的规定高度精练，可大致划分为事实背景和法律背景。在对 UCH 保护紧迫性的事实背景所作阐述中，《2001 年公约》序言将影响 UCH 的活动分为两类：“开发水下文化遗产的活动”和“无意中影响水下文化遗产的活动”。

公约序言还阐述了其制定的国际法基础，即三部重要公约：1970 年《关于禁止和防止非法进出口文化财产和非法转让其所有权的方法的公约》、1972 年《保护世界文化和自然遗产公约》、1982 年《联合国海洋法公约》。公约前言使用了“需要根据国际法和国际实践”的表述，表达了其对既有国际习惯法的遵从。

（2）水下文化遗产的保护方式

《2001 年公约》序言提示了 UCH 的保护方式，可包括两个方面：一，通过合作实现 UCH 的有效保护。序言力图促成国家、国际组织、科研机构、专业组织、考古学家、潜水员、其他有关方面和广大公众之间的合作，以实现对 UCH 的有效保护。值得注意的是，序言将“广大公众”列入合作主体中，强调了公众对 UCH 保护的权利及义务；二，UCH 的保护还需技术作为支撑。因此，有关 UCH 勘测、挖掘和保护技术都是必须掌握的技能。此外，需能应用特殊的科学方法，利用恰当的技术和设备，还必须具备精湛的专业知识。要实现这些资源的整合，有必要为 UCH 保护和管理制定统一标准。公约附件“有关开发水下文化遗产之活动的规章”，表明了公约为 UCH 保护技术设立统一标准的努力。

2. 公约正文条款解析

水下文化遗产应如何界定？公约为保护水下文化遗产在各海洋区域设定的管辖权范围依何种方式划定？公约与现行海事法规则冲突（主要是海难救助法）如何处理？在《2001 年公约》出台过程中，围绕这些问题展开的讨论成为争议焦点。为就这些焦点达成一致意见，公约确立了诸多颇具特色的制度。

（1）水下文化遗产概念的界定

应如何界定水下文化遗产的概念，是《2001 年公约》制定过程中面临的首要问题。关于水下文化遗产概念的界定，涉及的争论聚焦在以下几点：UCH 定义的标准问题，应受保护的 UCH 的期间，何为放弃（abandonment），以及军舰（warship）和政府船舶是否享有主权豁免等等。

① 水下文化遗产的定义标准、期间和“放弃”

“水下文化遗产”只是处于特殊环境下的“文化遗产”中的一种。在国际和国内实践中，有一种趋势是保护那些具有考古和历史价值的沉没时间超过100年的物品（objects），《2001年公约》中对UCH的定义即来源于此[1]。

受《2001年公约》保护的“水下文化遗产”系指[2]：至少100年来，周期性地或连续地，部分或全部位于水下的具有文化、历史或考古价值的所有人类生存的遗迹。

《2001年公约》还对这些遗迹作了列举：

> 遗址、建筑、房屋、工艺品和人的遗骸，及其有考古价值的环境和自然环境；
>
> 船只、飞行器、其他运输工具或上述三类的任何部分，所载货物或其他物品，及其有考古价值的环境和自然环境；
>
> 具有史前意义的物品。

这一定义可以追溯至前述未获通过的1985年欧洲理事会《保护水下文化遗产欧洲公约》（草案）。国际法协会（International Law Association，简称ILA）后来提交UNESCO大会讨论的《1994年草案》中的UCH定义，正是参考《1985年草案》后作成的。在第一次政府专家会议上，定义中的“放弃”条款，因为争论过于激烈而被删去。公约对“放弃”问题选择了回避的态度。在第二次政府专家会议上，“地毯式保护”方式得到了更多认同。这一观念也是对《2001年公约》中就地保护（*in situ*）原则的适用。而以UCH是否具有某方面的价值来确定其是否应受保护，其实是将某些未被确定为有价值的UCH排除在外。这些不受保护的UCH因此处于相对开放状态。在一定条件下允许打捞者介入此类UCH，维护本国商业打捞公司的利益，也许是一些海洋大国反对或弃权的深层次原因之一[3]。

② “军舰”（warship）和政府船舶的主权豁免问题

“军舰”和政府船舶是否享有主权豁免？1982年《联合国海洋法公约》确立了“军舰”的定义，即“属于一国武装部队、具备辨别军舰国籍的外部标志、由该国政府正式委任并名列相应的现役名册或类似名册的军官指挥和配备有服从正轨武装部队纪律的船员的船舶”。沉没100年以上的“国家船舰”，很难说其还具有实用价值，一些国家出于国防安全或军事利益的考虑主张适用主权豁免的理由较为牵强。一些海洋大国或原来的殖民国家沉没海底的军舰数量是十分可观的，其中一些船舰还装载了大量金条以及军用物资，公约赋予沿海国对于这些船舰的极大的管辖权，使得这些原来的船旗国多少感到其原来基于1982年《联合国海洋法公约》的利益受到损害。法国和英国在对该问题进行表决时选择了弃权，英国甚至认为，赋予沿海国在大陆架上对军舰的权利是一过高标准，将侵蚀（erode）《联合国海洋法公约》的规定。美国也表明，其未加入公约的原因之一即是很难认同该条内容[4]。

由于争论激烈，经过数次讨论，《2001年公约》最终达成妥协，在公约“适用范围”条款中回避该问题，而在其他条款中分别规定：一，至少100年来，周期性或连续地，部分或全部位于水下的具有文化、历史或考古价值的船只、飞行器、其他运输工具或上述三类的任何部分、所载货物为公约所保护的“水下文化遗产”[5]；二，向船旗国及与该UCH确有联系（尤其是文化、历史或考古方面联系）的其他国家通知发现可辨认国籍的“国家船舰”的情况[6]；三，除为保护其主权及管辖权不受干涉而禁止或授权开发本国专属经济区或大陆架上的 UCH 以及防止 UCH 受到包括劫掠在内的紧急危险的情况，未经船旗国同意或协调国协作，不得对“国家船舰”采取任何行动[7]；四，未经船旗国许可，不得对“区域”内的“国家船舰”采取任何行动[8]。

（2）管辖权制度

《2001 年公约》中的管辖权问题，其实质为基于保护水下文化遗产的目的，如何分配各国在不同海域的管辖权力大小问题。该问题一直是《2001 年公约》讨论中的焦点。

管辖权是各国主权的重要内容，许多国家都通过专门立法或直接在文化遗产立法中的规定来管制其管辖权范围内的水下开发活动。二战后，随着深海技术的快速发展，为防范对领海外区域历史沉船的劫掠和不科学地开发，各国开始有意识将对其对 UCH 的管辖权由领海向外扩张。一些国家，如澳大利亚、塞浦路斯、挪威、西班牙等等，规定其有权控制大陆架上的历史沉船；摩洛哥主张就专属经济区沉船实行管辖；丹麦和法国延伸至毗连区；中国则主张对起源于本国的所有水下文物拥有管辖权，无论其在何种水域发现；美国引入“海洋公园”（marine park）的概念，将历史沉船囊括其中[9]。

1982 年《联合国海洋法公约》（以下简称《海洋法公约》）确立的管辖权制度是《2001 年公约》的基础。依据该公约，沿海国权利所及的海域地理空间包括内水及群岛水域、领海，毗连区，专属经济区和大陆架，“区域”。沿海国在这些海域空间内享有不同权利，前文已有介绍。推及《2001 年公约》，沿海国基于 UCH 保护的目的，对上述不同海域的权利亦有不同。以《海洋法公约》划定的水域为基础，《2001 年公约》确立了依据不同区域对 UCH 实行不同保护的管辖权制度。

第一，虽然《2001 年公约》的制定主要是基于国际水域内 UCH 保护的需要，但对领水内 UCH 进行规定也是必要的。

第二，毗连区管辖权的扩大。

第三，专属经济区和大陆架上 UCH 管辖权争论。在第三次政府专家会议上为求同存异，会议回避了 1999 年会议的争论，认为在通常情况下，沿海国应是处置在上述区域发现的 UCH 的适格主体，并依据国籍管辖和船旗国管辖为沿海国设定了报告和通知义务。通过“尤其是文化、历史或考古方面的联系”这样的表述，公约多少解决了这一问题。

由于公约设置的通知义务有可能将沿海国对专属经济区和大陆架上的权利扩大，一些国家更青睐于建立一套针对船旗国的通知体系，而另一些国家则认为应直接通知沿海国，不应将该问题无谓地复杂化。经过多轮讨论，公约形成了对该区域内 UCH 的管辖权的规定。同时，由于专属经济区和大陆架上发现的 UCH 保护无相关国际法可援引，公约为保证对该区域内 UCH 实施有效保护建立了保护机制。这一机制列举了缔约国在该区域开发 UCH 的许可范围。

第四，对于“区域”内 UCH 的保护。《海洋法公约》第 149 条规定：“在‘区域’内发现的一切考古和历史文物，应为全人类的利益予以保存或处置，但应特别顾及来源国，或文化上的发源国，或历史和考古上的来源国的优先权利。”此规定成为 UCH 公约讨论的基础。但这一一般性规定并未为“区域”内 UCH 的保护提供实施机制，与《海洋法公约》相比，虽然仍稍嫌模糊，但 UCH 草案对如何顾及“优先权利”提供了可供执行的方案，包括确有联系的缔约国有资格向 UNESCO 总干事表示愿意参与商讨如何有效保护 UCH、协调国在协调缔约国之间的协商及进行 UCH 的初步研究或授权时，应特别考虑此种优先权利等等。

（3）公约与打捞法和打捞物法的适用

打捞法（law of salvage）及打捞物法（law of finds）是海商法的重要制度。打捞法及打捞物法的设定，主要是为了鼓励海上救助行为，为海上商业的发展建立保障机制。如果打捞法适用于UCH，势必导致施救人为获取报酬或利益过于主动地采取施救行为，此与UCH保护所遵循的“就地保护”原则相悖。打捞物法的适用原理则是“当物主不主张遗失物，该遗失物归属于发现者。发现者对宝藏取得乃是基于这样的规则：不属于任何人的无主物自然成为第一个占有者之财产”[10]。如果对UCH适用该规则，会刺激猎宝者竞相成为UCH的第一个占有者，以获取其商业价值，这一后果显然也与UCH“就地保护”理念明显不符。

是否适用打捞法和打捞物法，涉及其后隐含的巨大商业利益，争论十分激烈，很难达成一致意见。在整个讨论过程中，各国对于打捞法态度截然不同。一些国家希望完全禁止打捞法的适用，制定其他符合公约草案的规则；另一部分国家坚持应有限适用的立场。两派观点僵持不下，最终形成在许多学者看来十分模糊及存在多种解释可能性的条款：“打捞法和打捞物法不适用于开发本公约所指的水下文化遗产的活动，除非：（a）得到主管当局的批准，同时（b）完全符合本公约的规定，同时又（c）确保任何打捞出来的水下文化遗产都能得到最大程度的保护。”[11]并在第2条第7项中规定：“不得对水下文化遗产进行商业开发”。这一规定实质上是原则性的，修正了《海洋法公约》对打捞法适用的条款，因此遭到英、美、法诸多国家的质疑，成为其不加入公约的重要理由。

（4）“协调国”保护制度

为确保对专属经济区、大陆架上及“区域”内UCH的保护和管理，《2001年公约》确立了协调国（Coordinating State）保护制度。协调国制度与沿海国保护制度并行，成为《2001年公约》保护模式的两翼。当各国均可对某海域主张权利时，应由何国享有权利或如何分配权利，成为《2001年公约》需解决的重大问题。

第一，协调国制度的适用范围，包括适用地理区域及适用事项，此二者相互联系，不同地理区域适用的事项有不同。在领水内，一国享有完全主权，国家拥有对该水域内UCH排他的管理和规范权利，无需他国协作处理有关UCH事务；缔约国在毗连区的管理和批准开发UCH项目，此项权利是主动权利，无需他国配合；因此，在领水和毗连区内，协调国制度无适用空间。

为保护其主权权利和管辖权不受干涉，缔约国有权依据包括《海洋法公约》在内的国际法，禁止或授权开发本国专属经济区和大陆架上的UCH。但缔约国对这种权利的享有是受限的。

由于“区域”是“人类的共同继承财产”[12]，任何国家不得主张权利，因此协调国的产生仅能由UNESCO总干事指定。

第二，协调国的权利及义务。首先，组织和协调商讨的权利。协调国亦有放弃协调国资格的权利。此外，协调国有实施紧急救助行为的权利。就其享有的组织商讨的权利，协调国有义务实施达成一致同意的保护措施。

第三，公约对协调国的制约机制。《2001年公约》赋予协调国组织商讨、采取紧急措施授权UCH开发的权利。为防止这一权利被滥用，除了规定相应的义务外，公约对协调国的行为设立了制约机制。由整体而言，协调国的协商、采取措施及授权均应代表所有缔约国整体利益，而不应只代表本国利益；专属经济区、大陆架和“区域”内的UCH是全人类共同财富，不属于任何缔约国所有。此外，协调国针对UCH保护采取的任何行动，仍以现存国际法规定的优先权及管辖权为限，不得超出既有规定设定的相关权利范围[13]。

（5）事后控制机制

虽然制定了完备的管辖权制度，建立由沿海国及协调国共同保护的机制，并禁止对UCH的商业性开发行为，仍然无法完全避免UCH被非法发掘并打捞上岸。因此，就UCH被打捞出水后，可能随之产生的交易、占有及出入境等问题，公约制定了事后控制机制。除了对由水域中获取UCH的行为进行规制，《2001年公约》对非法打捞上岸的UCH规定了扣押和处置制度。

《2001年公约》明确了对UCH在一国国内进行交易的禁止态度，还规定了事后制裁制度。制裁制度应达到两个效果：一，对违反行为所作制裁力度应足以惩戒任何地方的违法行为，确保遵守本公约；二，剥夺违反者从非法行为中获取的利益[14]。为执行制裁，公约要求缔约国采取措施在其领土上扣押以违反公约方式打捞的UCH，并对该UCH进行登记和保护及维持原状。除实施扣押行为外，缔约国还需对扣押UCH进行处理。这一规定，一方面必将导致缔约国承担过重的义务，导致该规定事实上难以执行；另一方面，有些国家规定了对文化遗产的善意取得制度，《2001年公约》的这一规定，会造成对UCH持有者私法上权利的侵犯，形成与该持有者所在国私法制度的冲突。公约并未为这一冲突的解决提供方案[15]。

（6）其他内容

除上述UCH定义、管辖权、打捞法与打捞物法适用的限制、“协调国”保护、扣押与处置制度外，公约还就UCH的报告与通知、争端解决机制作了规定。

报告与通知制度：《2001年公约》第11、12条是有关报告与通知义务的规定。同样是基于一国对领水和毗连区以外区域的有限权利，公约规定了在专属经济区、大陆架及“区域”内的报告和通知义务。

争端解决机制：由于《2001年公约》本身存在模糊及不确定之处，缔约国对于条约的理解不同，在适用或解释时难免产生争议，为此，公约规定了争端解决机制。公约设定的争端解决机制内容丰富，逐层递进。

除以上制度外，公约还规定了批准、接受、赞同或加入的条件及程序，并就缔约国对公约的保留、修正、退出条件及程序作了规定。

3. 公约附件

为便于对UCH保护制定统一标准提供指导，在《2001年公约》正文后，另附《关于开发水下文化遗产活动的规程》（Rules Concerning Activities Directed at Underwater Cultural Heritage）。附件以1996年《水下文化遗产保护与管理宪章》为蓝本。由于该规章主要是一些技术性规则，较少涉及政治、经济、军事等敏感问题，因此，与《2001年公约》正文通过过程中的激烈争执与妥协不同，附件以“协商一致”的方式通过。基于同样的原因，公约通过后，对于附件内容的认同要易于正文。2004年，美国同英国、法国、加拿大签署的多边协定《关于RMS Titanic号沉船的协定》的附件《关于开发RMS Titanic号沉船或其上沉物活动的规程》（Rules Concerning Activities Aimed at RMS Titanic AND/OR Its Artifacts），几乎是附件规则的完全照搬。

（三）公约确定的原则

《2001 年公约》旨在通过各国采取有力措施，使 UCH 得到有效保护，并为后代利益保存之，其唯一目标即是确保和加强水下文化遗产保护。《2001 年公约》确定的原则包括：为全人类利益保护、就地保护和禁止商业性开发、合作、鼓励公众参与、尊重国际法现状原则等。

1. 为全人类利益保护原则

该原则有两重含义：由时间来看，UCH 保护不仅涉及当代人，更关乎子孙后代利益；由空间视之，对 UCH 开展保护，不仅考虑本国利益，亦应同时不以国界为限，以不特定公众对 UCH 的利益为考量。

这一观念在《2001 年公约》中多处得到体现。为实现这一原则，避免一国在处理与 UCH 保护相关问题时偏重本国利益，公约规定：在协调国与缔约国之间就对 UCH 的保护措施进行协商时，应以全人类利益为重，代表所有缔约国[16]；扣押 UCH 的缔约国应确保其处理方式符合公众利益[17]。因此，为全人类利益保护水下文化遗产原则，一方面，其揭示了水下文化遗产保护的重要性以及公约制定的动机所在；另一方面，在保护水下文化遗产过程中，如遇公约未规定的情形，这一原则又为问题的解决提供了方向。

此外，若由广义层面言之，公约第 2 条中诸多一般规则，如“就地保护”、“合作”、“适当保护”、“禁止商业性开发”、“尊重人类遗骸”、“鼓励公众参与”等等，均可视为“为全人类利益保护”原则的具体表现。

2. 就地保护和禁止商业性开发原则

公约第 2 条确定了 UCH 保护中的“就地保护”（in situ）原则，是指对于 UCH 的保护一般不得脱离其原生环境，非为保护 UCH 的需要不得迁移。公约附件第 1 条亦规定：就地保护应作为保护水下文化遗产的首选方案。

就地保护原则并非《2001 年公约》首创，在许多考古发掘相关国际法律文件中已有适用。就地保护原则不仅要求适当维护、保护和管理，亦强调若发掘考古遗产的适当维护、管理得不到保障时，不应发掘考古遗产或在发掘后暴露考古遗产[18]。禁止商业性开发为实现“就地保护”原则的重要方式。

考古发掘与沉船保护专家马丁·曼德斯（Martijn Manders）认为，对 UCH 实行就地保护，缘于理论及实际两方面的考虑。由理论观之，首先，对 UCH 进行保护本质上具有合法性。因为大部分国家已经建立或健全保护 UCH 的“风险预防原则”，要求这些国家不仅需承担保护本国过去陆上及水下文化遗产的责任，而且要保护与别国共有的文化遗产。而后，越来越多的 UCH 被发现，但开展必要调查研究所需的研究力量则相对欠缺。如果依据每年发现的沉船遗址数量，水下考古界每年需增加数千名考古学家，而有些国家的水下考古学家需接受专门培训并取得相应的水下作业许可证，培养成本较高。

从实际层面看，一方面，虽然不可能完全阻止水下考古遗址被侵蚀，但就地保护是延缓 UCH 消亡速度的方式之一；另一方面，公约要求对 UCH 进行科学研究时应建立详细档案，如果 UCH 被从原址移走，原环境许多实物资料所携带的信息即已失去，且无法恢复。由这一功用来看，实施就地保护亦为建立完整及准确的水下档案的前提。再者，人类尚无足够知识应对 UCH 被打捞上岸后的某些侵蚀过程，实施就地保护也是无奈之举[19]。

但公约规定就地保护原则，并非要求不分具体情况、在任何条件下均须适用之。该原则仅为 UCH 管理诸手段之一。一方面，在某些情况下，有些沉船由于制作材料的缘故，并不适合保存于海水之中；另一方面，面对日益猖獗的海上猎宝行为，在发现一些作为其目标的 UCH 时，即使不具备优先发掘资格，也应马上进行抢救性发掘。

3. 合作原则

国际条约目标和功能的实现，仅凭一国往往难以胜任，必须主要通过国际合作来完成。因此，合作原则几乎在所有国际公约中均有体现。

对于《2001 年公约》而言，合作原则意义更为重大。UCH 的保护及维护，对人员、资金和技术等方面要求和成本均较高。由世界范围观之，专业的水下考古学家主要集中在发达国家。发展中国家，尤其是一些航海历史悠久的国家，其拥有的 UCH 数量十分巨大，但有些国家不仅技术落后、资金匮乏，同时亦缺乏相应的技术人员，难以对 UCH 实施有效保护。

信息共享是合作的重要表现形式。因此，公约亦要求缔约国间应为 UCH 保护实现信息共享，如在不违反公约宗旨的前提下，缔约国间应分享有关 UCH 的信息。同时，各缔约国应采取一切可行措施，包括利用相关国际数据库，公布违反公约或国际法挖掘或打捞的 UCH 的信息。

4. 鼓励公众参与原则

鼓励公众参与是所有文化遗产保护的应有之义。这一目的在第 2 条第 10 款得到体现："只要不妨碍对水下文化遗产的保护和管理，应当鼓励人们以负责的和非闯入方式接近仍在水下的水下文化遗产，以对其进行考察或建立档案资料，从而使公众认识到应当了解、欣赏和保护水下文化遗产。"

为加强公众对 UCH 的理解，公约规定了一系列保障措施。首先，第 20 条对缔约国保证公众参与作了一般性规定：缔约国应采取一切可行措施，提高公众对 UCH 价值与意义，以及依照本公约保护 UCH 之重要性的认识；而后，公约附件对如何实践此"一切可行措施"提供了具体建议，如：除不利于保护和管理的情况外，应当鼓励向公众开放仍在水下的 UCH[20]；遗址管理计划，应包括公众宣传，以及采取稳定遗址、对其进行监测和防止其受到侵扰的合理手段[21]；对 UCH 进行开发的项目应包括对公众的教育，在有条件的情况下，还应向公众展出其活动的成果[22]。此外，公众还能通过对保护状况进行监督、提出建议等方式，直接参与水下文化遗产保护工作。

5. 尊重国际法现状原则

《2001 年公约》第 2 条第 8 款规定：本公约须与各国惯例和包括《海洋法公约》在内的国际法相一致，任何条款均不应被理解为对有关主权豁免的国际法和国家惯例的规定的修正，也不改变任何国家对本国的船只和飞行器拥有的权利。由公约制定过程中的诸多妥协即可知，尊重国际法现状原则对公约各条款的形成及最终通过影响至深。

（四）《2001 年公约》与《联合国海洋法公约》

公约制定的首要原则是各项规定必须"在《海洋法公约》的界限内"，因此，《2001 年公约》与《海洋法公约》的关系，并非何者优先适用的问题，而是前者如何保证始终与后者一致。前述围绕定义和管辖权的争议，都多少涉及《2001 年公约》如何处理与《联合国海洋法公约》关系的问题。不仅如此，除了协调各国家之间的利益外，公约草案与《海洋法公约》关系的协调贯穿整个讨论过程始终。此外，通过对《2001 年公约》、《海洋法公约》、《1994 年草案》三者规定的管辖权制度的对比，亦得一窥《2001 年公约》在这一制度上所作努力。

1.《2001 年公约》与《联合国海洋法公约》的关系

《海洋法公约》"是人类历史上迄今为止最全面、最完整、也最有实践性的海洋法典"，被称之为"海洋宪法"，使"海洋及其资源的利用出现了新的平衡"。经过 20 多年的国际实践，公约的目标得到了很好的落实，成为现代国际法的主要渊源和权威性文件[23]。"海洋法公约的主要内容，大多已经是国际上各个国家或实体共通的见解与实践"，同时亦已被各国认定为有拘束力的国际法律规范，因此，公约内容有发展为"习惯国际法"的趋势，如对专属经济区的划定，外国渔船在沿海国的无害通过权等等。国际法院的法官在判案时，得适用该"习惯国际法"，其判决结果对各国家及实体均有拘束力[24]。《2001 年公约》之不与《海洋法公约》相违背，除了后者为前者合法性来源外，《海洋法公约》业已在各国间产生的影响力及惯性亦为极其重要的考量因素。

《海洋法公约》第 303 条第 4 款规定：本条不妨害关于保护考古和历史文物的其他国际协定和国际法规则。在 1995 年对起草 UCH 草案进行可行性论证时，已提到该款规定意味着可发展其他有关 UCH 保护的国际法规范，因此，制定新的 UCH 保护公约仍然未超出《海洋法公约》的界限[25]。而且，《海洋法公约》的规定十分宽泛及模糊，无法为 UCH 提供充分保护，有必要制定一部专门的 UCH 保护公约，这一观点得到了由《海洋法公约》执行机构派出的专家的认同。

与《海洋法公约》的关联，为 UCH 草案的形成提供了依据，但同时亦是一种束缚：草案的合法性如果来自于《海洋法公约》，其规定即不能与后者相违背或矛盾。但后者订立的目的为划分各国在不同海域的权利和义务，并不专注于 UCH 保护。而且，虽然第 303 条第 4 款未排除未来制定新的国际条约的可能性，但其第 311 条同时亦明确规定："本公约应不改变各缔约国根据与本公约相符合的其他条约而产生的权利和义务，但以不影响其他缔约国根据本公约享有其权利或履行其义务为限。"由其后的讨论观之，为 UCH 保护的目的，势必要多少突破后者为缔约国划定的"势力范围"，如第 5 条对打捞法和打捞物法不予适用的规定，即显然修正了《海洋法公约》第 303 条第 2 款规定。于是，如何在二者间求得协调，即成为《2001 年公约》制定过程中无法回避的问题。而且，虽然为符合《海洋法公约》的规定，《2001 年公约》做了诸多妥协，但仍有许多国家怀疑其是否破坏了前者对各国利益的划分。

这一怀疑得到了联合国海洋事务与海洋法司（Division for Ocean Affairs and the Law of the Sea，DOALOS）的印证，后者在 1999 年第二次专家会议上未对公约的起草表示赞同。因此，2000 年会议建议为公约附加一条"免责声明"（disclaimer），置于公约适用范围之后："本公约中的任何条款或基于本公约采取的任何行动，均不得妨碍现在及将来《海洋法公约》中规定的缔约国的权利、提出要求及法律观点，尤其是各海域性质和范围、海岸相向或相邻国家间海域的界限、公海航行自由及领海的无害通过权；根据本公约采取的任何行动或开展的任何活动，均不构成对国家主权或国家管辖权提出要求、支持或反对的理由。"这一声明被纳入正式采用的公约文本第 2 条 11 款及第 3 条。作为《2001 年公约》的保留条款，此规定意在表明公约对于二者适用的立场，若出现冲突，《海洋法公约》应优先适用。

在具体制度上，为了能获得更广泛范围内的认可，《2001 年公约》尊重了《海洋法公约》保护在海洋发现的考古和历史性文物的逻辑，细化了保护对象、内容、方式及保护原则，对不同海域的管辖权作了细致规定，允许确有联系的国家，包括来源国、文化上的发源国或历史和考古上的来源国参与UCH保护；对《海洋法公约》第303条第1款规定的各国合作义务，《2001年公约》明确了其内涵，并制定了执行机制，专门规定了“合作和信息共享条款”，将包括国家、国际组织、科研机构、专业组织、考古学家、潜水员、其他有关方面和广大公众在内的最广泛意义上的人群纳入UCH保护主体范围，既保证最大限度尊重既有国际法和国际惯例，又尽量扩张UCH保护的广度和深度。《2001年公约》为此所做的努力，也许亦是其能以绝对多数的优势票数获得通过的重要原因。

2.《联合国海洋法公约》与《2001年公约》管辖权对比

管辖权问题，涉及各国对海洋资源及利益的划分，其中又暗含政治实力的较量。对于以UCH保护为唯一目标的《2001年公约》而言，既要实现公约订立目的，又需平衡各方利益，妥协在所难免。1982年《联合国海洋法公约》和2001年《保护水下文化遗产公约》中均对UCH的管辖权作了规定。二者对不同区域管辖权的规定对比如下表所示：

两部公约为沿海国规定的UCH管辖权规定对照表

	1982年公约	2001年公约
内水、群岛水域、领海	沿海国享有主权及排他管辖权（第2条）	管理和批准开发水下文化遗产活动的专属权利，但承担向相关国家通知义务（第8条）
毗连区	对海底文物的移出享有管制和许可权（第33、303条）	管理和批准开发水下文化遗产的活动（第8条）
专属经济区及大陆架	保护和合作义务（第303条）	①作为“协调国”协调最有效保护水下文化遗产事宜；②禁止或授权开发本国专属经济区内或大陆架上的文化遗产，以保护其主权权利和管辖权不受干涉；③作为“协调国”实施包括其在内的协商国一致同意的保护措施，进行必要授权，进行必要的初步研究；④船旗国可同、协调国协作对国家船只和飞行器的行动（第10条）
区域	为全人类利益予以保存或处置，但应特别顾及来源国，或文化上的发源国，或历史和考古上的来源国的优先权利（第149条）	①采取一切切实可行的措施，以防止人类活动或包括劫掠在内的其他原因对水下文化遗产造成的直接危害；②作为“协调国”，进行必要的授权和初步研究；③船旗国许可对“区域”内国家船只或飞行器的行动（第12条）

注：本表部分参考胡念祖《联合国教科文组织保护水下文化遗产公约与我国国内相关立法》，《中华国际法与超国界法评论》第2卷第2期。

（五）公约通过后的实践

20世纪著名的美国最高法院大法官霍姆斯（Oliver Wendell Holmes，任期：1902～1932年）曾经说过：“法律的生命不在于逻辑，而在于经验。”对于任何法律文件而言，立法只是第一步，适用才是法律的生命力所在。对于国际公约而言，这一论断也同样适用。公约通过后，在国际范围内，UCH 保护有了一些受公约影响的实践。

1. 泰坦尼克号案件及其分析

1912 年 4 月 10 日，泰坦尼克号（Titanic）从英国南安普敦（Southampton）出发，开始其首航，在北大西洋撞上冰山后沉没，1523 人葬身海底，造成了当时在和平时期最严重的一次航海事故。该船位于国际水域内，船只系英国船只，沉没地点离加拿大较近，所载乘客来自英国、加拿大、法国和美国，因此，这四国都主张其对 Titanic 号的相关权利。为解决国家间对 Titanic 号的权利争端，防止无序打捞对沉船遗址的威胁，2004 年，美国、英国、加拿大、法国达成《关于“RMS Titanic”号沉船的协定》（Agreement Concerning the Shipwrecked Vessel RMS Titanic，以下简称《2004 年协定》）。

《2004 年协定》序言部分申明协定签署的各种考虑，包括：防止无序打捞行为对 Titanic 号沉船整体性的破坏；Titanic 号独特的历史价值；通过对 Titanic 号进行保护，为当代和后代人谋求利益；就地保护是实施保护的最有效方案。协定确定对 Titanic 号采取就地保护方案，只有符合教育、科学和文化利益并不破坏其整体性的打捞行为才能获得授权，任何缔约国不得批准、授权针对 Titanic 号及其沉物的专属打捞权，因为其会妨碍公众参与。协定还规定了和平解决争端的方式。

协定第 3 条规定：协定生效后，缔约国应采取一切合理措施，保证从 Titanic 号上打捞的沉物应按照协定附件规则予以保存及保管。协定附件完全以 2001 年公约附件《有关开发水下文化遗产之活动的规章》（以下简称《规章》）为蓝本，就其“一般原则”条款而言，内容主要为：确认就地保护是 Titanic 号及其沉物的首选方案，应当避免打扰人类遗骸，并优先考虑使用非破坏性技术和勘测方法以及做好文化、历史和考古方面的资料工作，几乎是《规章》一般原则的翻版，仅仅是将其中抽象的水下文化遗产置换为 Titanic 号。而接下来的条款，只是依据 Titanic 号在此前已经历数次打捞的客观情况作了适当修改，余下来的资金、项目期限——时间表、专业资历、项目的目标和使用的方法及技术、报告、保管等等条款，完全系参考《规章》的格式和程序拟定。非政府组织对 UCH 保护立法的推动作用再次得到体现——技术性规章比可能会导致政治、经济上利益冲突的正文更容易为各国所接受及遵从。

而且，在排除了对所有权的判别后，属于英美法系的英、美、加三国，与大陆法系的典型代表——法国，在对待 UCH 态度的鲜明分野在此变得模糊，捞救法不再适用，就地保护原则成为首选。《2001 年公约》显然无权干涉一国的所有权制度，因此，这一协定已能证明公约在充分发挥作用了。

2012 年 3 月 4 日，UNESCO 在其官方网站上宣布，自 2012 年 4 月 15 日起，Titanic 号沉船及遗存正式受到《2001 年公约》保护[26]。这意味着禁止公约缔约国就该沉船进行打捞及商业性开发。同时，缔约国应采取一切措施保护沉船遗址，并给予遗址范围内的人类遗骸应有的尊重。《2001 年公约》在 Titanic 号的保护上体现了其作为国际公约相对于各国国内法的优势，即该船位于国际水域内，各相关国家均不能对其主张排他的管辖权。而公约设定的国际合作机制则有效地解决了国内法的不足，保证即使 UCH 位于各国管辖范围外、或者管辖权有争议，该 UCH 仍然能够得到有效保护。

值得注意的是，与 Titanic 号沉船有关的四个国家均不是《2001 年公约》的缔约国，但均表示愿意接受《2001 年公约》的保护措施。在应对位于国家水域内的 UCH 保护方面，公约提供了一种新的救济途径。但由于该船被宣称受到保护的时间距离现在较近，具体操作过程中会涉及哪些具体问题，目前还没有体现出来，有待进一步的观察与分析。

2. 科技咨询机构

2009年12月，《2001年公约》的科技咨询机构成立。该机构职能包括：

为执行公约的附件《关于开发水下文化遗产活动的规程》，向公约缔约国提供科学或技术方面的协助；

与缔约国会议协商制定与《规程》直接相关的《业务准则》草案；

就《规程》中的国家合作机制相关问题提供指导；

就促进UCH保护和材料保存的最佳做法，向缔约国会议提出各种标准与方法。

科技咨询机构专家由缔约国提名后选出，可容纳的专家数目最多可达到24人。目前，该机构共有12位专家。

3. 《水下考古遗址潜水道德准则》的通过

潜水者是能够直接接触到水下环境的一类很重要的主体，很多水下遗址都是由潜水者发现的。据UNESCO网站上公布的统计数据，目前，全球大约有1500万潜水者。相对于其他主体（如国家、科研机构等）而言，目前并无有关潜水者对于UCH保护义务的规定。为了发挥潜水者这一主体在UCH保护方面的作用，UNESCO与世界水下运动联合会（CMAS）共同制定了《水下考古遗址潜水道德准则》(Code of Ethics for Diving on Submerged Archaeological Sites，以下简称《准则》)。在2010年10月的第一次机构会议上，科技咨询机构向缔约国提交了《准则》草案。目前该准则已经各缔约国通过，适用于缔约国国民及缔约国境内潜水者。

《准则》内容共15项，具体要求包括：

为了后代人，应保护UCH；

不要碰触遗骸和水下遗物；

遵守保护考古遗址方面的法律；

在特定区域潜水需要获得许可；

只有考古人员才能移动物品；

不得拿走物品作为纪念品；

尊重遗址保护措施；

向有关单位报告UCH的发现；

将发现的物品移交相关部门；

不得出售UCH；

记录所发现的遗址；

拍照时应谨慎；

注意安全；

在保护UCH方面作出表率；

支持加入和遵守《2001年公约》的行为。

为便于潜水者理解这15项具体要求，《准则》的每一项后对该要求的具体内容进行了阐述。

从《准则》内容来看，第1条为一般性规定，阐明了制定该准则以保护UCH的意义。第2~15条是对潜水者的具体要求，分为积极义务和消极义务两类。虽然目前仅对缔约国适用，但是相对《2001年公约》的规定而言，《准则》所规定的这些积极和消极义务对我国立法有相当大的借鉴意义。

第一，《准则》是为潜水者专门制定的规则，是在分析了潜水活动的特征的前提下，由UNESCO与世界水下运动联合会共同制定的，是针对特定主体专门制定的。

第二，在潜水者管理方面有丰富经验的组织参与，保证了《准则》的专业性。世界水下运动联合会（CMAS）和专业潜水教练协会（Professional Association of Diving Instructors，即PADI）是世界潜水领域十分权威的两个商业性组织。这两个组织的潜水培训体系和颁发的潜水资格证书得到许多国家的认可。CMAS在近130个国家有超过130个分会组织，影响力不容小觑。由该组织与UNESCO联合制定《准则》，能充分保证准则的权威性、专业性，提升《准则》的影响力。

第三，《准则》规定的内容相对具体，能得到普遍适用。《准则》针对潜水人员的潜水行为提出要求，不涉及UCH本身的归属、国家主权等容易产生争端的问题，是纯技术性的规范。这些规范内容明确而具体，可以为我国水下文化遗产立法所吸收，也较容易得到认可。

4. 拟定并完善公约《操作指南》

为使公约更具可操作性，在2009年12月的第一次缔约国大会上，缔约国秘书处根据各缔约国意见起草了一份《保护水下文化遗产公约操作指南》（草案）（Draft of Operational Guidelines for the Convention on the Protection of the Underwater Cultural Heritage，以下简称《操作指南草案》）。

《操作指南草案》包括6章及1个附件，主要内容包括：

第一章，共5部分，强调了公约适用的地理范围、公约附件的地位以及各国加入公约时的保留条款的暂时性，并对公约的主要内容及国家合作机制作了梳理，明确了与公约相关机构（如科技咨询机构、秘书处）的职能。

第二章，共3部分，包括：（1）对缔约国报告、通知及声明义务的梳理，如缔约国报告UCH发现的主体及对象，有权声明其对UCH享有利益的缔约国类型；（2）协调国的选任；（3）缔约国就面临现实危险的UCH、开发水下文化遗产的活动、在不同海域的不同权限。

第三章，共2部分，主要是有关获得资助资金的条件的规定。

第四章，是有关能够成为《2001年公约》的合作方的主体资格的规定。

第五章，是有关获得缔约国同意的非政府组织资格及标准的规定。

第六章，是有关合作、信息共享，公众参与和培训的规定。《操作指南草案》就上述方面提出了一些建议，如在某一项目上开展调查、发掘、记录方面的合作、共享登记的UCH信息、动员地方参与到UCH公众参与及培训工作等。

附件。在附件中，列举了UNESCO拟建立的UCH报告数据库的数据项，如UCH的地理范围、类型（沉船、航空器、遗址、港口等）、基础数据、面临的主要危险、相关主管机构等。

由目前的《操作指南草案》内容来看，除了为收集各国UCH信息，草案附件提出了一些供各国填写相关信息项的表格外，草案规定在可操作性上仍有欠缺。《2001年公约》执行中可能遇到的一些实际问题，例如，在协调国制度中，“确有联系（verifiable link）”一词的含糊不清一直受到学者诟病，操作指南并没有就此做出解释。这一概念得不到解释，以此为基础确立“协调国”也就必然会面临困境。又如，资金资助是国际合作机制中十分重要的部分，但《2001年公约》和《操作指南草案》均没有就资金来源作出规定等。

三 中国水下文化遗产保护状况

（一）中国水下文化遗产保护的历史与现状

1. 中国水下文化遗产保护情况综述

我国沿海海域多河流注入，泥沙沉淀与水质污染较重，水下物探与潜水探摸难度大，要查明水下文化遗产保存情况，必须先较多地从史料出发，爬梳其中载明的可能导致沉船或水下遗存产生的历史信息，而后有针对性地开展水下考古和保护工作。对于中国水下保护而言，这也是一种既经济又科学的方式。因此，对中国古代航路与造船、航海技术历史文献记录的中国海上贸易、战争等海上活动状况做一简要说明是必要的。

秦汉时代，中国沿海全线畅通，并到达日本、印度半岛南段，海上丝绸之路的形成即基于此基础。隋、唐、五代时代，中国古代航海事业进入繁荣时期，与朝鲜半岛、日本列岛的交往非常频繁，开辟了西北太平洋与横越东海的中日南路航线，南洋与印度洋航路上的航迹遍布东南亚、南亚、阿拉伯湾与波斯湾沿岸，伸展至红海与东非海岸。宋元时代，中国古代航海事业进入长期活跃的全盛时期，航海工具、技术取得突破，活动范围空前扩大，达西太平洋与北印度洋全部海岸，与朝鲜、日本、东南亚、南亚、西亚、北非等区域的海上交通十分繁忙。明初开始，实施中央政府直接控制的航海政策，伴随郑和下西洋的伟业，中国古代航海事业由盛转衰。此后至清代，海外的航运活动基本采取了闭关锁国的海禁政策，虽然直至鸦片战争前夕，中国木帆船队在东南亚海域仍有雄厚实力，然而，随着欧洲资本原始积累兴起，在其殖民贸易船队与海上武装入侵下，中国航海事业陷入全面萧条。1872年轮船招商局的创办，开始了中国近代航海事业的历史，但在帝国主义、官僚买办的挤压与控制下，我国航运的衰落之势一直持续到20世纪40年代[27]。

自20世纪50年代起，即有中国古代沉船在我国沿海海域、近海河段、日本海海域等中被发现，如1975年韩国发现的新安沉船，50年代以来日本海博多、友岛等海域发现的一系列唐宋、元明时期中国沉船遗址与器物，2002年印尼爪哇附近德国公司打捞的唐代沉船与约6万件文物，1988年菲律宾与澳大利亚在吕宋岛西部发现的一系列中国古代商船遗址与器物，南海南部与马六甲海峡的多处中国沉船等，发现的中国货船不胜枚举[28]。由此可推论，我国起源的UCH产生历史早、数量大、范围广、伴随航海活动相关的遗产类型丰富，在我国领海海域外，甚至他国领海与管辖海域多有分布，且应远多于外国起源的UCH在中国管辖海域内的数量。然而，我国历史上的航海记录少，市舶司档案缺失，而且没有形成类似东印度公司那样的贸易文献，使中国水下文化遗产的定位缺少资料支持，因此，国际范围内的信息共享对我国是十分有益的。另一方面，大量中国起源的水下文化遗产遗存在东南亚地区，而南中国海的商业打捞活动一直持续，据称自20世纪80年代起每年有10余艘沉船被渔民和打捞公司盗捞，该区域周边很多国家文化历史短，起源于该国的水下文化遗产少，尤其是印尼政府要求水下文物被拍卖（雅加达是历史上重要的中国瓷器中转地），推动公约的认可，对于我国起源水下文化遗产的保护有益。

中国UCH的保护始于水下考古事业在20世纪80年代的兴起。1986年，英国“职业捞宝人”将其于1984年打捞的原荷兰东印度公司“Geldermalsen号”商船遗址所得瓷器进行拍卖，所获颇丰。在当时，我国无论从技术抑或法律途径均无法主张对这批货物的所有权，这一重大事件引发了专家和有关部门对我国UCH保护状况的反思。1987年11月，中国历史博物馆水下考古学研究室成立，先后派出多名成员去国外学习水下考古理论与专业技术。1989年12月20日，国务院颁布《中华人民共和国水下文物保护管理条例》（以下简称《1989年水下条例》），是中国水下文化遗产立法历程中的标志性事件。1989年，我国与澳大利亚联合举办“第一届水下考古专业人员培训班”，其后转为我国自主培养水下考古专业人员，至今水下考古培训班已培养6届共一百余人。可以说，中国UCH国际合作有力地促进了中国的起步与初创，此后，中国水下考古工作取得了举世瞩目的成果与经验，引进与使用了先进设备，但是全面调查、项目管理、资料整理、档案与出版方面较落后。

由水下考古事业在中国兴起至今，我国已进行了四大海域的多项水下沉船遗址与文物遗迹的调查与发掘，如广东省“南海一号”宋沉船打捞（1989年）、福建“白礁一号”宋元沉船等遗址勘测、发掘（1990年、1995年）、辽宁省绥中县三道岗海域元代沉船遗址的调查和发掘（1991～1997年）、福建平潭“碗礁一号”清代沉船的抢救性发掘（2005年）、广东省“南澳一号”明代沉船发掘（2010年至今）、海南岛明末清初沉船、山东省长岛水下遗址，以及三普等调查。此外，海洋考古、海洋文化研究，出水文物保护修复，水下文化遗产展览与社会宣传也从无到有，并逐步发展。然而，以往的水下调查相对集中在领海区域，对毗连区、专属经济区、大陆架上的水下文化遗产的情况尚未涉及。

2009年，国家文物局水下文化遗产保护中心的前身国家水下文化遗产保护中心成立，体现了国家文物局对水下文化遗产保护事业国家主导、全国一盘棋的思想。目前，我国已在宁波、青岛、武汉、福建等地建立4处基地，南海基地（西沙工作站）正在筹备中，地域范围涵盖沿海及内水，水下考古工作船也在建设。与此同时，我国水下文化遗产保护在发生变化，如注重部门合作，工作方式从抢救性发掘到主动性调查的转变，工作客体向不同类型的水下遗址扩展，工作区域从沿海向远海、内陆转移，对监控与社会共享，以及国际合作与交流的重视。在学科建设方面，福建平潭海域水下考古调查项目，将尝试采用区域系统调查方法，就调查流程和收据采集分析等问题进行总结归纳，突破以往以渔民“线索”为指引的调查方式，探索解决中国水下文化遗产资源状况不明晰的途径。

2. 中国水下文化遗产立法、执法、司法状况分析

（1）《1989年水下条例》

《1989年水下条例》是我国目前唯一一部专门为UCH保护制定的法规。在这部条例中，使用的是“水下文物”的表述。根据《1989年水下条例》第2条规定，受其保护的水下遗存包括两类：一，中国管辖海域内的水下文物；二，起源于中国的文物。

由于《1989年水下条例》仅为国务院制定的行政法规，其效力低于其上位法《中华人民共和国文物保护法》（以下简称《文物保护法》）。因此，《1989年水下条例》的所有条款均不能与《文物保护法》的原则相违背，如果在进行水下文物保护过程中，有一些事项在《1989年水下条例》中未涉及，应当适用《文物保护法》的规定。《文物保护法》第5条规定：中华人民共和国境内地下、内水和领海中遗存的一切文物，属于国家所有。据此，该法宣示了对主权范围内一切UCH的所有权，无论该

UCH 来源于本国还是他国。这一规定实质上排除了主权范围内打捞法或打捞物法对 UCH 的适用，并在 1992 年颁布并实施的《关于外商参与打捞中国沿海水域沉船沉物管理办法》中得到确认。根据该条规定：即使在中国主权范围内发现主权不明或来源国不为中国的 UCH，中国仍保有对该 UCH 的所有权；而对于我国毗连区和大陆架内的 UCH，《1989 年水下条例》并未明确相关权利。

《1989 年水下条例》第 4 条确立国家文物局为水下文物保护主管机关，负责水下文物登记注册、保护管理及考古勘探、发掘工作的审批。同时，以条例第 2 条规定国家对位于不同水域水下文物所主张之不同权利为依据，任何单位或个人发现条例规定属于国有的水下文物，应报告文物行政管理部门，打捞出水者应交报告部门处理；对于国家享有辨认器物物主权利的水下文物，应报告文物行政管理部门，打捞出水者应及时提供给国家文物局或者地方文物行政管理部门辨认、鉴定[29]。在实践中，虽然第六批全国重点文物保护单位中有北礁沉船遗址、甘泉岛遗址等水下文物保护单位，但水下的文物保护单位、文物保护区的保护措施的实施情况并不理想。由于 UCH 所处环境的特殊性，对具体保护手段、保护理念提出了新的要求。要促成这些手段和理念的理解方面的进步，需要包括政府、专业技术人员、普通民众在内的主体的共同努力，而我国在这一方面仍有很大可为空间；水下考古勘探与发掘工作的项目领队资质并无专门培训与资质认定。

《1989 年水下条例》共 13 条，对水下文物的概念、管辖范围、保护和管理机构、发现和上缴、考古勘探和发掘、违反条例的惩罚措施等作了规定。作为国务院颁布的行政法规，此条例制定的目的是“为了加强水下文物保护工作的管理”，因此，难免带有行政管理色彩，有些规定也相对单薄和概括，既无有关水下文物重要性的阐述，亦无水下文物保护原则的声明。但《1989 年水下条例》的颁布毕竟使得中国的 UCH 保护有了直接法律依据，其条款的制定（如国家、省两级文物保护单位）也考虑了水下文化遗产保护的特殊性。

虽然《1989 年水下条例》的前瞻性应予褒奖，但不可否认，作为一部诞生于 20 多年前的行政法规，条例已经无法满足 UCH 保护工作的需要。20 多年前，中国 UCH 保护事业刚刚起步，还只局限于较小范围、较有限群体内。在逝去的 20 多年中，中国的文物保护及水下考古均有了十分显著的发展，不仅《文物保护法》经数次修改，还建立了考古方面的资质、资格制度；UCH 保护工作不再局限于文物部门内，而是涉及海洋、渔业、军事、外交等部门的工作领域。上述文物保护领域的新发展，在《1989 年水下条例》中并无体现，因此也极大局限了条例效用的发挥。从课题组对国内十余名考古队员的调研情况观之，该条例在指导 UCH 保护方面的作用相对有限。

（2）地方立法

福建省、广东省、浙江省在文物保护管理地方法规中涉及了水下文化遗产保护的条款。在 2009 年 8 月 2 日修订并公布的《福建省文物保护管理条例》中，设“水下文物的保护”专章。该章第 21 条，明确了省级文物行政主管部门得主动开展水下文物遗址调查工作的职能。相较于《1989 年水下条例》第 4 条仅规定“地方各级文物行政管理部门负责本行政区域水下文物的保护工作”而言，《福建省文物保护管理条例》无疑更加明确和具体。此外，我国《立法法》第 63 条的规定：“在不同宪法、法律、行政法规相抵触的前提下，可以制定地方性法规”。据此，《福建省文物保护管理条例》第 21 条中规定的水下文物遗址调查，应依照《1989 年水下条例》第 7 条规定，向国家文物局提出申请并经批准后方得开展；第 21 条第 2 款规定：“对水下有价值的文物遗址，县级以上地方人民政府应当依法核定公布为文物保护单位，并采取相应的保护管理措施；水下文物分布范围较大，需要整体保护的，应当依法核定公布为水下文物保护区。”这一规定显然扩展了《1989 年水下条例》为文物保护单位设置的层级。依据此条款，县、市亦得核定水下的文物保护单位。

2006 年 1 月起施行的《浙江省文物保护管理条例》中也有类似条款。其第 29 条规定：“省文物行政部门应当组织力量，对本省行政区域内的水下文物进行调查，发现重要文物的，应当由县级以上人民政府采取相应的保护措施。”上述二省文物保护管理条例的规定与《1989 年水下条例》并不违背。《1989 年水下条例》中对水下文物保护单位层级的规定，采用了“可以”的表述，并未禁止对水下文物进行更大范围内的保护。

台湾地区并无直接以 UCH 为对象的法律，相关规定散见于《中华民国领海及邻接区法》、《文化资产保存法》及其施行细则、《国有财产法》、《国家公园法》等法律法规中。《文化资产保存法》（以下简称《文资法》）是台湾地区文化遗产保护方面的实体法律，2002 年《文资法》修订中有两条涉及埋藏于水下的文化资产。第 17 条规定：“埋藏地下、沉没水中或由地下暴露地面之无主古物[30]，概归国家所有。前项古物之发现人，应即报告当地警察机关转报或径报地方政府指定保管机构采掘收存；对发现人奖励办法，由教育部定之。对于珍贵稀有之古物，地方政府应函请教育部指定公立古物保管机构收存保管。”第 32 条规定：“埋藏地下、沉没水中或存在于地上之无主古迹，概归国家所有。前项古迹之发现人，应即报告当地警察机关转报或径报地方政府层报内政部处理，并由该部酌予奖励。前项古迹所定着之土地，必要时政府得予购买或征收之。”第 17 条及第 32 条有关无主古物及古迹的规定，明显与 UCH 普遍适用的就地保护原则不符，而且，如果为水下遗址，本身即不归属个人所有，不存在政府可予购买或征收的问题。此二条规定显然主要针对陆上文物而言，并未考虑 UCH 的特殊性。2005 年，《文资法》修正为 104 条，将以上两条尽数删除[31]，对水下及陆上文化资产一概不进行区分，仅在其 46 条中规定：外国人在其“领土”及“领海”范围内不得调查及发掘遗址，但如与台湾地区学术或专业机构合作并经中央主管机构许可则不在此限。

（3）中国对加入《2001 年公约》所持态度

中国是较早参加《2001 年公约》起草的国家，国家文物局政法司何戍中、国家博物馆张威同志曾分别参加公约正文、附件的起草工作。2002 年，即公约通过后一年，国家文物局即就中国加入该公约事宜与海洋局、交通部打捞局等部门向外交部提交了联合报告，其中其他部门表示无意见、不反对加入公约，而外交部表示因大国未加入该公约，故其对于处理国际事务作用不大，此事因此搁置。2010 年，即公约生效后，外交部约谈国家文物局相关工作人员，表示不反对加入公约，做好一切准备，根据国际形势择机加入。

可见，我国对加入《2001 年公约》并无异议，但加入的需求并不急迫，故一直没有实质性地推动该项工作。然而，随着 2002 年至 2012 年间西班牙、葡萄牙加入公约，2010 年至今意大利、法国、阿根廷加入公约，公约缔约国的构成情况已经发生变化，越来越多水下文化遗产保护历史悠久、水平先进的国家批准公约，其中也不乏经济、社会、文化实力较强的国家。澳大利亚也在积极推动公约的实践，其加入公约的态度也很积极。因此，从国际事务、行业事务的方面看，我国政府应重新考量加入公约的因素。

由官方对加入《2001 年公约》的态度及近些年的新闻报道可知，是否加入《2001 年公约》，一直以来都是中国UCH保护中不容回避的问题。这里所说的不容回避，体现在两个方面：一是中国国内对加入公约有需求。中国的UCH保护事业近些年逐渐发展并壮大，相关实践活动也是在近十年来才开始进入公众视野并受到重视，其与文物保护、海洋主权的关联性日趋凸显，因此产生了加入《2001年公约》的需求。不过，从目前的形势观之，这一需求的紧迫性尚不明显；二是国际社会对中国加入公约态度十分关注。由调研情况可知，中国对于公约的态度还是引起了相当多国内外媒体的关注。当UCH保护相关事件发生时，中国官方需就是否加入公约作出回应。

中国至今未加入《2001年公约》，主要是因为加入公约后可能对中国产生的影响尚属未知。这从侧面印证了本课题研究的必要性。同时，中国官方的态度也为课题组分析中国加入公约的影响提示了纯粹法理分析以外的思路，即尝试解读中国UCH保护与海洋战略的相互关系。

（二）中国水下文化遗产保护与其海洋战略

1. 涉海法律与涉海工作

《1989年水下条例》是中国UCH保护的专门立法。此外，UCH保护，既遵循文物保护的一般规律，又关乎涉海法律的适用。因此，UCH保护中涉及文物保护规则的部分，应适用《文物保护法》、《文物保护法实施条例》等法律规定，而对于UCH保护中涉海部分，则应适用相应的涉海法律。我国与水下文化遗产保护有关的涉海法律主要有《专属经济区和大陆架法》、《领海及毗连区法》、《海上交通安全法》、《关于外商参与打捞中国沿海水域沉船沉物管理办法》等相关规定。兹简析这几部涉海法律与UCH保护的关联如下。

1998年公布并实施的《专属经济区和大陆架法》第4条则规定，我国“拥有授权和管理为一切目的在大陆架上进行钻探的专属权利”，但该规定并未明确主管机关。与之类似，依据1992年2月25号公布的《领海及毗连区法》第15条，我国“有权在毗连区内，为防止和惩处在其陆地领土、内水或者领海内违反有关安全、海关、财政、卫生或者入境出境管理的法律、法规的行为行使管制权”。1998年6月26日公布的《专属经济区和大陆架法》第2条第1款第2项所指“中国领海外，依照中国法律、由中国管辖的其他海域”，应包括毗连区、专属经济区和大陆架。虽然水下考古实践尚未在领海外海域（海床）上进行调查与发掘，但今后此区域内UCH保护仍会是潜在的问题。一旦问题出现，即会涉及水下文化遗产负责机关如何与毗连区、大陆架、专属经济区管理主管机关协调的问题。

1983年公布、1984年实施的《海上交通安全法》第八章有两项条文与沉船沉物有关，位于我国沿海的港口、内水和领海以及国家管辖的一切其他海域内（第50条）的沉船沉物，未经主管机关批准，任何单位和个人不得擅自打捞或拆除（第41条）。第40条，对于影响安全航行、航道整治的沉没物，其所有人、经营人应当在主管机关限定时间内打捞清除，否则，主管机关有权采取措施强制打捞清除；第3、48条，沉船沉物位于以渔业为主的渔港水域内，国家渔政渔港监督管理机构可行使主管机关的职权，其他情况下，港务监督机构是主管机关。在实践中，位于航道上的沉船沉物可能是水下文化遗产，若对其性质不明，则会出现文物行政主管机关和海上交通安全主管机关的管辖权力竞合。一方面，相关法律均未明确解决竞合问题；另一方面，《海上交通安全法》适用范围极其广泛，需在水下文化遗产的记录、发掘与保护，以及工作的临时措施方面予以修订。

根据《海上交通安全法》第40、41条，《水下文物保护管理条例》对毗连区、专属经济区、大陆架上的起源于外国的水下遗存，我国并不行使管辖权，即文物行政主管部门不介入，若海上交通安全主管部门强制清除的是涉及主权豁免的国家船舶与飞行器，则可能产生国际冲突。

2. 海洋战略与水下文化遗产保护

中国海洋发展报告中的文化部分涵盖的因素是民俗、节庆、旅游方面，并未直接提到水下文化遗产，但是海洋经济利用、产业发展、涉海建设、环境与生态保护均与水下文化遗产保护工作息息相关。2010年11月22日，国家文物局与国家海洋局签署一份“关于合作开展水下文化遗产保护工作的框架协议”，该协议表达了在水下文化遗产保护战略与规划、水下考古、水下文化遗产管理、水下文化遗产保护、水下文化遗产执法、国际合作与权益维护、海洋文化建设、协商和日常联系机制等八个方面的合作意向[32]。

除了具备一般物质文化遗产所共有的价值外，基于其所处的水下环境，对UCH的保护还具有战略意义。世界大洋互相联通，而海洋资源（尤其是公海资源）又具有非排他性，随着海洋战略地位的凸显，在全球范围内兴起海洋开发热潮，世界各国开始重视海洋资源的开发和利用。以南沙群岛为例，大量的中国官方文件已经证明了中国历代政府对南沙群岛的管辖权，但是，自20世纪中叶以来，越南、印度尼西亚、文莱、马来西亚、菲律宾等东南亚国家不断主张对南沙群岛及其附近海域的主权。尽管我国提出在保留主权的前提下搁置争议、共同开发，但争端并未消除[33]。故此，UCH保护不仅是文化遗产保护工作的重要内容，也是各国海洋战略的重要组成部分，是各国宣示其对于UCH所处海域权利的证据之一，UCH也因此被赋予了海洋战略价值。

从另一个角度观之，正是由于UCH保护与海洋战略之间密不可分的关系，我国UCH保护在水下发掘、调研以外，UCH保护难以避免。同时，也应当适时重视理论与方法在水下项目中的应用，以及对我国领海以外我国起源的UCH的关注，与国际机构建立日常联系，及时获得相关信息。此外，领海以外海域的管辖权利容易出现不明晰与冲突的情况，加入国际普遍认可的规则与机构的有效协调，也是在外交手段及双、多边协定之外可以考虑的途径。另一方面，仅从国内UCH保护的实施情况来看，UCH保护工作，尤其是水下考古勘探与发掘活动，离不开与其他相关涉海部门的业务协调与合作，如港务监督、交通运输、渔业捕捞、军事训练等部门。

四　中国UCH保护与国际UCH保护的衔接

（一）中国加入相关国际公约状况

1. 《1989年国际救助公约》适用

我国人大在1993年通过了加入《1989年国际救助公约》的决定，并同时声明，中华人民共和国根据《1989年国际救助公约》第30条第1款的规定，保留该条第1款（a）项、（b）项、（d）项不适用该公约的权利。其中我国对“有关财产为位于海床上的具有史前的、考古的或历史价值的海上文化财产（d项）”不适用《1989年国际救助公约》。可见《1989年国际救助公约》并不会对我国加入《2001年公约》造成技术影响。

2. 1982年《海洋法公约》的争议解决缺失

《2001年公约》第25条争议解决程序十分复杂。首先25条要求缔约国以双方自行协商解决[34]；

其次，只有在协商解决产生分歧时，才可提交教科文进行调解[35]；而经教科文调解无效时，就需要按照《海洋法公约》第15部分争端解决规定解决[36]，除非缔约国在批准、接受、加入本公约时就明示排除适用《海洋法公约》的争端解决机制。

《2001年公约》UCH争议适用《海洋法公约》争议解决机制，是基于《海洋法公约》的争议解决机制是解决“与其目的有关的国际协定的解释和适用的争端”——《2001年公约》旨在贯彻并细化《海洋法公约》提出的保护海洋考古和历史文物的义务，显然是与《海洋法公约》目的有关的国际协定[37]。

我国是《海洋法公约》缔约国，如果我国加入《2001年公约》则应该在调解无果后按照《海洋法公约》的争议解决方法（设立国际海洋法法庭、国际法院、依据附件7设立仲裁法庭、依据附件8设立特别仲裁法庭）[38]解决问题。但问题在于我国在加入《海洋法公约》时并没有明确提出争议解决具体程序。此外，有一个技术困难在于根据《海洋法公约》而设立的海洋法法庭、仲裁法庭、特别仲裁法庭，对于仲裁员、调解员的要求是“均应在海洋事务方面富有经验”，而非UCH专长，国际法院的法官更不具有UCH的经验，因此通过这些措施解决UCH问题仍然存在局限。但如果让《2001年公约》缔约国提名认可的仲裁员，却又不一定在海洋事务方面富有经验，这就造成矛盾。

3. 其他国际文化遗产公约、所有权公约的适用

此外，我国还加入了1972年《保护世界文化和自然遗产公约》、2003年《保护非遗公约》、1954年《武装冲突情况下保护文化财产公约》、1970年《关于禁止和防止非法进出口文化财产和非法转让其所有权的方法的公约》、1995年《关于被盗和非法出口文化物品公约》。而这些公约涉及的内容并不直接与水下文化遗产相关，也并不违背《2001年公约》原则，因此，跟我国加入《2001年公约》无直接关系。

（二）中国加入《2001年公约》的权利与义务

1. 中国加入《2001年公约》享有的权利

（1）建立“水下文化遗产”概念

“水下文物”是我国相关的法律概念。但国际公约及其他国家都采取“水下文化遗产”这一更符合遗产属性的定义。《2001年公约》的“水下文化遗产”特别突出UCH特殊环境与文化遗产的关系，在概念中肯定水下文化遗产应该包括“相关考古价值的环境和自然环境”。显然，我国使用的“水下文物”忽视了水下遗产由于长期与海底的动植物、洋流等相互作用而形成了特殊的环境属性。其次，“文物”在我国是指物质文化遗产，包括艺术品、工艺美术品、手稿、图书资料、代表性实物，或者古文化遗址（城堡、宫殿、村落、居室、寺庙遗址），石刻、壁画等。而国际法使用的“水下文化遗产”概念却是个开放的定义，从定义最初强调物质文化遗产的实物性至今，国际社会已经注意到水下文化遗产中的“非物质文化遗产”的内涵[39]。因为水下文化遗产不但具有物质文化遗产的不可替代性、也凝聚着特定民族人民的不可再生的文化价值和历史价值。

（2）对领海外水域内起源中国的UCH提供国际法保障

首先，我国《专属经济区和大陆架法》仅对自然资源的权属和管辖权问题有明确规定，并不包括水下文化遗产活动[40]。其次，我国《1989年水下条例》对领海外水域UCH管辖权的规定显得模

糊而不利于UCH保护。《1989年水下条例》第2、3条规定：依据我国法律，我国拥有在中国领海以外的起源中国和起源不明的文物的管辖权。而对在外国领海外或公海内，起源中国的UCH也拥有管辖权。

可见，我国并不是按照海域不同而区分UCH管辖权限，只是聚焦UCH来源是否属于中国。这种聚焦UCH所有权的规定，其实是不利于UCH保护的，缺少实际操作性。例如，即使是我国的UCH，如何在“海上丝绸之路”途经的“马六甲海峡”、地中海内行使管辖权呢？即或在中国南海，特别是南沙群岛，由于我国与东南亚其他国家存在海域划界争议，涉及巨大经济利益和地区安全问题，使得南海问题越来越复杂化，UCH保护从何谈起。此外，我国对UCH法律保护，只关注于来源中国的水下文物，可UCH的发现多是偶然因素，如我国船舶在专属经济区内发现他国的UCH，如何处理？通过何种方式通知，又该采取何种措施免于日后的诉讼争议？

而加入《2001年公约》，扩大了我国对UCH的管辖权：我国可以依据公约规定，保护我国领海之外所管辖的起源于我国的UCH，而公约的合作原则使得其他缔约国对其管辖水域的起源于我国的UCH免于商业打捞和破坏。

（3）促进水下文化遗产保护技术与UCH保护管理

为执行国家合作机制，公约建立了“财务援助”为保护措施共同筹资，公约科技委员会提供UCH保护相关的UCH考古、潜水、遗产保存等技术支持。而公约认证的非政府组织也为所有缔约国、大众提供信息共享。我国水下文化遗产保护工作在发掘方面形成了符合自己水况的经验，并取得了令人瞩目的发现成果，但是在学科建设、项目管理、方法理论、文物科技保护方面尚与国际先进水平有所差距，通过国际合作与交流课题可以促进我国水下文化遗产保护工作的全面提高。

公约倡导的公众参与是UCH保护管理的重要方面，并有水下遗址公园、水下考古径等形式，在公众参与开展较好的国家，其UCH保护工作更加全面与成熟，如澳大利亚，因为充分的社会与公众基础有利于UCH保护管理获得全面的制度保障、顺畅的工作体制与充分的实践人才等资源。千岛湖水下沉没了两座千年古城——贺城和狮城，2002年开始千岛湖旅游部门开始对古城进行保护性挖掘，2011年淳安千岛湖的“狮城水下古城”被批准为浙江省“文物保护单位”，在湖上有坐标，标明水下古城区域，不许游客入内。但风景秀丽的千岛湖，每年都吸引潜水爱好者，未来向公众开放UCH潜水是应该考虑与借鉴的，以让遗产合理地发挥自身的价值。

（4）增强UCH联合执法力度

公约的合作机制赋予我国对处于紧急危险的中国UCH享有管辖权，而不限于绝对管辖权的海域。特别是在大陆架或专属经济区内，例如南沙群岛，发现抢劫、走私、打捞我国水下遗址的情况，采取一切可行措施防止这些情况产生，也可给予其他缔约国以帮助[41]。

UCH的上报机制要求缔约国采取一切可行措施提供国内违反本公约或国际法挖掘打捞UCH的信息。教科文必要时提交国际刑警组织（Interpol），展开合作目标。

可见通过国际合作机制，我国如果是“具有文化、历史考古联系的”来源国，可对处于临海之外的遭受掠夺的中国水下遗址进行必要措施。通过国际合作机制，也可以通过教科文UCH秘书处与掠夺、走私我国UCH的船旗国或寻宝者所属国的缔约国开展打击合作。如此一来，能采取法律行动履行对其本国公民或船舶的管辖权从而确保实施恰当保护，同日益增多的劫掠和抢夺水下文化遗产和遗址的斗争。

2. 中国加入《2001 年公约》承担的义务

（1）建立水下文化遗产数据库

《2001 年公约》对缔约国有 UCH 信息共享的要求。第 19 条第 2 款“缔约国要与其他缔约国分享有关水下文化遗产的信息，包括水下文化遗产的发现、所处位置等”。为此，公约秘书处建立了国家报告水下文化遗产数据库，加入该公约的成员国要报告水下文化保护措施给秘书处。而其他缔约国在不违反《2001 年公约》第 19 条第 3 款的情况下都可以使用该数据库，了解所有其他缔约国和教科文提供的 UCH 行动的统计数据。

UCH 数据库及上报制度是我国加入公约第一考量的义务。在我国考虑报告 UCH 并无明显的益处，是否需要报告我国领土领海内的一切 UCH？报告的途径是否安全？是否将地理信息共享其他成员国，或者公众？是否需要报告所有发现的 UCH 情况？此外，我国南海水域的特殊情况，如何有效报告 UCH？可以利用公约，妥善解决我国顾虑。具体如下：

公约要求数据库根据各国提供的 UCH 保护及活动报告组成，报告包括 UCH 的类型、分布、遗址特点、发现状况、开发活动（如适用）、遗址起源地、特殊价值、面临危险、主管机构。此外，缔约国根据《2001 年公约》第 29 条[42]在接受公约时，对公约适用的地理范围将进行限定，可以规定特定的水域不适用本公约。报告还希望缔约国将国内违反本公约或国际法挖掘打捞 UCH 的信息，提供给教科文，必要时提交国际刑警组织（Interpol）。

因此，我国还可以选择报告共享的对象。报告可以发送至“教科文”、“另一缔约国”、“公约秘书处”、“国际海底管理局”一处或多处。此外根据公约附件第 35 条“宣传”的要求，缔约国可以决定是否希望在教科文组织网站向广大公众公布其转告的信息，不泄露遗址的全球定位系统、遗址价值等。此外，该数据库凭密码使用，报告方式可由缔约国选择，是邮件、邮寄或者其他认为安全的方式。

（2）UCH 管辖权的修正

公约不涉及所有权，但对不同水域 UCH 管辖权的规定与我国 UCH 管辖权规定不同。首先，我国对于领海内的所有 UCH 有管辖权[43]，而根据《2001 年公约》对于我国内水、领海起源于外国的国家船舶或飞行器，其国有以国家财产为由要求管辖豁免。其次，我国对遗存在中国领海以外，依照中国法律由中国管辖的其他海域内的起源国不明的文物属于中国[44]。而根据《2001 年公约》，对于“起源不明的”的 UCH，属于全人类共同财富，协调国或临海国有权实施保护措施，或授权保护。

（3）UCH 专属经济区上报制度

《2001 年公约》对于领海外的限制管辖区（专属经济区、大陆架）内的一切的 UCH 措施，都应通报秘书处（或其他相关缔约国、海底管理总局等）[45]，不论遗产来源国。加入公约后，我国对我国专属经济区、大陆架（或区域内）的 UCH 发掘、保护等措施，都需要履行报告义务——这是公约强制性声明。但发现 UCH 的国家可以选择：A. 该国国民或船主向该国和发现地的缔约国报告；B. 或者该国国民或船主将其报告给本国主管机构，由缔约国主管机构负责迅速有效地转告所有其他缔约国。从加入公约的缔约国来看，基本选择的都是由发现国主管机关来承担告知其他缔约国的义务。只是稍有差别，如墨西哥、乌克兰“将通过外交途径向教科文组织总干事和其他缔约国报告和通知”[46]、而阿根廷、葡萄牙、意大利则只表示选择《2001 年公约》第 9.1（b）（ii）的方式[47]。

（4）《2001 年公约》的 UCH 争议解决机制

《2001 年公约》规定的争议解决机制旨在贯彻并细化《海洋法公约》提出的保护海洋考古和历史文物的义务，显然是与《海洋法公约》目的有关的国际协定[48]。但从缔约国对此项的声明来看，绝大部分缔约国选择在“日后的任何时候”[49]再依据第 287 条选择争议解决机制。如意大利、墨西哥、巴拿马、葡萄牙、乌克兰、阿根廷加入时没有对争端解决机制作出声明。只有古巴对解决争端的声明表示，适用《联合国海洋法公约》第十五部分[50]。重申根据《联合国海洋法公约》第 287 条作出的声明，及关于不接受国际法院管辖权，因此，古巴也不接受国际法院在第 297、298 条管辖权规定。

（5）UCH 打捞不适用于我国《海商法》

我国的《海商法》在原则和目的上跟 1989 年《海上救助国际公约》相似，其原则是最大限度的保护海上沉没船只和货物商业价值，而非“考古、艺术价值”。《2001 年公约》禁止商业打捞，打捞法与打捞物法不适用 UCH 打捞。我国应该在《1989 年水下条例》中规定，不适用与《海商法》。

（6）执法要求

《2001 年公约》要求缔约国对其两年以内一切违反公约打捞方式的 UCH 进行扣押及制裁[51]。UCH 非法打捞、走私是我国 UCH 的一个大问题，这反映了我国对 UCH 监管的问题。首先是我国在 UCH 主管上存在管辖权竞合问题，及文物行政主管机关和海上交通安全主管机关，相关法律均没有明确规定竞合问题。其次是 UCH 监管力度及执法问题。

我国应该将《福建省文物保护管理条例》有效打击水下文物犯罪的成功经验推广，促使军区、海防、渔业、公安各部门密切配合，尽快实现从辽宁至海南岛的广大水域的全面监控。必要时修改《1989 年水下条例》关于 UCH 主管机构的规定，与军区、海防应密切配合。在中国沿海，特别是福建的漳州等地位重要的海域展开实地监控活动（县级海防管理监控中心系统），需要时使用军区部队的雷达系统对 UCH 分布区进行实时雷达扫描监控，对于可疑情况需要上报军区司令部和当地边防部门和市文物部门。渔业部门也需要渔业局利用海洋渔业局短信呼叫平台对渔民进行宣传。另外采取渔船 AIS 系统，对渔船实施及时定位监控。对在沉船附近海域作业的渔船进行劝离。公安部门可以采取报警、防控、管理为一体的治安监控系统，可以在港口和距离 UCH 最近的岸边安装 24 小时监控设备。

总之，需要实行全方位、全天候不间断的雷达扫描，海上监控，及时海上船舶动态监控，防止可疑船只在近海作业，有力支援和服务水下文化工作。要与海警、解放军观通站、文物管理部门、工商、海洋渔业、海事等部门通力协调执法，依法劝阻、制止。

3. 加入应注意的程序问题和条款问题

（1）《2001 年公约》解释性声明

该公约包含了三个关于解释性声明的规定：第 9.2 条的强制性声明，关于在别缔约国大陆架及专属经济区内发现 UCH 的报告方式的声明；第 25.5 条选择性声明，有关争议解决机制选择的声明；第 28 条选择性声明，关于内陆水域是否适用公约的声明。

第三个解释性声明是关于内陆水域。内陆水域和内水的不同在于：根据《联合国海洋法公约》，内水[52]（Internal waters 内海水）是指沿海国领海基线向陆地一侧的水域，“包括沿海国的河流、湖泊、运河和沿岸的河口，港口、海湾、海峡、泊船处，低潮高地等内水海域（即内海）”。如鄱阳湖、洞庭湖。而内陆水域（Inland waters 又称陆内海）是指与大洋完全分离，或与之没有直接联系的大型水域，又称地中海、封闭海，其海洋水文特征受大陆影响显著。如波罗的海、波斯湾、哈德逊湾等。缔约国很少有声明其内陆水域不适用公约，但乌克兰在缔结时表示“《2001年公约》的附件《规章》适用于不具有海洋性质的内陆水域”。乌克兰的声明推断应是基于乌克兰和俄罗斯南部内陆海的争议及亚速海和刻赤海峡的划界问题。渤海是我国的内陆海，也是我国唯一没有争议的海域。因此，中国不必基于此声明渤海不适用于内陆水域。

（2）保留条款

《2001年公约》仅对公约适用的地理范围作了保留[53]，即声明该公约不适用于其领土、国内水域、群岛水域或领海的个别部分。保留声明及其原因须在加入或批准公约时以书面文书形式作出并告知联合国教科文组织。

古巴、意大利、墨西哥、葡萄牙在加入时没有地理范围的限定。而巴拿马、阿根廷却基于某些领土主权问题，而提交了保留条款。巴拿马在交存《2001年公约》批准书时，对巴拿马湾其地理位置进行了声明：“巴拿马共和国宣布，拥有自然和历史的巴拿马湾，其海岸完全属于巴拿马共和国，巴拿马是其唯一主权国……巴拿马共和国再次声明了对巴拿马运河的主权和管辖权，并表明遵守《公约》规定，而保留条款和其他相关声明，在有需要时会作出。”

鉴于我国南海诸岛与其他国家存在划界问题，我国应在此区域作出保留意见，而采取合作协商共同保护的方式。

（3）自治地区加入公约的问题

公约基于全球范围有效保护UCH，而赋予被联合国认可的自治地区的公约缔结权。《2001年公约》第26条第2（b）款“没有完全独立，但根据联合国大会第1514（XV）号决议被联合国承认为充分享有内部自治，并且有权处理本公约范围内的事宜，包括有权就这些事宜签署协议的地区。”因此，缔约国在加入公约时对此问题发表主权声明，维护其国家主权与领土完整。例如，阿根廷在加入公约时，对其主权争议的“南乔治亚和南桑威奇群岛”地区发表了声明：“公约的第26.2（b）条并不适用于受联合国大会认为自治权问题的地区。阿根廷指出，福克兰群岛、南乔治亚和南桑威奇群岛及其周边海域是一个整体，并是其领土不可分割的一部分，由英国不正当地占领。这种主权冲突在国际社会一直存在。特别是，联合国大会通过的第2065（20），3160（28），31/49，37/9，38/12，39/6，40，41/40，42/19决议，其中均确认阿根廷和英国政府之间存在关于主权的‘福克兰群岛问题’，并要求对存在冲突恢复谈判，以尽快找到一个和平、公正和持久地解决争端的办法。联合国非殖民化特别委员会也多次表示同样的愿望。”

台湾是我国UCH丰富的地区，我国在考虑加入公约时，可以发表声明以尊重中国主权和领土完整的国际原则，重申台湾是中国领土不可分割的一部分。台湾并不是联合国大会认为的自治权地区，因而台湾也无权以地区身份缔结公约。但由于台湾管辖水域，如太平岛，处于我国南沙群岛的争议区，而可以基于此考虑排除适用公约。

（三）中国不加入《2001年公约》的分析

非缔约国考量不加入原因借鉴。《2001年公约》秘书处在公约生效前，建议教科文组织缔约国提交水下遗产的国家报告，分析了日本、美国、澳大利亚及印度尼西亚、英国、马来西亚、法国、泰国等不加入公约的原因可知，这些非缔约国，如美国、日本、马来西亚，更倾向于关注所有者或打捞者的私人利益，沉物的商业价值，仅为某些具有突出价值的UCH提供保护，这和《2001年公约》宗旨不符。还有些国家可能很快加入该公约，英国、澳大利亚、法国等，但采取地毯式保护UCH模式，允许在获取政府许可的情况下私人进行UCH打捞，并从各国自身的利益出发，决定UCH的所有权属公共还是私人。

总结各国国家报告中对国内UCH立法及水下文化遗产保护的情况，可以得出未加入《2001年公约》的原因集中在UCH保护的现实情况和国内UCH法两方面：

以UCH保护的实际情况看，主要在三方面有所欠缺。第一是缺少必要的UCH保护信息，如巴基斯坦、日本。第二是国家缺少UCH保护的能力，如巴基斯坦、坦桑尼亚认为他们缺少UCH考古专家、UCH保护、管理人员；比利时、阿根廷、匈牙利认为要批准《2001年公约》首要面对的就是大量的行政任务，如协调国家其他相关部委、组织讨论修改国内法等。第三是其他特殊原因。如哥伦比亚在考虑公约批准问题时，需要考虑打捞UCH的经济财团对政治的影响力；新西兰未批准公约是由于并没有来自国内考古学界或其他UCH保护组织的压力；瑞典、摩洛哥和日本采取观望态度。

从法律的角度看主要集中在两方面的矛盾。第一是加入《2001年公约》与国家承担的其他国际义务相矛盾。巴西、新西兰、秘鲁、俄罗斯、法国拒绝加入的原因多是由于他们解释的《2001年公约》和《海洋法公约》义务不符，或者国家在履行其他国际责任和《2001年公约》矛盾等，如《1989年国际救助公约》。第二是加入《2001年公约》和国家的相关法律不一致，或需要公约缔结程序的法律援助。加拿大、坦桑尼亚和马尔代夫需要修改本国的遗产法后才能考虑加入《2001年公约》；而特立尼达岛和多巴哥却由于对《2001年公约》权利义务的知之甚少以及不清楚公约批准的程序需要法律援助而无法加入公约，直到2010年7月特立尼达岛和多巴哥加入《2001年公约》。

（四）在南海构建水下文化遗产“国家合作”保护模式

1. 南海水下文化遗产保护面临的困难

南海，南中国海（South China Sea）是东亚大陆最南的一个跨越赤道的边缘海，因位于中国东南方而名，位于北纬23°27′~南纬3°，东经9°10′~122°10′之间的海域。南海周边除中国外，有越南、柬埔寨、泰国、马来西亚、新加坡、印度尼西亚、文莱和菲律宾八国。由于岛礁众多，分布广阔，南海成为古代航线的危险之地，也成为UCH集中的海域。南沙群岛位于北纬3°57′~11°55′，东经103°30′~117°50′，北起雄南滩，南至曾母暗沙，东自海马滩，西到万安滩，南北长500多海里，东西宽400多海里，水域面积约80万平方公里，约占我国南海传统海疆线内海域面积的2/5。在祖国南疆的最南端，是南海诸岛中岛礁最多、散布范围最广的椭圆形珊瑚礁群。周边邻近国家依次为越南、印度尼西亚、马来西亚的沙捞越和沙巴、文莱和菲律宾。

南海问题涉及中国国家主权与部分东盟国家间的双边关系，我国政府单方面坚持“搁置争议、共同开发”的主张，不能解决南海问题，特别是南沙争议，因此南海水域UCH的保护问题严重。

首先是关于南海UCH普查工作中的法律问题。南沙诸岛又称斯普拉特利群岛（Spratly Islands）。西沙、南沙海域的水下考古工作涉及部门较多，涉及问题较为敏感，文物部门应与外交部、海洋局、海军等部门协调配合。其次，东南亚各国实际占领岛屿不下半数，而且南沙群岛离岸较远，调查起来不方便，再加上该水域属于国际航道，占世界海运总量的一半以上，每天过往船只平均270多艘。因此，为了保证航道安全通畅，不影响国外船舶根据《海洋法公约》所享有的“航行自由”，中国在该水域内的勘察工作将十分敏感并受到条件限制。

从课题前述可知，菲律宾、印度尼西亚和马来西亚对UCH打捞采取公司合作的方式，允许商业打捞；另一方面私人打捞公司常在此肆意打捞和走私UCH，掠夺性和破坏性的毁坏了UCH。

虽然我国《1989年水下条例》禁止私人打捞UCH，但是我国UCH保护对南海水域却缺乏效力。首先，有43个中国宣称主权的南沙岛礁分别被越南、菲律宾、马来西亚等国非法占据，其中越南非法占据29个岛礁，菲律宾非法占据9个岛礁，马来西亚非法占据5个岛礁。算上中国台湾控制了南沙群岛最大岛屿“太平岛”，我国有效控制的岛礁仅有8个[54]。缺少实际控制，何谈保护措施。其次，南沙群岛的岛礁归属和海洋划界争端是南海局势紧张的核心。就海洋划界争议来看，南海周边一些国家单方面宣布200海里的专属经济区或大陆架的主张均不同程度侵入了我国的传统海疆线内。海洋划界争端则是领海和专属经济区的争议，各国对国家管辖海域的争议。既然对管辖海域仍存在争议，在南海水域更应该采取合作保护UCH。

2. 构建南海水下文化遗产国际合作保护模式的构想

除中国外，其余八国均为“东南亚联盟（东盟）”的成员国，应利用中国和东盟的合作平台，合作保护南海UCH。我国和东盟已建立了合作模式。2002年，中国与东盟签署的《南中国海各方行为宣言》，是中国与东盟就南中国海问题签订的第一个多边政治文件，承诺尊重“南海航行”和“飞越自由”等《联合国海洋法公约》确认的国际法原则。同年签订的《中国与东盟全面经济合作框架协议》将建立中国—东盟的自由贸易区。2005年《在南中国海协议区三防联合海洋地震工作协议》中，设立14.3万平方公里的协议去研究、评估石油资源状况。此外，中国还与东盟签署了《非传统安全领域合作宣言》、《非传统安全领域合作谅解备忘录》。

虽然我国和东盟成员国都非《2001年公约》缔约国，但我国可以牵头东盟，借鉴《2001年公约》合作保护原则，一起拟定南海区域性的UCH保护协议——《南海水下文化遗产保护协定》。搁浅主权争议，共同采取UCH保护行动。充分运用我国即将建立的南海水下考古中心和西沙水下考古工作站，并建立起南海水下文化遗产保护信息资料库，为西沙和南海UCH保护和合作提供重要平台。

（五）我国目前可采取的措施

1. 建立水下文化遗产数据库，并考虑在合适时机，部分分享给《2001年公约》

《2001年公约》对缔约国有UCH信息共享的要求。第19条第2款“缔约国要与其他缔约国分享有关水下文化遗产的信息，包括水下文化遗产的发现、所处位置等”。为此，公约秘书处建立国家报告水下文化遗产数据库，加入该公约的成员国应向秘书处报告水下文化保护措施。而其他缔约国在不违反《2001年公约》第19条第3款的情况下都可以使用该数据库，了解所有其他缔约国和教科文提供的UCH行动的统计数据。

建立数据库和上报机制是国际水下文化遗产保护的有效措施。我国应该建设UCH数字化信息平台，将UCH分布、保存和相关考古信息进行数据处理，建立起统一的数字化信息平台。也可以通过网络平台等各种传播形式，互动式的把水下文化遗产保护的相关理念、政策、知识与成果惠及到广大人民群众，使网站成为我国水下文化遗产保护领域与国际交流和接轨的窗口。

此外，在合适的时机（加入公约时）可以将部分数据库信息分享给《2001年公约》。但在我国考虑报告UCH并无明显的益处，并非需要报告我国领土领海内的一切UCH。该数据库根据各国提供的UCH保护及活动报告组成，报告包括UCH的类型、分布、遗址特点、发现状况、开发活动（如适用）、遗址起源地、特殊价值、面临危险、主管机构。此外，缔约国根据《2001年公约》第29条[55]在接受公约时，对公约适用的地理范围将进行限定，可以规定特定的水域不适用本公约。

此外，报告的途径是安全的，并不会泄露我国UCH信息。也可以选择将地理信息共享其他成员国，或者公众。我国还可以选择报告共享的对象。报告可以发送至“教科文”、“另一缔约国”、“公约秘书处”、“国际海底管理局”一处或多处。此外，根据公约附件第35条“宣传”的要求，缔约国可以决定是否希望在教科文组织网站向广大公众公布转告的信息，不泄露遗址的全球定位系统、遗址价值等。此外，该数据库凭密码使用，报告方式可由缔约国选择，是邮件、邮寄或者其他认为安全的方式。

此外，我国南海水域的特殊情况，可以采取保留。那如何有效保护南海水下文化遗产？如何报告南海UCH？

2. 建立“意愿声明”机制

采取公约为大陆架及区域内设计的“意愿声明”，我国可以声明做专属经济区或大陆架上“协调国”。作为协调国，对位于南海水域的UCH，我国有权组织其他相关国家协商保护措施并实施或授权其他国家实施。再由缔约国组织相关国协商UCH采取的措施，要求每个缔约国禁止其国民和船只从事有害于水下文化遗产的活动，进而对他国境内的中国UCH建立合作保护，从而使中国对当地社会和科学知识产生积极影响，使中国的水下文化遗产被广泛承认。

最后应当注意建立南海UCH合作保护，应当区分南海海域不同的性质及坚持中国在南海的一贯立场：我国对西沙群岛和南沙群岛各岛礁享有主权。

五　结论

中国虽拥有18000公里的海岸线，却不像地中海文明所表现的那样，国家完全或部分地依赖大海生存。然而，在21世纪，海洋对于社会发展意义重大，应予关注，同时，我国作为文化遗产大国，水下文化遗产却一直是我国涉海工作中所忽略的部分。另一方面，中国是海洋地理相对不利的国家，专属经济区与大陆架几乎全部与邻国相连，均存在需要与邻国划界的问题，使水下文化遗产保护的工作环境更加复杂，也承载着更多的意义。

下面从加入公约需要重点考量的因素、加入公约有利的方面、加入公约不利的方面、加入公约需要的工作做一梳理，并得出结论。

（一）加入公约需要重点考量的因素

1. 主权问题

《2001年公约》是一部针对保护全人类水下文化遗产的文件，不涉及所有权等实质性权利，不会影响我国的主权，相反，在目前我国存在主权争端区域的情况下，加入公约，力求保护这些区域的水下文化遗产，对我国相对有利。

2. 领袖型国家

加入《2001年公约》不仅彰显我国保护水下文化遗产的形象，更是参与甚至领导国际规则制定的需要，与我国目前试图建立的国际形象与在国际事务中的角色需求相符。

3. 提升涉海工作体制

文化遗产保护在发展中国家的中国相对处于弱势，目前的涉海工作体制对于水下文化遗产保护并不顺畅，加入《2001年公约》，使水下文化遗产保护成为有文可依的国际事务，是目前能够看到的促使我国涉海工作体制向有利于水下文化遗产保护工作转变的唯一机会。

4. 我国水下文化遗产保护学科建设、工作方法与技术

我国水下文化遗产保护工作目前并未形成全面、成熟的发展框架，仍以具体工作为主，急需在学科建设、管理工作方法上借鉴国际经验。

5. 大量中国起源位于我国管辖海域外的水下文化遗产

我国目前水下文化遗产普查工作主要围绕沿海重点区域，对于此区域外大量中国起源的水下文化遗产信息并不掌握，更谈不上保护。加入《2001年公约》后，在其信息共享、合作机制的基础上，加之常规的国际事务联系，能够及时地获得我国水下文化遗产相关信息与资料，并使其获得及时的保护。另一方面，公约对领海外水域内起源中国的UCH提供国际法保障。我国可以依据公约规定，保护我国领海之外所管辖的起源于我国的UCH，而公约的合作原则使得其他缔约国对其管辖水域的起源于我国的UCH免于商业打捞和破坏。

6. 中国是文物出口国，可减少中国起源水下文化遗产的走私与非法贸易

我国是文物出口国，《2001年公约》禁止对水下文化遗产的商业性行为，严厉打击走私与非法贸易的原则，对保护我国水下文化遗产有利。

（二）加入公约有利的方面

1. 加入公约可以帮助我国建立完善的“水下文化遗产”概念

从公约对水下文化遗产的定义、分类来看，我国传统上所说的水下文物的内涵、外延和相关联概念较为狭隘，对沉船以外的水下文化遗产类型关注很少，对水下文化遗产与环境、与海洋的关注不够。概念是行业定位的基础，是学科理论的重要方面，对工作的方法论与方法有很大影响，因此，建立科学、全面的水下文化遗产概念对我国水下文化遗产保护事业的推动是根本性的。

另一方面，“文化遗产”与“文物”的概念使用是我国文物保护界的大话题，争论颇多。然而，水下文化遗产的自然属性中有更多的国际性，其概念理应与国际相通，而“水下文化遗产”的概念让

“遗产”具有“资产”（asset）、资源（resource）的属性，与文化资源管理的国际行业概念一致。文化遗产作为公共行业的资产，其工作投入成本应与产生的利益相一致，合理享用文化遗产也是公众的必然权利，因而，需要管理，即对资源的管理。我国行业传统中基于遗产的脆弱性和不可再生性，对其保护的强调远高于合理利用，较为忽视保护的意义也在于公众的享用，以及遗产产生的利益远非经济利益一种，其实是对遗产价值的无形损耗。重要的是对社会阶段的理解，引导和制定相关政策，提升公众享用方式，这样文化遗产，包括水下文化遗产的保护才能真正融入社会运行，实现良性互动。

2. 促进水下考古技术与 UCH 保护管理

我国水下文化遗产保护工作在发掘方面形成了符合自己水况的经验，并取得了令人瞩目的发现成果，但是在学科建设、项目管理、方法理论、文物科技保护、社会与公众共享等方面尚与国际先进水平有所差距，通过国际合作与交流课题促进我国水下文化遗产保护工作的全面提高。

3. 增强 UCH 联合执法力度

UCH 的上报机制要求缔约国采取一切可行措施提供国内违反本公约或国际法挖掘打捞 UCH 的信息，教科文必要时提交国际刑警组织（Interpol），展开合作目标。同时，公约的合作机制赋予我国对处于紧急危险中的中国 UCH 享有管辖权，而不限于绝对管辖权的海域。特别是在大陆架或专属经济区内，例如南沙群岛，发现抢劫、走私、打捞我国水下遗址的情况，采取一切可行措施防止这些情况产生，也可由其他缔约国给予帮助。

（三）加入公约不利的方面

1. 对 UCH 管辖权进行修正

与我国《水下文物保护管理条例》不一致的地方有，据《2001 年公约》对于我国内水、临海起源于外国的国家船舶或飞行器，其国有以国家财产为由要求管辖豁免，对于“起源不明的”的 UCH，属于全人类共同财富，协调国或临海国有权实施保护措施，或授权保护。不过，这两种权利设计符合国际惯例，并易于实际实施，我国法规规定的水下文物权利很难成为实质管辖权。

2. 我国需要建立水下文化遗产数据库

公约秘书处建立了国家报告水下文化遗产数据库，加入该公约的成员国要报告水下文化保护措施给秘书处，包括 UCH 的类型、分布、遗址特点、发现状况、开发活动（如适用）、遗址起源地、特殊价值、面临危险、主管机构。而其他缔约国在不违反《2001 年公约》第 19 条第 3 款的情况下都可以使用该数据库，了解所有其他缔约国和教科文提供的 UCH 行动的统计数据。我国可以选择报告共享的对象，以及安全的使用方式。目前，我国建立 UCH 数据库的资料并不充分，但是从长远考虑，这项工作是我国 UCH 保护工作的必要基础，故该要求也是一种积极的行业促进。

3. 建立 UCH 专属经济区上报制度

对他国起源的 UCH 负有管辖义务，如位于我国领海范围内的他国享有主权豁免的 UCH、我国毗连区与专属经济区的他国起源的 UCH、对其领海水域内一切违反公约打捞方式的他国起源的 UCH 进行扣押与制裁。这将产生大量的行政事务，需要占用相当数量的行政资源。

从上述分析可见，加入公约会产生一些行政协调成本并增加工作复杂性，我国目前水下文化遗产保护工作的情况与公约要求的一些方面相距较远，然而，并非无法完成，且权利与义务对等，在完成这些工作的同时，我国也会享有相对应的权益。

（四）加入公约需要的工作

1. 相关部门对公约态度与想法应取得一致

虽然《2001年公约》是针对水下文化遗产保护的国际公约，与其他涉海部门的业务关系不大，但是加入公约后，为保障其实施，需要相关部门大量的工作配合。

2. 涉海相关法规的协调

我国《海商法》、《1989年水下条例》、《海上交通安全法》等与《2001年公约》明显相悖或会导致违反公约规定的条款需予以更改，涉海相关部门的法规也要为水下文化遗产保护的实施作出协调。

3. 涉海工作机制与部门责权的调整

涉及水下文化遗产保护工作，应由国家文物主管行政部门牵头负责，改变目前分散、多头的管理模式，形成健全、顺畅的水下文化遗产保护机制，以实现加入《2001年公约》对国际社会的承诺。

4. 声明与保留条款

在加入公约时，必须对其第9.2条作出声明，以及在我国大陆架及专属经济区内发现UCH的采取何种上报方式。另外，还可以指出我国哪些内陆水域不适用于公约（第28条）。

而对于南海诸岛与其他国家存在的划界问题，我国应在此区域作出保留意见，并采取合作协商共同保护的方式。

我国没有采取国际司法来解决纠纷的习惯，因此，加入公约可以选择在“日后的任何时候（《2001年公约》第25条第3、4款）”再依据第287条选择争议解决机制。

总之，加入《2001年公约》不仅是彰显我国保护水下文化遗产形象的要求，也是与我国水下文化遗产保护工作要求相一致的，国际合作不仅为我国水下文化遗产保护共享信息与技术提供了途径保障，对于国内水下文化遗产工作方法与技术也会有所推动与促进。当然，加入公约后我国水下文化遗产保护的工作中会有新的，甚至与习惯处理方式及当前规定有冲突的情况，如通知遗产相关国家、争端解决机制（而非外交手段）及国际交流需求的增加，同时，目前我国的涉海工作体制可能会限制公约对我国有益的方面，但不会有损我国水下文化遗产等权益。

虽然，公约不是解决我国目前水下文化遗产保护具体工作中的问题所亟须的，而且，它与在我国获得良好实践的《保护世界自然与文化遗产公约》、《保护非物质文化遗产公约》通过项目运作而与社会经济密切相关的情况也不同。但是，加入公约对我国水下文化遗产保护事业的作用是深层、根本且全方位的，如引导国内立法、概念、管理工作方法及工作机制等的变化，摆正国际合作的重点与形势，解决国际纠纷处理，这些是我国水下文化遗产保护事业面临的紧迫问题。

近年来，我国水下文化遗产事业发展很快，形成了很好的形势，但工作仍显零散，加入公约可逐渐形成健全的行业发展框架；另一方面，就涉海工作体制利于水下文化遗产保护的改善与改变，加入公约是唯一能够看到的机会。总之，加入《2001年公约》对我国水下文化遗产保护工作有益，是全面、长久推进事业发展的契机，但是需要在思考、明确事业核心和改变的方向后再予推动，使事业借此机遇向所预想的方向发展。

[1] Craig J. S. Forrest, *Defining 'underwater cultural heritage'*, The International Journal of Nautical Archaeology, 2002, 31: 7.

[2] 2001年公约，第1条.

[3] 赵亚娟. 联合国教科文组织《保护水下文化遗产公约》研究. 厦门：厦门大学出版社，2007：64.

[4] UNESCO, *Oral Report of the Chairperson of Commission Ⅳ*, Paris: UNESCO, 2001.

[5] 2001年公约，第1条第1款第22页.

[6] 2001年公约，第7条第3款.

[7] 2001年公约，第10条第2、4、7款.

[8] 2001年公约，第12条第7款.

[9] UNESCO, *Feasibility Study for the Drafting of a New Instrument for the Protection of the Underwater Cultural Heritage*, March, 23, 1995.

[10] http://www.lectlaw.com/def/f117.htm, visited on January, 2011.

[11] 2001年公约，第5条.

[12] 海洋法公约，第136条.

[13] 2001年公约，第10条第6款.

[14] 2001年公约，第17条.

[15] 赵亚娟. 联合国教科文组织《保护水下文化遗产公约》研究，厦门：厦门大学出版社，2007：142-143.

[16] 2001年公约，第12条第6款.

[17] 2001年公约，第18条第4款.

[18] 刘晓霞，等.《文物保护法通论》，北京：中国城市出版社，2005：44-45.

[19] 马丁·曼德斯. 就地保护："优先选择". 国际博物馆2008，(4).

[20] 2001年公约，附件第7条.

[21] 2001年公约，第25条.

[22] 2001年公约，第35条.

[23] 高维新，蔡春林主编. 海洋法教程. 北京：对外经济贸易大学出版社，2009：26.

[24] 傅崐成. 1982年《联合国海洋法公约》与渔业. 海洋法专题研究. 厦门：厦门大学出版社，2004.

[25] UNESCO, *Feasibility Study for the Drafting of a New Instrument for the Protection of the Underwater Cultural Heritage*, March, 23, 1995.

[26] UNESCO: http://www.unesco.org/new/en/culture/themes/underwater - cultural - heritage/dynamic - content - single - view/news/titanic_ now_ protected_ by_ unesco_ director_ general_ calls_ for_ remembrance_ and_ protection/，访问日期：2012年6月5日.

[27] 孙光圻. 中国古代航海史. 北京：海洋出版社，2005.

[28] 吴春明. 环中国海沉船. 江西：江西出版社，2003：2，3，20-50.

[29] 水下条例，第6条.

[30] 文资法，第3条．“古物”是“指可供鉴赏、研究、发展、宣扬而具有历史及艺术价值或经教育部指定之器物”。

[31] 课题组认为，台湾地区作此考虑，并非是因为不重视UCH保护，而是UCH保护十分重要，故将其单独辟出，另立专门法律进行保护。这可从台湾地区在将有关UCH保护的条款由《文资法》中删除后，即召集有关专家、官员密集开展有关UCH立法草案的拟定及相关问题研究工作可见一斑．

[32] 《国家文物局与海洋局共推水下文化遗产保护事业》，光明网：http：//v. gmw. cn/2010 - 11/24/content_ 1410479. htm，更新日期：2010年11月24日，访问日期：2010年12月30日．

[33] 中国国家博物馆．中国水下考古．中国文化遗产．2004，(3).

[34] 2001年公约，第25条第1款．

[35] 2001年公约，第25条第2款．

[36] 2001年公约，第25条第3款．

[37] 赵亚娟．联合国教科文组织《保护水下文化遗产公约》研究．厦门：厦门大学出版社，2007：146.

[38] 海洋法公约，第287条第1款．

[39] 在2011年底的“亚太水下文化遗产会议”上，水下非物质文化遗产的概念已经在讨论．

[40] 专属经济区和大陆架法，第4条：“我国拥有授权和管理为一切目的在大陆架上进行钻探的专属权利。”

[41] 2001年公约，第10条第4款：“以防止水下文化遗产受到包括抢劫在内的紧急危险的情况下，如有必要，协调国可在协商之前遵照本《公约》采取一切可行的措施，和或授权采取这些措施，以防止人类活动或包括抢劫在内的其他原因对水下文化遗产构成的紧急危险。”

[42] 2001年公约，第29条：“任何国家或地区，在批准、接受、赞同或加入本公约之时，可向文书保管者声明，本公约不适用于其领土、内水、群岛水域或领海的某些特定部分，并在声明中阐述其理由。该国应尽其所能尽快地创造条件，使本公约适用于其声明中所指的特定区域，一旦条件成熟，应尽快全部或部分地撤回其声明。”

[43] 1989年水下条例，第2、3条．

[44] 1989年水下条例，第2、3条．

[45] 2001年公约，第9、11条．

[46] “墨西哥发表声明：对于《公约》第9.2条，及特别是对于本国国民或其船旗国在另一缔约国专属经济区内或大陆架上的有关发现水下文化遗产的任何信息，将通过外交途径向教科文组织总干事和其他缔约国报告和通知”。“乌克兰在此声明：对于在另一缔约国专属经济区内或大陆架上的有关发现水下文化遗产的任何活动，或者企图开发的活动，乌克兰教科文事务的国家委员会将迅速有效地告知教科文总干事和所有其他缔约国。此外，主管机构是在文化遗产保护领域的中央行政机构”。详见 http：//unesdoc. unesco. org/ulis/cgi - bin/ulis. pl？ mt = 104&req = 2&by = 5&sc1 = 1&sc2 = 0&look = admin_ ladep&lin = 1&widen = 1&futf8 = 1&text = underwater&text_ p = inc&submit = % C2% A0% C2% A0Search% C2% A0% C2% A0 网站．

[47] 意大利“交存批准书时，意大利对于《公约》第9.1条涉及内容，特此声明：意大利将根据9.1（b）（ii）对在另一缔约国专属经济区和大陆架范围内的水下文化遗产报告和通知”。葡萄牙“根据《公约》第9.2条特此声明：葡萄牙将根据9.1（b）（ii）对在另一缔约国专属经济区和大陆架范围内的水下文化遗产活动报告和通知。”阿根廷对另一缔约国专属经济区和大陆架范围内的水下文化遗产报告和通知将适用于《公约》第9.1（b）（ii）条。详见，http：//unesdoc. unesco. org/ulis/cgi - bin/ulis. pl？ mt = 104&req = 2&by = 5&sc1 = 1&sc2 = 0&look = admin_ ladep&lin = 1&widen = 1&futf8 = 1&text = underwater&text_ p = inc&submit = % C2% A0% C2% A0Search% C2% A0% C2% A0 网站.

[48] 赵亚娟．联合国教科文组织《保护水下文化遗产公约》研究．福建：厦门大学出版社，2007：146.

[49] 2001年公约，第25条第3、4款．

[50] http：//unesdoc. unesco. org/ulis/cgi - bin/ulis. pl？ mt = 104&req = 2&by = 5&sc1 = 1&sc2 = 0&look = admin_ ladep&lin = 1&widen = 1&futf8 = 1&text = underwater&text_ p = inc&submit = % C2% A0% C2% A0Search% C2% A0% C2% A0.

[51] 2001年公约，第17、18条．

[52] 海洋法公约，第8款．

[53] 第29条，“任何国家或地区，在批准、接受、赞同或加入本公约之时，可向文书保管者声明，本公约不适用于其领土、内水、群岛水域或领海的某些特定部分，并在声明中阐述其理由。该国应尽其所能尽快地创造条件，使本公约适用于其声明中所指的特定区域，一旦条件成熟，应尽快全部或部分地撤回其声明”。第30条，“除第29条所指的情况外，对本公约不得持任何保留意见”。

[54] 李金明．南海争端与国际海洋法．北京：海洋出版社，2003：5.

[55] 2001年公约，第29条：“任何国家或地区，在批准、接受、赞同或加入本公约之时，可向文书保管者声明，本公约不适用于其领土、内水、群岛水域或领海的某些特定部分，并在声明中阐述其理由。该国应尽其所能尽快地创造条件，使本公约适用于其声明中所指的特定区域，一旦条件成熟，应尽快全部或部分地撤回其声明。”

《文物保护法》法律协调问题研究*

中国文化遗产研究院文物研究所　李大伟
北京工业大学建筑与城市规划学院博士后　郭　萍
中国文化遗产研究院文物研究所　于　冰
中国人民大学法学院文化遗产法研究所　王云霞

摘　要：本文从《中华人民共和国文物保护法》（以下简称《文物保护法》）内部结构及与其他法律存在的不协调着手进行分析，选择四个方面的问题进行深入剖析，并分别提出立法或修法建议：（1）不可移动文物——重点分析尚未核定公布为文物保护单位的不可移动文物；（2）文物所有权——重点分析国有不可移动文物所有权与经营权问题、国有文物收藏单位文物处置问题以及文物的私人所有权；（3）考古发掘——重点分析文物影响评估制度；（4）文物流通——重点分析民间收藏文物的捐赠和善意取得问题。

关键词：《文物保护法》　法律协调　立法语言　逻辑结构

Compatibility Study of the Cultural Relics Protection Law

Li Dawei, Guo Ping, Yu Bing, Wang Yunxia

Abstract: This study systematically examines the consistency of the intemal structure of the CRPL, and its compatibility with other laws. Furthermore, It is attemped to make specific suggestions on legislation revision or improvement in four areas: (1) unmovable cultural relics, the Unmovable Cultural Relics Not Approved and Announced as Protected Historical and Cultural Sites; (2) on the ownership of cultural relics, on issues including ownership and management right on state-owned unmovable cultural relics, provision of measures for disposition of the cultural relics no longer in the collection of state-owned cultural relics collection entities, and private cultural relics; (3) archaeological excavation, on the feasihility of Cultural Relics Impact Assessment Mechanism in China; (4) the circulation of movable cultural relics, on problems of donation and problems during the application of Bona Fide Acquisition.

* 本课题系中国文化遗产研究院和中国人民大学法学院联袂完成。参与研究的人员还有国家文物局政策法规司彭跃辉、中国文化遗产研究院文物研究所乔梁，中国人民大学法学院文化遗产法研究所崔璨、王维鹏、常鑫、胡光、刘文静等。

Keywords: Law on the Protection of Cultural Relics, Compatibility of Law, Legislative Language, Logical Structure

《文物保护法》是中国文物保护领域的基础性法律，在现行文物管理体制下，为维持文物管理秩序、保护各类文物不受侵害发挥了巨大作用。近年来，中国社会经济宏观环境以及文物工作的目标和重点都发生巨大变化，《文物保护法》在执行过程中遇到很多困难和障碍，其中既有执法不力的原因，也有《文物保护法》欠完善的因素。《文物保护法》及相关法规体系的完善，需要从文物保护专业和法律专业这两个角度共同开展基础研究给予支撑。

鉴于以往的研究两者结合普遍不足，本项研究特别注重从立法理论上运用立法分析技术，结合文物保护工作中面临的突出问题，深入研究现行《文物保护法》在语言、逻辑结构、法律关系等方面的法律内容协调和法律之间协调问题。

一 《文物保护法》法律协调问题研究的理论基础及法律文本分析

法律协调是指法律规范结构、体例等的和谐、有序。本项研究报告所称"《文物保护法》法律协调"，主要是指以现行《文物保护法》为中心的文物相关法律、法规之间的协调，既包括法律内部结构的不协调，也包括这些法律之间的不协调[1]。文物法律内部结构不协调和法律、法规之间不协调，都是文物法律体系不科学、不完善的表现，会造成法律运用中的困惑，影响文物保护工作的实施效果。

（一）法律内部结构的协调状况

文物保护法律其内部结构的协调是指法律的逻辑结构要和谐一致，既要注意法律立法语言的协调，也要注意具体法律规范的逻辑结构的和谐一致。此外，保护对象的重要性与调整手段相称，也是法律内部结构协调的一个方面。

1. 立法语言的协调状况

立法语言协调主要是指《文物保护法》中立法语言的一致性，包括两方面：一是同一个字或词组不能表达不同意思；二是相同语义不能采用不同词语表达。

（1）相同语义采用不同词语表达

以《文物保护法》文物保护单位级别名称的表述为例，即存在相同语义采用不同词语表达的情况。《文物保护法》规定了文物保护单位制度，各级人民政府可依法确立不同级别的文物保护单位。该法第3条规定：古文化遗址、古墓葬、古建筑、石窟寺、石刻、壁画、近代现代重要史迹和代表性建筑等不可移动文物，可依据其价值确定为全国重点文物保护单位，省级文物保护单位，市、县级文物保护单位。依据该条规定，市、县级文物保护单位为一级。在该法第二节"不可移动文物"第13条，对文物保护单位确立程序作了更细致的规定，将文物保护单位划分为全国重点文物保护单位、省级文物保护单位、市级和县级文物保护单位四级。在实践中，文物保护单位的确普遍适用第13条的分类方法，并未造成运用中的困惑。级别名称表述保持一致，这也是文物立法科学性的要求。

（2）同一词组表达不同意思

在《文物保护法》中，还存在同一个词组表达不同意思的情况。以“文物保护单位”一词的使用为例。在大部分条款中，“文物保护单位”系指由各级人民政府公布的不可移动文物本体；但在少量条款中，“文物保护单位”实际上指的是其管理机构，如该法第10条第3款“国有博物馆、纪念馆、文物保护单位等的事业性收入，专门用于文物保护，任何单位或者个人不得侵占、挪用”中所言“文物保护单位”，显然并非文物本体。根据2005年发布的《博物馆管理办法》，所谓“博物馆”，系指“收藏、保护、研究、展示人类活动和自然环境的见证物，经过文物行政部门审核、相关行政部门批准许可取得法人资格，向公众开放的非营利性社会服务机构”[2]；所谓“纪念馆”，是指“为纪念有卓越贡献的人或重大历史事件而建立的陈设实物、图片等的建筑物”[3]，与博物馆同为“公益性文化机构”[4]，而且，只有合法成立的机构才有可能进行事业性收费。而在前述《文物保护法》第10条第3款中，“文物保护单位”与“博物馆”、“纪念馆”并列作为取得事业性收入的主体，显然其意在指“文物保护单位”的管理机构，而并非文物本体。此处表述，将“文物保护单位”及有权获得事业性收入的“文物保护单位管理机构”的概念混淆，在立法语言的准确性上稍显不足。

2. 法律规范的逻辑结构的协调

法律规范的逻辑结构是指法律规范由哪些部分构成，以及各部分之间的相互关系。法律中具体法律规范逻辑结构的完整也是法律内部结构协调的必然要求。《文物保护法》中法律规范存在逻辑结构不完整的问题，主要表现在：

（1）有些法律规范的内容无实质意义

在《文物保护法》中，有些法律规范没有明确的内容，存在立法漏洞。依据法律规范内容的确定性程度不同，可以分为确定性规范、委任性规范和准用性规范[5]。

《文物保护法》中有一些委任性规范，如第14条第4款规定：“历史文化名城和历史文化街区、村镇的保护办法，由国务院制定”；第45条规定：“国有文物收藏单位不再收藏的文物的处置办法，由国务院另行制定”等等。2008年4月2日，《历史文化名城名镇名村保护条例》公布，但有关国有文物收藏单位不再收藏的文物的处置办法，一直没有相关的条例或部门规章对其进行规范。《文物保护法》的这一规定，没有具体的实施办法与其对应，出现了立法上的漏洞。针对这一问题，本报告在第五节的“文物流通”主题中将专门进行论述。

（2）有些法律规范的行为模式与法律后果不协调

完整的法律规范由行为模式和法律后果两个要素组成。行为模式是指法律规范中规定人们可以行为、应该行为、不得行为的行为方式，它可以是义务的，也可以是授权的；法律后果是指规范中指示可能的法律结果或法律反应的部分。《文物保护法》中有些法律规范，存在没有行为模式或者没有法律后果、或者行为模式与法律后果不一致的情况。

① 行为模式对象与法律后果对象不一致

以《文物保护法》第24条与第68条规定为例。《文物保护法》第24条规定，建立博物馆、保管所或者辟为参观游览场所的国有文物保护单位，不得作为企业资产经营。而第68条规定：

“有下列行为之一的，由县级以上人民政府文物主管部门责令改正，没收违法所得，违法所得一万元以上的，并处违法所得二倍以上五倍以下的罚款；违法所得不足一万元的，并处五千元以上二万元以下的罚款：（一）转让或者抵押国有不可移动文物，或者将国有不可移动文物作为企业资产经营的……”

上述两条款规定存在行为模式对象与法律后果对象不一致的情况。一方面，《文物保护法》规定：建立博物馆、保管所或者辟为参观游览场所的国有文物保护单位不得作为企业资产经营；另一方面，该法又规定将国有不可移动文物作为企业资产经营的应当承担法律责任。行为模式规定法律所禁止的行为是将建立为博物馆、保管所或者参观旅游场所的国有文物保护单位作为企业资产经营；而需要承担法律后果的则是将国有不可移动文物作为企业资产经营的行为。责任的承担范围明显大于法律所禁止的行为范围。由此引发了一个问题，对于重点文物保护单位等国有不可移动文物，如果未将其建立为博物馆、保管所或者辟为参观游览场所，或者未公布为各级文物保护单位，是否就能作为企业资产经营？根据参与《文物保护法》立法与修订工作的李晓东的观点[6]，立法原意是禁止将国有不可移动文物作为企业资产经营，对于此类国有不可移动文物也不得作为企业资产经营。也就是说，相比第24条的禁止性行为规范，法律责任的规定更加合理，更加有利于不可移动文物得到全面保护。

② 行为模式与法律后果不相称

行为模式与法律后果的不协调还存在另一种情况，即法律中有关消极法律后果的规定，不能抵消法律所禁止的行为模式所带来的消极影响，出现“罚不当责”、有关法律责任规定“畸轻”的情况。按照现行《文物保护法》有关建设工程中破坏文物的规定，其规定的行政处罚为行政罚款及吊销资质证书。就行政处罚而言，规定的最高罚款金额仅为50万元，与房地产开发等建设工程的巨额利润相比，这一罚款金额显然无法起到震慑作用，不能抵消其破坏文物所带来的消极影响。

（3）有的法律规范内容不周延

在某些法律规范中，有的规范内容可能存在不周延的情况，如在行为模式的规范中，并没有穷尽所有的行为模式（如对象未穷尽、行为未穷尽等），并在法律后果的规定中对漏陈的行为模式没有设定相应的法律后果。这会使法律在规范此类行为时出现法律漏洞，不利于法律规范目的全面实现。

在《文物保护法》中，也存在法律规范内容不周延的情况。如国有不可移动文物的修缮和保养，并未就国有不可移动文物的使用人无修缮、保养能力的情况下如何提供救济措施作出规定，导致当出现此类情形时无法律适用的情况，这是法律规范的行为模式中行为未穷尽的表现。

3. 法律所调整的社会关系中保护对象与调整手段的协调

法律所调整的社会关系中保护对象与调整手段的协调状况是指法律在调整某类社会关系时，该关系所指向的保护对象地位与保护程度的匹配度。其不协调问题的体现，则为保护对象在该法所调整的社会关系中较为重要或不重要，而该法提供的法律保护手段却偏轻或偏重，从而导致法律对于该类关系的调整不能实现预期效果。相对其他几种不协调表现而言，这一不协调状况相对“隐蔽”，不易发现，却也是影响法律实施效果的重要因素。在《文物保护法》中，存在法律提供的调整手段与保护对象重要性不相称的情况。如该法为尚未核定公布为文物保护单位的不可移动文物所提供的法律调整手段（行政保护层级低、禁止性规定少），即与此类文物保护重要性（数量大、破坏严重）不相称。这种法律规定上不协调情况的存在，导致该类文物在受到侵害时得不到适当的法律救济。

《文物保护法》中内部结构存在协调问题的一些情况可以列表表述如下：

表 1　《文物保护法》中立法语言不协调处梳理

序号	涉及语言	具体内容	法条中位置	不协调体现	不协调类型	涉及主题
1	文物保护单位分级名称表述	古文化遗址……等不可移动文物，可依据其价值确定为全国重点文物保护单位，省级文物保护单位，市、县级文物保护单位	第 3 条	第 3 条将文物保护单位划分为三级；而第 13 条则将其划分为四级	相同语义采用不同的词语表达	不可移动文物
		国务院文物行政部门在省级、市、县级文物保护单位中，选择具有重大历史、艺术、科学价值的确定为全国重点文物保护单位……；省级文物保护单位……；市级和县级文物保护单位……	第 13 条			
2	文物保护单位	国有博物馆、纪念馆、文物保护单位等的事业性收入，专门用于文物保护，任何单位或者个人不得侵占、挪用	第 10 条第 3 款	本款“文物保护单位”显然指机构概念；大部分条款所指“文物保护单位”为文物本体	同一个词组表达不同意思	不可移动文物
3	文物工作	文物工作贯彻保护为主、抢救第一、合理利用、加强管理的方针	第 4 条	“文物工作”和“文物保护工作”为同一语义	相同语义采用不同的词语表达	
		有下列事迹的单位或者个人，由国家给予精神鼓励或者物质奖励：……（八）长期从事文物工作，作出显著成绩的	第 12 条第 8 款			
	文物保护工作	其他相关法条类似表述均为“文物保护工作”				

续表 1

序号	涉及语言	具体内容	法条中位置	不协调体现	不协调类型	涉及主题
4	文物行政部门	国务院文物行政部门主管全国文物保护工作	第 8 条第 1 款	“文物行政部门”和“文物管理部门”为同一语义	相同语义采用不同的词语表达	
		对文物保护单位进行修缮，应当根据文物保护单位的级别报相应的文物行政部门批准；对未核定为文物保护单位的不可移动文物进行修缮，应当报登记的县级人民政府文物行政部门批准	第 21 条			
		文物行政部门、文物收藏单位、文物商店、经营文物拍卖的拍卖企业的工作人员，有下列行为之一的：……	第 76 条			
		人民法院、人民检察院、公安机关、海关和工商行政管理部门依法没收的文物应当登记造册，妥善保管，结案后无偿移交文物行政部门，由文物行政部门指定的国有文物收藏单位收藏	第 79 条			
	文物主管部门	县级以上人民政府文物主管部门	第 66、68、71、74、75 条等			

表 2　《文物保护法》中法律规范逻辑结构不协调处梳理

序号	法律规定	法条中位置	不协调体现	不协调类型	涉及主题
1	国有不可移动文物不得转让、抵押。建立博物馆、保管所或者辟为参观游览场所的国有文物保护单位，不得作为企业资产经营	第 24 条	行为模式与法律后果所针对的对象不一致：前者为后者的行为模式，“作为企业资产经营”的主体，前者为国有文物保护单位，比后者“国有不可移动文物”范围要小	行为模式主体与法律后果对象不一致	所有权
	转让或者抵押国有不可移动文物，或者将国有不可移动文物作为企业资产经营的	第 68 条第 1 款第 1 项			

续表 2

序号	法律规定	法条中位置	不协调体现	不协调类型	涉及主题
2	建立博物馆、保管所或者辟为参观游览场所的国有文物保护单位，不得作为企业资产经营	第 24 条	行为模式与法律后果所针对的对象不一致：前者为国有文物保护单位，后者为国有不可移动文物	行为模式主体与法律后果对象不一致	不可移动文物
	有下列行为之一的……：（一）转让或者抵押国有不可移动文物，或者将国有不可移动文物作为企业资产经营的	第 68 条第 1 款第 1 项			

表 3 《文物保护法》中保护对象与调整手段不协调处梳理

保护对象	法条中位置	不协调体现	不协调类型	涉及主题
尚未核定公布为文物保护单位的不可移动文物	第 13 条第 4 款、第 23～26 条	提供的法律调整手段（行政保护层级低、禁止性规定少），与此类文物保护的重要性（数量大、破坏严重）不相称	保护对象与调整手段不相称	不可移动文物
转让或者抵押国有不可移动文物，或者将国有不可移动文物作为企业资产经营的	第 68 条第 1 款第 1 项			

（二）法律之间的协调状况

法的效力等级是指一国法的体系中不同渊源形式的法律规范在效力方面的等级差别。法的效力等级遵循“上位法优于下位法”、“后法优于前法”、“特殊法优于一般法”的原则[7]。文化遗产法律之间必须遵循法的效力等级的上述原则。

如果违背法的效力等级所遵循的原则，就会出现法律之间不协调的状况。文物保护法律之间的不协调表现在：（1）下位法与上位法规定相抵触；（2）同位阶法律、法规之间存在相互矛盾、冲突的现象。

1. 不同位阶法律的协调状况

对于处于不同位阶的文物法律而言，在适用时应该遵循“上位法优于下位法”的原则。文物法律中的低位阶法律都必须与高位阶法律的规定保持一致。如果出现不一致或相抵触的情况，就会导致法律间的不协调。对于低位阶法律规定与高位阶法律规定的不一致或相抵触的地方，制定机关应当及时予以修改、修正、撤销或废止，使其与高位阶法律的规定保持一致。具体而言，不同位阶的文物法律的效力关系是：

（1）宪法具有最高的法律效力。在我国，宪法具有最高的法律效力，是根本法，文物法律、行政法规、地方性法规、自治条例和单行条例、规章和其他规范性文件都必须同宪法保持一致，不能与之相抵触。

《宪法》第22条第1款规定："国家发展为人民服务、为社会主义服务的文学艺术事业、新闻广播电视事业、出版发行事业、图书馆博物馆文化馆和其他文化事业，开展群众性的文化活动。"同时，该条第2款明确规定："国家保护名胜古迹、珍贵文物和其他重要历史文化遗产。"这一规定是文物立法的重要依据。文物立法机关有权依据宪法制定有利于保护名胜古迹、珍贵文物和其他重要历史文物的法律、法规或其他规范性文件，其立法不得与宪法规定相违背。同时，代表国家行使立法权的有权机关进行的非文物领域立法活动，也不能与宪法的这一规定相违背。如果相关机关制定的法律、法规或其他规范性文件不利于对名胜古迹、珍贵文物和其他重要历史文物的保护，应当及时予以修改、修正、撤销或废止，使其与宪法的规定保持一致。从《文物保护法》的内容来看，其与《宪法》的基本原则、精神以及相关条款不存在不协调之处。

（2）《民法通则》、《刑法》等基本法律以及《文物保护法》、《非物质文化遗产法》、《物权法》、《行政许可法》、《行政处罚法》等一般性法律的法律效力仅次于宪法，文化遗产行政法规、地方性法规、自治条例和单行条例、规章和其他规范性文件必须同宪法、法律保持一致，不能抵触。试举《文物保护法》与《历史文化名城名镇名村保护条例》和《水下文物保护管理条例》这两部行政法规之间的不协调之处以示之。

为了与《文物保护法》的修订相协调，各地方文物保护一般性法规也都根据《文物保护法》相继作出了修订。

《文物保护法》确立了历史文化名城、历史文化街区、村镇制度，并在第14条第4款规定："历史文化名城和历史文化街区、村镇的保护办法，由国务院制定。"2008年4月22日，国务院公布《历史文化名城名镇名村保护条例》。这部行政法规的保护对象是"历史文化名城、名镇、名村"。《文物保护法》第14条与《历史文化名城名镇名村保护条例》的保护对象明显不一致。在具体开展申报、批准、规划和保护工作时，由于两部法律之间的冲突，相关部门的理解不同，部门职能之间存在交叉，容易造成保护和管理工作的混乱。

《水下文物保护管理条例》（以下简称《1989年水下条例》）第10条第1款、第2款分别是有关奖励措施和违法责任的规定。这两款规定并没有明确列举应当给予奖励或是承担法律责任的行为，而是援引了《文物保护法》第29、5、6、7、30、31条的规定，属于准用性规范。2011年1月8日，国务院第588号令发布《国务院决定废止和修改部分行政法规》，将《1989年水下条例》第10条第1款修改为"符合《中华人民共和国文物保护法》规定情形的"，第2款修改为"具有《中华人民共和国文物保护法》规定情形的"，而没有提示具体的法条数字，有可能是为了避免出现此后因《文物保护法》法条再有变动导致条例指向再次失灵。但该修改也存在问题。修改后的《1989年水下条例》第10条第1款变更为：保护水下文物有突出贡献，符合《中华人民共和国文物保护法》规定情形的，给予表彰、奖励。"《文物保护法》规定的情形"所在第12条为：有下列事迹的单位或者个人，由国家给予精神鼓励或者物质奖励，其后列出8种情形。二者表述间显然仍有不一致，有待进一步明确和精准，因此导致这一准用性规范适用上的困扰。这也是法律不协调的体现。

2. 同位阶法律的协调状况

以《文物保护法》中刑事法律责任与《刑法》中文物管理有关罪名的协调关系为例，文物保护中涉及的民事、刑事、行政法律关系，有些在《文物保护法》中没有规定，就需要适用与《文物保护法》同属法律位阶的《民法通则》、《物权法》、《刑法》、《行政许可法》、《行政处罚法》等其他法律的规定。《文物保护法》与这些同位阶法律之间的协调也可能存在问题。

《文物保护法》与其他同位阶法律之间的协调问题，大致有不协调问题体现得较为明显和相对隐秘两种情形。

《文物保护法》与《刑法》相关规定之间的不协调问题可以作为同位阶法律之间不协调的一个突出例证。《刑法》与《文物保护法》的联结点主要体现在《刑法》第二编第六章“妨害社会管理秩序罪”第四节“妨害文物管理罪”（第 324 ~ 329 条）；《文物保护法》则将有关违反该法应当承担刑事责任的行为集中于第 64 条作了列举。兹将《刑法》第 324 ~ 329 条所确立罪名的定罪和量刑与《文物保护法》第 64 条各项行为的对应关系列表如下：

表 4　　《刑法》中文物管理有关罪名与《文物保护法》中承担刑事责任行为对应表

所在条	所在款	罪名	与《文物保护法》中应承担刑事责任行为的对应关系	具体对应情况	《文物保护法》中对应项具体内容
第 324 条	第 1 款	故意损毁文物罪	部分对应	第 64 条第 2 项	故意或者过失损毁国家保护的珍贵文物的
	第 2 款	故意损毁名胜古迹罪	部分对应	第 64 条第 8 项	应当追究刑事责任的其他妨害文物管理行为
	第 3 款	过失损毁文物罪	部分对应	第 64 条第 2 项	故意或者过失损毁国家保护的珍贵文物的
第 325 条		非法向外国人出售、赠送珍贵文物罪	完全对应	第 64 条第 4 项	将国家禁止出境的珍贵文物私自出售或者送给外国人的
第 326 条		倒卖文物罪	完全对应	第 64 条第 5 项	以牟利为目的倒卖国家禁止经营的文物的
第 327 条		非法出售、私赠文物藏品罪	完全对应	第 64 条第 3 项	擅自将国有馆藏文物出售或者私自送给非国有单位或者个人的
第 328 条	第 1 款	盗掘古文化遗址、古墓葬罪	完全对应	第 64 条第 1 项	盗掘古文化遗址、古墓葬的
	第 2 款	盗掘古人类化石、古脊椎动物化石罪	完全对应	第 64 条第 1 项	盗掘古文化遗址、古墓葬的（第 2 条第 3 款：具有科学价值的古脊椎动物化石和古人类化石同文物一样受国家保护）

续表 4

<table>
<tr><th>所在条</th><th>所在款</th><th>罪名</th><th>与《文物保护法》中应承担刑事责任行为的对应关系</th><th>具体对应情况</th><th>《文物保护法》中对应项具体内容</th></tr>
<tr><td rowspan="2">第 329 条</td><td>第 1 款</td><td>盗窃、抢夺国有档案罪</td><td>无对应</td><td colspan="2">本罪犯罪对象并非《文物保护法》的保护对象</td></tr>
<tr><td>第 2 款</td><td>擅自出卖、转让国有档案罪</td><td>无对应</td><td colspan="2">本罪犯罪对象并非《文物保护法》的保护对象</td></tr>
<tr><td colspan="2">总计</td><td>10 项罪名</td><td colspan="3">5 项完全对应，3 项部分对应，2 项无对应</td></tr>
</table>

本部分意在分析同位阶文物法律中的不协调问题，对该表中部分对应和无对应的情形分析如下：

第一，部分对应。《刑法》第 324 条各款与《文物保护法》中相应应当承担刑事责任的行为部分犯罪对象对应。这种不对应主要体现为本罪犯罪对象的部分对应，而这种部分对应的体现有三处。其中《刑法》324 条第 1 款及第 3 款的主体、客体、客观方面三要件一致，只是主观方面一为过失、一为故意。在《文物保护法》第 64 条中，此二主观方面合并入一项内表述。就犯罪构成的主观方面而言，《刑法》第 324 条各款与《文物保护法》中相应应当承担刑事责任的行为是协调的。因此，虽然在上表中以两项计，但下文论述时并入同一类型进行论述。

（1）与《文物保护法》第 64 条第 2 项相比，《刑法》第 324 条第 1、3 款所规定的犯罪对象范围较大。“故意损毁文物罪”和“过失损毁文物罪”的犯罪对象均为“国家保护的珍贵文物或者被确定为全国重点文物保护单位、省级文物保护单位的文物”；《文物保护法》第 64 条第 2 项规定：“故意或者过失损毁国家保护的珍贵文物的”，应当依法承担刑事责任。根据 2001 年发布施行的《文物藏品定级标准》，此处所谓“珍贵文物”主要是指文物藏品，即可移动文物。《文物保护法》既然未对“珍贵文物”进行解释，则应揆诸《文物藏品定级标准》的相关规定，即该项中所谓“珍贵文物”也仅限于可移动文物。当具有重要历史、艺术或科学价值的不可移动文物受到严重侵害且造成恶劣社会影响时，无法直接依据《文物保护法》规定要求行为人承担刑事责任，而仅能通过对该法第 64 条第 8 项的兜底条款（“应当追究刑事责任的其他妨害文物管理行为”）进行解释后间接予以适用，或适用《刑法》的相关规定。而《刑法》规定无疑更有利于实现有效保护文物的目的。

（2）《刑法》第 324 条第 2 款与《文物保护法》第 64 条第 8 项的兜底条款的犯罪对象并无交集。前者的犯罪对象为“名胜”以及“古迹”。“名胜”是指“可供人游览的著名风景区”[8]，显然并非法律意义上的“文物”，因此，“故意损毁名胜”的行为不可能触犯国家“文物”管理秩序。《刑法》第 324 条将“名胜”纳入“妨碍文物管理罪”类罪名的犯罪对象中是不科学的；此外，“古迹”一词在《文物保护法》中也无对应表述。国际古迹遗址理事会中国国家委员会于 2000 年 10 月发布的《中国文物古迹保护准则》（以下简称《准则》）第 1 条规定：“本准则适用的对象通称为文物古迹。它是指人类在历史上创造或人类活动遗留的具有价值的不可移动的实物遗存，包括地面与地下的古文化遗址、古墓葬、古建筑、石窟寺、石刻、近现代史迹及纪念建筑、由国家公布应予保护的历史文化街区（村镇），以及其中原有的附属文物。”由《准则》定义不难看出，所谓“文物古迹”的范畴大致与“不可

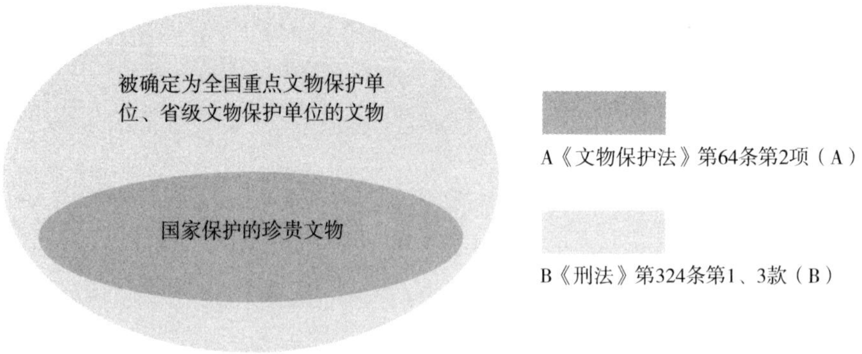

图1 《文物保护法》与《刑法》犯罪对象关系图

移动文物”契合。“古迹”是否包括《准则》中“近现代史迹及纪念建筑、由国家公布应予保护的历史文化街区（村镇），以及其中原有的附属文物”，并无确切证据证实。从词义来讲，“古迹”意为“古代的遗迹”，而“古代”则指“过去距离现在较远的时代（区别于近代、现代），在我国历史分期上多指19世纪中叶以前”[9]（图1）。

很难说“古迹”一词的外延包括《文物保护法》所保护的近代现代史迹及纪念建筑遗迹历史文化街区（村镇）等。而《文物保护法》第64条显然也无故意或者过失损毁“近代现代史迹及纪念建筑遗迹、历史文化街区（村镇）”应承担的刑事责任的规定。《文物保护法》虽规定这些对象受法律保护，但却没有规定侵犯这些对象应承担的刑事责任；虽然第64条第8项的兜底条款可在确有必要时适用，但从刑事法律“法无明文规定不为罪”的基本原则来看，这一条款的适用情形将十分有限；司法机关在适用该条款时也会十分谨慎，且不能直接援引该条款作出行为人应当承担刑事法律责任的决定，而是需要首先论证该行为“应当追究刑事责任”的理由，然后比照法律明文规定的追究刑事责任行为进行处罚。这一情况既是《文物保护法》内部不协调的体现，又说明《文物保护法》与《刑法》相关规定存在不协调之处，无疑是法律规定的重大缺失（图2）。

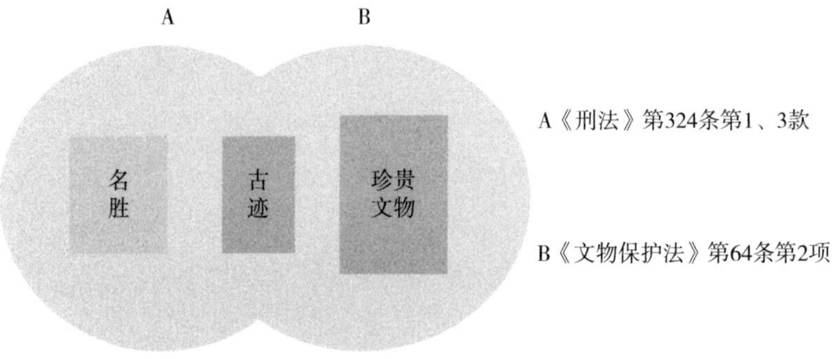

图2 《文物保护法》与《刑法》犯罪对象关系图

第二，无对应。刑法第329条第1、2款的犯罪对象并不是《文物保护法》所要保护的文物类型。《刑法》第329条第1、2款规定：“抢夺、窃取国家所有的档案的，处五年以下有期徒刑或者拘役。违反档案法的规定，擅自出卖、转让国家所有的档案，情节严重的，处三年以下有期徒刑或者拘役。有前两款行为，同时又构成本法规定的其他犯罪的，依照处罚较重的规定定罪处罚。”因此，本罪的犯罪对象为国家所有的档案。所谓“档案”是指国家机关、社会组织和个人在社会活动中形成的，作为原始记录保存起来已被查考的文字、图标、声像及其他各种方式和载体的文件材料[10]。虽然文物和档案素有渊源，《档案法》第 12 条也明确规定：“博物馆、图书馆、纪念馆等单位保存的文物、图书资料同时是档案的，可以按照法律和行政法规的规定，由上述单位自行管理。”显然，“文物”和“档案”只是外延上存在交叉，无论在来源、本质还是形式上，二者均各有其特点，是两个完全不同的概念[11]。因此，《刑法》第 329 条所列两种罪名所侵犯的犯罪对象并非文物，其所危害的也并非文物管理秩序，不应列入此类犯罪中。

在未来我国刑法典的修改中，应适时改善这两种基本法律不协调的状况，提高法律的科学性。

二　不可移动文物相关法律协调问题研究——以尚未核定公布为文物保护单位的不可移动文物为中心

本项研究报告采取了“点、面结合”的思路，选取了《文物保护法》中“不可移动文物”、“所有权”、“考古发掘”、“文物流通”四个主题，就其中的协调问题分析其中存在的问题、产生的影响以及完善思路。由本节开始至第五节，将分别对《文物保护法》中“不可移动文物”、“所有权”、“考古发掘”、“文物流通”相关法律协调问题展开系统研究。

（一）尚未核定公布为文物保护单位的不可移动文物

《文物保护法》对尚未核定公布为文物保护单位的不可移动文物规定较少，法律保护上稍弱，也更容易受到破坏，保存状况更加令人担忧。这类不可移动文物占了不可移动文物的多数，但法律保护级别较低、具体保护措施较少，与其重要性相比，法律规定畸轻，存在不协调之处。

根据现行《文物保护法》第 13 条规定，不可移动文物可以分为两类：文物保护单位以及尚未核定公布为文物保护单位的不可移动文物。《文物保护法》对于不可移动文物的保护基本是以这一分类为基础来进行具体制定设计的。

1. 保证我国文物得到较全面保护的需要

我国《文物保护法》对不可移动文物保护虽然以文物保护单位为重点，但这只是在能够提供给文物保护工作的人、财、物有限情况下的无奈之举。有重点地开展文物保护工作才能保证价值相对重大的不可移动文物得到更有效的保护。

一些未核定公布为文物保护单位的不可移动文物，有可能在价值认定上存在偏差，或随着时代发展具备核定公布为文物保护单位的条件，因此，所有不可移动文物均应加以保护，只是保护的程度与文物保护单位相比有所不同。

2. 有利于核定公布各级文物保护单位

尚未核定公布为文物保护单位的不可移动文物其价值主要表现在两个方面：

（1）文物保护单位的分级主要是依据其本身历史、艺术、科学价值的大小和作用（影响）的范围来确定。各级文物保护单位价值的确立是通过对各级行政区域内不可移动文物的价值对比来实现的，而这一对比又建立在申报级别所涵盖的行政区域内不可移动文物价值的整体把握基础上，尚未核定公布为文物保护单位的不可移动文物可作为核定公布文物保护单位的参照系。

（2）尚未核定公布为文物保护单位的不可移动文物，同时也是各级人民政府核定公布的文物保护单位的预选项。从实践来看，在对这部分不可移动文物经过论证、筛选后，将其中一部分公布为各级文物保护单位，已成为十分普遍的做法。

（二）尚未核定公布为文物保护单位的不可移动文物的法律保护运作机理

对现行《文物保护法》中有关尚未核定公布为文物保护单位的不可移动文物的法律规定进行了梳理，如下所示：

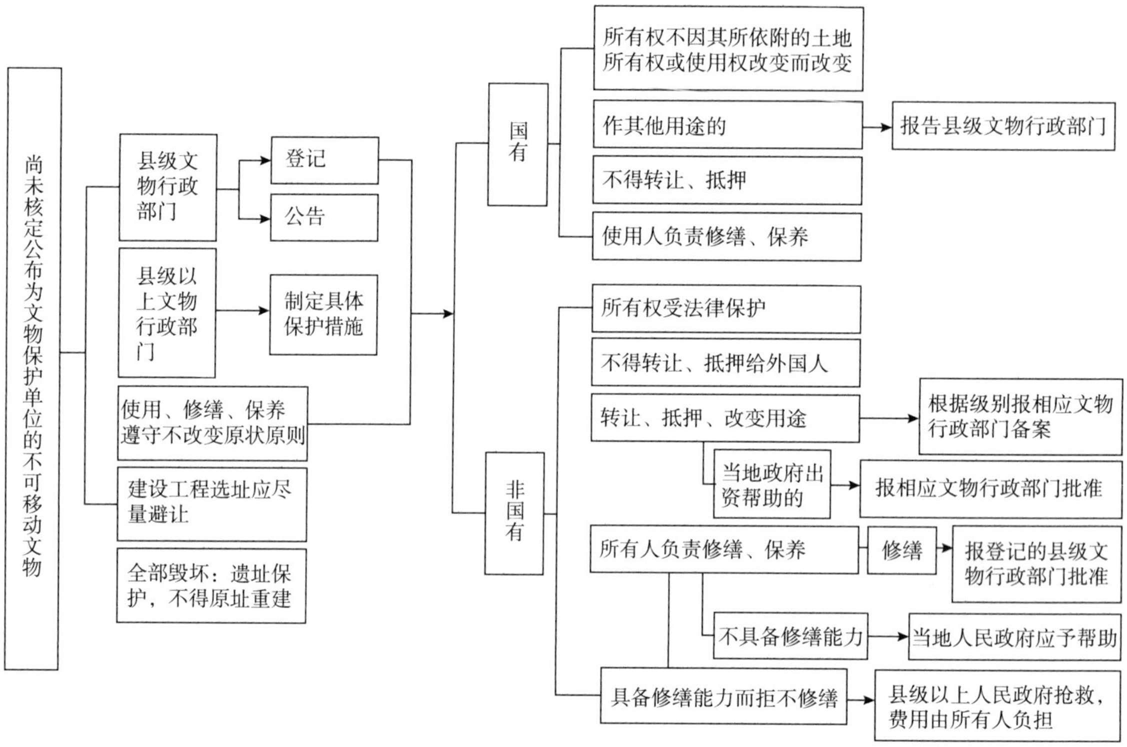

图3　《文物保护法》尚未核定公布为文物保护单位的不可移动文物法律保护示意图

由图3不难看出，与文物保护单位的分级管理体制不同，《文物保护法》并未对尚未核定公布为文物保护单位的不可移动文物的分级作出规定。从下文有关保护法律的分析来看，县级人民政府和文物行政主管部门承担了主要的保护职能。而县级人民政府保护人员、资金和设施配备都会较弱，而这类不可移动文物数量大，分布范围广，势必会造成保护力度较弱的后果。

尚未核定公布为文物保护单位的不可移动文物保护状况有如下特点：

第一，此类文物的所有权状况十分复杂。

第三次全国文物普查是对中国不可移动文物的一次全面调查。从《第三次全国文物普查不可移动文物登记表》来看，文物的所有权（国家、集体、个人或不明）情况十分复杂，由于历史原因，许多文物的所有权或已经无从查考，或由多家所有，而明确所有权的工作本身也十分复杂，给普查工作带来相当大的不便。除此之外，虽然具体数量尚未公布，但确实有大量尚未核定公布为文物保护单位的不可移动文物不属于国家所有，如果将其公布为不可移动文物，依据《文物保护法》为不可移动文物制定的保护规则，文物所有权人的多项所有权权能（包括使用、修缮、转让）均将受到较大限制。

第二，对尚未核定公布为文物保护单位的不可移动文物的保护力度仍然不够。

不可移动文物未被核定公布为文物保护单位主要原因包括：（1）保存完好但文物数量较大、不具有代表性；（2）保存状态较差，所包含的历史信息丢失现象比较严重；（3）从目前的认识水平看，对于文物的历史、艺术、科学价值认识还不充分。自 2011 年 12 月第三次全国文物普查数据公布至今，陆续有部分地区文物行政部门，以政府文件形式主动公布已确定的尚未核定公布为文物保护单位的不可移动文物名单。这一方面表明我国对不可移动文物的保护确实越来越全面；另一方面确保更广泛范围的公众获知公布信息，公布后应采取何种措施继续确保此类文物得到切实保护，不应忽视。

第三，法律地位不明确给尚未核定公布为文物保护单位的不可移动文物保护带来了不利影响。

从《文物保护法》的规定来看，我国不可移动文物细分为四类：全国重点文物保护单位、省级文物保护单位、市县级文物保护单位、尚未核定公布为文物保护单位的不可移动文物。但从公布主体来看，文物保护单位的公布主体为各级人民政府，尚未核定公布为文物保护单位的不可移动文物的公布主体则仅为县级文物行政部门，而县级文物行政部门的权力显然是十分有限。现行《文物保护法》对于尚未核定公布为文物保护单位的不可移动文物的保护畸轻，也未明确其法律地位，使此类文物的法律保护事实上没有受到应有重视。要明确其法律地位，使其受到应有保护，首先应提高公布此类不可移动文物的级别，可由县级人民政府（而非其文物行政部门）予以公布，并明确文物行政部门在保护此类文物方面的主导地位。由县级人民政府公布尚未核定公布为文物保护单位的不可移动文物，有利于提升这类文物的法律地位。同时，遇有不同部门之间就同一类文物产生管理事项冲突的情况，本级人民政府亦能发挥协调作用，进而有效避免相互推诿或多头管理对文物保护产生的不利后果。

第四，在完善尚未核定公布为文物保护单位的法律保护措施时，应在充分论证、研究的基础上借鉴可以适用于此类文物保护的有益经验。

客观上发挥了保护作用的手段包括：（1）纳入风貌建筑保护体系进行保护。（2）对这部分不可移动文物中的古民居（或近代现代代表性建筑），目前有两种保护形式：一是纳入历史文化名城、名镇、名村体系，由住宅与房屋建设部与国家文物局在各自职权范围内共同对其开展保护及管理；二是辅之以地方政府专项资金实施保护。单以中央一级人力、财力、物力，显然很难对数量巨大的尚未核定公布为文物保护单位的不可移动文物全部进行有效保护。因此，应当发挥地方在保护此类文物方面的作用，以弥补中央在此类文物保护方面力有不逮的实际情况。

（三）解决思路或立法建议

对尚未核定公布为文物保护单位的不可移动文物可采取以下改进保护措施：

1. 将尚未核定公布为文物保护单位的不可移动文物纳入法律保护体系中

目前，虽然各地在保护和利用尚未核定公布为文物保护单位的不可移动文物方面已经有一些尝试且取得了成效，但对这类文物保护及利用的重视程度仍有差异，这与《文物保护法》有关规定较少且存在模糊性有很大关系。因此，第一，有必要通过制定部门规章或行政法规的方式，进一步明确尚未核定公布为文物保护单位的不可移动文物的法律地位，区分不同类型的不可移动文物，制定对应的保护措施。第二，应积极拓展古民居的保护和利用方式。对于国有的此类不可移动文物，监管重点在于保证其国家所有权属性；对于集体和私人所有的此类不可移动文物，应适当允许其拓展公众参与的渠道（如古民居的认领制度），监管重点在于市场运作对文物可能造成的损坏。第三，应明确尚未核定公布为文物保护单位的不可移动文物的法律地位，将其公布主体上升至县级人民政府，以利于有关部门重视其文物身份。

2. 应当尽快通过挂牌等形式对尚未核定公布为文物保护单位的不可移动文物进行公示

通过公示的方式，有利于明确尚未核定公布为文物保护单位的不可移动文物的文物身份，以对抗某些主体不知其为文物的抗辩。

3. 依据文物所有权不同，保护措施应有不同

依所有权属性不同，对尚未核定公布为文物保护单位的不可移动文物的保护要求应有不同。由于这类文物所有权情况十分复杂，因此，比较实际的做法是：首先，应明确这些文物中哪些是属于国家所有。对于国有文物，国家享有所有权，对企业或者个人行使使用权进行管理，应要求其尽到必要的注意义务；对于集体和私人所有的文物，由于其属于文物，具备准公共产品属性，为保持其价值，其使用、修缮、保养均受到一定限制。其次，国家为公共利益需要对集体和私人所有财产设置一定限制，实际上要求所有权人额外承担保护文物的义务，根据权利与义务应当对等的法理，应当给予所有权人一定补偿。

在不可移动文物保护方面，安徽省黄山市及广东省开平市探索了一种新的文物保护利用方式——认领（养）制度。从调研情况来看，黄山市和开平市的认领（养）制度呈现出不同特点。安徽省黄山市选择一批保存较为完整、价值较突出的古民居作为试点，通过土地置换、以奖代补等方式，获得这些房屋的所有权及使用权；鼓励企业、个人参与维修及古民居的再利用，并给予贷款、担保利率方面的优惠政策。与黄山市古民居多为木制不同，位于广东省开平市的开平碉楼多采用砖石结构，距今年代也较近，保存状况普遍完好。碉楼养护所需费用主要用于日常维护。开平市碉楼多为华侨私产，而华侨多定居海外，碉楼普遍交由他人代管。因此，开平市政府较少采取土地置换方式将碉楼国有化，而是采取委托管理的方式筹措碉楼日常维护费用。目前，开平市政府也在探索允许一部分自行出资养护的认领者将碉楼开辟为开展文化活动场所的途径。

4. 根据不可移动文物的不同情况，选择的保护方法应该有所不同

对于古建筑及近代现代重要代表性建筑，除了进行必要的修缮及保养外，密集的日常维护也十分重要。大量民居及近现代建筑风格并不突出、历史、艺术、科学价值也较小，继续延续其原有功能，所费保护成本较小且能收到较好成效。

5. 文物管理部门应明确职责

天津市对于历史风貌建筑的保护已经形成一套较为完善的保护、利用体系，取得了一定成效。文物行政部门可进一步明确其职责，积极加入风貌建筑中的文物建筑的管理工作中，与其他部门形成良好的互动关系，并将其延伸至风貌建筑以外的文物的管理工作。政府也应在积极加强各部门间协调工作方面有所作为。在成立专门的协调性质（临时或固定的）工作机构基础上，为保证工作机构的运

转，还应进一步细致地就管理中涉及的工作（如历史风貌建筑保护管理中的腾迁、古民居认领，等等）作出规定。

6. 应增强地方人民政府在保护和管理尚未核定公布为文物保护单位的不可移动文物上的作用

一方面，应从法律角度明确地方人民政府在保护此类文物方面的职责；另一方面，应将地方人民政府在包括尚未核定公布为文物保护单位的不可移动文物方面开展保护与利用工作的效果，纳入党政领导干部政绩评估体系予以考核。

三　文物所有权相关法律协调问题研究

《文物保护法》中文物所有权相关的法律协调问题主要体现在与《民法通则》、《物权法》等相关民事法律的协调关系上。

依据我国现行《文物保护法》，文物可分为两类：不可移动文物和可移动文物。以文物的所有主体为标准，与民事法律中所有权规定相一致，我国不可移动文物的所有权主体有三，即国家、集体和私人。

（一）国有不可移动文物管理中所有权和经营权的关系

就国有不可移动文物的开发与利用而言，法律规定的目的在于既保障文物本身安全，又维持文物的“国有”属性。随着文物作为一种优质旅游资源成为地方经济的持续增长点，开发和利用国有不可移动文物方式日趋多样化，参与这些开发与利用方式的管理主体也日趋多元。除了承担文物保护职能的行政或事业单位外，企业也开始介入国有不可移动文物的开发与利用，具体形式则包括将国有不可移动文物作为营业场所、在国有不可移动文物周边建设商业经营项目或直接承担国有不可移动文物的经营性项目运营等等。

1. “所有权和经营权分离”的法律协调状况分析

《文物保护法》第24条规定：“国有不可移动文物不可转让、抵押。建立博物馆、保管所或者辟为参观游览场所的国有文物保护单位，不得作为企业资产经营”。与此同时，2007年10月1日起施行的《物权法》第57条规定：“履行国有财产管理、监督职责的机构及其工作人员，应当依法加强对国有财产的管理、监督，促进国有财产保值增值，防止国有财产损失；滥用职权，玩忽职守，造成国有财产损失的，应当依法承担法律责任”。根据前者，国有文物保护单位显然并不以保值增值为目的。相反，从某种程度上而言，该条规定对通过经营获得收入作出限制；根据后者，履行相关职责的机构有义务依法促进国有财产保值增值，而经营行为正是促进保值的方式之一。这两条规定所体现出的不同立法理念，正是有关国有不可移动文物管理中“所有权与经营权分离”问题讨论的焦点之一。

在文物资源开发中，国家保留所有权，将不可移动文物经营权交由旅游或资产管理企业负责的情况十分普遍。《物权法》第57条确认履行管理、监督职责机构及其工作人员，应当依法加强对国有财产的管理、监督，促进国有财产保值增值，似乎为国有不可移动文物所有权和经营权分离，促进增值提供了法律依据。其实不然。

其一，《文物保护法》第23条明文规定：核定为各级文物保护单位的属于国家所有的纪念建筑物或者古建筑，除可以建立博物馆、保管所或者辟为参观游览场所外，作其他用途的，依据级别不同，分别报不同部门行政审批。第24条规定：“建立博物馆、保管所或者辟为参观游览场所的国有文物保护单位，不得作为企业资产经营。”为进一步规范国有文物保护单位的经营性活动，国家文物局于2011年8月发布《国有文物保护单位经营性活动管理规定（试行）》，对国有文物保护单位经营性活动的性质、禁止事项、备案制度等作出更细致的规定。因此，我国文物保护相关法律禁止将国有不可移动文物中的国有文物保护单位作为企业资产来经营，未经同意及批准，不得改变文物保护单位的用途。

《文物保护法》的规定与《物权法》第57条事实上并不冲突。后者虽然认为相关机构及工作人员负有促进国有财产保值增值的职责，但也强调这一职责必须“依法”履行。就国有文物保护单位而言，《文物保护法》当然应在此处所谓“法”之列。我国《立法法》第83条规定：“同一机关制定的法律、行政法规、地方性法规……，特别规定与一般规定不一致的，适用特别规定”，即“特别法优于一般法”。相较《物权法》而言，《文物保护法》自然是有关文物所有权及管理制度的特别法，应当优先适用。既然《文物保护法》对国有文物保护单位作为企业资产经营作了禁止性规定，其效力是优先的。

其二，虽然地方政府将其负责保护与管理的国有不可移动文物交由旅游企业开发的情况屡见不鲜，但这并非意味着旅游企业获得了文物的所有权。国家所有财产属于全民所有，且这一所有权仅能由国务院代为行使。地方各级政府、国家举办的事业单位以及国家出资的企业，事实上对国有财产仅履行管理、监督职责，而并非这些财产的所有权人，无权占有及处分国有不可移动文物。《文物保护法》第15条规定：各级文物保护单位，分别由各级人民政府划定必要的保护范围，作出标志说明，建立记录档案，并区别情况分别设置专门机构或者专人负责管理。据此，各级人民政府对国有不可移动文物仅有保护及管理的职责，并无处分权。

有的地方将国有文物长期纳入旅游企业，有的地方将国有文物长期置于旅游企业的控制之下，或将国有不可移动文物出让、租赁、承包给旅游企业经营。文物的占有、使用和收益权能实际上长期由旅游企业来行使。这一处理方式客观上使得国家对国有不可移动文物享有的各项所有权权能长期分离，实质上成为地方或企业支配的经营性资产，国家所有权则无从体现。国有不可移动文物经营权与管理权的分离，有可能导致国家所有权的虚置，通过设立国家所有权制度保障包括国有不可移动文物在内的国有文物得到保护及传承的立法目的也就无法实现。

“所有权与经营权分离”的关键并不在于采取何种管理模式，而在于对此类文物的管理是否既保证国家所有权不被褫夺，又能使文物得到妥善保护。

我国法律虽然已经对国有不可移动文物的开发与利用行为作出规制，但仍然有待改进。在处理国有文物的所有权与经营权方面，美国在自然文化遗产管理方面上有一些成功经验颇值得借鉴。美国的自然文化遗产管理体制主要通过国家公园体系建立。这一体系发展出一套处理国有不可移动文物所有权和经营权关系的逻辑，其科学性已经得到广泛认同。在经营机制上，文物资源经营权限的界定十分明确，即仅仅限于提供与消耗性地利用文物核心资源无关的后勤服务及旅游纪念品，而且必须采取公开招标的方式确定经营后勤服务及旅游纪念品的经营者。1965年，美国国会通过了《国家公园管理局特许事业决议法》，要求在国家公园体系内实行特许经营制度，经营者通过招标获得经营权。在经营规模、经营质量、价格水平等方面，经营者必须接受管理者的监管。

我国国有不可移动文物管理领域，一刀切地将文物的所有权利全部交给企业，或完全隔断文物管理与市场的联系，都是不科学的，也无法应对公众日益增长的亲近国有不可移动文物的需求。要科学划定遗产保护与经营的界限；界限划定后，对于允许经营的部分，引入市场竞争机制，并给予相应的优惠政策吸引优质的投资或管理单位进入，才能有效消减国有不可移动文物管理中“所有权与经营权分离”造成的不利影响。

2. 解决思路或立法建议

本项研究报告建议参考美国国家公园管理的有益经验，要取得国有不可移动文物“国有”和“物”两种属性间的平衡，可尝试如下思路制定保护策略：

第一，就强化“国有”身份而言，一方面，可加强对国有不可移动文物所有权权能的监管，这类文物占有、使用、收益权能的实现均应明确记录，并加强档案管理，通过权能实现所得事业性收益应全部用于文物保护；另一方面国有财产的重要功能之一是提供公共服务。若能推动国有不可移动文物的保护和利用纳入公共文化服务体系，将其作为提供公共文化服务的场所，则既能拓宽文物维护经费来源，也能令公众接近文物，促进文物社会效益的实现。

第二，就实现“物”的属性而言，在将国有不可移动文物作为旅游资源开发时应区别对待。在需要大量高要求专业保护缺失后，对文物损害非常大（或旅游开发对文物损害很大且难以修复）的领域，应避免直接针对文物的经营活动，保护条件不成熟的应避免由企业进行经营，由国家规定的专业机构或单位实施有效保护。发展相关文化产业时应不违背《文物保护法》第10条要求，将事业性收入全部用于文物保护。对于允许企业介入的情形也应约定其经营项目及范围，并定期监测经营范围对文物保护的影响。

（二）国有文物收藏单位不再收藏的文物的处置办法

《文物保护法》第45条规定：“国有文物收藏单位不再收藏的文物的处置办法，由国务院另行制定。”而该办法实际上至今仍未由国务院层面制定，因此，从立法技术上来讲，《文物保护法》第45条作为委任性规范实际上并无实质的指向内容，存在不协调之处。

1. 国有文物收藏单位不再收藏的文物的处置办法法律协调状况分析

“国有文物收藏单位不再收藏的文物的处置办法”，其背后所隐含的实际上是所谓馆藏“重复品”的处置问题。这些不再收藏的文物之所以受到关注，乃是缘于部分人对于国有馆藏文物退出馆藏后去向的关注；而更受到关注的则是其是否会进入市场流通环节。对此有关专家认为有两派代表性观点：一派认为馆藏文物退出既能解决库存文物的保管问题，退出的文物进入市场又能满足社会上文物收藏需求，文物处理后的收入还能反哺文物保护事业，利大于弊；另一派则认为，虽然理论上第一派所说的优势都存在，但这一规定一旦松动，难保不会有人为利益驱动而将非重复品或文物价值较高的馆藏文物借此渠道进行倒卖。在未制定预防机制的前提下贸然准予馆藏文物退出，对于馆藏文物安全可能造成难以估量的损害。在条件还未成熟时不允许馆藏文物退出并进入市场。有关该条的争论莫衷一是，难以形成统一意见，遂有《文物保护法》第45条规定。

第45条规定的不协调是立法技术问题，而实质上有关该条的争论关系到大量馆藏文物是否投入市场流通环节的问题。博物馆藏品是文物的重要组成部分，是博物馆最重要的资源，受法律的特殊保护。

由于收藏标准发生变化，或因腐蚀损毁无法修复且无法继续保存价值等原因，一些博物馆藏品会存在退出馆藏的问题。博物馆藏品包括早期海关、公安收缴、罚没后移交、社会捐赠，考古调查、发掘文物等。由于文物资源多寡、博物馆等级高低等原因，博物馆收藏藏品的数量、质量等在全国的分布并不均衡。一些规模较大、位于文物资源丰富地区的博物馆往往库存大量所谓“重复”的价值一般的文物藏品，既占用库房，又没有太大展示价值。国有博物馆间藏品交换又由于交换藏品价值间的差异而往往难以实现；而另一方面，这些“一般”文物藏品在收藏界却十分受青睐。

我国2006年1月1日起施行的《博物馆管理办法》（以下简称《办法》）第22～24条对馆藏文物退出馆藏作出明确规定：

第一，文物退出馆藏的条件。依据《办法》第22条规定，两种藏品可申请退出馆藏：一为不够博物馆收藏标准的藏品；二为因腐蚀、损毁等原因无法修复并无法继续保存价值的藏品。这两个条件涉及如下问题：首先是如何确定某藏品是否已不够收藏标准？其次是如何确定文物已经处于无法修复且无继续保存价值的状态？这些问题背后所隐含的是文物鉴定标准的缺失。而受制于目前文物鉴定的水平、人才状况，文物鉴定标准的出台在短期内绝非易事。《办法》均未作出明确规定，而仅表示：本馆或受委托的专家委员会评估认定后，可以向省级文物行政部门提出申请。该条规定仅对评估主体作出要求，而并未明确评估标准。因此，在实际操作中，由于这些标准并不明确，而国有文物转变所有权属性所涉问题又十分敏感，目前还未有明确将文物退出馆藏进入市场的案例。

第二，文物退出馆藏的程序。国有文物收藏单位依法收藏的文物属于国家所有，收藏单位只是合法的管理者而非所有权人，无权享有文物退出馆藏与否的决定权。作为国家负责文物管理工作部门的文物行政部门享有决定文物是否可以退出馆藏的审批权。《办法》第22～24条对文物退出馆藏的程序作出简单规定。

我国2008年2月发布的《博物馆管理条例》（征求意见稿）所规定的馆藏文物退出程序虽然具体，与2006年《博物馆管理办法》所规定的文物退出馆藏的程序相比较，国有博物馆的文物退出馆藏程序并没有大的变化，仅就一些语言进行了规范，如“复审”改为“审议”，“统一处置”改为“处置”。对非国有博物馆的文物退出馆藏则参考国有文物退出馆藏的规定进行细化，作出更严格的规定。目前，《博物馆管理条例》（草案）仍在进一步修改。馆藏文物退出的两种观点的分歧仍然存在。事实上，文物退出馆藏的问题是存在的，但这些文物退出后并非流入市场，基本上保存在库房中。一些规模较大的博物馆则在文物进馆时已对文物进行筛选，保存珍贵、有收藏价值的文物，并不存在退出馆藏的问题。

2. 部分国外及国际上有关馆藏文物退出的规定

馆藏文物的退出是不可回避的问题。一些国家对馆藏文物的退出作出了相关规定可资借鉴。1980年，澳大利亚《国家博物馆法案》2.9条规定，澳大利亚国家博物馆委员会认为藏品不适合继续收藏或者不适合作为藏品的一部分继续收藏，委员会可以通过买卖、赠与或者销毁的方式处理。美国博物馆协会也针对文物退出制定了指南。出于保护文物价值及涉及道德、公众反映等方方面面的问题，大多数国家对馆藏文物的退出都采取了谨慎态度。馆藏文物退出作为世界文物保护管理中的一个难题，并没有统一标准。

《国际博物馆协会职业道德准则》的“文物退出”部分有如下规定：

2.12 条规定：依据法律或其他权力处置。博物馆依法有处置权或者特定条件下对某些文物享有一定的处置权，必须遵守法律或者特定的要件及程序。也应遵守最初收藏此件文物时的限制条件，除非有证据明确表明这些条件不可能遵守或已对博物馆有实质性损害，可能的话可以通过法律程序寻求救济。

2.13 条规定：馆藏文物的退出。只有在充分了解物品意义、特征（可再生或不可再生）、法律地位，及对其处置是否造成不良公共影响的情况下才可以将文物退出博物馆[12]。

博物馆藏品退出馆藏问题必须严格控制，否则会导致博物馆性质的蜕变和文物资源的流失。即使在《国际博物馆协会职业道德准则》中，对馆藏文物退出的谨慎态度由2.13条的规定即可见一斑。显然，若要借鉴《国际博物馆协会职业道德准则》中所列的纯技术性标准，前述报告中已提到的理论研究不足的弊端在此又得到凸显。《国际博物馆协会职业道德准则》2.13条中提到的馆藏文物退出的前提是“充分了解物品意义、特征（可再生或不可再生）、法律地位及对其处置是否造成不良公共影响”。这些实际上是判断文物是否适合退出的标准。而如何将这些标准进一步细化并对退出影响进行评价，需要评估并权衡退出后的收益及成本。有关馆藏文物退出收益、成本估算研究在国内尚属空白。

3. 解决思路或立法建议

馆藏文物退出本馆馆藏并非意味着其退出国有馆藏序列。国有馆藏文物属于国家财产，博物馆无权自行将其有偿转让。文物藏品的根本属性是不可再生性，不存在重复或有无价值的问题，不应以此作为有偿转让的理由。此外，还可采取其他适宜方法来解决这个问题。鉴于我国博物馆普遍存在藏品资源分布不均的情况，在各项研究尚不充分的情况下，应优先考虑将退出本馆馆藏文物清单进行公示，同意退出馆藏的，可由其他国有博物馆优先借用或者调拨，并给予适当补偿。

本项研究报告建议文物保护法对馆藏文物的规定可以参考《国际博物馆协会职业道德准则》制定框架性的原则和法律责任，具体的操作规范由国务院规定。一旦确定文物可以退出国有馆藏序列，仍应遵循几个基本原则：一，公众利益优先，应确保国家（如国有文物商店）[13]及公共机构（如科研机构）的优先购买权以及国家文物行政主管部门的退出馆藏决定权；二，程序公正，应通过公示、拍卖等形式处置退出馆藏文物，并建立退出馆藏文物档案。

（三）关于文物的私人所有权

1. 私人文物所有权人的权利与义务不对等

文物是具有特殊文化价值的物品，对文物的保护是基于公共利益需要。为了实现文物保护这一公共利益，我国《文物保护法》对私人文物所有权进行了限制，而使一小部分文物所有权人所享有的文物所有权受到强行限制，承受了与其他人相对不平等的负担，其中不仅包括妥善保管的义务，还包括在法律对私人文物所有权限制情况下所有权人的容忍义务。在私人文物所有权人的合法权益得不到有效救济和补偿的情况下，其所享有的权利和承担的义务之间就会出现失衡，并由此挫伤了私人文物所有权人保护文物的积极性，甚至很多文物所有权人因为法律针对私人文物的所有权只有限制而没有相应的及时的补偿，而不愿意将自己的财产认定为文物，使得文物所有权限制制度的设置违背了文物保护的初衷。

因此，应当制定对私人文物所有权人的补偿措施，调和公共利益与私人文物所有权之间的平衡，对于权利受到限制的私人文物所有权人有权依法获得相应的补偿。明确规定具体实施补偿的行政机关、权限、补偿方式、补偿标准等。

首先，可以采取多种补偿方式，形成包括直接补偿和间接补偿并存的多渠道补偿体系。直接补偿主要是指金钱补偿；间接补偿包括给予私人文物所有权人以政策优惠，如给予其一定比例的税收方面的减免、对其保护文物的行为予以物质和精神奖励、为私人文物组织文物展览、邀请私人文物所有权人参加文物相关学术活动，参观陈列等等。

其次，补偿标准的确定应当坚持公平原则。一般而言，补偿应当兼顾国家利益和私人利益，应从私人文物所有权应当获得但没有获得的收益以及在所有权受限的情况下所遭受的损失这两个方面予以考虑，对私人文物所有权人的补偿应当足以弥补其所遭受的损失，同时可以略高于其所遭受的损失。1949 年《德国基本法》所规定的行政补偿标准是以公平地衡量公共及参与人之利益后而确定（第 14 条）。这样既平衡了文物所有权人的利益，同时又不至于因补偿费用过高而造成对社会公平价值的损坏。通过设计缜密的制度性规定保证在给予私人文物所有权人适当补偿的同时，又能够杜绝所有权人以文物为借口商业性漫天要价。

2. 私人文物所有人的权利救济机制不完善

我国立法对私人文物所有权缺乏必要的权利救济，私人文物所有权人所享有的权利与承担的义务难以达到平衡。特别是针对在所有权限制过程中出现的违法行为，私人文物所有权人没有提出申诉或抗议的权利，只能无条件接受。我国《文物保护法》第 21 条规定了非国有不可移动文物所有权人的修缮义务，特别是所有人具备修缮能力而拒不履行修缮义务时，由政府给予抢救修缮，由所有权人负担所需费用，此处规定的是所需费用，而不是所支出的费用。按照常理，所有权人的支付行为应当是发生在政府修缮之后，在所有权人支付时，修缮究竟花费了多少应当是一个定数，而所需费用的提法则具有很大的不确定性，为相关机构的漫天要价、权力滥用提供了可乘之机。同时，即便是负担所支出费用，对于在修缮过程中，政府是否尽到了节约成本的义务，对于所有权人应当承担的费用的多少，所有权人是否有权提出异议，如果所有权人对费用数额与政府之间发生争议，争议应当如何处理，能否通过行政复议或司法程序获得救济，以及所有权人对自己权利予以主张时应当遵循怎样的程序等问题，法律都没有规定。既然由国家代为修缮，而由所有权人支出费用的行为不具有惩罚性质，那么所有权人负担的就应当仅限于支出的部分。

本项研究报告建议从制度上加强对私人文物所有权人的权利救济，保障私人文物所有权人的合法权益。具体而言，这一补偿包括以下环节：

首先，当私人文物所有权人的权利受到限制时，相应的行政机关应当告知其所有权受限的法律依据及其享有的获得补偿和法律救济的权利、标准、方式等；

其次，听取私人文物所有权人的意见，答复私人文物所有权人提出的问题；

再次，相应的行政机关应当与私人文物所有权人在平等的基础上就补偿的相关事宜进行协商，尽量达成双方都能接受的补偿协议；

最后，经过协商之后，如果对补偿价格达不成一致，则由行政机关负责协调，对协调不成的，则由行政机关运用行政权予以裁决，做出最终的补偿决定。

在补偿决定做出后，通过建立行政复议与行政诉讼机制，实现对私人文物所有权人的权利救济，特别是要在文物保护相关立法中尽快确立有关对文物所有权限制补偿的“司法最终原则”。需要注意的是，无论是文物所有权的行政补偿程序，还是法律救济程序都应当尽可能简化，从而降低文物所有权人保护自身权益所应当支出的成本（包括时间成本和经济成本）。这样不仅有利于私人文物所有权人对行政主体行使行政权的监督，而且也有利于现代法治公平正义理念的实现。

四　考古发掘相关法律协调问题研究——以文物影响评估制度为中心

《文物保护法》有关考古发掘的规定存在一些法律规范的行为模式内容不够周延的不协调问题，由此影响到文物部门在建设工程中考古发掘监管主动性的发挥，不利于法律规范起到应有的规制作用。本项研究报告提出了有关文物影响评估制度的法律构想，以通过这一预防机制减少建设单位“以身试法”的可能性。

《文物保护法》第29条规定“进行大型基本建设工程，建设单位应当事先报请省、自治区、直辖市人民政府文物行政部门组织从事考古发掘的单位在工程范围内有可能埋藏文物的地方进行考古调查、勘探”。如果不按照规定履行报批手续，擅自迁移、拆除不可移动文物且尚不构成犯罪的，由县级以上人民政府文物主管部门责令改正，造成严重后果的，处5万元以上、50万元以下的罚款；情节严重的，由原发证机关吊销资质证书[14]。

《文物保护法》的上述两条（款）规定存在“行为模式”和“法律后果”的关系，二者存在不协调之处。

首先，就法律后果而言，其所规定的后果并未与行为完全对应。实际上，对于前者，《文物保护法》并未规定完全对应的法律后果。因为前者所禁止的“不报请进行考古调查、勘探”不履行行政审批程序的行为，在法律责任中并未作出规定；在实践中，由于法律并未对违反审批程序的行为设定处罚，文物主管部门仅能依据《文物保护法》第66条第1款第3项有关法律责任的规定进行执法。此外，后者又是以“发现不可移动文物”且相对人已经实施了“擅自迁移、拆除不可移动文物”为处罚前提。因此，从法理上来说，如果建设单位虽未履行报批程序，但在工程范围内“未发现不可移动文物”或“未擅自迁移、拆除不可移动文物”，文物主管部门并不能仅依据其未报批对其予以处罚。至于建设单位是否确实有此行径，文物主管部门并无法随时获悉，这就给建设单位创造了较大的“可为”空间，反而为其破坏建设工程过程中发现的文物提供了机会。

此外，就罚款而言，与房地产开发、基础设施建设产生的丰厚收益相比，《文物保护法》所要求行为人承担的5万到50万元的罚款显然并非难以承受，存在“罚不当责”的不协调问题。当文物行政部门发现一些违法行为予以制止，并根据《文物保护法》第66条第1款第3项规定处以行政罚款后，仍然有相当数量的建设单位没有停止施工行为。究其原因，则主要是因为《文物保护法》所规定的行政处罚相对较轻，并不能对行政相对人（建设单位）产生足够的威慑力。不少建设单位选择不事先报请考古发掘文物，就是其“趋利避害”的必然选择了。

导致上述行为模式与法律后果不协调的外部原因之一，是政府在出让土地使用权或开展大型基本建设工程前并未进行事前的考古发掘，而是将因考古发掘而导致项目暂停或取消的风险转移给了建设单位，进而使大型基本建设中考古发掘的主动权也转移给建设单位。针对这一情况，不少专家提出通过建立文物影响评估制度，能有效解决大型基本建设工程中法人违法的问题。文物评估越早介入建设项目，文物部门就会显得越主动[15]。文物部门应当在项目规划之初就进行文物评估，从设计时就开始考虑文物保护的问题。一旦建设立项规划完成后再开始文物评估，参与到建设活动中的各方损失都将较大，文物部门因之而被动。

（一）文物影响评估的必要性和可行性分析

目前，国内诸多考古（工作）队主要还是因大型建设工程考古需要开展工作，还有一些针对被盗掘古墓葬开展的考古工作，而这些考古工作均属于业内所谓“抢救性考古”范畴。在大型建设工程中启动考古工作是有法律依据的。《文物保护法》第37条规定：“进行大型基本建设工程，建设单位应当事先报请省、自治区、直辖市人民政府文物行政部门组织从事考古发掘的单位在工程范围内有可能埋藏文物的地方进行考古调查、勘探。”据北京市政协公布的一项调查结果表明，2007～2008年，在北京市4191项新开工建设项目中只有97项进行了考古勘探，近98%开工项目未进行文物勘探[16]。建设单位不报请进行考古发掘的行为显然违反了《文物保护法》规定。现行《文物保护法》已经考虑到建设工程对地上、地下文物造成的破坏，有关建设工程事前考古方面的规定仍欠细致，并缺乏强制执行措施，事前预防措施的缺失也是考古发掘规则规定不协调的表现。

我国已经探索出一种能在很大程度上确保建设单位进行大型建设工程前考古发掘的手段——文物影响评估。文物影响评估制度借鉴环境保护领域的“环境影响评估”体系，结合文物工作的具体特点，引起文物管理部门越来越重视。

任何建设项目在施工期间或投产以后都会对周围的文化环境产生一定的影响，有的可能影响街区整体布局，有的可能影响文物保护单位景观。在确定项目之前，对建设项目的选址、设计，以及在建设工程施工过程中和项目建成投产后可能对文化环境造成的影响进行调查、预测和评价，提出防治措施，按照法定程序进行报批，这是预防文化环境遭受破坏的根本措施，体现了预防为主的原则。

我国实行文物影响评估制度有法可依。《文物保护法》第20条、国家文物局2007年下发的《关于加强基本建设工程中考古工作的指导意见》、2009年印发的《国家考古遗址公园管理办法（试行）》第7条均为文物影响评估提供了可行性及法律依据。实际的情形则是建设单位和国家考古遗址公园申请立项时提交的文物影响评估报告内容相对简单，而且缺乏深入细致的分析及阐述。

文物影响评估制度已有相关实践实例。西安地铁、郑州轨道交通建设等工程都制作了建设项目文物影响评价报告，取得了较好的社会反响。国家考古遗址公园申报时，也将提交文物影响评估报告作为申报材料之一列入。这些都充分体现了国家对于文物影响评估制度的肯定和积极推介态度。

文物保护与环境保护在很多方面具有相似性（如同样在很多情况下是阻碍建设工程的因素，同样由于所管理的对象状况未知而存在监管上的困难等等），因此，环境保护部门所建立的环境影响评价体制值得文物保护工作有益借鉴。

除了对建设工程进行日常的巡查和竣工验收外，环境保护部门还在一定程度上参加了建设工程的立项审批工作。当然，该部门能够取得较大的话语权，固然与环境作为我国基本国策的地位密不可分。与文物管理部门类似，环境保护部门本身也并无执法权，甚至也不掌握任何资源。凭借环境影响评价制度，环境保护部门坚实地树立其在建设工程中地位，通过预测和评价建设项目对环境可能造成的消极影响，环境影响评价体制的环境污染预防功能得到了很大程度的实现。

环境保护部门在建设工程中的环境影响评价，主要是通过“三同时”制度来实现其约束力的。根据我国《环境保护法》第26条规定，建设项目中防治污染的设施必须与主体工程同时设计、同时施工、同时投产使用。为了保证“三同时”的执行，防治污染的设施必须经原审批环境影响报告书的环境保护行政主管部门验收合格后，该建设项目方可投入生产或者使用，由此，环境保护部门通过建设项目启动审批权限的取得，掌握了在该领域管理的主动权。

（二）我国香港特别行政区文物影响评估制度引介

关于建设项目的文物影响评价，一些国家和地区已经存在相关实践可供借鉴。香港特别行政区规定，自2008年1月1日起，所有的基本工程项目都必须进行文物影响评估。该规定强调需尽一切努力避免或减轻因将会展开政府基本工程项目而进行的任何拟议工程对“文物地点”[17]构成的不良影响。在工程代理提交给立法会辖下公务小组委员会的报告中，应包括一段将由古物古迹办事处（古迹办）审批的“文物影响书”内容，清楚说明有关工程项目是否影响任何“文物地点”；如会造成影响，便须说明将采取什么缓解措施，以及拟议措施在公众参与过程中是否得到大众支持。《荔枝角医院文物影响评估报告》即为实例（图4、5）。

荔枝角医院位于九龙荔枝角。制作报告起因在于荔枝角医院已闲置多年，拟活化及再利用为“香港文化传承”项目。根据香港特别行政区政府发展局的“基本工程计划文物影响评估机制技术通告（工务）”（Heritage Impact Assessment Mechanism for Capital Works Projects）。荔枝角医院文物影响评估报告提交的目的有二：一为制定历史建筑及其地点作为一个整体的保护政策，并提出方案；二为提出缓解措施以减低活化建筑过程中的负面影响。编写经过如下：

与我国大陆地区通行的文物影响评估报告相比，该报告有如下特点：

（1）香港地区文物影响评估制定了评估标准。香港地区和大陆地区都规定基本建设工程均需制作文物影响评估报告。但不同的是，香港地区在作出文物影响评估报告要求后，很快出台了“基本工程计划文物影响评估机制技术通告（工务）”，而我国大陆地区的文物影响评估的制定标准则尚在探索之中。

（2）文物影响评估对象较广。在中国大陆，目前明确要求提交文物影响评估报告的项目有二：一为大型基本建设工程，一为国家考古遗址公园建设。在香港地区，“基本建设工程”并非仅指房地产开发、市政建设等项目，所有可能影响在册历史建筑和文物点的工程均需提交文物影响评估报告。报告经发展局与康乐及文化事务署古物古迹办事处审批后，建设才能展开。当然，这也与香港地区古物古迹数量相对较少、管理相对便利相关。中国不可移动文物数量庞大，当然也不必要求所有文物影响评估报告均提交至最高级别的文物行政管理部门。

（三）解决思路或立法建议

参考中国大陆地区的环境影响评估制度及中国香港地区的文物影响评估机制，本项研究报告建议文物主管部门应当以更加积极主动的姿态介入建设工程的立项审批环节，而不是仅对工程设计方

目錄

引言

.1 背景資料
.2 概要及目的
.3 研究方法及依據
.4 定義
.5 限制
.6 作者
.7 致謝

歷史價值及重要性

.1 荔枝角醫院的歷史背景
.2 建築特色
.3 重要建築部份及細節

計劃簡介及用途

.1 目標及概念
.2 計劃內容及設施
.3 整體佈局

重要考慮因素

.1 設計及籌備階段的考慮
.2 施工期間的安排
.3 規劃及法例要求
.3.1 城市規劃及土地用途事宜
.3.2 現行建築物條例的要求和安排
.4 建築物現況
.5 空調系統

保育政策及緩解措施

.1 荔枝角醫院之保育政策
.2 緩解措施列表
.3 詮釋
.4 維修計劃
.5 歷史建築物管理建議
.6 未來發展

保育方案的實施

.1 財務安排
.2 人力資源安排
.3 紀錄工作
.4 時間表

參考書目

附錄

8.1 荔枝角醫院圖則
8.2 未來用途：香港文化傳承之設計圖則及效果圖

图4　《荔枝角医院文物影响评估报告》目录

案做出同意与否的决定。可以借鉴环境影响评价机制，建立文物影响评价机制。即对规划和建设工程施工后可能造成的不可移动文物及其周边环境影响进行分析、预测和评估。具体包括两方面的内容：

1. 规划环节的文物影响评估。各级政府及有关部门对其组织编制或负责审批的事关土地利用的规划，应当在编制过程中进行文物影响评价，编写该规划有关文物影响的内容。未编写文物影响内容的规划方案，审批机关不予审批。审批机关在审批相关规划文件之前，应当由文物主管部门及有关专家组成审查小组，由审查小组对规划方案提出书面审查意见。这样既有利于贯彻预防为主的保护原则，把破坏活动控制在土地一级开发之前，防患于未然，又强化了文物主管部门在土地规划中扮演的角色，与前文所述“加强文物主管部门的职能”相契合。

2. 建设项目的文物影响评价。借鉴环保部门的环境影响评价机制，可以将这一机制的技术性规范移植到文物保护之中，即要求文物的评估、保护方案设计与建设施工设计同时进行。建设单位及其主管部门必须在建设项目可行性研究的基础之上，编制建设项目的文物影响评估报告书，经文物主管部门审查同意后，再编制建设项目的计划任务书。在工程建设前期项目建议书、可行性研究和初步设计

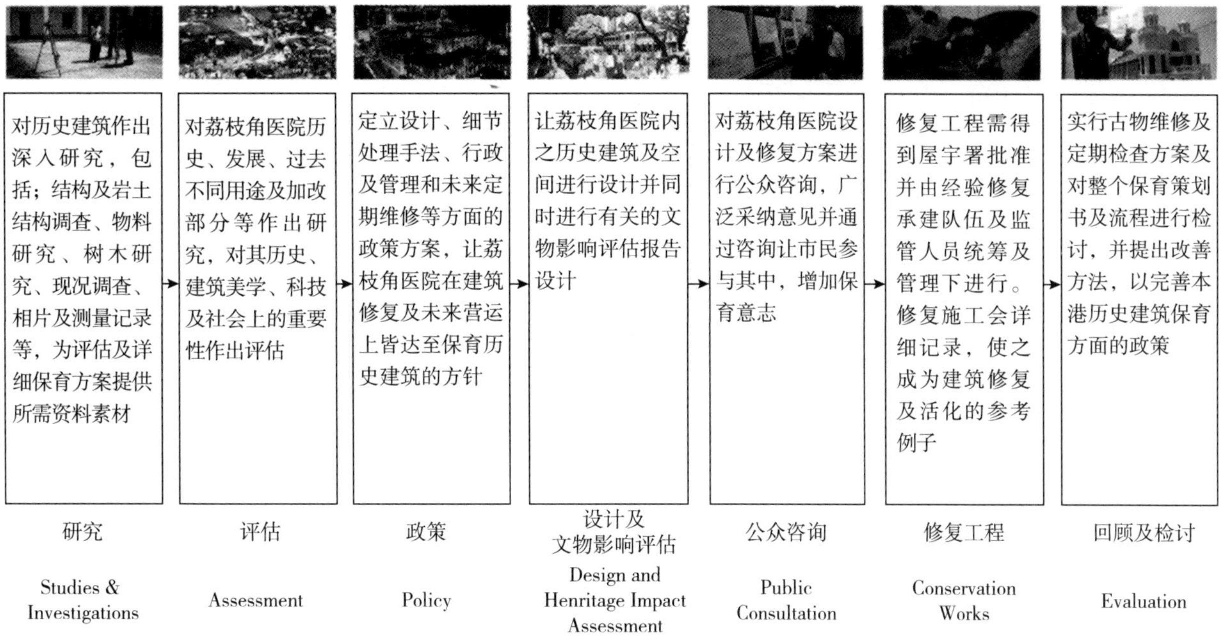

荔枝角医院活化为香港文化傅承之建议文物保育流程

图5　《荔枝角医院文物影响评估报告》编写流程

等环节都要严格遵守由文物行政部门参与的房地产建设规划审批程序。同时，需要由文物部门组织考古机构摸清建设项目涉及和影响区域的文物分布情况对其进行专项考古调查。经文物部门认可后，方可由文物部门委托具有考古勘探资质的单位进行考古勘探，再委托具有考古发掘资质的单位进行考古发掘[18]。

为更好地解决文物保护和建设活动的矛盾，实现二者的良性互动，《文物保护法》或其实施性立法可对建设项目的文物影响评价做出如下规范：建设项目的文物影响评价文件应当由具有文物影响评价资质的机构编制，文物影响评价资质的授予办法由国务院做出具体规定。文物影响评价文件编制完成后，应当由建设单位报有审批权的文物主管部门审查批准。各级审批机关在审批建设项目的可行性研究报告、计划任务书、选址报告和初步设计时，应与文物主管部门磋商，确保对文物保护的要求，与其他经济技术问题一并作出决定。文物影响评价的原则包括：现存的史迹文物不受显著影响；潜在文物埋藏地不被破坏灭迹或无明显变化；保持文物环境的美学价值和旅游经济价值等等。文物影响评价还应当包括对不可移动文物整体景观的视觉影响评价及有关保护措施。建设项目竣工验收，须有文物主管部门参加，对文物保护措施的执行情况及其效果进行检查。

五　文物流通相关法律协调问题研究

文物流通是指可移动文物的依法转让和经营。“文物转让”是指文物收藏者将其文物的所有权让与他人，主要是指《文物保护法》第50条所规定的文物收藏单位以外的公民、法人得以依法取得文物的如下几种方式：（1）依法继承或者接受赠与；（2）从文物商店购买；（3）从经营文物拍卖的拍卖企业购买；（4）公民个人合法所有的文物相互交换或者依法转让；（5）国家规定的其他合法方式。通过这五种方式取得的文物是能够依法流通的。“文物经营”是指文物购销、拍卖等商业性活动。根据《文物保护法》的规定，我国只有文物商店和经营文物拍卖的拍卖企业这两个主体能够经营文物。本项研究报告选取了文物捐赠、“善意取得”在中国国内适用中的法律协调问题作为论述重点。

（一）关于民间收藏文物作为流通对象

根据《文物保护法》第50条第1款第4项的规定：文物收藏单位以外的公民、法人和其他组织可以收藏通过公民个人合法所有的文物相互交换，或者依法转让方式取得的文物。但《文物保护法》一方面明确了民间文物收藏者的所有权，另一方面又对文物的流通可否采取十分含糊的表述，与《物权法》及相关民法原理中对所有权制度的设置，明显地存在不协调之处。

在如何明确民间收藏文物是否获得法律认可的讨论中，有一种呼声日益得到公众的认同，即建立民间收藏文物登记制度。通过该制度，明确民间收藏文物的所有权，进而加强对社会流散文物的保护与管理。这也是大部分文物丰富的国家通行的做法。埃及、意大利、西班牙等国家为了保护本国的文物以及维护文物市场和民间收藏的正常秩序，都对文物的买卖和收藏实行鉴定、登记和转让制度，规定只有进行过鉴定、登记和注册的文物，才能进入流通领域，才能合法收藏。埃及1983年颁布的《文物保护法》规定：“经营文物的商人和非经营性的文物收藏者，自本法生效之日起6个月内要向文物局申报其所收藏的文物，并负责保护直至文物局根据本法登记为止。在上述期限内如未申报和登记所收藏的文物，属非法占有或收藏文物，不得享受本法有关文物收藏的规定。”

借鉴前述国家民间收藏文物登记制度的程序要求，我国民间收藏文物登记制度应该包括以下几个方面：

1. 确定登记机关。根据国际惯例，应明确各地文物行政管理部门为民间收藏文物的登记机关。各地文物（文化）行政管理机关是国家法定的保护管理文物的职能部门，以其为登记机关具有法律上的合理性。

2. 确定登记对象。对民间收藏文物进行登记，就是要对公民、法人和其他组织收藏的文物进行登记。除此以外，国家也应明确文物市场的中介单位，包括文物商店、文物拍卖公司和古玩市场，也是民间收藏文物登记的相对义务人。

3. 明确登记方式。根据我国文物工作的实际情况，国家应建立主动登记与强制登记相结合，建立主动登记为主、强制登记为辅的制度。主动登记即国家通过颁布法律的形式，或者是通过公告和书面通知的形式，要求文物收藏者在一定的时间期限内向国家指定的登记机构申报自己收藏文物的相关信息，并使自己的合法权益得到确认。当登记义务人拒不履行登记义务时，国家为达到规定的工作目标可以采取强制性登记措施。对被强制登记的义务人，可以适当采取行政处罚措施，如罚款、禁止交易、没收等。

4. 明确登记范围。采取一定的标准对民间收藏的文物进行分级，然后再对相应等级的文物进行登记。建议可以参照2001年4月9日文化部公布的《文物藏品定级标准》，在定级的基础上对三级以上的珍贵文物进行登记，而对具有一定历史、艺术、科学价值的一般文物不予登记。

5. 明确登记内容。登记内容一般应由三部分构成，第一部分是文物所有人或持有人相关信息。第二部分是取得文物的相关信息，包括取得文物的方式、时间、价格等，特别是对文物的来源要详细注明。第三部分是文物的本体信息。

6. 文物让渡登记。从文物的出售到文物转移的各个过程都必须有详细的记录、跟踪，特别是对买受人的情况。

7. 登记信息公示。文物行政管理部门对民间收藏文物进行登记后，一方面要向收藏者颁发收藏证明书；另一方面要通过公告等适当的形式向社会发布登记文物信息，表明国家对文物信息申报者文物所有权的确认[19]。

民间收藏文物登记制度对民间文物的收藏者提出要求，即要求其在进行文物登记时，应该证明该文物的所有权归属，如果由于自身的能力、知识、技术等问题无法证明文物来源的应该允许其通过相应的法定鉴定机构求助，以获取证明，只有经过登记公示后的文物才能允许交易。因此，建议增加类似规定："民间收藏文物经文物主管部门登记公示后方可转让，具体登记办法另行规定。"或第50条追加一款："可以依法证明其所有权的。"

（二）文物捐赠中的法律协调问题

现行《文物保护法》表明了对文物捐赠的鼓励态度。该法第12条第3项明确表示："有下列事迹的单位或者个人，由国家给予精神鼓励或者物质奖励：……（三）将个人收藏的重要文物捐献给国家或者为文物保护事业作出捐赠的。"同时，该法第52条第1、2款规定："国家鼓励文物收藏单位以外的公民、法人和其他组织将其收藏的文物捐赠给国有文物收藏单位或者出借给文物收藏单位展览和研究。国有文物收藏单位应当尊重并按照捐赠人的意愿，对捐赠的文物妥善收藏、保管和展示。"而对于文物捐赠应遵循何种程序、捐赠双方应承担何种权利和义务，《文物保护法》并无规定。如果单位或者个人捐赠文物，只能适用《中华人民共和国民法通则》（以下简称《民法通则》）、《中华人民共和国物权法》（以下简称《物权法》）、《中华人民共和国合同法》（以下简称《合同法》）、《中华人民共和国文物保护法》（以下简称《文物保护法》）以及《中华人民共和国公益事业捐赠法》（以下简称《公益事业捐赠法》）等法律的规定。体现在文物捐赠这一行为上，《文物保护法》的一些规定与其他法律的规定同时得以适用，由此产生法律协调问题。

1. 文物捐赠法律关系

（1）文物捐赠合同的主体

在文物捐赠合同中，转让文物的一方为赠与人，接受文物的一方为受赠人。

① 捐赠人

《文物保护法》第52条第1款"国家鼓励文物收藏单位以外的公民、法人和其他组织将其收藏的文物捐赠给国有文物收藏单位或者出借给文物收藏单位展览和研究"的规定明确了文物捐赠的主体范围包括公民、法人和其他组织。由于国有文物收藏单位仅仅是国有文物的看护者，不是文物所有权人，无权处分其收藏的文物，因此，《文物保护法》明确规定，国有文物收藏单位不得将其馆藏文物赠与、出租或者出售给其他单位、个人。即国有文物收藏单位不得作为文物捐赠的主体，任意处分馆藏文物。

② 受赠人

《文物保护法》规定，将个人收藏的重要文物捐献给国家的，由国家给予精神鼓励或者物质奖励；

鼓励文物收藏单位以外的公民、法人和其他组织将其收藏的文物捐赠给国有文物收藏单位或者出借给文物收藏单位展览和研究。可见，国家及其设立的国有文物收藏单位应当成为文物捐赠的主要受赠主体。但是，对于国家作为受赠人的文物捐赠行为，我国《文物保护法》只是概括性地用一个条文规定将个人收藏的重要文物捐献给国家的可以获得奖励，至于在实际操作中，究竟哪个部门或机构有权代表国家接受捐献？是国有文物收藏单位还是文物行政主管部门？抑或是其他政府机构？法律对此并无详细规定。由此就会导致当公民拿着自己收藏的文物想要捐献给国家时，有可能出现因法律规定的不明确而不知道该捐到哪个部门，最后使得捐赠流产的现象。

（2）文物捐赠合同的客体

依据《文物保护法》的规定：首先，国有文物不得捐赠；其次，来源不合法的文物不得作为捐赠对象。

（3）文物捐赠合同的内容

目前针对文物的捐赠合同并无相关法律规定，但由于文物的特殊性，应根据《物权法》、《合同法》、《公益事业捐赠法》的相关规定，要求文物捐赠中法律关系各方签署文物捐赠合同，重点对以下方面的内容加以规定：

① 捐赠人的义务和权利

重点对转移文物所有权的义务、依法撤销合同的权利、请求履行合同附随义务的权利、接受精神鼓励或者物质奖励的权利、瑕疵担保的责任进行规定。

② 受赠人的权利和义务

重点对请求捐赠人履行给付的权利、请求捐赠人赔偿损失的权利、向捐赠人提供捐赠凭证、妥善管理捐赠标的物的义务、接受监督的义务、尊重捐赠人隐私的义务。

2. 问题、解决思路或立法建议

本项研究报告建议从如下方面解决文物捐赠相关法律不配套、不协调问题。

（1）加强捐赠文物来源的合法性审查

国有文物收藏单位在接受捐赠时有必要对文物来源的合法性予以审查，重申国家享有对某些文物的所有权，引导公民和其他社会组织合法捐赠。但是，我国目前的法律规定对文物来源合法性应该由哪个部门负责审查，应依据何种具体程序进行审查，以及对于文物来源不合法的文物应当如何处理等问题均未明确规定。即便文物部门内部有一定的工作规程，普通公民对这些规程也无从知晓。

对以上问题，法律应当予以进一步明确，制定具体而富有操作性的审查程序，建立严格的文物来源合法性审查机制，并向社会广泛宣传。只有经过法定程序认定其来源合法后，文物收藏单位方可接受捐赠。如果情势紧急，则可以根据我国文物保护“保护为主、抢救第一、合理利用、加强管理”的方针，由文物收藏单位先行采取保全措施，待审查结束后，视审查结果再依法处理。

（2）建立健全文物捐赠的税收激励机制

我国文物保护法规定，将个人收藏的重要文物捐献给国家或者为文物保护事业做出捐赠的，由国家给予精神鼓励或者物质奖励。但是由于该规定过于宽泛，不具有操作性。特别是在物质奖励方面，我国目前给予文物捐赠人的物质奖励主要表现为现金奖励。给予捐赠人一定的现金补偿当然能够鼓励公众向国家捐赠文物，但同时也应看到，文物捐赠具有明显的公益性，如果给予捐赠人的现金补偿过高，则不仅会明显增加国家的财政负担，也会刺激某些捐赠者追名逐利的欲望，甚至可能引发腐败。这种以现金奖励为主要方式的物质奖励制度功能过于单一，很难在激励捐赠和弘扬公益之间实现平衡。

国际上很多国家通过对捐赠文物的个人或社会团体给予大幅度税收减免的方式，以保障文物事业的发展，取得了良好效果。法国对资助收集民间宝藏和有重要遗产意义作品的个人和社会团体给予较大幅度税收减免优惠。2004 年，家乐福集团向法国政府提供 1100 万欧元，资助其购得包括达·芬奇、米开朗基罗、拉斐尔等大师作品在内的 111 幅意大利文艺复兴时期和巴洛克时代精美绘画，家乐福因此被免除了约 990 万欧元的应缴税，相当于应缴税总额的 90%。美国为了鼓励公益捐赠，对于向公益机构进行捐赠的企业也都会给予 30% 左右的免税额度。这一政策有效地激励了社会捐赠的开展，美国公益捐赠蔚然成风。特别是在纽约大都会艺术博物馆 300 多万件艺术珍品当中，有大约 90% 都来自于社会捐赠[20]。

给予文物捐赠者一定的税收优惠，不仅可以有效缓解因给予捐赠人高额现金补偿而给国家带来的经济压力，而且也能够切实给捐赠人以实惠，从而起到激励捐赠的目的。但是我国目前对文物捐赠者的税收优惠鲜有涉及，而有关税收优惠政策的法律规定也较为分散，主要分布在《关于完善城镇社会保障体系试点中有关所得税政策问题的通知》、《个人所得税法实施条例》、《企业所得税法》、《公益事业捐赠法》以及《国有公益性收藏单位进口藏品免税暂行规定》等法律法规中。由于缺乏统一的法律标准，有关规定无法有效衔接，导致实践中有关文物捐赠的税收减免无章可循，无法对文物捐赠起到实质性的激励作用。

本项研究报告建议，应尽快建立专门针对文物捐赠的税收减免政策，统一文物捐赠税收优惠标准，对文物捐赠人较一般捐赠人可以适当提高捐赠扣除的比例，加大优惠力度，同时可以根据所捐赠文物的等级确定不同的优惠幅度，提高捐赠人捐赠的积极性。此外，应进一步规范和简化税收优惠程序，广泛宣传税收优惠政策，使税收优惠政策公开透明，便于捐赠人优惠手续的办理。

（3）完善对文物捐赠的监督机制

《文物保护法》规定文物行政部门和国有文物收藏单位的工作人员不得借用国有文物、不得非法侵占国有文物，国有文物收藏单位应当尊重并按照捐赠人的意愿，对捐赠的文物妥善收藏、保管和展示。虽然我国《公益事业捐赠法》规定，受赠人每年度应当向政府有关部门报告受赠财产的使用、管理情况，但是由于以上规定过于原则，操作性不强，无法真正达到监督的效果，现实中捐赠文物被私分、毁坏、侵占、贪污的现象屡见不鲜。咸阳市政协某些官员违背捐赠人的意愿，非但没有尽到善良保管义务，反而以“保管”的名义长期侵占受赠文物，不仅侵犯了国家的文物所有权，也侵占了文物捐赠人的合法权益。

建立全方位的文物捐赠监督机制不仅包括捐赠人的监督，也包括社会监督和司法监督。国有文物收藏单位应当在本单位内部指定专门部门负责处理捐赠人及其近亲属对所赠文物的查询、监督和建议，并向捐赠人及其近亲属及时反馈查询与处理结果。捐赠人发现受赠人有故意挪用、截留、私分捐赠文物的行为时，有权行使撤销权和赔偿请求权。同时，政府部门应当通过建立专门的统一监管机构以定期和不定期的调查、审计、评估的方式对捐赠文物的使用情况进行监管，文物行政主管部门和接受文物捐赠者的上级部门要指定专门机构或指派专人负责对捐赠工作进行监督。而司法监督作为对文物捐赠监督的最后防线，应当尽快完善文物捐赠相关的处罚和问责机制。相关人员挪用、贪污、侵占、毁损捐赠文物构成犯罪的，要按照刑法相关规定依法惩罚，利用司法手段保护国家公共利益，维护捐赠人的权利。文物捐赠作为公益性捐赠事业，受赠人应充分利用网络、电视、报刊等媒体向公众公开捐赠信息及受赠财产的使用情况，接受社会公众的监督，保障公众的知情权。

（三）文物“善意取得”制度在中国国内适用中的法律协调问题

“遗失物不得适用善意取得”已为《物权法》所明确，有学者认为可据此“举轻以明重”，遗失物尚且如此，盗赃物的获得，无权处分人主观恶意更大，自然更是不能适用[21]。法国、德国等大陆法系国家亦都确认了盗赃物不得适用善意取得制度的立法例，但也有例外。《德国民法典》第935条规定：对于金钱、无记名证券以及以公开拍卖方式出让的物不计入该不得适用范围内。因为金钱和无记名证券属于民法理论中所称“种类物”，不具特定性，难以令一般人以常识判断其是否属于特定个人所有；而公开拍卖方式出让的物往往在其进入拍卖程序之前已对物的所有权应当无瑕疵作了相应的制度设计，公开场合本身也已是公示公信的一种形式，为了交易的便利，此二者都得适用善意取得制度。

中国市场上流通的文物通过出土、盗掘方式获得的不在少数，国内水下、地下文物的盗掘、出土文物的哄抢现象较为普遍。现行《拍卖法》对拍卖行要求委托人提供合法所有权证明时仅使用了“有权要求”的措辞，实则成为拍卖行消极不作为行为的开脱之词。出土文物上拍问题仍然十分普遍，“公众反应强烈”[22]。基于我国文物制度较强的政策性以及目前文物保护形势的严峻，在文物所有权取得中适用善意取得必须十分谨慎且有保留。

本项研究报告建议应从如下方面解决国内文物在适用“善意取得”时产生的不协调问题：

1. 明确否认被盗文物的所有权的“善意取得”，而仅承认其持有的善意的态度。国内专家普遍认为保护手段较为先进的1995年《国际统一司法协会关于被盗或者非法出口文物的公约》中使用了“持有人”或曰“拥有人”（possessor）的提法。在该条约第四条中规定，若被要求归还被盗文物的拥有者是善意的，则在返还该文物时有权得到公正合理的补偿，即文物的所有权仍然归属原权利人，拥有者仅享有对该文物的补偿请求权。这种提法得到了我国官方的正面回应。2009年11月23日举行的由全国政协、文化部、国家文物局领导出席的青铜器捐赠交接仪式上，国家文物局局长单霁翔在讲话中提到“善意持有人”，并表明其态度：“在不放弃流失文物所有权的前提下，按照国际公约精神和惯例，适当考虑善意文物持有人得到公正合理的补偿，以促成更多的流失文物回归祖国。”这实际上否认了被盗文物的所有权的“善意取得”，而仅承认其持有的善意，可以认为是对善意取得制度的改进。其在保护本国文物和私人所有权中取得了一种微弱的平衡，可作为中国文物善意取得制度立法的有益借鉴。

2. 应严格拍卖审查，防止盗赃文物进入流通领域。在此基础上，秉持十分谨慎且有保留的态度，逐步探索文物拍卖可以有限适用善意取得制度的立法。有关公开拍卖的盗赃文物能否适用善意取得制度的问题，是一个客观存在但在拍卖的利益群体里都避而不谈的话题。依照民法的一般原理，无权处分他人财产的行为应当认定为无效，相关权利应当归属于原权利人。善意取得制度事实上是为其创造了例外。但其同样也会“矫枉过正”，存在过度适用的危险。因此，在一些情形下，有必要缓和、修正善意取得过度适用的弊端。

本项研究报告建议，应当在相关立法中进一步严格文物拍卖的审核程序。该程序不仅包括对文物真实性的鉴定，也应要求拍卖行提供文物合法所有权证明。同时，拍卖标的的展示日期应当延长，并在重要的专业报刊等新闻媒介上公布。此外，拍卖行在接受委托人委托拍卖的文物时，应当要求委托人必须提供该文物合法的所有权证明。待拍卖行业道德规范业较为成熟，再确定文物拍卖可以有限适用善意取得制度的立法例，《物权法》及相关民事规范也相应做出修正。

---

[1] 朱力宇，张曙光主编．立法学［M］．北京：中国人民大学出版社，2009：232-235.

[2] 中华人民共和国文化部令第35号．博物馆管理办法．第2条第1款.

[3] 中国社会科学院语言研究所词典编辑室编．现代汉语词典（第5版）［M］．北京：商务印书馆，2005.

[4] 中共中央宣传部、财政部、文化部、国家文物局关于全国博物馆、纪念馆免费开放的通知．中宣发［2008］2号.

[5] 确定性规范，是指法律规范直接而明确地规定了行为规则的内容，适用时无需再援用其他的法律规范来补充或说明的法律规范；委任性规范，是指法律规范没有明确规定行为规则的内容，而是授权由某一专门机构加以规定的法律规范；准用性规范，是指没有明确规定行为规则内容，但明确指出可以援引其他的规则使本规则的内容得以明确的规范。

[6] 李晓东．文物保护法概论［M］．北京：学苑出版社，2002：88.

[7] 孙国华，朱景文主编．法理学［M］．北京：中国人民大学出版社，2010：254-256.

[8] 全国人大常委会法工委刑法室编著．《中华人民共和国刑法》释义及实用指南．北京：中国民主法制出版社，2011：522.

[9] 中国社会科学院语言研究所词典编辑室编．现代汉语词典（第5版）［M］．北京：商务印书馆，2005：487.

[10] 郭明卿，梁晓青．档案与文物关系探源［J］．陕西档案，2004，(4).

[11] 陈贤华．文物与档案异同论．四川文物，1989，(5).

[12] 国际博物馆协会．国际博物馆协会职业道德准则［EB/OL］. ICOM Code of Ethics for Museums 2006. http://archives. icom. museum/ethics. html#preamble3.

[13] 国有文物商店与国有馆藏文物的对接问题所涉问题甚广，在此不专门讨论。

[14] 中华人民共和国文物保护法（2007年修订版），第66条第1款第3项.

[15] 郭少言．高速公路建设VS文化遗产保护能否和谐生长？——访陕西省考古研究院院长王炜林．公路建设与管理［J］. 2011，(11)：92.

[16] 中新网．专家呼吁：北京地下空间保护“要动土，先考古”［EB/OL］. http：//www. chinanews. com/cul/2011/05-25/3067288. shtml，最后更新日期：2011年5月25日，访问日期：2011年6月3日.

[17] 所谓“文物地点”，是“具有历史及考古学价值的地点及建筑物”的统称，包括法定古迹（现有1010项）和暂定古迹、由古物咨询委员会评级的历史建筑物（现有1444幢，分为一、二、三级）及地点、香港具考古研究价值的地点（208处）、由古物古迹办事处界定的政府文物地点（13处）等四类。参见香港地区康乐及文化事务署古物古迹办事处官方网站：http：//www. lcsd. gov. hk/CE/Museum/Monument/b5/hia_ 01. php，访问日期：2012年12月1日。

[18] 宋大川．加强地下文物保护刻不容缓［J］．北京观察，2007，(4)：58-59.

[19] 田永福．关于建立民间收藏文物登记制度的若干思考［J］．四川文物，2005，(3).

[20] 新华网．流失海外的中国文物最终属于谁［EB/OL］，http：//news. xinhuanet. com/collection/2011-05/16/c_ 121422491. htm，访问日期：2011年12月17日.

[21] 陈承美．试论动产善意取得适用例外规定［J］．法学杂志，2009，(7).

[22] 李耀申．依法管理、有序发展、共筑繁荣［J］．中国拍卖，2005，(8).

基于公众考古学的大遗址保护、利用和管理研究

中国文化遗产研究院文物保护工程与规划所 范佳翎

摘 要：自20世纪70年代提出以来，Public Archaeology[1]经过四十年的发展逐渐成为西方考古学一个分支学科，并对英、美、欧、澳等西方发达国家和地区的文化遗产保护、管理和利用等方面的实践产生一定影响。本研究从梳理Public Archaeology概念的提出和发展历程及其近年来在中国的发展入手，明确其研究内涵，辨析“公众考古学”和“公众考古理念”的区别，并进一步通过介绍英国哈德良长城的管理和利用以及日本吉野里历史公园这两个实践公众考古理念的成功案例，在公众考古理念下反思我国大遗址保护、管理和利用的问题及需求，分析公众考古这一理念能够为我国目前大遗址的保护、利用和管理提供的思路和视角。

关键词：公众考古学 公众考古理念 大遗址 保护 管理 利用

Protection, Utilization, and Management of Large-scale Archaeological Sites: A Perspective of Public Archaeology

Fan Jialing

Abstract: Since it was raised in the 1970s, public archaeology has developed as a new sub-discipline of archaeology and has had profound influences on the practice of protection and management of cultural heritage. By reviewing the history of this new research area, this paper tries to make clear its definition and research connotations, and to compare and contrast public archaeology as a discipline and that as a notion. Furthermore, by reflecting on two case studies, including the management of Hadrian's Wall in Britain and the Yoshinogari Historical Park in Japan, and by framing it with the notion of public archaeology, this paper tries to reveal the problems and needs of protection, management, and utilization of large-scale archaeological sites in China, and to explore new thoughts and methods that public archaeology could provide for this undertaking.

Keywords: Public Archaeology, Large-scale Archaeological Sites, Protection, Management, Utilization

一　公众考古学研究

（一）Public Archaeology 的提出和发展

1. 考古遗产保护的需要和对公众力量的认识催生了 Public Archaeology

20 世纪五六十年代以来，由于大规模的建设开发以及盗掘等原因，欧美等发达国家在迎来经济大发展的同时，也面临珍贵的考古遗产遭受威胁和破坏的问题，如何有效地保护考古遗产是考古学和考古学者们无法回避的问题。很多人逐渐意识到只凭考古学者等专业人士的力量无法保障分布广泛、数量巨大的考古遗址不受盗墓、土地开发等各种形式的破坏，考古遗产保护需要广大社会公众的支持。

1972 年，美国考古学家、考古遗址保护专家 Charles R. Mc Gimsey 撰写出版了《Public Archaeology》这本专著，该书开篇阐述"世上没有'私人的考古'"[2]，强调考古遗址的保护离不开政府的支持以及社会公众的了解和参与，旨意考古学不是专属于个人的或某个专业小团体的考古学，考古遗址的保护也无法依靠个人或者某个专业小团体，而必须获得公众的支持。前言中，他提到在著此书时，"脑海中有两个受众……（一个是）考古行业的同事们……（一个是）数量逐渐增加的立法者们和其他越来越关心保护自己国家考古遗产的市民们"[3]。该书首次明确提出了 Public Archaeology 的概念，并提出一套由国家支持开展的考古遗产保护项目。

面对美国的考古遗产迫切需要保护这一社会背景，联邦和各州政府陆续制定出台一系列文化资源管理法案，建立并不断完善了文化资源管理（Cultural Resources Management，CRM）系统[4]。文化资源管理关注考古遗址、历史建筑和街区、社会习俗、文化艺术等众多文化资源的保护、管理和利用、传承，关注社会公众在其中发挥的作用。通过文化资源管理，考古工作者获得了更多的公众支持，包括科研经费的支持。正如英国著名考古学家伦福儒所说："过去 20 年来美国考古学发展的主要方向是朝向公众考古学方向发展——考古工作所获得的经费主要是以文化资源管理的名义来自于联邦政府和各州政府。"[5]美国学者 John H. Jameson Jr. 则提出"美国的 Public Archaeology 可以理解为文化资源管理项目实施的直接结果以及在诸如学校、公园和博物馆等公共场所开展的考古教育和阐释。"[6]

为了促进社会公众对考古学的了解和支持，对考古遗产价值的重视，从而实现对考古遗产的有效保护，考古学者开始重视参与考古教育活动。同时，由于考古学和考古工作的特殊魅力，社会公众对考古学、特别是考古发掘不断增长的兴趣要求考古学给予他们更多的回应，甚至是主动的分享和交流。特别是在以美国为代表的一些国家，由于考古发掘和研究的经费来自于社会公众，客观上敦促这些国家的考古学者放下身段积极奔走，通过一切可能的手段让资金的提供者——社会组织和社会公众能够了解、理解甚至喜爱考古，支持他们的工作。最初由古物爱好者和探险者的雅趣发展起来的考古学，经过近百年不断的职业化、权威化甚至垄断化，终于在公众和考古学自身的双向需求下提出了公众考古的概念。"我们生活的这个不断变化的世界，参与和开放，本该如此"[7]。考古学当然也不能例外，而参与和开放带来的将是学科发展和公众素质提高的良性互利，特别是"未来的考古学者们将从（对考古学）有兴趣且博学多识的公众那里获益"[8]。特别是近几十年来，发达的媒体扮演了重要的角色，越来越多的电影、电视、报纸、杂志、网络等都以不同的形式介绍了与考古相关的内容，甚至不乏一些对考古工作和考古学者夸张的富于戏剧性的描述，激发了公众的好奇心和求知欲。

在考古学的科普方面，美、英等遗产保护和管理做得较好的国家走在了世界的前列，开展了大量形式多样的公众考古实践。

美国政府自20世纪70年代起就相继颁布了一系列与公众考古相关的政策法案、行动计划以及公众考古教育项目等，很多相关研究机构开展了相关教育培训活动，美国公众考古教育体系以及法律体系在这个过程中逐步建立了起来。比较著名且有影响力的项目有如下一些。1991年，美国林务局（US Forest Service）成立了一个全国的“时间护照”项目（Passport in Time，PIT），招募志愿者在专业考古学家以及历史学家的指导下参与考古调查发掘、历史遗产保护等工作，目前PIT已经涵盖了美国36个州的117处国家森林，成为最受欢迎的志愿者活动之一[9]。同样在20世纪90年代，美国国家土地管理局（Bureau of Land Management）成立了一个全国性的考古遗产教育项目——“项目考古”（Project Archaeology），充分利用美国国家土地管理局丰富的历史和考古资源对孩子们进行教育，该项目有三个目的：促进对自己国家多样而脆弱的考古遗址的了解；培养保护这些宝贵考古遗址的责任；通过学习考古促进对科学和文化的理解[10]。2001年，美国国家公园管理局（National Park Service）成立了一个旨在为考古学者与公众搭建一个沟通了解平台的工作组，为考古学者开设了一系列课程，专门讲授将考古资源有效地向公众阐释的方式及技巧。这些教育课程项目往往都经过精心的课程设计，活动形式多样，富有新意，力图拉近专业考古学与普通大众的距离。

除此之外，一些机构还通过设立“考古周”、“考古月”等方式吸引更多的公众参与考古体验活动，体验考古的独特魅力。自1983年亚利桑那州成立美国第一个州立考古周以来，“考古周”的“考古月”活动就如火如荼的开展起来，增强了人们对于考古学的认识并且提高公众的遗址保护意识。

另外，一些研究机构还主动出版面向公众的考古学刊、杂志等，开展向公众阐释考古的工作，让公众了解考古学对于人类的过去、现在以及未来的重要意义，通过阐释让人们认识到个人与考古资源的关系以及个人的自觉保护行为对于文化遗产保护的重要性。这些公众性、社会性、公益性的活动吸引了大量不同年龄、不同文化背景的参与者。

欧洲一直以来都有很浓厚的文物古迹保护传统，向公众阐释和展示考古从来就不是一个新的话题。随着Public Archaeology被广泛接受，由最初用比较单一的方法将遗址展示给公众，到全方位给予公众更多主动参与的机会，考古专家以更加积极开放的态度引导公众去主动体验和思考考古学和文化遗产保护。随着现代科技的进步，阐释、传播的手段也越来越多样化、人性化，并且与人们的日常生活相融合，特别是一些精心制作的电视节目寓教于乐，既满足公众关于考古的好奇心，又能使公众在亲身体验中收获知识，传播遗产保护理念，吸引公众对考古越来越多的关注，为增进公众对考古学的理解起到了很大的作用。如英国BBC电视台制作的“时间小队”（Time Team）以及“与祖先会面”（Meet the Ancestors）等电视节目就通过独特的视角以及生动的解说取得了很大的成功，获得很高的收视率，很大程度上就归功于此类媒体节目将考古遗址及其发掘工作通俗地向公众进行了阐释，获得公众在理解上的认同。

可以说，考古学以及考古遗产保护对公众支持的需要和公众对考古学和考古遗产的兴趣二者“一拍即合”，促成了Public Archaeology的提出，并衍生出丰富多样的Public Archaeology活动实践，而

Public Archaeology 的实践发展也促进了相关理念的讨论和研究，越来越多的学者开始思考考古与公众的关系、考古学家在考古遗产保护及考古科普中扮演的角色等问题。

2. 考古学与政治、伦理领域的交叉丰富了 Public Archaeology 的内容

随着民族独立运动发展、第三世界国家崛起、女权主义运动等更复杂、更微妙世界大趋势的到来，考古学也面临更多伦理的、道德的、学术的、哲学的、政治的甚至经济的问题。20 世纪 70 年代以来，考古学家和人类学家一起受到了来自各个方面的辱骂诽谤，这对他们来说是极大的震动。他们不得不面对种族主义、欧洲中心论、新殖民主义、盗墓和大男子主义这样的指控[11]。最有影响力的是美国印第安人、澳大利亚土著人等少数族群要求各专业的考古学、人类学研究机构归还其祖先遗骸、遗物的运动，这些少数族群打破专业研究者对“研究资料”的垄断，争取自己族群的文化权利，考古学被卷入民族、政治甚至伦理道德等问题中，最终推动相关国家政府颁布了相关法令对土著人的遗存进行保护，也因此发展出土著考古（Indigenous Archaeology）这一领域，使土著人问题成为 Public Archaeology 研究和探讨的议题之一。

1986 年，世界考古大会（World Archaeological Congress）的诞生意义重大[12]，与考古学有关的社会、政治、经济问题逐渐成为世界考古大会的议题和 Public Archaeology 研究的对象。英国考古学家 Peter Ucko 在这一过程中起到了非常重要的推动作用，有人提出他所倡导的是一种人文主义考古学（Humane Archaeology）[13]。

此外，20 世纪七八十年代的女权主义、女性主义思潮也给考古学带来了新的影响，发展出女性考古（Feminist Archaeology）和性别考古（Gender Archaeology）的新视角[14]。

这些新的研究角度不断丰富、扩展 Public Archaeology 所包含的内容，Public Archaeology 逐步发展为一个内涵丰富的研究和探讨方向，逐渐在英、美、澳、新西兰等很多国家和地区得到发展和重视。

3. 新千年以来 Public Archaeology 获得更广泛的认可，作为考古学的一个分支学科不断成熟发展

经过几十年的发展，进入新千年后，Public Archaeology 在世界范围内得到了较广泛的认可和发展。2000 年，由英国学者 Neal Ascherson 主编的国际性学术季刊《Public Archaeology》正式发行，成为探讨和交流有关 Public Archaeology 的重要平台，这是唯一一本专门探讨 Public Archaeology 的国际性杂志，为不断发展的围绕与政治、伦理、社会问题、教育、管理、经济以及哲学等更广泛世界相联系的考古和遗产问题的讨论提供平台。越来越多有关 Public Archaeology 的议题在很多国际研讨会、学术杂志上得到各界学者的重视和广泛探讨。2003 年 6 月在华盛顿召开的第五届世界考古大会（World Archaeology Congress）上，半数以上的大会议题都与 Public Archaeology 相关。

在英国、美国等国家和香港、台湾地区的高等教育中，Public Archaeology 作为考古学的分支学科也获得肯定，一些大学已经陆续开设了相关课程，甚至设立硕士学位。1997 年，伦敦大学学院考古研究院（Institute of Archaeology，University College London）首先开设了 Public Archaeology 的硕士课程（MA in Public Archaeology），随后还将 Public Archaeology 作为本科教育的必修科目，让学生能够了解有关国家主义、政治、媒体、文物走私、教育等问题[15]，“从理论和实践两方面探讨公众和考古学的关系”[16]。

（二）“公众考古学”在中国的发展

所谓“公众考古学”是中国改革开放后随着中国考古学者与国际学界的交流不断增多而引入的

“舶来品”。自20世纪80年代开始，随着“改革开放”国门打开和学术的逐渐自由，中国考古学者注意到西方考古学的发展，通过撰写文章、组织论坛等多种方式向国内学界介绍西方考古学的理论和方法，在欧美等国家已经得到较大发展的Public Archaeology也被具有学术敏感度的我国一些学者注意到，最初被译作“公众考古学”介绍给国内学界，甚至发出了“中国亟需建构‘公众考古学’”的呼声[17]。

十几年来，陆续有文章探讨公众考古学，特别是新千年以来，随着社会公众对文化、考古等人文领域的兴趣逐渐增加，尤其是国家“文化遗产人人保护，保护成果人人共享”口号的提出，公众考古学得到了越来越多重视。一些学者开始关注公众考古学的探讨，陆续发表了一批论文。学术界还召开了专门的针对公众考古学的学术会议和研讨会。2002年，在杭州召开的“全国十大考古新发现颁证与学术研讨会”上，第一次将“考古学与公众——考古知识的普及问题”作为会议的主题；2003年3月，由北京大学考古文博学院、中国社会科学院考古研究所、科学出版社联合召开了“新世纪中国考古学传播学术研讨会”；2008年11月，北京大学与伦敦大学联合召开“分享考古”国际会议等。一些专业考古机构还设立了专门的公众考古机构或部门，如北京大学考古文博学院设立了北京大学公众考古与艺术中心，中国社科院考古所成立了公共考古中心。在全国，公众考古实践活动也不断开展，如2008年5月山东南旺大运河发掘现场公众考古活动[18]、2008年河南“揭开考古发掘神秘面纱——走进考古发掘现场”活动、陕西周公庙公众考古系列活动、北京大学公众考古与艺术中心举办考古夏令营、2009年山西“走近考古、步入宋金——2008年山西考古新发现新闻发布会暨公益讲座”[19]等等。特别重要的是，在专业教育和高等教育中也开始有一些有关公众考古学的内容。比如自2008年起，全国考古领队培训课程中加入了公众考古学的内容；复旦大学、中山大学等开设“公众考古学”等课程。

可以说，公众考古学自引入我国已经得到了很大发展，成为考古学和考古遗产保护无法回避的话题之一。

（三）Public Archaeology：“公众考古学”和“公众考古理念”

西方的Public Archaeology至今已走过四十年的发展历程，受到考古学界和遗产保护界的重视和支持，但对这一概念的理解还存在分歧，通过分析和梳理能够使我们更好地把握国际学界当前围绕Public Archaeology所开展的研究前沿，并对存在的问题有一个清楚的认识，从而为更准确的认识这一概念提供借鉴。

英国学者Tim Schadla－Hall提出“Public Archaeology是一切已经或可能与公众产生互动的考古学活动，这里所说的公众大部分由于各种原因对作为一个学术领域的考古学知之甚少”[20]。

美国学者Michael Shanks则认为“Public Archaeology是专业的考古学家在公共利益（public interests）领域所从事的活动，主要包括保护古代遗址和遗物的相关法律、管理博物馆收藏、将过去展示给公众以及与开发者合作以减少建设工程对古代遗存造成的破坏”[21]。

《Public Archaeology》杂志主编、英国学者Neal Ascherson在该杂志第一期阐述：“Public Archaeology涉及考古学进入充满经济利益冲突和政治斗争的现实世界而随之产生的问题，换言之，是关于伦理问题（ethics）。”[22]

英国学者 Nick Merriman 在 2004 年出版的《Public Archaeology》一书首页即指出："公众对考古学兴趣的不断增长以及越来越多的公众参与使研究考古学、遗产和公众之间的关系成为一门学科。"[23]

美国学者 John H. Jameson Jr. 则提出："美国的 Public Archaeology 可以理解为考古资源管理项目（CRM）实施的直接结果以及在诸如学校、公园和博物馆等公共场所开展的考古教育和阐释。"[24]

以上列举出的对 Public Archaeology 的理解或定义，反映出英国和美国学者对这一概念理解的差异和分歧，及其体现的不同国家和地区在 Public Archaeology 产生背景和所面对具体问题等方面的不同。对此，Nick Merriman 指出"Public Archaeology 这一领域的重要性在于它研究了考古学得以成为更广泛的大众文化组成部分的过程和结果……由于 Public Archaeology 关乎民族问题和文化认同（identity），难免就涉及价值上的权衡和冲突，这为更广义的 Public Archaeology 开辟了一个新的讨论空间。我们不仅仅需要讨论考古产品（比如教育项目、博物馆展示和遗址游览），还要讨论在公众领域中如何从考古遗物上生成意义的过程"[25]。《Public Archaeology》杂志主编 Neal Ascherson 更是犀利地指出，"Public Archaeology 在英国、德国或澳大利亚是一个样子，而在美国却是另外一回事。美国对 Public Archaeology 的理解和实践是非常不具包容性且局限的……这种让公众参与以便专家们可以不受干扰地开展他们的工作的想法与世界其他地方以及这本杂志倡导的激进的、变革的 Public Archaeology 相距甚远"[26]。

Neal Ascherson 的批判明确指出了对 Public Archaeology 两个层面的理解：一个是作为考古学的一个分支学科或者一个研究领域的"公众考古学"，另一个是作为一种职业素养或伦理的"公众考古理念"。

1. 公众考古学及其研究内容

对中国学界来说，作为考古学的分支学科或者一个研究领域的公众考古学无疑不是我们本来固有的，其具体的研究对象和内容、要解决什么问题等需要参考国际上这一领域已有的成果。因此，通过梳理与公众考古学相关的书籍、《Public Archaeology》杂志研究范围以及伦敦大学 Public Archaeology 课程所涉及内容，可以了解目前公众考古学研究所涉猎的主要内容，对建构我们的公众考古学具有一定参考价值。

《剑桥插图考古史》一书与公众考古学相关部分主要集中在第八章，即《目前的分歧和未来的趋势》。在这一章，作者主要讨论了以下几个问题：

> 考古学与妇女，主要关于考古学需要克服性别歧视；
>
> 考古学与少数民族，主要关于考古学家应该如何处理土著的地下遗物；
>
> 政治与考古学，主要关于考古学除了客观准确地反映过去发生的事件以外，还可以为社会利益服务，特别是为狭隘的民族主义和政治利益服务；
>
> 劫掠与伪造，主要关于战争、经济发展和古董交易对文化遗产的破坏和影响，以及所造成的国家矛盾；
>
> 旅游与遗产保护，主要关于文化遗产的经济价值等；
>
> 公众的考古教育；
>
> 如何将专业研究成果以通俗的形式展示给大众。

《考古学理论、方法与实践》一书与公众考古学相关部分主要集中在第十四章，即《谁之考古？考古学与公众》。在这一章，作者主要讨论了以下几个问题：

考古学和民族主义、意识形态；

考古遗址、出土文物、文化遗产的所有权和控制权，包括学者与土著人的冲突等；

古为今用，文物能带来的经济效益；

考古遗产的破坏和保护；

民族主义、宗教、政治、女权主义、殖民主义与种族主义、美学等角度对考古资料的解读；

公众对考古学的理解。

《考古学：关于若干基本理论和概念的再思考》一书与公众考古学相关部分主要集中在第九章，即《考古学与现实世界》。在这一章，作者主要讨论了以下几个问题：

公众对考古学的印象；

大众传媒对考古学的印象；

考古发现的经费资助组成（主要是美国）；

考古学从公众视角出发需要对自身有一个重新的定位，目前考古知识成果并非为大众准备，可资交流的内容少之又少，对学者积累的知识是一种浪费；

考古知识的魅力所在：考古学为人类整体的文化过程提供必要的证据，考古学对社会最重要的贡献在于为社会的团结和稳定提供了空前深远的背景；

考古学利用过程中存在的危险：包括民族沙文主义、沦为政治工具、意识形态政治化等；

考古学的核心内容就是人类一直在证明和实践着的这些普遍的价值。因此，考古学家的任务是尽可能客观地告诉人们古人曾做了什么样的选择以及这些选择的命运，以便今人为未来做出决定时可以汲取古代的教训。

《发现我们的过去：简明考古学导论》一书与公众考古学相关部分主要集中在第十章，即《今天的考古学》。在这一章，作者主要讨论了以下几个问题：

盗墓与古董收藏；

以发展为名的破坏；

文化资源管理；

民族主义、殖民主义和战争的影响；

与研究对象的后裔合作；

考古学的使命。

《Public Archaeology》杂志“编者的话（Editorial）”中详细列出了该杂志所探讨的全部内容：

考古资源的管理和相关法律措施；

对公众的教育和与公众的交流；

公众对考古活动的参与（公众对遗产保护的支持度、公众对待考古的态度）；

资金来源与考古资源的开放程度（考古资源的利用与其经济效益）；
考古学与政治的关系；
考古的两重分离（学术性与神秘性）。

英国伦敦大学考古研究院 Public Archaeology 课程教学手册中关于该课程的研究内容如下：

考古学和公众关系的历史（如古物研究、业余考古活动以及发展成为职业）；
金属探测和寻宝活动；
古董交易；
归还考古资料；
广播、流行文学、出版和电子媒体中的考古学；
对遗址或博物馆考古陈列的评论；
考古遗址和旅游；
流行的考古学（比如灵线、新异教信仰、宇宙考古等）和学术的考古学[27]；
社区考古；
土著考古；
考古学和身份认同。[28]

根据以上资料我们可以试将公众考古学的研究内容分为三个组成部分：

（1）考古学者对自己学科的思考

公众考古学对于传统考古学而言不仅仅是一个新的研究领域的出现，还在理念、思想等方面对专业的考古学者产生了强烈的冲击，使得他们对学科内部的很多问题重新进行反思。在这种反思下，考古学者们不再单纯地在一个专门化的学术研究领域孤立的进行自己的研究，而是开始关注与学科本身相关联的社会伦理问题，考古学的理论和方法也会相应有所调整。

在这样的情境下，考古学所面临的社会伦理问题主要包括以下几方面：

一是考古学所涉及的性别问题。目前的研究中，考古学所涉及的性别问题，最初开始于对女性地位的认识和强调，并开启了所谓性别考古学的研究方向。其实这里的性别问题主要包括了两点：一是从事考古学研究的人群中的性别问题，当前主要是对女考古学家地位和作用的强调；二是考古学研究对象中的性别问题，目前也更多的是强调要正确认识女性在历史中的地位和角色。从社会背景的角度讲，这种发端于对女性地位和作用进行重新评估的所谓性别考古，实际上与女权运动等关系密切，是考古学界在对男性沙文主义的指责下开始重新思考的结果，正是女权运动的发展在一定程度上促成了前者的出现。

二是考古学所涉及的民族、种族问题。近年来土著人权利问题对国际考古学界而言十分敏感，如何处理土著人的遗物成了颇具争议的问题，考古学者开始必须面对种族主义、新殖民主义等的指控。这种争议无论在澳大利亚还是美洲最终都达成了妥协，并从立法和实践等角度对当地的土著人权利和要求进行了尊重。而考古学研究中所面对的土著人问题也是促成 Public Archaeology 出现的一个重要因素，特别是澳大利亚、新西兰等地表现尤甚，并影响了世界考古学界。

三是考古学所涉及的政治和意识形态问题。考古学除了客观、准确地反映过去发生的事件外，还可以为社会利益服务，尤其可以为狭隘的民族主义和政治利益服务，在世界各地的研究中这种因政治原因而曲意附会的例子都屡见不鲜。考古学者本身也带有国家性和民族性，在其研究中不可避免地要受到自身立场的影响。

四是考古学所涉及的宗教问题。宗教问题是更特殊的政治和意识形态问题，很多时候还是超越国界的，会引发争议甚至更为严重的后果。

除了以上所提及的社会伦理问题，公众考古学也要求考古学者对考古学的理论、方法等问题进行重新的审视和思考。文化遗产时代的到来使得作为单纯学术研究领域的考古学受到了新的关注，与此同时考古学者们也面临着新的任务和挑战。如何在文化遗产保护、管理和利用中发挥专业学者的作用，如何既有利于自身的科学研究又有利于普通公众分享考古学研究的成果，同时尽量保护不可再生的文化遗产资源，成为摆在考古学者面前的新课题。这也就必然影响传统考古学家的职业理念，现实要求考古学者不能仅仅做一个潜心学术的专家，更要处理很多实践层面的问题。而完成与时代特征相适应的角色变化是当前很多考古学者正在经历的重要转折，也必须开始思考在这样的情境中考古学者应当扮演怎样的角色。同时，在具体的考古发掘和研究过程中，需要做出怎样的转变以更好地顺应当前文化遗产保护的要求也是考古学者面临的重要问题。近几年我国很多考古学者已经开始关注这个问题，不但积极参与文化遗产保护工作，也探讨考古学与文化遗产保护的关系[29]。

（2）考古学与公众的关系

考古学与公众的关系可以从两个方面来考察，一方面是公众作用于考古学，另一方面则是考古学作用于公众。前者在当前的表现主要是公众对于考古学所表现出的兴趣和参与要求。这种兴趣和要求在当前的很多社会现象中都能体现出来，如文物收藏热、流行小说和影视作品中备受欢迎的考古元素等。考古学对于公众作用的主体是考古学研究成果的分享和与之相伴生的遗址展示、考古科普和教育等活动，当然还包括在这些活动的实现过程中所借助的媒介。将过去呈现给公众、将考古专业知识转化为社会人文认识可以说是考古学的重要社会意义之一，如何实现考古学和公众二者关系的良性互动是公众考古学研究的内容之一。

（3）考古遗产的保护、管理与利用

面对愈演愈烈的文物盗掘、建设破坏等问题，考古遗产的保护成为摆在专业考古学者们面前的重要课题。考古遗产的保护、管理和利用可以说是考古学中涉及利益相关者最多、与公众联系最为紧密，同时在当前社会中也最受关注的一项内容。公众考古学要反思考古学者在遗产保护和管理中的作用和角色，如何与其他学术领域及广大利益相关者寻求合作，如何兼顾考古学研究、遗产保护和遗产地民生经济的协调，从而实现考古学术的持续发展和考古遗产的科学保护、有效管理。

通过以上对公众考古学研究内容的梳理和分析，不难看出公众考古学的研究是将考古学纳入到广泛的社会、经济、政治、伦理的大背景中，研究和探讨考古学与社会、与公众的关系。虽然目前公众考古学作为考古学一门新的分支学科，在我国尚未被广大学界全面接受，仍有不少学者并不认同其作为一个研究领域的重要意义，但英国、美国、新加坡等国家和台湾、香港地区都已经先后设立了专门的大学课程甚至硕士学位，我们无法忽视公众考古学作为一个新的研究和探讨领域的潜力和价值，需要有更多的学者、特别是考古学者在研究考古学之余思索考古学的社会性、公众性问题，逐渐形成一定的研究群体，形成基于我国社会、经济、政治背景的中国公众考古学的研究对象、理论和方法。考古学经过100多年的发展和实践，经过过程主义考古、后过程主义考古的理论井喷发展，其理论和方法目前尚无重大突破。而公众考古学的探讨和研究则是考古学从社会的、政治的、经济的、伦理的角度自我审视的过程，也是考古学突破自身去思索考古学与社会、公众等关系的过程，是考古学在21世纪得以进一步发展的动力。

2. 公众考古理念

与公众考古学研究紧密联系的公众考古理念，是基于肯定考古学学科社会价值和社会责任的一种职业素养或者职业伦理，公众考古理念的核心是对公众权利的肯定和尊重，包括社会公众的文化教育权利和生存发展权利，一方面尊重公众的文化权利，认同考古资料是考古学的研究对象也是属于全社会的珍贵文化资源，要与公众分享考古知识；另一方面尊重公众、特别是考古遗产所在当地民众的民生权利，谋求考古学研究、考古遗产保护和当地社会经济文化发展的共赢。回顾中国考古学发展的历史，公众考古的理念并不是新事物，“考古是人民的事业”[30]、“工农考古”[31]、“考古学的大众化”[32]等等，都与公众考古理念相契合。特别是随着文化遗产保护愈来愈得到重视，很多考古学者参与到大遗址保护、文化遗产保护的工作中，更多地认同和理解公众考古理念，前文提到的众多有关公众考古的实践活动，就反映了新时代对这个一直倡导理念的身体力行。

公众考古理念需要考古学者、考古遗产管理人员、博物馆工作者等专业人员的认同和贯彻，应通过不断的宣传、教育、培训等方法，促进这种理念在文博领域的认同，希望更多的考古学者、田野考古负责人、博物馆工作者、遗产管理者等专业从业人员能够逐渐接受并认同这一理念，并在考古遗址的发掘、研究、保护、管理、利用这一完整的过程中贯彻这一理念。从长远看，这对于我国考古学的持续发展、对我国文化遗产保护、管理和利用都具有重要的意义（图1）。

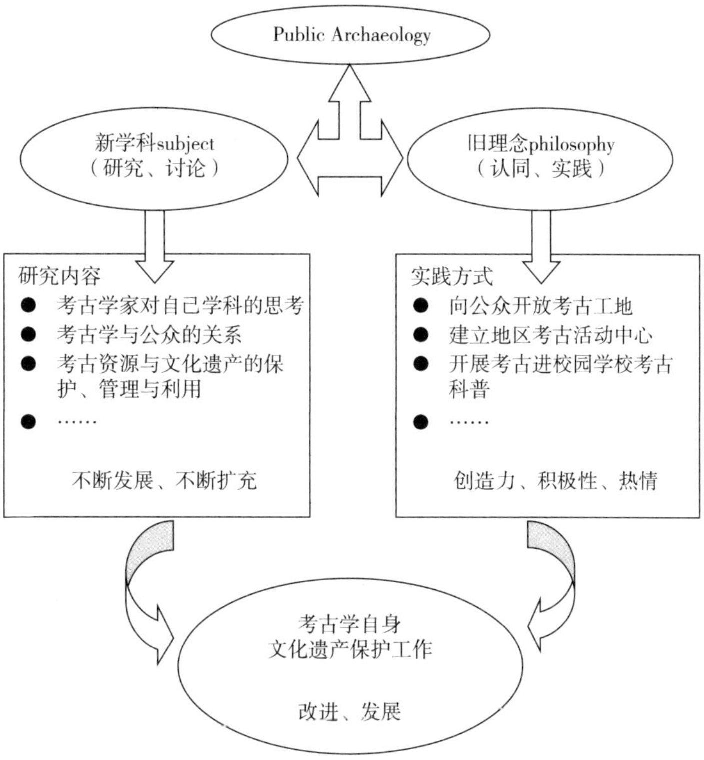

图1　公众考古学和公众考古理念的对比

二 国际文化遗产保护领域公众考古理念的实践

（一）案例Ⅰ：公众视野下的哈德良长城保护与管理

公众考古理念究竟在多大程度上能为文化遗产保护和管理工作起到实际的意义和作用，这是一个用理论无法明确论证的问题，只能借助于实践来衡量。在这一方面，英国哈德良长城的保护和管理无疑是其中一个非常成熟且具有系统性的案例，特别是在兼顾考古遗产保护和遗址所在社区发展的协调方面，哈德良长城保护、管理的经验值得我们借鉴。

1. 哈德良长城的历史和概况

哈德良长城是公元122年罗马皇帝哈德良为防御英格兰北部皮克特人反攻，在英格兰北面边界所修筑的一系列防御工事。作为古罗马帝国在英格兰北部精心修筑的边境工事，哈德良长城连接了英格兰的东西海岸，从东部纽卡斯尔泰恩河边的沃胜德，一直延伸到西部苏尔威湾的波尼斯，穿越了纽卡斯尔和卡莱尔城区，以及诺森布里亚和卡布里亚宽阔的农村。哈德良长城是一个综合的体系，包括城墙、瞭望塔、城堡等，城墙后面有要塞、军营、道路以及一些当时因屯军而发展起来的居民区。哈德良长城完整地展示了罗马帝国时代的戍边系统[33]。1987年，哈德良长城因为其突出的价值，被列入《世界遗产名录》。

哈德良长城的保护和管理工作存在多方面的复杂性，难度很大。“它支离破碎、不相连续地穿越了英格兰北部的3郡12县和两个政府行政区，90%以上地段属于私人地产，管理工作因而涉及50多个机构和700多名私人业主。而且，不同地段的地貌也大不相同，从西部的盐沼到中部壮观的丘阜，再至东部人口稠密的城市，对哈德良长城的保护也提出了不同的要求”[34]。英国政府为此采取了一系列得当措施，使得哈德良长城的遗产利用与保护形成了良性循环。30年来，在英国政府的指导下，“哈德良长城的景区从1987年获得世界遗产资格时的5个增加到现在的11个，所创造的就业机会达6000多个，年收入高达1.34亿英镑”[35]。因此哈德良长城的保护管理开发成为文化遗产管理保护的成功案例，引起了多方面的关注。

2. 哈德良长城管理规划的制定

哈德良长城是英国第一个编制了保护管理规划的世界遗产地。到目前为止，哈德良长城共编制了三版管理规划，第一版规划有效期为1996~2002年，第二版规划有效期为2002~2007年，第三版规划有效期为2008~2014年，时间跨度达10余年。三份规划的编制过程及其具体内容的变化反映了对考古遗产价值和对当地社区角色和作用的认识的变化。

第一版规划的编制是传统的自上而下式的，整个规划从制定到实施都由英格兰遗产局（English Heritage）负责，为此英格兰遗产局成立了协调小组（Co-ordination Unit）负责规划的实施，而当时刚刚成立的由各利益相关者（包括哈德良长城区域内的私人土地所有者、旅游经营者、研究机构、地方政府机构等等）代表组成的管理规划委员会（Management Plan Committee）仅起监督作用。规划内容重点强调对遗产的保护，缺少从遗址周边当地的社会经济角度的策略。因此，这一次规划遭到了当地各产业经营者、广大居民的一定不满。

制定第二版管理规划时情况发生了很大改变，规划编制改由管理规划委员会（Management Plan Committee）牵头，不再是英格兰遗产局“一手包办”。管理规划委员会成立了规划、教育、研究、旅游、自然保护等几个不同角度的“利益小组”（the Interest Groups）。规划内容具体由这些利益小组起草，通过这种方式各利益相关方都能够在规划的编制过程中发声，表达其利益诉求。管理规划的内容则更多元和全面，兼顾遗产保护、遗址旅游、文化教育、当地经济发展等多角度。规划的实施仍由英格兰遗产局（English Heritage）成立的协调小组（Co - ordination Unit）负责。

2003 年，西北地区发展署（the North West Regional Development Agency）和东北地区发展署（the North Eest Regional Development Agency）委托咨询机构开展了关于哈德良长城的为期一年的重点研究（the Major Study），评估通过发展哈德良长城旅游在北部英格兰经济复兴方面所具有的潜力及目前存在的问题，并为哈德良长城重新定位。通过重点研究，认识到哈德良长城的经济价值，认识到该遗产对于遗产所在地区经济复兴和发展的作用，研究成果为第三版管理规划的编制提供了重要支撑[36]。

第三版管理规划的编制仍由管理规划委员会领导开展，具体由以下 6 个利益小组（the Interest Groups）起草：

规划和保护 Planning and Protection
保护、农业和土地管理 Conservation, Farming and Land Management
参观和交通 Access and Transport
游客设施、展示和旅游 Visitor Facilities, Presentation and Tourism
教育和学习 Education and Learning
（考古的）研究（Archaeological）Research[37]

规划的内容参考了重点研究（the Major Study）的成果，可以说，这个规划是由那些未来将受到规划内容影响、将要履行和实现规划内容的人所共同编制的[38]。2006 年，为促进哈德良长城的保护、管理和经营，英国文化、媒体和体育部（Department of Culture, Media and Sport）、英国东北和西北地区发展署（the Regional Development Agencies for the North East and North West）、英格兰遗产局（English Heritage）共同支持成立了非盈利性质的哈德良长城遗产有限公司（Hadrian's Wall Heritage Ltd），与负责起草规划内容的利益小组（the Interest Groups）共同负责管理规划的实施。该公司的任务是推广和保护哈德良长城世界遗产、在公众参观和遗址保护之间寻求平衡以及实现哈德良长城这一特殊的遗产能够给当地社区带来的经济、社会和文化潜力[39]。公司开展了很多工作，致力于让哈德良长城遗址与当地社区密切相关，能够为当地社区所用。

哈德良长城管理规划编制过程中机构设置、组织形式、参与方式、规划内容的变化，反映了在英国对公众考古理念的认同和实践。一般考古学者、遗产保护者仅重视和关心考古遗址的研究和保护，而在哈德良长城的保护和管理过程中，考古学者、遗产保护者认识到只有充分尊重当地社区的文化和民生权利，让当地社区、与遗产相关的利益方都能实质性地参与到保护、管理中，才能实现自己的学术目标、保护管理目标，考古遗址才能切实得到保护，实现遗址保护和当地发展的双赢。哈德良长城三版保护管理规划编制的历程，为我们编制和实施大遗址保护管理规划时的组织机构、运作机制、监测监督等提供了宝贵的经验。

3. 哈德良长城环境保护与公众的关系

哈德良长城保护管理规划最可贵的一点，就在于它将哈德良长城及其周边背景环境作为一个紧密相连的整体进行考虑和规划，从而对生活在这一背景环境中的当地居民与哈德良长城的关系进行了充分考虑。

在保护文化遗产的过程中，必须注重对文化遗产相关背景环境的保护，国际在这一点上存在着共识。哈德良长城在进入《世界遗产名录》时，其保护范围也包括了与其关系密切的周边环境。而“环境”的内涵实际上包括了自然与人文两个方面。就地貌而言，哈德良长城周边环境具有广阔性，其北部为较为辽阔的平原地带，而南部则多为坡度较缓的小丘，视野极为开阔[40]。管理规划中为哈德良长城确定了环境缓冲地带，根据地形的变化，距离为1~6公里不等，以避免对环境的开发带来有害的影响[41]。哈德良长城所在地区属于农牧业区，人类的各种相关生产活动不可避免会对哈德良长城造成一定的影响。影响主要来自于两方面，一方面是地上景观的改变，农牧业的开发会导致当地植被的改变，从而直接影响哈德良长城与其周边环境的整体原初面貌，而化肥及农药的使用同样也会造成世界遗产环境的破坏；另一方面，由于哈德良长城不仅仅有地上遗存，更有相当部分的遗物遗迹隐藏于地下，因此不适当的植物也会导致对哈德良长城地下遗物遗迹的破坏。考虑到公众行为与世界遗产周边环境的关系，政府制定了相关政策对公众的生产行为进行了引导。例如，如果任由当地野生的蕨类植物大肆蔓延，其根部就会破坏哈德良长城附近地区的地下遗物，而引导当地居民进行适量的畜牧业生产活动，则能够有效清除蕨类植物，从而减轻破坏[42]。自进入人类社会以来，人一直是最为活跃的活动主体，积极地参与着对环境的改变，因此，想要控制周边环境对古迹的影响，协调人的活动对环境的影响最为重要。

而与保护哈德良长城紧密相连的不仅仅是对于周边自然环境的保护，对哈德良长城的旅游利用，建立一套与哈德良长城密切相关的历史人文环境，也与当地公众有着紧密的关系。公众在哈德良长城周边环境中所营建的文化氛围，毫无疑问也对哈德良长城的整体保护管理有着相当重要的作用。

可见，哈德良长城的环境保护与公众有着密切关系。哈德良长城管理规划认为，没有可持续的农牧业的发展，哈德良长城所在的人文与自然景观也将发生巨大变化，从而对哈德良长城的保护构成严重的威胁。规划把当地居民和他们的经济活动视为遗产保护的一部分，充分考虑他们的需求，获得他们的理解并与他们进行深入的合作。比如，在选择新的考古发掘地点时，会把失业率较高的地区作为优先考虑对象，因为新的考古发掘点将创造新的就业机会并可能吸引更多的游客，从而为当地民众带来更多经济收益。

4. 哈德良长城的管理保护与当地居民的互动

哈德良长城的保护是基于哈德良长城周边实际情况出发而形成的一套体系，在各个相关机构的共同协调努力下，哈德良长城的保护和利用形成了良性循环，尤其值得注意的是哈德良长城的管理保护者在开发与管理过程中与当地居民的互动。

一方面，由于哈德良长城地处英格兰重要的农牧业区，因而农村的发展与遗产保护之间存在着密切的关联，政府通过实施一系列有利于遗产保护的农村发展计划，促进了农村发展中的遗产保护。这种与农村农民利益密切相连的政策，实际上也牵涉到遗产保护的公众层面。在哈德良长城所构建的经济体系中，农村也被纳入体系中，形成系统中的一部分。管理保护机构根据遗产地的需要发起一些项目，引导农民进行有遗产特色产品的生产，以增加农民的收入，促进了他们的遗产保护意识。同时，通过实施自愿土地管理计划，把商品补贴转变为景观的管理费，鼓励遗产地实现多元化发展，鼓励当地居民成为景观的保护者[43]。而这种模式不仅节约成本，还最大限度地调动了当地公众保护遗产的积极性。

另一方面，通过在当地开展各项活动，促进当地民众对哈德良长城的认识和理解，既满足了该地区在发展旅游业过程中所不断增加的对人力资源的需要，为地方经济的发展提供了更多的机会，也在某些方面提高了当地公众的文化素质，增加了对本地文化的认同感和自豪感。比如哈德良长城遗产有限公司开展的"了解你的哈德良长城乡村计划"（Know Your Hadrian's Wall Country Scheme），对当地居民进行多样而广泛的与哈德良长城相关的免费课题培训，内容包括哈德良长城相关考古、地理、历史等方面的知识。另一个项目是哈德良长城旅游合作社（Hadrian's Wall Tourism Partnership）组织的"繁荣与企业"（enrichment and enterprise）计划中的"营销长城"项目（marketing the wall），与当地学校联合编排舞台剧，以哈德长城沿线城堡的历史为内容，由戏剧专业学生演出，使当地社区和学校参与到遗产社区艺术项目中，进一步发展了当地居民与遗产地间的文化联系。此外，当地居民参与考古项目和地方解说计划也有助于建立起遗产地与当地居民的联系[44]。

"公众"在哈德良长城的保护中并不是一个空泛的概念，而是明确立足于本土，立足于当地居民。在哈德良长城的保护和管理中，公众未必直接从事考古或保护活动，但是公众通过其他渠道与考古和遗产保护发生了密切的联系，考古及相关的保护、管理活动与当地居民的文化生活、经济收益等紧密联系。

5. 让公众理解哈德良长城——遗产的解说和产品战略

在世界遗产地开展解说活动比较普遍，而哈德良长城管理规划将解说定位为遗产地的一项发展战略，可见对解说这一活动的重视[45]。解说实际上是联系两方面公众（当地居民和外来游客）的纽带。首先让当地人全面且深度认知哈德良长城的历史、结构、价值、自身的渊源及整体环境的影响，通过让当地居民承担解说工作，将与哈德良长城有关的故事传递给游客，并引导游客进一步深入了解遗产地的其他信息，如遗产地的保护以及遗产地与周边环境的关系等相关信息，从而引导游客的文明行为，在游览中形成自觉的保护意识。对于游客来说，能够获得本地人的解说，实际上所获得的是更加原生的对于历史的阐释，和对于当地文化的获取。由此，以"解说"行为为核心的具有整体性的公众互动模式在哈德良长城形成了良性循环。

更为重要的是，通过引起兴趣，使游客在哈德良长城获得更长时间的停留，以创造更多的旅游业经济效益。因此，伴随解说战略的另一战略是产品发展战略，这一"产品"并不仅仅指代可移动的商品，同样指代当地居民为旅游者提供的各种服务，如住宿、餐饮、纪念品买卖等。这一战略要求当地公众开发具有遗产地特色的产品，并与解说故事相生相伴，满足游客由故事引起的好奇心，再以实物的方式从侧面证实解说中出现的种种历史场景和史实，给游客留下深刻的印象，并最大限度地吸引潜在的游客[46]。

6. 遗产保护和管理中的公众教育

教育是哈德良长城在管理保护战略中强调的另一个概念[47]，而这一概念也与公众旅游者密切联系。除了为文化遗产地所建立的博物馆所能起到的教育职能，以及前文所提解说和展示战略所能起到的教育作用以外，哈德良长城的相关机构还积极配合当地的各类教育机构，对当地居民进行教育资源的整合。当地学校的学生有大量机会进行哈德良长城以及世界文化遗产方面的学习，同时，哈德良长城遗产有限公司也将教育作为公司发展和存在的重要目标。公司希望通过综合发展整个管理保护系统，建立有生命力的文化遗产地，并在旅游的互动过程中，在教育和游乐的氛围下，达成解决就业问题和推动经济发展的综合效益。这一思路，贯穿了哈德良长城政策制定和管理措施计划的始终。两个层面的公众——旅游者和当地居民，都可以从教育这一平台获得实际的利益，实现某种程度的双赢。

总之，哈德良长城作为世界遗产管理与保护的一个比较成功的案例，在其管理与保护的过程中，运用了众多手段与举措，但是在核心的理念层面，则仅有一个“人”字，也就是最广泛的公众。将公众层次化，调动不同层次公众所蕴含的资源，通过一系列方法使得世界遗产能够为人所用，为人服务，突破了为保护而保护的困境，加强当地居民和社区——文化遗产真正的主人和最有潜质的管理者与保护者与文化遗产的联系。可以说，只有加入了“人”——这一活跃的因素，才能使整个文化遗产保护与管理获得生命力。

（二）案例Ⅱ：日本吉野里历史公园——公众了解考古的乐园

公众考古理念的核心之一是尊重公众的文化权利，与公众共享考古资源。遗址公园无疑是非常直观而有效地将专业的考古成果转化为社会知识的方法之一，日本在这方面的经验得到了国际社会的普遍认可，而吉野里历史公园是这一领域的集大成者，他们在遗址展示手段、公众参与等各个方面都为我国大遗址的利用提供了宝贵的经验。

1. 遗址公园概况

对于吉野里历史公园的整体情况、具体展示内容和方法等，国内已有研究者撰文进行了较为详尽的介绍[48]，本文仅择要介绍和分析该遗址公园的情况。

吉野里历史公园（Yoshinogari Historical Park）位于日本佐贺县吉野里，是依托弥生时代日本最大的环壕聚落遗址——吉野里遗址建造的遗址公园。该遗址于1986年开始进行科学考古发掘，出土了整个弥生时代各个时期的重要遗迹、遗物，包括建筑遗迹、环壕、瓮棺、铜器、陶器等。由于这个遗址规模大，防御性设施成熟而完善，出土铜、铁器较多，并有规格较高的墓葬，日本历史考古界认为，该遗址的文化面貌与《三国志·魏志·倭人传》中所记“邪马台国”的地理环境、政治制度、对外交往、风土人情、建筑物产相类似[49]。吉野里遗址作为记录日本自进入农耕社会至原始国家形成发展过程的重要遗址，具有极为重要的学术价值[50]。1990年，该遗址被指定为日本“国家史迹”加以保护，1992年追加指定为“国家特别史迹”[51]。

1992年，为了保存及活用日本固有的优秀文化遗产吉野里遗址，日本国家议会通过了设立“国营吉野里历史公园”的决议，并确定了建设该公园的七大基本方针：遗址的保存与活用；修建有魅力的风景和环境；创造新的历史文化；作为国际交流的据点；完备娱乐环境；振兴地区的效果；分阶段地完备公园的修建[52]。佐贺县也决定环绕国营公园设立县立公园区域。整座公园面积共117公顷，其中国家土地占54公顷，县政府土地占64公顷（图2）。公园于2001年完成第一期建设并正式对外开放[53]。

吉野里历史公园主要以弥生时代后期的后半（3世纪前后）为对象，参考目前的发掘调查结果以及民族学等各种专业研究成果来进行复原修建。公园共分为四个区域：入口区、环壕部落区、古代原

图 2　吉野里历史公园基本计划图

（采自国土交通省九州地方整备局国营吉野ケ里歴史公園事務所《事业概要》2010 年 4 月）

野区和古代森林区（图 2）。入口区主要提供各种服务设施；环壕部落区位于园区的中部，南内城、北内城、中之村、南之村、北坟丘墓等重要遗址位于该区，是整个公园展示的重点；古代原野区面积达 20 公顷，可进行各种娱乐活动；公园北侧的古代森林区正在修建中，准备建成既能保存绿色自然，又能再现弥生时代的森林风景，也能进行各种学习及生活体验的区域[54]。各个区域具体的设施及介绍见表 1。

表 1　　日本吉野里历史公园分区及设施清单[55]

区域	设施	介绍
入口区	历史公园中心	靠近 JR 吉野里历史公园站及国道 385 号的入口，这里提供便于利用公园的各种信息
	导游简介室	这里用画板及影像介绍吉野里遗址的概要及主要设施，可作为游览公园前的准备
	小型剧场	通过播放小电影《弥生城市的复苏》来介绍吉野里的历史，公园建设的经过，以及复原建筑物的内部情况。电影长约 12 分钟，大画面很有魄力，建议在游玩公园前观看

续表 1

区域	设施	介绍
入口区	多功能大厅	举行画板展示，讲习会等活动。也可作为休息，雨天时的集合地点或用餐的地方来利用
	商店	贩卖公园的各种仿造品以及佐贺县的土特产品、吉野里历史公园的吉祥物“卑弥佳”偶人
	餐厅	有 100 个席位
	东口停车场	可停大型车 80 台，小型车 540 台，摩托车 30 台
环壕部落区	南内城	考证认为是当时吉野里的统治者们生活的地方。这里展示包括 4 栋瞭望台，11 栋竖穴式房屋，集会馆，厨房等 20 栋复原建筑
	展示室	展示着遗址发掘的贵重文物，并受理关于遗址的各种咨询，由佐贺县教育委员会管辖
	仓库和市场	位于南内城的西侧，据推测这里有吉野里的“国家”仓库群，也是举行集市的场所。复原建筑有保管当时的集市与租税资料的仓库，举行祭祀的祀堂，以及管理集市的市楼
	北内城	据推测有当时主持祭祀的人居住的大型祭殿等 9 栋建筑被复原
	中之村	这里据说是制造当时在北内城举行祭祀以及政治活动所用的道具的场所
	南之村	这里被认为是吉野里部落普通百姓曾经居住的地区。包括高脚建筑及竖穴住屋等在内，目前共已复原了 27 栋建筑物
	弥生生活馆（南之村内）	该设施内设置了最多可容纳 300 人的体验工房，同时还有能够参观土器复原作业的公开作业室、展示廊、放映室、休息室等
	北坟丘墓	这里被认为是埋葬吉野里部落历代王的特殊坟墓。其外观已经复原，而坟丘墓的内部则展出了 14 个真品瓮棺及出土文物复制品，并有北坟丘墓的说明展示
	发掘现场	公园内的发掘现场也可以参观，具体可与佐贺县教育委员会文化课联系
古代原野区	复原水田	参考其他遗址的实例而复原的古代水田。从初夏到秋天，这里栽培自古传来的“赤米”稻
	弥生大原野	这是面积约 6 公顷的草坪广场。在这面临弥生时代风景的宽阔的草坪上，可自由地享受各种各样的娱乐活动
	野炊区	使用需要到西口服务中心申请
	游乐原野	设有古代瞭望台式的展望台，滑梯，柔软的半圆形屋顶式的蹦床等 10 种游乐设施
	飞盘高尔夫球	飞盘高尔夫球是按高尔夫球的规则，以投飞盘来代替击高尔夫球
	场地高尔夫球	把高尔夫球和门球折中的游戏
	西口服务中心	靠近 JR 神埼站的入口。有飞盘高尔夫球场，场地高尔夫球场，以及野炊区。场地高尔夫球场的起点就在西口入口处
	西口停车场	可停大型车 20 台，普通家用车 310 台，摩托车 10 台
古代森林区		现在正在修建中。计划建成既保留现存的绿色环境，又能再现弥生时代的森林风景区域，使来园者能更愉快地接触自然和体验生活

吉野里历史公园的各个区域结合各自特点通过建筑复原、陈列、多媒体展示、生活场景复原和体验学习等方式对遗址内涵进行了全方位的展示，同时也切身考虑了观众的需求，在尽量尊重历史真相的基础上，为他们提供了亲自体验和了解古人生活状态的机会。

2. 遗址展示方式分析

日本的史迹整备已经有40余年的经验，吉野里历史公园作为日本史迹整备的集大成者，在一定程度上体现了日本史迹整备的特色和较为先进的理念与方法，对该史迹公园保护利用理念与手段的分析，能够让我们了解日本史迹整备的研究现状，同时为我国大遗址的保护和利用提供一些有益的经验。

（1）建筑复原

在众多展示手段当中，建筑复原是日本史迹整备中经常用到的一种方式，在吉野里历史公园这种手段主要用于“环壕部落区”（图3）。为了尽可能真实的复原当时的聚落特征和空间构成，在开始整备之前，研究者们花了相当长的时间进行了研究和考察，从而为复原工作做了相当扎实的基础工作，也使得复原能够尽可能地接近历史真相[56]。

历史上中国、日本等东亚国家一直以土木建筑为主，因此大多数考古遗址特别是聚落遗址都以土遗址为主，公众能看到的仅有一些残存的建筑基址或者散落的建筑构件，将这样的遗迹直接展示给普通公众一般很难看懂和理解，能够接受的历史信息也就相应减少。就这一点而言，复原重建无疑是目前来看最直接有效的办法，可以给公众带来身临其境的感觉，也有利于公众了解建筑的空间尺度，获得更多历史信息。但是通常出于复原难度的考虑和保护遗址的需求，这种方法在国际社会争议较多。

吉野里历史公园在复原建筑的过程中一方面注重前期研究，不但注意遗址和建筑的研究，还注意结合文化人类学、建筑史、农业、地质等相关的历史研究和记录以及对当时的动植物遗存研究，力求

图3　建筑复原——主祭殿

（采自许凡等《史前遗址的展示——以日本吉野里国家历史公园为例》，《小城镇建设》2008年第6期）

做到全方位、准确地复原当时的历史情境，另一方面对遗存的保护也给予了充分的重视，为了保护考古遗存，首先在真迹上填土50厘米，在此之上再加一层工程用土，从而确保遗址的安全。

所以，从日本史迹整备的实践结果来看，建筑复原未尝不是一个对考古遗址进行保护和利用的可能途径，但是在实施过程中必须尽可能权衡保护与利用、历史真实与观众需求之间的关系，尽可能在最大限度尊重历史真实的前提下为公众提供更多关于过去的信息，又不会对考古遗存造成破坏。其中最大限度尊重历史真实是非常关键的一个环节，需要利用当前最新的研究结果并尽可能在建造之后对一些不符合最新研究成果的部分进行改造。此外，日本的史迹整备中渗透了“整体复原”的理念，除了建筑之外还复原了当时的水田、植被等，从而为建筑创造了一个更为真实的背景，而对于遗址环境的保护也是当前文化遗产保护中非常重要的一个理念。

（2）生活场景复原展示

吉野里历史公园的生活场景复原展示主要包括人物模型复原展示和真人表演复原展示两种。吉野里历史公园的人物模型复原主要展示了祭祀和贵族会议等场景，这种复原展示的方法在国内很多博物馆中也可以看到，比较适合于一些相对简单的生活场景，通常是通过一个或一系列静态的画面试图向公众展示当时的某种活动或某个事件。

真人表演复原展示在吉野里历史公园主要向公众展示了祭祀、养蚕、织布等活动，这种展示手段无疑更为直观和生动，有时甚至可以为游人提供亲身体验的机会，能够给观众留下比较深刻的印象。

（3）多媒体展示

可能是建筑和生活场景复原等方式已经在三维空间内很好地展示了关于遗址过去的很多方面信息的原因，吉野里遗址以多媒体方式进行展示的内容并不多。主要是在公园入口区的小型剧场内为游人提供了时长约12分钟的小电影——“弥生城市的复苏”，其内容介绍了吉野里的历史、公园建设的经过以及复原建筑物的内部情况。

多媒体展示在当前我国的很多考古遗址和博物馆中都可以看到，吉野里历史公园的多媒体展示设置在公园入口处，希望在公众参观之前对遗址有一个宏观的认识，让公众获得一些背景知识，从而在参观的过程中也更容易理解看到的各种内容。所以，虽然遗址的其他展示手段已经很好地为公众提供了相关的信息，但这一铺垫性基础工作还是不容或缺的。

（4）陈列展示与遗址现场展示

吉野里历史公园的陈列展示主要用于遗址入口区的导游简介室和南内城的展示室。其中导游简介室的陈列展示与入口处小剧场的多媒体展示在目的上有一定的相同点，主要也是向公众介绍遗址和公园的总体情况，以利于之后的参观。而南内城的陈列展示室由佐贺县教育委员会管辖，主要展示遗址发掘出土的珍贵文物，文物的展示大多是以传统的陈列方式进行，这样既能满足公众观赏的需求又能尽可能的保护文物不受到损害。

遗址现场展示的方法主要用于吉野里历史公园古代森林区的北坟山冈坟展示馆，该馆正在建设当中。这种方式在当前的很多展示实例中十分常见，可以说几乎最大限度的尊重了历史事实，没有将考古工作者们的阐释强加给公众，而是给了公众足够的思考和想象空间，对所看到地遗迹进行自己的推测和解释，但这种方式对大多数前来参观的普通公众而言仍具有一定理解难度，面对土遗址一般公众很难对其历史原貌进行正确的想象和复原。因此，吉野里历史公园将这种展示方法用于墓葬这种相对简单、比较易于公众理解的考古遗迹的展示当中不失为一种权衡利弊的较好办法。

陈列展示和遗址现场展示是传统的考古遗址和遗物展示中最为重要也是用得最多的方法，但显然吉野里历史公园对这两种方法的利用是很有限的。从公众自身的角度来考虑，这两种方式可能确实较为死板，提供的信息量也很少，但从另一方面考虑这两种方法确实是当前最为尊重历史真实而带研究者和展示者个人对遗址内容的理解最少的方法。所以如何在当前满足公众需求的情况下合理处理展示环节中产生的误导始终是一个不容忽视的问题。

（5）体验学习

以公众为主体而进行的参观体验当前逐渐受到专业人员的重视，这一展示方式具有较强的互动性，为公众提供了参与的机会，能够更好的展示过去的一些技艺或活动，达到寓教于乐的目的。

吉野里历史公园的体验学习主要是为公众提供了参加插秧、射箭、钻木取火以及制作勾玉、土笛、土器、玻璃制品等工艺品的简单活动的机会（图4）。在遗址公园内设置供公众体验学习的活动，虽然较之传统上略显呆板的展示方式显得轻松生动一些，同时使得一向作为被动接受信息者的公众获得了主动参与的机会，但是这一展示方式的困难和矛盾之处也是显而易见的，考古学总体而言还是一门较为专业的学科，古代的各种技艺和活动大多离我们的现实生活较远，普通公众基本上不具备相应的技能，很多遗址出于这样的考虑常常设置一些十分简单的项目来满足公众参与体验的需求，但这又常常使得很多活动脱离了历史真实，而徒具娱乐的功效。吉野里遗址的参与体验除了较为简单的活动之外，还聘请了相关的专家举办讲座，并以实验考古的方式向公众介绍古代的相关知识，这无疑弥补了一些简单活动在历史真实性上的缺乏，为公众提供了更多关于过去的较为真实的信息。

图4　参与体验——插秧

（采自许凡等《史前遗址的展示——以日本吉野里国家历史公园为例》，《小城镇建设》2008年第6期）

参与体验作为一项参与性很强的展示方式，虽然常常受到公众的欢迎，但其背后隐藏的矛盾也是不容忽视的，在公众与专家、娱乐性与专业性之间如何较好地做出权衡是这种展示方式面临的严峻课题。吉野里历史公园的展示可能是注意到了这一点，从而试图通过设置两类活动的方式来缓和这一矛盾，但究竟如何更好的处理隐含的矛盾始终是我们不可回避的问题。

3. 建设无障碍园区

无障碍园区的理念严格来讲并非遗址展示的内容或方式，但对特殊人群的充分考虑和关注是我们在遗址展示和公园公共设施设置上必须做到的一项最基本内容，同时也是“以人为本”理念的体现。

吉野里历史公园为了方便残障人士、老人、儿童等需要帮助的人群，在园区设施的建造中格外考虑了这方面的需求，设置了很多无障碍便利设施，包括道路、扶手上的点字指示牌、残障人士用卫生间、儿童用卫生间等。

充分考虑特殊人群的需要是公共设施设置中一项不容忽视的内容，遗址公园、博物馆等作为公共场所自然要充分考虑这一点。吉野里历史公园对这一问题的充分考虑体现出公园设计的人性关怀。从无障碍园区理念发散开来，我们应该看到遗址公园本身作为一种公共场所在设计的过程中必须充分借鉴一些较为成熟的公共场所的设计理念及对公众利益和需求的考虑方面的经验，要在出色地完成自身作为公共场所的基本角色的前提下考虑其教育、娱乐等职能的发挥。

4. 吉野里史迹整备的经验

作为日本史迹整备的集大成者，吉野里历史公园的整备很好地反映了当前日本史迹整备的方法和理念，其核心可以大致概括为：整体、空间和公众。

“整体”的理念是史迹整备中一个十分重要的基础和前提，这不仅关系到史迹整备之前的专业研究工作甚至考古发掘，还关系到各种展示手段技术的应用。在整备工作开展之前，首先通过专业的考古学研究搞清楚了遗址各区域的功能分布，从而有的放矢的对各部位进行发掘和复原，这样各个区域的复原是作为整个遗址的不同功能区来实现的，而不是孤立的。更为可贵的是，在日本的史迹整备中注意到了对当时环境的复原，从而使得遗址的环境背景也更为真实，将自然与人文作为一个大的整体来考虑。

“空间”是指吉野里史迹整备中的展示手段注重空间展示的方式，试图给公众营造一种身临其境的真实感，这集中体现在多种展示手段的运用上，特别是建筑的复原展示。国内的博物馆和遗址公园等虽然也多多少少有一些建筑、生活场景的复原，但大多在体量上更像是模型，公众基本上也只能以参观的方式处于其外甚至只能远观，获得的信息大多是“某某是什么样的”这样的印象，而缺少真实的感觉。当然，像日本这样大面积复原建筑等遗迹在国内当前的保护理念中似乎也是受到诟病而不被允许的。

吉野里史迹公园十分重视“公众”的需求和学术严肃性的平衡。可以说日本的史迹公园在很大程度上具有公共休闲娱乐场所的性质，而教育或者传播历史信息的职能并不像国内的博物馆和遗址公园那么突出，因此其各项设置在考虑因素上相比于国内而言对公众需求的满足更多一些，在对学术研究结果和历史真实性最大尊重的前提下，尽可能在这些考古遗址进行活动，充分发掘其教育、娱乐、公众参与的可能性。当然，除了这一理念之外，其展示的手段等也有很多值得我们学习和借鉴。

三 中国大遗址保护的问题和需求

（一）什么是“大遗址”？

1. 概念的提出和沿革

“大型古遗址”或“大遗址”概念最早出现是在1963年文化部（63）文物平字第2064号函《关于召开大型古遗址保护工作座谈会的函件》[57]，当时主要指代大型古代城址。

对大遗址概念提出最早、阐释比较清楚地是考古学家苏秉琦先生，在考古研究的过程中他敏锐地感觉到大型遗址的重要价值及其保护的紧迫。1975年他已经提出“应当把‘古城古国’当做文物保护重点的原则”。后来在其著作中进一步阐述：“当时我提出这样的原则是因为我从多年实际工作看，古城址往往埋藏很浅，高平低垫，很容易就破坏，一重要，二难保护。当时这一提法主要指历史时期的大遗址（古城址），现在看来，应该把史前时期的大遗址也作为重点，即把古城古国与古文化联系起来。”[58]

此后，考古学家郭大顺先生在参观了日本史迹整备的史迹公园后，撰文详细介绍日本历史遗迹保护与环境保护、公众考古教育、博物馆建设的结合，动员地方和社会各方面的力量，使大型遗址的保护成为全社会的事业和工作，对我国大遗址的保护和利用问题进行了探讨[59]。

通过考古学者的呼吁和强调，文物行政主管部门也逐步将价值突出、规模较大、情况复杂的大遗址的保护作为工作的重点提出。1994年，国务院组织对陕西、河南两省文物工作问题进行调研，时任国家文物局工作人员的孟宪民先生在编写题目为“关于当前文物工作若干问题的决定”的报告中，提出了“大遗址保护工程”的设想，在该文献八大段二十几条的内容中，后八条是论述大遗址保护的。

到我国“九五”期间，大遗址保护问题逐渐开始受到中央政府重视。1997年，在《国务院关于加强和完善文物工作的通知》中涉及大遗址。1999年，原国家发展计划委员会在部署“十五”规划工作，大遗址抢救保护问题又一次被提出。国家文物局在向国家发展计划委员会报出的我国大遗址保护规划基本思路中，建议国家制定具有长期指导作用的大遗址保护展示体系和重点园区的建设规划，并纳入国民经济和社会发展计划的构想。提交了《关于拟将我国大遗址保护展示体系建设规划列为十五规划专项的请示》（文物保函［1999］706号），随文还报送了《全国大遗址保护展示体系建设规划基本思路》，文中论述“大遗址”包括原始聚落、古代都城、宫殿、陵墓区和宗教、工业、水利、交通、军事等建筑、设施遗迹。2000年，在《国务院办公厅关于西部大开发中加强文物保护和管理工作的通知》中，再次出现“大遗址”的提法。

政府的重视也激发了更多研究学者对大遗址问题的进一步探讨，特别是随着文化景观、文化线路等国际新概念的引入，进入新千年后，针对大遗址的研讨出现在众多研究文章中。2001年，孟宪民在其研究文章中论述大遗址即大型古文化遗址，既包括文物保护单位个体，更包括与遗址相关联的地理环境，以及包含有文物、建筑群的遗址及环境的群体综合系统，并可引申为区域文化遗产[60]。2004年，天津大学博士田林在其博士论文中将大遗址定义为“具有一定规模、保留原有部分使用功能和结构作用以及建筑材料于原地的人类文化活动的场所。……从国务院历次公布全国重点文物保护单位分类角度出发，可引申为以遗址为主体的大型文物保护单位及其体系或组群，即在考古学文化和我国历史上占有政治经济文化重要地位的聚落、城市、手工业、军事、交通、水利设施、宗教、丧葬等设施的足迹和相关环境”[61]。

2004年，在国家文物局委托中国建筑设计研究院完成的《实施重大遗产地综合保护示范行动研究》中，以“重大文化遗产地”的概念代替“大遗址”概念，“专指在考古学文化和我国历史上占有政治、经济、文化重要地位的、规模较大的原始聚落、古代城市、宫殿、陵墓和宗教、丧葬、军事、交通、手工业、水利等建筑与设施的遗存、遗迹及其相关环境，特别是在我国文明起源和发展史上具有突出地位的、规模特大的全国重点文物保护单位”[62]。

2005年，中央财政安排大遗址保护专项经费2.5亿元。2005年8月，财政部和国家文物局联合发布《大遗址保护专项经费管理办法》（财教［2005］135号），规定“本办法所指的大遗址主要包括反映中国古代历史各个发展阶段涉及政治、宗教、军事、科技、工业、农业、建筑、交通、水利等方面历史文化信息，具有规模宏大、价值重大、影响深远特点的大型聚落、城址、宫室、陵寝墓葬等遗址、遗址群及文化景观”。2006年12月29日，国家文物局、财政部《关于印发“十一五”期间大遗址保护总体规划的通知》（文物办发［2006］43号），重申上述文件中的大遗址概念，并指出“在我国已公布的六批2351处全国重点文物保护单位中，约有500余处是大遗址，占总数的四分之一左右，其中一部分已被列入世界文化遗产或作为世界文化遗产的重要组成部分”。这两个文件所提出的大遗址内容是目前官方对大遗址概念的界定。《通知》还提出了“十一五”期间100处重要大遗址名单。

2. 如何理解“大遗址”

从以上“大遗址”概念提出和沿革的历程可以看出，简单来说“大遗址”包含两个方面的意味：一是规模大，突破了单个遗址点的局限，甚至突破遗址本身的局限，将遗址和遗址的关系以及遗址和景观环境的关系作为一个整体看待；二是价值重大，具有深远的影响。苏秉琦先生从考古学研究的角度提出的“古文化、古国、古城”所对应的遗址、遗址群即属于此类。可以说，大遗址概念的提出代表着文化遗产内涵的丰富与外延的扩展，从古物、文物等单体概念发展到文化景观、文化空间和遗产区域的概念[63]，从而与社会经济背景发生更密切的联系，面临发展和人类活动带来的诸多威胁，也引发保护观念和行动的转变。

需要强调的是，“大遗址”并不是一个学术概念，它反映的是我们对文化遗产认识的深入，是我们文化遗产保护和管理的一种手段。

（二）公众考古理念下的大遗址保护特点

1. 大遗址与社会生活关系密切

大遗址最突出的特点之一是规模大，其分布面积广，相对比较分散，传统的封闭管理方法很难在大区域内实现。而且大部分大遗址都分布在有人居住生活的地区，因此，大遗址与当地社会经济生活关系非常密切，在开展大遗址保护工作时，必须充分考虑保护与地区社会经济发展间的协调问题，与各个用地部门间的关系问题以及区域内人的生产生活问题，这与其他类型的文物和单体遗址的保护是完全不同的。因此，面对大遗址保护这一命题，除了传统意义上保护技术外，我们必须考虑更多与遗址相关的社会发展问题，特别是“人”的问题，才能切实做好大遗址的保护工作。

2. 大遗址较难为公众所解读

我国的遗址从结构和材料上看与西方差异较大，主要分为石质、土质和土石混筑三类。在石质类中又有利用天然岩体形成的（如北京房山的周口店遗址）和岩块砌筑的（如辽宁凌源、建平的牛河梁遗址中的积石冢）两类，土质类又有揭露的原生土层（如陕西西安的半坡遗址）和人工夯筑（如新疆吐鲁番的交河故城）两类，而土石混筑类具代表性的吉林集安的丸都山城城垣、国内城城垣。这些结构往往残缺不全，特别是重要的史前人类聚落如半坡遗址、良渚遗址等主体为土遗址，很难为普通公众所解读、理解，从审美情趣和艺术性角度看也不具备很强的可观赏性。因此，大遗址的展示工作需要广开思路，在研究的基础上进行科学、合理、有效的阐释和展示。

（三）公众考古理念下的我国大遗址保护、管理和利用

1. 将公众参与融入到考古研究过程中

考古研究工作在文化遗产时代具有两重身份，一个是学术研究的身份，这是考古研究一直以来的身份，通过考古调查和发掘寻找历史的遗存，复原人类社会发展的历程，在这里考古遗址作为一种资源为考古研究者所利用——学术性地利用；另外一个是文化遗产保护的身份，当文化遗址面临建设开发、盗掘等威胁的情况下，通过考古发掘和研究将历史信息完整提取记录下来并进行研究就是对文化遗产的第一步保护，在这里考古遗址作为一种珍贵的不可再生的社会资源、文化资源为考古工作者所保护。

在我国，考古工作一般包括以下步骤和内容（图5）。在整个流程中，田野调查、田野发掘、考古绘图、考古测量、考古摄影以及出土文物整理的工作一般都会有民工和技工参与。民工是雇佣的当地人，在农村地区多为没有外出打工的妇女。技工是具有一定技能的工作人员，能够绘图、测量以及拼对复原陶器等，他们很多都是从民工工作开始，经过多年的耳濡目染学会了这些专门技能，为考古研究部门所吸纳，成为半专业人员。不难发现，只有在调查和发掘整理两个阶段能够看到少数的非考古研究者参与，到了研究阶段再无他人，只有专业的考古工作者“独坐西楼”。更深入的考量，我们会发现在考古工作的整个过程，都是考古工作者和考古资源（遗址、遗物等）一一对应的形式，没有或很少有普通公众，特别是当地人的深入参与和了解。这种现象可以称之为考古研究过程中公众参与的缺失。

出于工作时间、工作经费以及文物安全的考虑，长久以来考古工作一般都按照以上模式开展。专业的考古队伍到达某遗址点，雇佣当地人作为民工承担重体力工作，自有或借调技工承担一定的调查和资料整理工作，发掘工作结束后则带上所有的考古发现回到所在研究机构进行研究。考古遗址在这个过程中被一次性利用。然而，这个过程也是考古资源浪费的过程，很长时间没有得到重视。

形成鲜明对比的是一衣带水的邻国日本，日本考古发掘成果的发表有多种形式，如现场介绍会、不定期的发掘简报、展览会及考古发掘报告书等。现场介绍会在日本考古工地是普遍进行的发表形式，现场介绍会不仅仅是让专家学者亲临参观指导，更为重要的一个方面是特地向当地公众介绍，使他们理解发掘的意义，理解当地的历史和文化，这对于文物保护和利用极有裨益。吉野里遗址的发现经新闻媒介报道后，在日本引起了全国的轰动。发掘期间，从全国各地赶来参观的人们络绎不绝，最多的一天竟达5万多人。为此，发掘队不得不委托当地政府进行专门组织，并定期举行现场介绍会。几乎

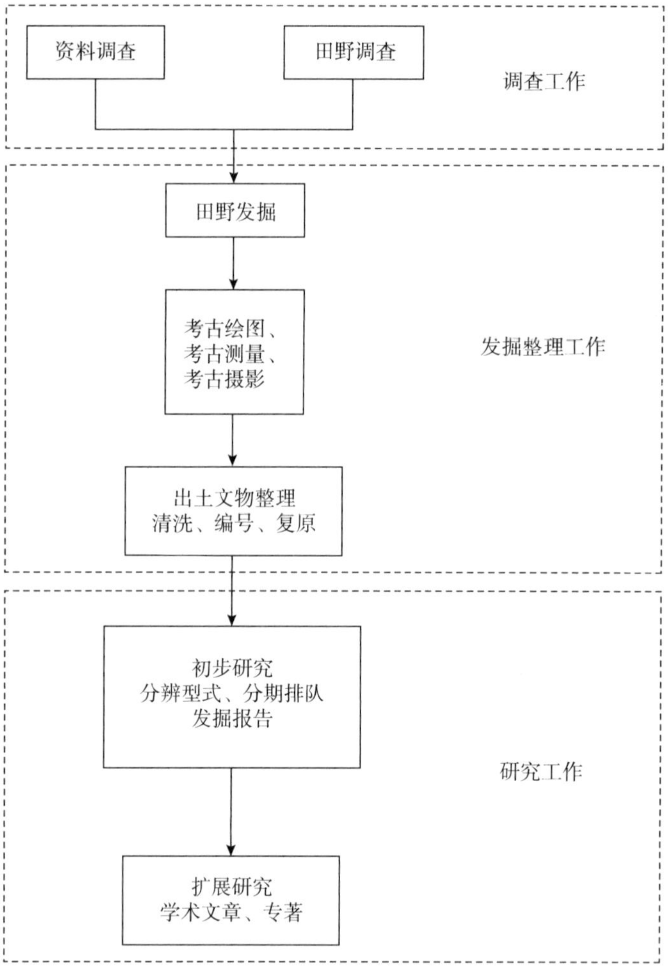

图5　考古研究流程示意图

所有的日本考古都有以上让公众了解、参与的活动安排。更需要强调的是，日本这种公众参与的模式已经得到制度的保障，上升到法律的高度。日本《文化财保护法》第五十七条之四明确规定："国家及地方公共团体，必须为全社会了解埋藏文化财包藏地而采取资料整理、宣传等一切必要的手段而努力。"[64]由日本文化厅文物保护部组织编写出版的《地下文物发掘调查手册》相当于日本官方指定的田野考古规程，其中对现场介绍会、展览会做了详细的说明和要求，强调向遗址当地公众宣传介绍、使其理解发掘调查的意义的重要性和必要性[65]。

从充分利用考古资源、最大化其利用率的角度来考量，也应该让公众在发掘过程中参与进来。日本学者佐原真曾经说过，一份发掘报告实际上也就是一个考古遗址的"死亡诊断书"[66]。如果能够在考古研究的过程中兼顾公众的考古学科普、历史教育，让考古遗址成为社会教育资源，发挥其作用，则是对考古资源比较有效率的利用。

大遗址由于其规模大、分布范围广的特点，保护和管理起来难度较大，很难通过简单的"圈看"手段达到保护目的，要想真正保护好大遗址，就要让当地的居民——真正与大遗址生活在一起的人了解大遗址、了解其背后所含历史和文化及与他们的关系。考古研究、特别是考古发掘最能深入遗址所在当地，很多考古队在遗址所在当地驻扎少则几月多则一年，与当地居民长时间接触，这实在是宣传和教育的最佳机会。学术研究不光是为领导的政策提供依据和参考，更多的作用应是为社会大众提供认识各种问题的引导，大遗址保护的最大困难还是来自于人们的意识[67]。如果我们能够充分利用考古研究阶段的机会，在考古研究过程中将大遗址保护的意识在公众参与的过程中传达给他们，大遗址保护将得到无法计数的支持。

令人欣慰的是，随着文化遗产保护和公众考古理念的引入，特别是我国第三个文化遗产日提出“文化遗产人人保护，保护成果人人共享”的主题，越来越多专业人士意识到考古研究过程中公众参与对于大遗址保护的意义。2007 年，中国文化遗产研究院和山东省文物考古研究所在大运河南旺考古发掘工地开展了公众考古实践活动，随后河南、山西等地方纷纷开始类似尝试，考古研究过程中公众参与缺失的情况开始慢慢“破冰”。但是如何将公众参与融入到考古研究过程中仍是一个需要继续探索的课题，在此提出以下建议：

（1）健全制度。2009 年出版的《田野考古工作规程》第二十条规定：“考古发掘单位应创造条件，尽可能使公众了解考古工作成果。”这反映了文物主管部门意识的转变和进步，为相关研究机构和个人提出了原则性的要求。但是这一规定只能起到建议性的作用，并不具有任何强制性和约束力，是否得到有效执行在很大程度上仍取决于发掘单位的态度。因此，要使公众参与在考古研究过程中得到广泛实施和执行，必须将之纳入法律，如《中华人民共和国文物保护法》和《中华人民共和国文物保护法实施条例》，并相应调整发掘经费内容，安排专门的公众宣传部分，从制度上保障公众在考古研究过程中的知情权和参与权。

（2）保证经费。目前在考古发掘项目中没有组织相关活动的经费预算，这对于一些发掘经费原本紧张的项目无疑会成为负担。因此，建议在审批相关考古发掘和研究项目时，列出公众参与的专门经费。这不仅为项目负责单位和领队解决了一定的顾虑，还通过执行经费预算的方式，可形成一定的约束力。实际上，在一些已经开展的考古研究项目中，已经列出了成果展示等面向公众的专项经费，活动的开展也取得了很好的效果。如“指南针计划”项目在各子课题中都明确规定要有成果展示部分，并通过博物馆展览、出版科普读物、成果图片展等形式对研究成果进行了展示，这一系列推广活动能够顺利开展，专项列支的经费是其重要保障。因此，大遗址的研究、保护中应将公众教育活动作为重要内容之一并提供专门的资金支撑。

（3）确保人员。要在考古发掘和研究过程中为公众参与创造机会，人员的缺乏也是很多单位面临的问题。公众考古理念传入我国时间较短，尚未被很多考古从业者所了解，很多单位缺乏开展相关活动的专业人员，即使希望开展活动也不知从何处着手。此外，一些发掘研究项目，人员本身比较少，很难抽出专门的工作人员进行相关展示工作。于是，这也就成为公众参与在考古发掘和研究过程中另一掣肘之处。解决这一问题可以从几个方面入手。一是各级文物部门可以自行组织或委托科研单位组织专业人员开展公众参与相关活动。另一方面，可以在活动当地或高等院校招募志愿者参与活动的组织。这既可解决人员匮乏的问题，也使当地居民在参与活动组织的过程中更好地了解当地的文化历史。圆明园国家考古遗址公园在开展活动过程中，就通过网络媒体并联合高等院校，招募了很多志愿者参与文物修复、图片展、专题讲座等各项活动的展开，收到了很好的效果，这一做法在其他大遗址的保护、开发和管理过程中也很值得借鉴。

（4）因地制宜，方式创新。目前公众考古活动形式稍显单一，长此以往会使主办方缺乏动力，也会使公众产生“审美疲劳”。将公众参与融入到考古发掘、研究和利用的整体流程中，最为重要的是研究人员和相关负责人真正接受公众考古理念，在活动的组织上因地制宜，在具体方式上充分创新。

2. 完善大遗址的阐释和展示系统

在分析大遗址保护特点部分，我们已经注意到大遗址由于其自身特点很难为公众所理解和欣赏，在我们大遗址保护、管理和利用工作中有一个环节没有得到充分的重视，那就是遗址现场缺乏阐释和展示系统，这客观上加剧了公众对于具体的大型遗址不了解、看不懂的情况。

考古学不像历史学等基础学科，已经是我国基础教育体系中的重要内容。公众一般都缺乏对考古学的基本了解。因此，面对陌生的遗址，普通公众需要系统的阐释和展示。2008 年，在加拿大魁北克召开的国际古迹遗址理事会 ICOMOS 大会上公布了《文化遗产地阐释和展示宪章》（*Charter for the Interpretation and Presentation of Cultural Heritage Sites*），可以看出国际社会对于文化遗产阐释和展示的重视，对于公众理解遗产的重视。

目前，我国大遗址的阐释和展示工作大多差强人意。在我国，遗址大多按照《中华人民共和国文物保护法实施条例》对文物保护单位“四有”工作的要求做出了标志说明，即“文物保护单位的标志说明应当包括文物保护单位的级别、名称、公布机关、公布日期、立标机关、立标日期等内容”[68]。但这样的标志说明只能标识出文物保护单位（图 6），遗址现场缺乏生动详细的解说设施，公众很难了解遗址的详细情况及其重大价值。

图 6　文物保护单位标志说明（作者拍摄）

这一问题近年来已经得到了相关部门的关注，并开始着手改善。国家考古遗址公园便是这样一种探索大遗址保护的新模式，旨在促进考古遗址的保护、展示与利用，有效发挥文化遗产保护在经济社会发展中的作用。已有的殷墟博物苑、大明宫国家考古遗址公园等便在遗址的展示和阐释方面取得了很好的效果。以大明宫考古遗址公园为例，其规划运用了多种手段从多个角度、不同层面对园区进行了系统阐释和说明。丹凤门在建筑基址上建造了建筑模型式的保护棚，既保护了遗址又使公众对丹凤门的原貌有了直观的印象。其内还设置了相关的展览，并免费开放，使公众对大明宫历史及历代城门形制等都有了很好的了解。含元殿、麟德殿等宫殿基址则进行了原址保护，未进行任何复建。为了避免公众在面对遗址时缺少直观的印象，不能对建筑有很好的了解，一方面遗址上选取一些点进行了象征性的建筑复原，另一方面则在科学的复原研究基础上建设了大明宫微缩景观，使公众能直观地了解到大明宫当年的盛况，而以IMAX3D电影、实物、电子、模型和标牌合而为一的遗址阐释系统更是为公众了解遗址内涵提供了便捷的途径。此外，遗址园区内还设置了考古探索中心，以多种方式向公众宣传考古和文化遗产保护知识，集趣味性与知识性于一体，收到了良好的效果。

并非所有的大遗址都适合采用考古遗址公园这一模式。一方面建设考古遗址公园需要大量的资金为基础，另一方面大遗址大多占地面积较大，分布范围内有大量居民，重新安置耗费很大，同时也割裂了当地居民与遗址之间的固有联系。因此，对于大遗址的保护利用，除了建设考古遗址公园这种“大动作”之外，对很多遗址来说更实际可行的展示和利用方式是在遗址现场设立展示和说明系统，为公众提供了解遗址的信息平台，这一方面可以英国的成功实践作为参考。

英国是文化遗产丰富的国家，也是文化遗产保护工作开展比较早且比较好的国家。其实在20世纪70年代以前，英国的大型遗址也和我们现在的情况一样，或缺乏阐释和展示，或阐释和展示晦涩难懂，完全是从专家的层面进行，普通公众面对随处可见的历史遗存却无从了解。从20世纪70年代开始，英国政府意识到对历史遗存进行全面和系统的阐释和展示的重要性和必要性，英格兰遗产局遂开始推广遗址的现场说明工程，即使是人迹罕至的遗址点也安置了统一设计的现场说明板，能够让偶尔到此一游的人获得基本的信息。历史苏格兰局（Historic Scotland）在苏格兰也开展了相应的工作。英国其他一些非政府遗产机构，如国家信托（National Trust）以及一些地方机构也在其拥有和管理的遗产地开展系统的阐释和展示。他们大都采用在现场设立说明板的方法，内容多图文并茂，通俗易懂，让参观的人能够在没有专业人士相伴的情况下也能够了解该遗产的情况。同时，这些说明设施经过统一设计和规划，保证了内容的科学性，给公众专业的感受，也保障了文化遗产的尊严（图7）。

图7　英国荒野中的遗址解说板（作者拍摄）

在建设完善的展示和阐释系统的基础上，我们还要充分意识到硬件设施的建设只是大遗址利用最基础的部分，要发挥大遗址的文化、教育作用，必须在硬件设施的基础上重视人员的配备和活动的组织。以西安地区的另一个大遗址汉长安城为例，其位于渭河以南的关中平原上，面积约36平方公里，占地面积广大。现存遗址主要有城墙、未央宫前殿遗址、椒房殿遗址、官署遗址、少府遗址、天禄阁遗址、石渠阁遗址、武库遗址、桂宫鸿宁殿遗址、罗寨遗址、樊寨遗址、讲武殿遗址、楼阁遗址、未央宫夯台遗址等。整个汉长安城遗址现属西安市未央区管辖，城域分属汉城、未央宫、六村堡、三桥4个街道办事处，分布着54个行政村，5万余人口，遗址点分布十分零散。如果将所有遗址点都圈起来，建成考古遗址公园，不仅工程量巨大，而且会面临文化遗产保护与经济发展之间的种种矛盾，也会割裂当地居民与遗址地固有的联系，可谓得不偿失。

面对这种情况，我们可以在重点保护集中分布的遗址点的前提下（如未央宫建筑基址），对其他分布零散的遗址点进行统一规划，设立统一的展示和说明标志。进而在人员方面，以当地居民作为主要对象，普及遗址点的相关知识，树立他们对遗址地的归属感和责任感。遗址点本身是当地居民日常生活的一部分，如果成功动员当地居民在日常生活中积极承担保护和监督的职责，自然能收到事半功倍的效果。在活动组织方面，对于汉长安城这类分布范围较广，遗址点较分散的大遗址，管理部门可以联合当地学校、社区等，设计合理的游览路线，定期举行游览活动。这不仅可以丰富当地居民的文化生活，增强其对遗址地的归属感和责任感，也可以在共同活动中增进外地参观者对当地历史文化的了解。

3. 重视大遗址在农村地区的文化、教育作用

大遗址作为重要的社会资源、文化资源和教育资源已经为各界所认同，如江苏省出台的“文化大省”战略就指出，教育水平的提高使得城市市民素质提高，市民有意识地对富含历史文化内涵的遗址进行保护与欣赏，遗址与市民的生活关系紧密，开发作为城市公园、博物馆（苑）的可能性和实施性强[69]。目前在文物工作方针中“合理利用”原则的指导下，各地对大遗址的利用进行了不同的实践。有些地方以遗址为基础建立了遗址博物馆，如金沙遗址博物馆，有些地方以遗址为基础建立了遗址公园或园区，如殷墟博物苑。然而，这些实践更多的是出于发展遗址旅游的目的。虽然这种做法确实吸引了大量游客，收到了良好的经济效益。但是这些成功案例大多集中在交通便利、旅游业较为发达的城市及其周边地区，一些偏远的农村地区却很少从中受益，大运河柳孜码头遗址便是这样一个典型的案例。

柳孜码头遗址位于安徽省淮北市濉溪县百善镇柳孜村。1999年，安徽省文物考古研究所配合宿州至永城公路拓宽改建工程开展抢救性考古发掘过程，在柳孜集裁弯取直施工过程中发现隋唐运河码头、沉船以及瓷片等遗物遗迹[70]，被评为当年的考古十大发现之一。2001年7月被国务院公布为“全国重点文物保护单位”，2007年初作为大运河遗产的一部分被列入世界文化遗产预备名单。柳孜码头遗址发现后，为加强其保护和利用，码头遗址本体揭露展示，并加盖围墙将遗址圈护，围墙一周设置说明板，介绍大运河以及柳孜码头遗址的情况。这可以说是遗址保护和利用的很好实践。然而，事实总与理想有所差距。由于柳孜地处农村地区，周围也没有相辅佐的旅游吸引点，这里没有成为旅游热点，不能为当地带来经济收益，仅仅间或有大运河保护的专家或相关人士前来参观考察，而平时则大门紧锁，成为空置的场地，围墙外垃圾遍地，与当地百姓的生活没有任何关系（图8）。

由此，我们可以看出农村地区在大遗址的开发、利用和管理过程中是一个十分特殊却常常因为各种原因被忽视的区域。农村地区相较于城市及其周边地区而言，交通大多较为不便，文化、教育资源较为贫乏，当地居民的文化水平相对较低，文化组织、公众活动场所等较为缺乏，相关人员配备也常

图8 柳孜运河码头遗址（作者拍摄）

常不足。对其开发利用自然不能照搬城市地区的模式，以吸引游客、发展旅游为开发利用的目的，而应该从当地居民的角度考虑，开发遗址的价值。我国古遗址的分布十分普遍，农村地区实际上拥有十分丰富的遗址资源，如果能正视农村地区遗址资源的特殊性，重视其文化价值在当地居民文化、教育方面的作用，无疑会收到良好的效果。遗址的管理者应当将地方社区作为遗址利用的第一优先级受众，特别在缺少教育资源、文化资源和娱乐资源的农村地区，应该将大遗址作为这样的宝贵资源加以充分利用，将遗址展示和当地文化活动特别是当地青少年学生的历史学习相结合。

对此，我们可以参考美国、英国等文化遗产保护大国在这方面的经验。20 世纪 80 年代开始，美国政府考古机构、独立考古协会以及大学逐步开始重视公众考古的参与和教育，特别是让当地社区（local community）利用考古资源、遗产资源丰富其社会文化活动、历史教育活动等。1982 年，威斯康星拉克罗斯大学联合当地成立了密西西比河谷考古中心（Mississippi Valley Archaeology Center, MVAC），该考古中心向社会各年龄层提供不同的公众考古项目，诸如田野发掘及实验室体验、系列讲座、考古日、年度文物展等，还针对预科班教师开展培训课程[71]。英国的伦敦博物馆（Museum of London）一直将“伦敦人的博物馆”作为其口号，各种展出和活动都注重与公众生活的联系，比如博物馆空间一直作为当地人（特别是附近社区和居民）的文化活动的场地，经常举办社区活动，成为当地人社交活动、文化活动的中心，用文化将地方社区凝聚在博物馆。

然而，由于农村地区的种种特殊性，在当地开展这些活动面临着资金、人员等方面的困难。只有正视并解决这些现实问题，才能使大遗址的文化、教育作用在农村地区得到充分的发挥。

在资金方面，农村地区大多缺乏相关的建设费用和活动经费。对此，首先要根据实际情况，申请相关部门的专项经费，完成场馆等的基本建设，保证硬件设施的完备。对于一些重要遗址、场馆等的基本建设费用大多可以得到保障，但其日常维护及活动的开展常常缺乏经费的支持。于是柳孜码头遗址那样闭门谢客的状况便成为这类遗址博物馆的常态。针对这种状况，一方面要充分利用地方的文化教育资金，另一方面当地政府或相关部门可在财政支出中设立专项经费，用于日常维护和大型活动的开展。

相较于资金方面的困难，人员缺乏这一问题对于农村地区的大遗址开发更为突出。前文提及，一些重要遗址的场馆等硬件设施的建设资金常常能够得到保证，而平时活动的开展和对场馆的有效利用实际上并不需要太多的资金。因此，相较于资金的缺乏，这些场馆常常受到冷落的原因更多的是缺乏活动的组织者。对此，国家级、省级等较高水平研究机构的专业人员要积极“走下去”，对如何利用当地遗址资源优势开展科教活动等进行指导，并对当地相关人员进行培养。更为重要的是，遗址当地要积极培养自己的相关人才。一方面可以在当地有针对性地招募志愿者，从事场馆的日常维护工作。另一方面，则要充分利用地方文化馆、文化站的人力资源，并联合当地中小学开展教育活动，充分发挥遗址资源的教育、文化作用。中小学老师可以承担一些教育和知识普及的工作，也可以培训中学生成为当地场馆的志愿者，参与日常讲解和活动的组织等。

4. 发动公众积极性，建立大遗址保护利用的可持续循环系统

我国存在许多如哈德良长城一般的大型线性大遗址，如长城、大运河、茶马古道、丝绸之路等，这些遗址跨越范围广，如果圈地保护，迁出当地居民，势必造成大量人力物力的耗费，并极大地影响原居民的生活，而更重要的是这些遗址的所在地，牵涉到一些土地资源极其紧张的地区，如果采用较为封闭的管理保护方式，孤立大遗址，很有可能在保护规划的过程中，遭遇更多的阻力和困难，如此浩大的工程，完成难度较大，而最终的效果亦难以预期。而哈德良长城的成功为我们提供了一种更加节约资源的新思路，即从公众视角出发，建立一套可持续的开放性保护管理系统，并在这一系统中，将当地居民和旅游者——两个层次的公众，都纳入其中。

我国的世界遗产地内有相当数量的居民，特别是在东部等人口密集地区，在以往的工作中，很多遗产地视公众为遗产保护的包袱，认为保护世界遗产与公众利益存在的矛盾不可调和，对当地居民简单采取外迁的做法，对部分居民的破坏行为采取单纯禁止的方法，这些做法在一些情况下确实能够起到积极的作用。但在客观效果上，却容易割裂公众与文化遗产的联系，破坏文化遗产地本身的人文环境的结果，从某种意义上说，这种做法也剥夺了游客与真实的文化遗产地人文氛围接触的机会，这种行为对于两个层次的公众，都较容易造成伤害。例如，我国安徽省宏村的开发利用由于开发公司在开发过程中，忽视当地居民的利益，而造成开发商与当地居民关系紧张，从而影响当地的遗产保护工作和开发[72]，这应当引起我们的警醒。而文化遗产地由于套上了“文化遗产”这一光环，也失去了其本真的色彩和光泽，而成为某种形式主义的单一符号，这种简单而非系统的保护管理方式，只能将原本丰富多元的世界文化遗产地仅仅敷抹上一层对于世界遗产的行政想象，而使之最终丧失其本身的特质。因此，在制定文化遗产保护政策之时，将当地公众纳入整个管理保护规划体系之内进行考虑，亦是保留大遗址原真状态的要求。

以大运河为例，该遗址横亘南北，跨越多个省份，如果统一圈地保护，需要各个省份之间的协调，还涉及大量的搬迁工作；不同地点的遗迹风貌亦存在差异，即使有游客参观，也很难实现全线纵览；大运河地处东部人口密集区域，如果对其进行封闭式保护，仅仅依靠公园建立后发展的旅游业开发，恐怕很难弥补搬迁等举措带来的经济影响和损失，而大运河沿线多年以来形成的有所传承的人文环境亦会因此受到破坏。在这种情况下，从公众视角出发，建立开放的可持续的循环管理保护系统或许是更好的选择。建立大遗址的管理保护系统，当然亦需要行政力量的配合和相应的资金投入，而将公众纳入这一系统，则需要着重强调对当地公众的教育和引导，使之理解当地文化遗产对于当地、国家乃至人类的意义，使之明白开发保护大遗址不仅功在当代，而且利在千秋，建立起其对于当地文化遗产的自豪感，并树立其将大遗址及其文化内涵传至后世的心理认同，继而发动当

地公众的主观能动性。在制定大遗址的管理保护政策时，亦应将公众的切身利益考虑在内，包括对其日常生活、经济利益、风俗习惯的影响，而在不得不采取一定建设搬迁举措之时，应注意与相关公众的沟通。在进行大遗址开发管理保护建设时，可以适量选取当地民众培训，参与当地文化遗产的管理保护工作，并在政策上进行鼓励，引导民众参与大遗址的文化环境和生态环境保护，在大遗址建设完成之后发展旅游业的过程中，亦应为当地居民提供参与机会。对于当地参与配合文化遗产保护的集体和个体以可以相应地制定一些法规条文给予奖励。这样一方面实际有助于提高当地公众的素质，另一方面亦开发了当地的人力资源，并能在局部范围内提供相应的就业机会，实现大遗址保护和经济发展的双赢。

5. 尊重文化传承与多样性，注重大遗址的动态保护和整体性

从整体角度来看，遗产地与当地居民密切相关，当地公众往往与遗产地一起共同构成了大遗址的整体系统。特别是在少数民族地区，大遗址保护与民族文化密切相关，是少数民族传统文化生活的一部分。这种天然关系难以割裂。更重要的是，少数民族的生活习惯、生产技艺、仪式礼节等非物质文化遗产，亦是这种类型大遗址的整体组成部分之一。因此在大遗址保护中，我们迫切需要重视遗产地与人的动态关系，在进行保护规划和管理利用时，有必要密切关注文化多样性的保存。针对于此，西方各国在处理考古发掘研究、历史文化研究、遗址的保护和展示与协调土著族群的民族情感、文化需求关系上所积累的经验与教训，则值得我们深思和借鉴。

在全球化、工业化全面渗透现代生活的今天，文化多样性的保存，显得尤为重要，而文化多样性的保存，首先要关注文化中的主体，即人的态度、想法和需求。文化传统的差异，会造成我们与少数民族或特殊地域人群在同一种遗物遗迹乃至其生存环境（大遗址）不同的认识，我们对大遗址所实施的管理与保护，在当地居民看来很有可能是一种冒犯与破坏。而保存于族群之中的圣物——我们定义中的重要文物——在其特定的文化情境中，具有特定的内涵，当圣物失去情境之时，其文化涵义会由此大量丢失，这正是我们在抢救重要文物时易于忽视的。从政府角度来看，重要文物应当保存于博物馆，应当处于文物保护专家的呵护与监测之下，而对于少数民族来说，这无疑是对其文化传统的忽视。其习惯与传统，由此而失去尊重。而实际问题也不仅局限于少数民族，在某些考古勘测与发掘中，对当地居民祖坟的破坏，亦易酿成矛盾与冲突。文化习俗的差异，往往使得双方在这一问题上的沟通失效，而造成令人遗憾的矛盾。

从发达国家的经验来看，尊重当地族群的文化传统，恰当处理与当地居民的关系，理解当地居民与大遗址之间的互动，寻求协作，并进行动态保护的方法可能更为有效。在我国，贵州生态博物馆曾在20世纪90年代作出相应尝试，该馆建成之初，作为领先全国的新型博物馆，确实引起了领导相当的重视，并且该馆在建馆之初亦将村民参与作为博物馆建设的重要组成和建设思路，但经过多年实践，博物馆依然没有能够成功与当地社区结合，而成为当地生活社区中的孤岛。村民没能够在博物馆的带动下，充分认识当地文化遗产的重要性，亦未能够由此建立相应的认同感和自豪感，这主要在于博物馆的建设者未能够充分了解当地民众的迫切需求，未能够将文化与经济建设结合起来，更未能在建设中真正结合群众的需求来定位该博物馆的建设。当然，目前当地已经在对这一现象进行反思[73]。因此，在进行相关建设中，有必要对遗址地区的民风民俗以及民众需求进行细致考察，管理保护者有必要熟悉并理解当地族群的文化与习俗，并尊重其作为当今多元文化中的独立性

和唯一性，将当地民众的需求纳入到大遗址的建设思路之中。而值得注意的是，与普通的大遗址不同的是，很多少数民族和一些特殊族群所处的环境在经历了千百年的沉淀之后依然在被利用，依然处于历史积淀的动态过程之中，如果在这一积淀时期，生硬割裂居民与其本土的联系，让公众脱离其本身的文化物质载体，不仅破坏了当地居民的正常生活秩序，亦破坏了大遗址本身的整体性。在建设过程中，可以尝试将一些文物保护需求不高的文物保存于当地族群之中，保存于其动态的仪式过程之中，一方面是对族群文化的尊重，而另一方面也有利于当地文化的传承和教育。管理保护者有必要充分认识和考虑到这一整体性之后，再制定相应的管理保护措施。而沟通与尊重，无疑是完成这一工作的最根本基础。

6. 建立专业组织机构，渐进式建设发展大遗址保护利用

大遗址保护管理的根本目的，在于传承人类文明，在于将文化遗产传之后代，因此毫无疑问，对“人”的关注是大遗址保护管理的基本问题。而另一方面大遗址面积巨大，牵涉面复杂广泛，而具体工作庞杂繁琐，需要兼顾生态、文化、地方经济等各个方面，而在传承过程中，更需要与“人”沟通，因为大遗址并非单纯的物质遗产，更值得重视的是其中蕴含的文化内核与精神内涵。而正因如此，面对变化速率日益提高的世界，这一工作的顺利进行，需要长期地坚持和努力，需要长时间地考察和建设。一次性巨资投入规划，确实能够在一定时间内在整体空间概念上全局性地把握大遗址的建设工作，可以较为全面地规划并涵盖大遗址的整体范围，并能较为全面地完成大遗址的硬件建设，但从时间角度来看，对于大遗址的管理保护工作来说，这仅仅是一个开始，因为大遗址建设需要“硬件”与“软件”两方面的配合，而“软件”建设的核心在于相应的组织机构建设和人员配备，最初的举措可能会因为种种原因而造成细节的疏漏，而随着时代的发展，公众对大遗址的期待也在逐渐地发展和变化。而以人为本的大遗址建设，有必要时刻关注大遗址建设与公众的内在联系与沟通。这需要建设之后专业人员及时调研予以弥补，而建设之后的长期维护和协调发展，更需要相关组织的长期努力，对大遗址进行的建设进行长期切合实际地深入研究，定期考察观众需求的变化，并针对这一变化，不断制定出新的应对策略，对大遗址管理保护工作进行相应调整，使大遗址的管理保护始终处于发展和进步的状态。硬件设备和软件组织的相互配合，才是大遗址得以长存于世的关键。如果仅仅将重点放在一次性的规划之上，则极易造成相应软件组织的缺失。由于大遗址系统庞杂，面积巨大，其建设工作可分期段进行，而不急于一时，在完成周期性工作后，可以进行一段时间的观测和调研，再在第二周期工作中采取新的更适合实际情况的举措。在大遗址建设中，为拉近和公众的距离，加强与公众的互动，亦有必要周期性地开展相关的展示展览活动，固定展陈内容也应跟随时代的变化不断做出相应的调整，不同的时代和不同的环境存在着不同的阐释语言和阐释系统，应该考虑到展示和阐释系统的更新周期。这些工作都有待于专业性极强的组织机构完成，以保持大遗址建设长期的生命力。正因如此，加强相关组织建设，并定期对工作人员进行培训，跟随时代变化和大遗址建设的需求进行相应的知识更新，十分必要。

从日本吉野里遗址保护和利用的经验来看，大遗址的保护规划中另一个值得关注的概念即为“整体性”，这个整体性至少包括两个层面的内涵，一方面是指管理保护的程序需要内在的统一性，考古发掘、开发规划、保护管理等各个环节之间需要互相配合，需要具备内在的联系，以节省资源，而针对于此在实施过程中，必须在最初考虑到建设大遗址的整体方向和指针；另一方面则是从空间观念出发，

指大遗址的各个区域环境以及规划中的系统设置存在内在的联系，构成有机整体，而使居住其中的公众能够参与这一有机系统，作为游客的公众能够充分感知大遗址的整体原真性。这一目标的实现，绝非一朝一夕之功，需要对大遗址进行全面长期地调查与监测。大遗址保护、管理所牵涉的并非仅仅是一套文化遗产系统，由于其具有极大地时空跨越性，大遗址的保护管理工作同时也需要将当地生态系统纳入考虑之内，而规划建设工作本身亦非孤立，亦处于地方建设的紧密联系之中。所以综合来看，大遗址的保护规划、建设管理，实难实现一次性的完满完成，因此持续性、渐进性地建设大遗址，充分发挥"人"的主观能动性，加强大遗址的"软件"建设，建立专业组织机构，定期考察并理解公众需求，定期开展相应的展示展览工作，并策划与大遗址有关的科普活动，使大遗址保护、管理工作具有旺盛的生命力，具备从容应对时代、环境以及公众需求变化的能力，才能够使大遗址的保护、管理和利用日趋完善。

---

[1]　目前，Public Archaeology 在我国学界存在"公众考古学"和"公共考古学"两种中文翻译，对这一概念的中文定名还缺乏基于对其内涵理解基础上的广泛讨论和深入研究，因此，本文在涉及国际部分都采用英文原文：public archaeology，涉及国内部分则采用比较早的译文：公众考古学。

[2]　Mc Gimsey，C. R.，1972. Public Archaeology. New York：Seminar Press，INC. ：5.

[3]　Mc Gimsey，C. R.，1972. Public Archaeology. New York：Seminar Press，INC. ：XIII.

[4]　关于文化资源管理，参见陈淳. 为未来保存过去 —美国、加拿大的文化资源管理与合同考古. 东南文化，1994，(5)；[美] 罗伯特·沙雷尔，温迪·阿什莫尔著，余西云等译. 考古学：发现我们的过去. 上海：上海人民出版社，2008：467–470；[英] 科林·伦福儒、保罗·巴恩著，中国社会科学院考古研究所译. 考古学：理论、方法与实践. 北京：文物出版社，2004：553–557.

[5] [英] 科林·伦福儒，保罗·巴恩．中国社会科学院考古研究所译．考古学：理论、方法与实践．北京：文物出版社，2004：554.
[6] Jameson, J. H. 2004. Public Archaeology in The United States. In Merriman, N. (ed.) Public Archaeology. London: Routledge Press.: 22.
[7] Schadla-Hall, T. 1999. Editorial: Public Archaeology. European Journal of Archaeology Vol. 2. 2.
[8] Cunliffe, B. 1981. Introduction: The Public Face of the Past, in Antiquities and Man: Essays in Honour of Glyn Daniel. London: Thames and Hudson Ltd.
[9] 具体内容可参见 PIT 官方网站：http://www.passportintime.com/.
[10] 具体内容可参见 Project Archaeology 官方网站：http://projectarchaeology.org/.
[11] [英] Paul Bahn 著，覃方明译．牛津通识读本：考古学的过去与未来．南京：译林出版社，2008：77.
[12] 关于世界考古大会（WAC）的成立缘起和发展历史，见 WAC（2005），The History of the World Archaeological Congress: ht-tp://www.worldarchaeologicalcongress.org/site/about_ hist.php
[13] Golson, J. 2006. Peter Ucko's Humane Archaeology. In Layton, R., Shennan, S. and Stone, P. (eds), A Future for Archaeology, London: UCL Press,: 7-17.
[14] 参见 Conkey, M. W. and Gero, J. W. 1991. Tensions, Pluralities, and Engendering Archaeology: An Introduction to Women in Pre-history, in J. W. Gero and M. W. Conkey (eds) Engendering Archaeology: Women and Prehitory. Oxford: Blackwell.: 3-30. [英] Paul Bahn 著，覃方明译．牛津通识读本：考古学的过去与未来．南京：译林出版社，2008：77-88.
[15] Schadla-Hall, T. 2006. Public Archaeology in the Twenty-First Century. In: Layton, R., Shennan, S. J. and Stone, P. (eds) A Future for Archaeology: The Past in the Present. London: UCL Press,: 77.
[16] Schadla-Hall, T. 2005. Overview of the Course. In Public Archaeology Course Handbook 2005-2006.
[17] 曹兵武．中国亟需建构"公众考古学"．中华读书报，2003-9-3.
[18] 范佳翎．汶上南旺大运河保护暨公众考古学实践//山东省文物考古研究所等编著．汶上南旺：京杭大运河南旺分水枢纽工程及龙王庙古建筑群调查与发掘报告．北京：文物出版社，2011：263-279.
[19] 山西省考古研究所．走近考古·步入宋金：一次公众考古学的探索与实践．北京：科学出版社，2009.
[20] Schadla-Hall, T. 1999. Editorial: Public Archaeology, European Journal of Archaeology, 1999 (2): 147.
[21] Shanks, M. 2005. Public Archaeology/Museology/Conservation/Heritage. In Bahn, P. and Renfrew, C. (eds), Archaeology: The Key Concepts. London and New York: Routledge, 219.
[22] Ascherson, N. 2000. Editorial, Public Archaeology, 2000, (1), 2.
[23] Nick Merriman (ed). 2004. Public Archaeology, Routedge Press.
[24] Jameson, J. H. 2004. Public Archaeology in The United States. In Merriman, N. (ed.) Public Archaeology. London: Routledge Press,: 22.
[25] Merriman, N. (ed.) Public Archaeology. London: Routledge Press.: 5.
[26] Aschersn, N. 2000. Editorial, in Public Archaeology, 2000 (1), James&James Ltd,: 2.
[27] 原文为：popular archaeologies (e.g. ley-lines, neo-paganism, astro-archaeology) versus academic archaeologies.
[28] Schadla-Hall, T. 2005. Overview of the Course. In Public Archaeology Course Handbook, 2005-2006.
[29] 如曹兵武．中国考古学与文化遗产保护——一个观念变迁的历史检讨．中国文物科学研究，2007，(3)：8-11；王巍．保护好大遗址是考古工作者义不容辞的责任——在中国大遗址保护研讨会开幕式上的讲话．考古，2008，(1)：14-17；张忠培．中国大遗址保护问题．考古，2008，(1)：18-26；傅清远．大遗址考古发掘与保护的几个问题．考古，2008，(1)：27-30；杜金鹏．试论考古与遗址保护．考古，2008，(1)：31-37；白云翔．考古学与文化遗产保护．四川文物，2008，(3)：44-45；王学荣．"中国大遗址保护研讨会"纪要．考古，2008，(1)：38-45；卜工．在文化遗产保护中加强考古研究机构的建设．中国文物报，2009-12-4；金旭东，吕斌．大遗址保护视角下的考古工作．江汉考古，2011，(4)：117-120.
[30] 苏秉琦．如何使考古工作成为人民的事业．进步日报，1950-3-28；苏秉琦．六十年圆一梦（自序）//苏秉琦著．华人·龙的传人·中国人——考古寻根记．吉林：辽宁大学出版社，1994：1-2；童明康．人民的事业，学科的荣耀——贺《苏秉琦考古学论述选集》获首届"国家图书奖"//苏秉琦著．华人·龙的传人·中国人——考古寻根记．吉林：辽宁大学出版社，1994：253-254.
[31] 吉林大学历史系考古专业，河北省文物管理处编．工农考古基础知识．北京：文物出版社，1978.
[32] 苏秉琦．建设有中国特色的考古学派．考古，1995，(6)：541-543.
[33] 邓明艳，罗佳明．英国世界文化遗产保护利用与社区发展互动的启示．生态经济，2007，(12)：141-145.
[34] 徐剑梅．世界遗产组稿：英国哈德良长城保护与发展双赢//新华网 2004 年 7 月 3 日：http://news.xinhuanet.com/world/2004-07/03/content_ 1567295.htm.

[35] 徐剑梅. 世界遗产组稿：英国哈德良长城保护与发展双赢//新华网 2004 年 7 月 3 日：http：//news. xinhuanet. com/world/2004-07/03/content_ 1567295. htm.
[36] ONE Northeast & North West Development Agencies, 2004. Hadrian's Wall Major Study Report. ：1.
[37] Frontiers of the Roman Empire World Heritage Site：Hadrian's Wall Management Plan 2008-2014. ：4.
[38] Stone, P. 2008. Foreword. In：Frontiers of the Roman Empire World Heritage Site：Hadrian's Wall Management Plan 2008-2014, ：v.
[39] Burnham, A. 2008. Preface. In：Frontiers of the Roman Empire World Heritage Site：Hadrian's Wall Management Plan 2008-2014. ：iv.
[40] 哈德良长城官方网站：http：//www. hadrians-wall. org/index. aspx/Home.
[41] Frontiers of the Roman Empire World Heritage Site：Hadrian's Wall Management Plan 2008-2014：8.
[42] 邓明艳，罗佳明. 英国世界文化遗产保护利用与社区发展互动的启示. 生态经济，2007，(12)：141-145.
[43] 邓明艳，罗佳明. 英国世界文化遗产保护利用与社区发展互动的启示. 生态经济，2007，(12)：143.
[44] 邓明艳，罗佳明. 英国世界文化遗产保护利用与社区发展互动的启示. 生态经济，2007，(12)：143-144.
[45] Frontiers of the Roman Empire World Heritage Site：Hadrian's Wall Management Plan 2008-2014：67-69.
[46] ONE Northeast & North West Development Agencies, 2004. Hadrian's Wall Major Study Report, ：80-102.
[47] Frontiers of the Roman Empire World Heritage Site：Hadrian's Wall Management Plan 2008-2014. ：78-79.
[48] 许凡等. 史前遗址的展示——以日本吉野里国家历史公园为例. 小城镇建设，2008，(6)：63-69；王军. 日本的文化财保护. 北京：文物出版社，1997：134-135；林明美. 日本遗址博物馆田野手记. 台北县立十三行博物馆，1981（民国九十二年）：92-111.
[49] 郭大顺. 日本的史迹公园. 文物天地，1992，(3).
[50] 王军. 日本的文化财保护. 北京：文物出版社，1997：134.
[51] 根据日本《文化财保护法》，文部大臣可以指定纪念物中的重要者为“史迹、名胜及天然纪念物”（总称为“史迹名胜天然纪念物”），从已被指定为“史迹名胜天然纪念物”中制定特别重要者为“特别史迹、特别名胜及特别天然纪念物”（总称为“特别史迹名胜天然纪念物”）。
[52] 引自日本吉野里历史公园网站：http：//www. yoshinogari. jp/ch/contents4/.
[53] 林明美. 日本遗址博物馆田野手记. 台北县立十三行博物馆，1981（民国九十二年）：96.
[54] 引自吉野里历史公园官方网站：http：//www. yoshinogari. jp/ch/contents1/categoryId_ 5. html.
[55] 本表格内容及图片全部引自吉野里历史公园官方网站关于吉野里历史公园的介绍：http：//www. yoshinogari. jp/ch/contents1/categoryId_ 5. html.
[56] 建設省九州地方建設局国営吉野ケ里歴史公園工事事務所編. 国営吉野ケ里歴史公園建物等復元検討調査報告書，神崎町：建設省九州地方建設局国営吉野ケ里歴史公園工事事務所出版，1996；建設省九州地方建設局国営吉野ケ里歴史公園工事事務所編. 国営吉野ケ里歴史公園建物等復元基本設計報告書，神崎町：建設省九州地方建設局国営吉野ケ里歴史公園出版，1997.
[57] 李晓东. 大型古遗址保护的开创阶段. 中国文物科学研究，2006，4（2）.
[58] 苏秉琦. 中国文明起源新探. 北京：三联书店，1999：130-131.
[59] 郭大顺. 访日本的史迹公园. 文物天地，1992，(3).
[60] 孟宪民. 梦想与辉煌：建设我们的大遗址保护展示体系和园区——关于我国大遗址保护思路的探讨. 东南文化，2001，(1)：6-15.
[61] 田林. 大遗址遗迹保护问题研究. 天津大学博士论文，2004.
[62] 陈同滨. “实施重大文化遗产地综合保护示范行动研究”报告，2004 年 12 月.
[63] 单霁翔. 世纪城市化发展与文化遗产保护. 第二界遗产保护与可持续发展国际会议，2006.
[64] 王军. 日本的文化财保护，北京：文物出版社，1997：211-212.
[65] 日本文化厅文物保护部编著，李季译，信立祥校. 地下文物发掘调查手册. 北京：文物出版社，1989：206-207.
[66] 曹兵武. 考古学：追寻人类遗失的过去. 北京：学苑出版社，2004：116.
[67] 崔明. 城市更新中的大遗址保护浅析. 建筑与文化，2006，(6).
[68] 《中华人民共和国文物保护法实施条例》，2003 年 5 月，引自中华人民共和国中央人民政府网站 2005 年 5 月 23 日：http：//www. gov. cn/zwgk/2005-05/23/content_ 153. htm.
[69] 崔明. 城市更新中的大遗址保护浅析. 建筑与文化，2006，(6).
[70] 参见安徽省文物考古研究所，安徽省淮北市博物馆编. 淮北柳孜运河遗址发掘报告，北京：科学出版社，2002.
[71] 该机构的详细情况可以参见其官方网站：http：//www. uwlax. edu/mvac/.
[72] 王伟华. 中国大陆“世界文化遗产”管理问题研究——世界遗产资源上市引发的思考. 北京大学硕士学位论文，2003.
[73] 胡朝相. 贵州生态博物馆的实践与探索. 中国博物馆，2005，(2)：3-8.

大运河遗产资源的可持续利用研究*

中国文化遗产研究院文物研究所 赵 夏
中国农业大学水利与土木工程学院 奚雪松

摘 要： 基于国家对大运河遗产保护利用的高度重视，大运河之于中国历史和社会的重要意义，以及大运河遗产在科技、社会、历史、文化等诸多方面的重要价值，文章着眼于大运河遗产的整体性保护以及可持续利用和发展前景，以淮扬运河和南运河为例，对遗产资源的利用现状开展了区段调查，对存在的问题和原因进行归纳分析；同时，梳理了美国伊利运河遗产和德国伊萨尔河流遗产的保护利用情况，总结了相关启示。在此基础上，对我国大运河遗产资源可持续利用的总体目标、基本理念、宏观策略和具体措施，提出了一些设想和论证。

关键词： 大运河 文化遗产资源 可持续利用和发展

A Study of Sustainable Uses of the Grand Canal Heritage Resources

Zhao Xia, Xi Xuesong

Abstract: A high degree of attention is paid by the Chinese government to the protection and utilization of the Grand Canal, which is believed to represent great significance to the Chinese history and society. The Grand Canal is remarkably valuable in terms of its technological, social, historical and cultural characteristics. In this sense, this paper examines the issue of sustainability in the utilization and development of the Grand Canal's integral conservation, on the basis of field investigations in the Huaiyang Canal and the South Canal, with particular focus on their existing utilization practices, problems and causal factors. Meanwhile, inspirational insights are acquired with an introduction of the protection and utilization of the Erie Canal in the United States, and the Isar river heritage in Germany. Finally, some advices and arguments on the con-

* 本文为中国文化遗产研究院基本科研业务费课题“大运河遗产资源的可持续利用研究——以淮扬区段运河和南运河为例”的研究成果之一，基金号为2010-JBKY-09。合作者包括中国农业大学水利与土木工程学院的奚雪松副教授、海河委员会漳卫南运河管理局的靳怀堾先生、淮安市人民政府大运河文化研究中心的荀德麟先生，特此致谢！文本第四部分为奚雪松撰写，其余部分赵夏撰写。

servation and utilization of the Grand Canal resources are raised, including the ultimate goal, the fundamentals of general strategies and some specific measures.

Keywords: The Grand Canal, Cultural Heritage Resources, Sustainable Utilization and Development

一 引言：论题提出背景

（一）社会各界对运河遗产保护及利用的高度重视

大运河作为我国历史上伟大的工程杰作，因其重要的历史、科技、社会、文化、经济等多方面的重要意义，以及运河遗产在这些方面的重要见证意义，相关遗产遗迹的保护利用工作近些年引起了我国的高度重视。尤其在文化遗产保护领域，从中央到地方，从官方到民间都给予了广泛的关注。2006年以来的一系列重要事件，反映了我国运河遗产保护不断深入的历程，也表明大运河遗产的保护工作已经进入了实质性的阶段。

2006年5月25日，国务院将京杭大运河（春秋至清）整体公布为第六批全国重点文物保护单位，分布范围为“北京市、天津市、河北省、山东省、江苏省、浙江省”。

2006年12月，国家文物局正式将大运河（北京市、天津市、河北省、山东省、江苏省、安徽省、浙江省、河南省）列入《中国世界文化遗产预备名单》。

在国家文物局和财政部遴选的“十一五期间重要大遗址（100处）”中，大运河与长城、秦直道成为“跨省、自治区、直辖市”的三大代表。

2007年，国家文物局宣布江苏省扬州市为大运河申报世界文化遗产的牵头城市，标志着大运河申报世界遗产工作正式启动。接连举办了多届中国扬州世界运河名城博览会暨运河名城市长论坛等系列活动。

2007年起，由中国文化遗产研究院牵头，协同多家科研和规划单位，研究和编写运河遗产保护规划编制要求，进而组织和开展各省市及全线的遗产保护和管理规划工作。

2008年，“扬州会议”召开，大运河保护规划编制与申报世界遗产各项准备工作正式提上日程。

2009年初，发改委、财政部、水利部等与大运河保护相关的13个部委，以及大运河沿线的省市政府联合成立了大运河保护和申遗省部际会商小组，负责协调解决大运河保护工作中的重大问题，加强彼此的沟通和协商。

2000年至今，相关省市和国家层面的运河遗产保护利用规划和实践都在积极开展。

2012年3月，在扬州举行的中国大运河保护和申遗工作会议上，公布了首批大运河申遗预备名单，同时确定了大运河申遗时间表，力争2014年列入世界遗产名录。

与此同时，大运河遗产的调查、研究、保护、规划、利用等工作快速推进。运河遗产调研的考察报道以及相关保护利用研究成果显著增加，可以说我国迎来了一个运河遗产保护的新时代。

不过，纵观当前的发展现状，运河遗产保护在备受关注的同时，运河遗产相关利用研究却显得较为薄弱，也因此更显迫切。实际上，随着城市化的快速推进，城乡建设的大规模开展，相关部门关于运河遗产的利用热情不断高涨。从目前的实践来看，其间也存在一些问题。倘若缺乏合理的利用思路和积极地利用方式，不但会对遗产本体和周边环境带来很大的影响，长远而言也不利于运河遗产的最终保护和传承。有鉴于此，本课题将关注点聚焦于运河遗产的可持续利用。

（二）运河遗产资源利用的可行性、价值及其困境分析

1. 利用的可行性和价值分析

《中华人民共和国文物保护法》第一章“总则”（第四条）规定，“文物工作贯彻保护为主、抢救第一、合理利用、加强管理的方针”。可见，在确保文物安全和加强管理的前提下，文物可以“合理利用”。不过问题的关键在于如何“合理利用”，并没有方式方法的建议，也不可能有统一的规定，是需要依据遗产自身特点和外在环境不断探索的。此外，《中国文物古迹保护准则》第一章“总则”第4条提到，“文物古迹应当得到合理的利用。利用必须坚持以社会效益为准则，不应当为了当前利用的需要而损害文物古迹的价值”，在表达“应当合理利用”的同时，提出了利用的两个前提，即“以社会效益为准则”和不应“损害文物文迹的价值”。

关于遗产资源利用的意义以及在社会发展中的价值，也是联合国教科文组织所强调的。《实施保护世界文化与自然遗产公约操作指南》（第119条，2005年版）中有专门的阐释：

> 世界遗产会有各种各样已存和拟开发的使用价值，其在生态和文化上是可持续的。缔约国和合作者必需确保这些可持续使用不会有损遗产的突出的普遍价值，以及其完整性和/或原真性。另外，任何使用应该具有生态及文化可持续。

亦可见，遗产资源并不排斥利用，但其前提是“具有生态及文化可持续”，要“确保这些可持续使用不会有损遗产的突出的普遍价值，以及基完整性和/或原真性”，当然同时也需注意，并非所有的文化遗产，都具有一般意义上的“使用价值”。此外，早在1964年联合国教科文组织通过的《威尼斯宪章》中就主张“为社会公用之目的的利用始终有利于古迹的保护”。

遗产资源已有的和潜在的利用方式很多，在社会发展中也具有多方面的价值，如联合国教科文组织2001年通过的《世界文化多样性宣言》中所表述的，文化多样性是“发展的源泉之一，它不仅限于经济增长的层面，也是获得知识、情感、道德、精神等方面满足的意义和途径”。近年来，联合国有关组织举办并通过了若干与遗产可持续利用与发展有关的讨论和文件，如2002年组织了主题为可持续发展的约翰内斯堡峰会，2005年通过了《保护和促进文化表现形式多样性公约》，2011年2月通过了关于“文化与发展”决议，2011年12月在巴黎总部通过了名为“遗产作为发展的驱动力”的《巴黎宣言》，并把2012年在日本京都举办的《世界遗产公约》颁布40周年纪念活动主题定为“世界遗产与可持续发展：当地社区的角色”。

如是，探讨遗产的可持续利用以及在社会发展中的重要意义是一个不可回避的重要话题。尤其是在发展中国家，由于保护和管理的动力、理念、方式、方法、技术等方面都还有待进一步的提高，而且与快速发展诉求之间的冲突更显突出，所以这一议题亦显得更为迫切。

京杭大运河作为遗产资源来说，它与传统的“文物资源”并不相同。它曾一度是重大的国家工程，作为“漕运”连接着南北的经济中心和政治文化中心，同时还兼有交通、水利等功能，在加强国家治理方面曾经起到了至关重要的作用。自开凿至今，它经历了一个逐步开拓、发展、演变的过程，

所以一些专家认为“变化”是运河的常态，也是其真实性和完整性的特殊之处。只不过在不同的社会环境下，其形态、功能、连通方向可能会有所不同。正因如此，作为始终发挥着重要作用的运河，作为常常处于不断变化中的运河，作为与社会、经济、文化、居民关系甚为密切的运河，其“使用价值”一直是客观存在的。如今，除了航运、蓄水、灌溉、调水等“已存”的功能之外，大运河遗产资源其实还有一些“拟发展”的“潜能”，如南水北调东线工程借道运河就是其新功能之一，此外在遗产地发展文化体验、休闲旅游、生态农林等，都是它可资利用的重要方式，而且除此之外，肯定还具有其他一些潜在的利用价值和方式。

2. 利用的难度与困境分析

如何处理好遗产保护及其发展与利用的关系，如何利用现代文明的技术创造和发展智慧，做好保护、利用和传承，却是世界遗产保护进程中难有定解的大题目，因为它与各地的文化背景、发展阶段、社会需求等因素都密切关联。尤其对于大运河这类“活态的”、“跨区域”、“流动的”、“发展的”、“多种形态的”的遗产资源形式来说，要选择合理的利用方式并做到“在生态和文化上”的可持续，并“确保这些可持续使用不会有损遗产的突出的普遍价值，以及其完整性和/或原真性”，涉及的问题就更多更复杂。诸如：

其一，什么样的利用方式能够保证其“在生态和文化上”具有可持续性？一方面，大运河遗产资源的构成、属性、形态和所处的自然与社会条件复杂多样，历史背景和发展演变不同，涉及利用的方式和前景可能也会有所不同；另一方面，它们集合在一起又构成了一个体量庞大、构成复杂、形态多样又密切相关的整体，如何在保护利用方面从整体上保障其真实性、完整性和可持续性，则需要相当的远见和魄力，并在政策、资金等多方面给予强大的支持。

其二，如何处理好遗产保护利用过程中沿岸城市与人民的相关利益，并在其保护与发展过程中对地方发展和民生改善有所贡献？越来越多的学者强调，遗产的保护利用，尤其是那些与普通大众息息相关的文化遗产的保护，不能脱离社会经济条件，也不能无视那些仍旧与日常生活密切的关联，如何合理处理人与遗产之间的关系，是遗产保护必须解决的问题[1]。

其三，如何协调运河遗产所涉及的地区、部门利益？如何更好地调动各自的积极性，同时又能从国家层面做好整体的平衡与引导？目前从宏观上来说，依然缺乏有效的整体保护规划和统一管理的协调机制，条块分割，多头并管，所以无论保护还是利用，高层统一协调仍需加强。一方面，运河沿线的地方政府为提高城市建设水平、环境质量、城市品质，以及发展旅游经济等，在相关流域规划、区域规划、城市规划、旅游规划中多涉及运河遗产的保护和利用，但是由于各地的遗产资源现状不同，管理方式不同，经济利益不同，对于大运河遗产保护和利用的重视程度也不同，方方面面的差异和利益矛盾大大增加了保护利用的难度，甚至可能还存在利益冲突；另一方面，运河遗产保护利用的管理、利益涉及多个部门，多种需求，因此跨部门之间的很多问题也需要协调，诸如文物、交通、水利、环保、旅游、生态与土地等。

其四，如何在大运河物质遗产资源的保护利用过程中做好与非物质遗产资源以及其他在历史、地理、文化等方面相关的遗产或资源之间的协调和衔接？从理论上来讲，运河非物质文化遗产是运河文化不可分割的重要组成部分，那么在保护利用层面就不能只强调物质载体的重要性而忽视非物质遗产的存在或其重要意义；此外，即使和运河本身的发展演变关系不大的其他一些遗产，可能由于在历史文化上或者地理空间上与运河遗产有着密切的关联，那么在保护利用中也可以综合考虑统筹计划，这样既可以更好地保护遗产的背景环境和“生存”环境，也有助于整合相关遗产资源，相得益彰，并促进遗产地的整体保护和利用。

凡此等等，都决定了运河遗产资源保护和利用的复杂性和难度。对此，很多的管理人员和专家学者也都智者见智，仁者见仁，发表了各自的意见。单霁翔先生在《“活态遗产”：大运河保护创新论》一文中，基于对运河遗产的特点和保护理念、方法的阐释，提出对于大运河遗产实施的保护和利用工程，不能主观臆断，或者用现代的建筑、景观、园林等设计手段对运河进行过多的干预，而应该建立在对大运河遗产的价值、性质、特点进行充分研究和评估的基础上，尊重不同时期的历史，努力延续运河遗产历史的真实性和完整性[2]。同济大学的阮仪三教授也提出，“作为一种线型文化遗产，大运河具有跨区域、跨管理单位、历史信息叠加程度高、流动性强、边界模糊的特点，作为一种新型的遗产类型受到国际社会的强烈关注。由于缺乏成熟的保护经验，更需要各方力量一起去探索实践”[3]。

可见，运河遗产保护利用工作的开展具有相当的复杂性和挑战性。面对这样一个跨区域、空间尺度巨大的文化遗产，这样一个囊括了人文的和自然的、静态的和动态的、古代的和现代的文化遗产庞大体系，究竟采取哪些有效的利用方式，可以在跨越多个省市、几千公里的区域范围内很好地实现运河遗产的切实保护，可以有效地实现资源的整合和全线整体的保护利用，并不断形成并发展成为一个具有强烈吸引力的文化遗产空间？同时，如何平衡运河遗产保护与经济发展的关系，并实现跨区域文化、信息、经济等方面的互补和协调，并在求得文化遗产保全的同时促进社会发展？这些问题都不是轻易回答和实现得了的。

（三）运河遗产资源利用现状令人担忧

1. 利用热情过于高涨

在运河保护和申遗的高涨呼声下，沿线不少城市都积极将推进运河遗产的保护和利用视为重要工作内容，纷纷出台多项政策，编制相关规划，实行重点保护工程，策划相关活动。一些地方还成立所谓的运河开发委员会，结合城市扩建改建以及新农村改造，大建运河经济开发区、运河景观带、主题公园、博物馆、文化广场，大力发展运河经济、休闲旅游、创意产业、娱乐项目等，纷纷围绕运河“保护”，尤其是“利用”大做文章。但是这些利用，是否是以保护运河遗产为前提，采取的措施与一般的河道改造、生态景观建设有何不同，是否能够很好地保障运河遗产在“文化和生态上可持续”以及完整性和原真性，都需要结合实际情况客观地进行分析。

与此同时，沿运省市纷纷对运河开发利用寄予了厚望。例如山东省政协在调研山东段运河后就提出：利用南水北调东线工程，实现山东段大运河的“生态修复”和“文物保护”，把京杭大运河山东段建成独具特色的经济带、文化带、旅游带、风景带，使之成为促进和带动鲁南、鲁西、鲁北经济、社会、文化发展的新的“增长点”，对于全省的经济社会发展都具有战略意义[4]。如此的多的“重任”和“厚望”，运河遗产能否承担得起？这是个问题！

2. 利用中问题重重

在运河遗产资源积极利用的过程中，一些比较尖锐的社会问题以及不合时宜的保护利用方式已经逐渐表现出来。

建设性和开发性的破坏较为严重。在运河遗产的利用过程中，首当其冲面临的大问题是快速的甚至大规模的城乡开发建设对运河遗产造成的影响。一些对运河文化遗产资源做过深入调查的人士对此深有体会，他们提出目前大运河大部分遗产点段保护状况并不容乐观，大规模无序的开发建设对其带来了破坏。“这种建设性的破坏使得背景环境遭到了改变，使得运河本体与其环境极不协调，建了一些假文物、假古建、假运河，部分穿越城区的大运河正在逐渐演变为现代性十足的‘景观河’，河岸两边高楼林立，大广场、大草坪比比皆是，有的甚至侵占大运河河道来大搞开发建设，这些城市建设中的大手笔无疑破坏了大运河作为文化遗产的历史背景和历史环境，大运河的真实性和完整性在城市化和现代化进程中丧失”[5]；“精心雕琢和安装砌筑的护栏护岸，犹如绳索纠缠着大运河；形式雷同的运河广场有如假面，成为令人哭笑不得的续貂之作；房地产商成片开发沿运河的土地，冠以‘运河人家’、‘运河家园’的小区严重破坏了大运河的生态与环境，等等，不一而足”[6]。

其次，交通、水利等部门为了解决航运、灌溉、排洪、调水，经常性地对大运河进行改造，并且在改造前或过程中并没有很好地考虑到遗产保护的因素，以及其他行业需求很好地寻求多方面的平衡。还有沿线居民的日常生产生活也可能对大运河遗产造成蚕食或破坏，包括向运河河道排污、倾倒垃圾，盗掘、取土，以及农田、房屋、坟地等侵占行为，对运河遗产的本体和周边环境也都带来了威胁。

总体来说，随着运河原有功能的衰退，以及沿线地区快速城市化的发展和保护利用过程中的种种不当行为，运河遗产的保护利用现状并不乐观，而且问题重重。俞孔坚、单霁翔等人对此有所总结，归纳起来主要包括以下六个方面：（1）空间结构的完整性受到威胁；（2）河道污染严重；（3）部分遗产元素被拆除改建；（4）非物质文化遗产日益消失；（5）以城市和旅游开发为目的的治理方式造成的建设性破坏；（6）以美化或单一功能为目的的治理方式造成的建设性破坏。甚至有人认为运河遗产的整体风貌“基本处于失控状态”[7]或者“半身瘫痪”[8]。正因为如此，全国政协副主席徐匡迪在考察运河遗产之后，义正词严地提出，“要以对历史负责、对民族负责的态度继承和发展运河文化，坚决防止将运河文化简单化、粗糙化、功利化、商品化的倾向，坚决防止任何形式的建设性破坏”[9]。

（四）造成问题的原因简析

造成以上问题的原因有很多，既有保护利用理念上的问题，也有具体实践和方式上的问题。

1. 保护和利用理念上存在偏差

运河遗产资源的真实性和完整性与一般“遗产”的“真实性和完整性”实际上有所不同，它自身的特点到底体现在哪些方面？如何在保护的基础上和前提下更好地发挥其社会作用？保护和利用的目的究竟是什么？关于这些问题，在认识上和理念上都不容易取得共识，在具体实践中受制因素更多，也更为复杂。

例如关于运河遗产的真实性问题，有人认为航运是京杭大运河的本质和生命，所以主张恢复运河的原始功能“全线通航”，只有将古老运河建成“水上高速”，才是未来大发展的动力[10]；另在国家交通运输部、发改委、财政部，光明日报社及运河沿线有关省市交通航运部门围绕“京杭大运河发展”形成的《济宁宣言》（2011 年 9 月 23 日）中，也提到了“随着大运河的全线复航，古老的大运河必将重现辉煌”。其实这种观点值得商榷，因为运河的历史地位随着所处的社会环境已经发生了很大的变化，大运河的开凿贯通曾因与国家治理紧密相关，所以不惧花费巨大的人力财力以保漕运的畅通，而如今随着社会经济格局的变化，航空、铁路、高速公路等现代交通的发展，以及当前的社会发展需求，其“航运”的重要性已经远远不能与其兴盛之时相比了。首先，内河航运往往竞争不过陆地运输，大运河的衰落本身就是很好的说明，想全面恢复大运河的航运能力，在铁路和公路相当发达的今天，是不太现实的；其次，从沿途水资源的实际情况来看也不现实，山东济宁以北的河段早已断流，水文地貌状况也发生了很大变化，加上整个北方水资源紧缺，如何引水济运？难度甚大，花费不菲。针对这种观点，社科院考古所的杜金鹏先生非常有针对性地提出，“我们应该区分两个不同的概念，即运河的概念和运河遗产的概念。运河的主要功能确实是航运，换句话说交通运输是运河的核心价值，但是交通运输并非运河遗产的核心价值”，所以他认为“要申遗必须先通航，作为原真性的意义之一，我觉得这是一个误解”[11]，同理，为了保护利用这么做同样也是“误解”。

2. 保护尤其是利用的关注点主要集中于经济增长

不容讳言，目前很多所谓的开发利用甚至保护工作，其着眼点都在于如何促进经济增长带来可观的经济收益，依然是“文化搭台，经济唱戏”的思路。从前文提到的一些案例中，就可以看出一些地方的主导思想并没有聚焦到遗产保护本身，其实这也是当前运河遗产资源利用中普遍存在的一个现象和问题。

基于以上论述，鉴于运河遗产“已有的”和“潜在的”的可利用性，以及当前在保护利用中存在的一些问题，寻求可持续保护利用的思路和方式，至关重要。

这里所谓的可持续利用是指旨在促进对运河遗产深入认知、展示，能够与社会发展积极融合的行动和方式，且以更好发挥其价值和效用、不导致环境及资源退化、不影响后代享用为前提。本课题考虑到运河遗产资源具体构成、特点和现存状态不尽相同，以及人力、资金有限，本文只对仍可通航的淮扬运河以及不再通航的南运河做了实地调研和重点分析，同时调研了美国伊利运河遗产廊道以及德国伊萨尔河的保护利用情况，并总结了对我国运河遗产保护利用以及在城乡人居环境构建中如何发挥积极作用的相关启示。研究目的既在于从宏观上探索整体的保护和可持续发展利用思路，也希望能够兼顾分类、分段的不同特点，探讨有效的途径和方式。

二　案例调研Ⅰ：淮扬段运河遗产的特点及其利用现状

（一）淮扬运河及遗产特点简介

淮扬运河是指从扬州到淮安之间的运河段，也称里运河，是在古老的邗沟基础上发展演变而成的，可谓开凿时间最早、沿用时间最长的河段之一。此段运河起到连接淮河、长江的重要作用，历史上受黄河故道影响较大，后代几乎都有疏浚开凿，淮扬段的运河遗产因此非常丰富，识别判读也更为复杂。境内运河河道遗存包含春秋、东晋、隋唐、明清、近现代以来各个时期的重要河段，历史悠久，延续不间断；水利航运设施遗存有闸、坝、堤、码头、纤石、口门等，类型丰富，见证了中国运河开凿与技术发展的各个重要阶段与运河动态发展的变迁过程；河道的发展演变直接反映了江、淮、河、湖等自然地理环境的变迁，在处理河湖关系、河江关系、河淮关系、河海关系的工程措施中，反映出中国古代在水利建设方面利用自然和人工改造结合的伟大成就和创造精神[12]。因此，淮扬运河及其遗产资源在整个运河系统中占有举足轻重的位置。

（二）淮扬运河遗产资源的利用现状与问题

1. 利用现状：政府积极引导，行动和效果比较显著

近些年来，淮扬运河两端的城市扬州和淮安在运河遗产的保护利用中采取了不少有力的行动和措施，非常引人注目。

扬州作为与大运河共兴衰的运河城市，在当今运河遗产的保护利用中，表现得极为活跃。大运河申遗办就坐落于扬州，在大运河申遗和保护利用中起到了重要的牵头作用。扬州在遗产保护、环境保育等方面采取了一系列的措施，主要包括[13]：

其一，为了减少工业生产对运河的污染，通过园区建设将近百家老企业迁离了运河岸边，投资近7亿元建设了15个防污治污项目；提请国家设立了2800平方公里的南水北调东线水源区国家级生态功能保护区，实施污染源控制、湿地保护建设、生态林网与生态廊道建设系列生态工程。目前，三百里运河基本达到了二类水质标准，绿化覆盖率达到了80%以上。

其二，从1998年开始，着手实施古运河城区段综合整治工程，两边的工业企业全部迁出，棚户异地安置，经过疏浚河道、构筑驳岸，截引污水，绿化环境，重现河面及两岸的勃勃生机，投资修复重要遗迹……开通了从便益门到大水弯3公里长的古运河经典游览线。

其三，拟通过“整合资源打造运河文化旅游线，三千里运河人文荟萃、古迹众多，可以依托现在沿线各市的旅游工作基础，借助水陆交通升级的机会，进一步加强旅游合作，推出旅游精品，做大做强运河文化游，使之成为满足长假旅游需要的东方莱茵河……”

淮安市政府也非常积极重视运河遗产的保护利用，并积极与城市建设处理好关系。具体行动如下[14]：

其一，成立了专门的研究组织和领导小组。2002年，成立了大运河遗产保护领导小组，市长亲自任组长，其他有关领导为副组长，财政局、文化局、土管局、城建局、规划局、公安局、水利局、旅游局等13个单位领导为成员。

其二，积极摸清运河遗产的家底。借助第三次全国文物普查，对淮安境内的各类文化遗产进行了一次全面彻底的普查。先后发现各类文化遗产点1646处，其中运河文化遗产占有相当的比例，有的挂牌保护，有的尝试展示。

其三，积极开展保护利用相关规划工作。围绕沿运生态保护与污染防治，先后制定了相关的文化遗产保护规划，生态城市建设专项规划（包括生态城市建设、农业、工业、旅游、服务、资源开发与保护、人居环境与文化遗产保护）等。

其四，在保护的基础上尝试开发利用。为了发挥大运河淮安段的旅游功能，近期规划在里运河段构建码头古镇秦汉文化区、古清口水乡风光区、现代工业文明区、清江浦历史风貌区、现代都市风貌区、板闸生态旅游度假区、古末口河下古镇文化区、古楚文化观光区、淮安水利枢纽景区等九大景区，

拟为淮安旅游业开辟一条运河黄金水道特色旅游线。

2. 存在的主要问题

扬州和淮安政府在运河遗产的利用方面虽然积极性很高，但是在具体的展示利用实践中，还是存在一些问题。

（1）利用思路和方式有待拓展提高

首先，在全段或局段、单体的遗产资源具体利用思路和方式上，目前还没有形成比较明确适宜的方案。例如扬州的“东方莱茵河”和淮安码头古镇“秦汉文化区”定位，都不甚恰当，刘庆柱、舒已等人就曾提出，“如果把中国大运河‘打造’成‘东方的塞纳河’之类的做法得以实施，中国大运河也就失去了作为文化遗产存在的意义”[15]。其次，在涉及单个闸、坝等工程建筑遗迹的展示利用时，也需慎重行事。例如调查中发现，宝应在建“宝运新型建材市场”施工过程中在淮扬运河段东堤朱马闸北侧发现了刘堡水闸遗址，这是一处具有重要意义的遗址，当地政府拟开展保护展示工作但还没有成熟的方案。委托的设计单位初步提出了露天展示和建造保护性展示构筑物的设想，各有利弊，不过可以预期展示前景比较有限，而且所需经费较多，展示过程中的遗址保护的难度也很大（水闸东侧运河水位高于遗址所在标高，这样又加大了刘堡水闸保护与展示的难度）。这其实也是其他观赏性并不强、相对孤立的运河遗址点展示利用所面临的共同问题。面对这样的遗址地，是否需要展示，怎么展示，都需要慎重行事。

（2）不当的利用改造对运河遗产的真实性、完整性影响很大

其一，一些主观性很强的古村落、古街区改造，古建筑复原，可能会对运河遗产的真实性、完整性造成很大影响，公众认可度也不是很高。如扬州的东关街，作为一条通往东关古渡的老街是运河城市非常重要的见证，改造前生活气息浓郁，集中改造后的商业导向问题值得关注。与此同时，一些“运河味”特色明显的古镇、古村在城市化的建设浪潮中，以及保护利用的过程中，缺乏较多的关怀，可能会走向衰败，人们的生活环境和质量也令人担忧，诸如日渐衰败的扬州弯头镇和高邮马棚镇。

其二，城市化、园林化的河堤和景观改造。运河景观带建设甚为流行，普遍采用城市化和园林化的方法和手段，采用城市美化中常用的树木绿地，建设文化广场和亭台楼阁，再附加一些粗糙的与环境没有多少关联也不协调的建筑小品，还有吸引眼球的大型电子屏幕等等，以至于显得过于包装，奢侈又雷同，历史味与自然味都不足。

其三，河道的渠化和护坡的硬化处理。城市段的运河河道渠化严重，一些乡野段也积极仿效，增加精雕细琢的护栏和硬化或园林化的护坡，一经“保护利用”，不但改变了原有的状态，同时也可能降低河水的自净能力以及生态的多样性。

（3）房地产开发等建设工程威胁大

沿运优美的环境和亲水空间，使得运河沿岸成为房地产追逐的宝地。一时间，冠之以“运河”之名的房产项目成了商家的黄金招牌，虽然部分利益集团获得了巨大的经济利润，依托运河遗产招商引资的项目增多，但是对于运河遗产来说，其真实性、完整性肯定会受到影响，甚至遭到破坏，而且真正生活在运河边的人们却未必能够从中受益。

三　案例调研Ⅱ：南运河遗产的特点及其利用现状

（一）南运河遗产简介和基本特点[16]

南运河，原名卫河，又名御河。南运河南起四女寺枢纽节制闸，东北流经山东省德州市，河北省衡水市、沧州市，至天津市静海县十一堡与子牙河汇合，全长309公里。南运河段运河遗产特点鲜明，主要表现在以下两个方面：

其一，河道曲折有致，原初地形地貌特征鲜明。德州市区段运河局部呈现九曲十八弯的“龙行”走势，河堤约80米，河底宽约30米，并与岔河、减河构成市区的运河水系网络。“三弯顶一闸”的“人工河曲”，有利于消除地面高差，降低运河坡度，滞缓水流，堪称是水利史上的一大创造。如今依然弯曲有情，而且堤坝两侧榆树、灌木生长茂盛，遗存分布也较多。

其二，减河多，险工多，码头多，险段多。它们与河道相伴而生，亦构成此段运河区别于他段运河的显著特征之一。

（二）南运河遗产资源的利用现状与问题

1. 利用现状

（1）政府重视程度高

天津市对运河环境的整治力度很大。自2000年以来，天津市委市政府结合南水北调工程，对南运河进行了多次治理，在市区段南北大运河进行了堤、林、路的大面积治理。通过运河天津段全线通水，加强治污，改善水环境，充分发挥输水、泄洪、灌溉、水运等功能，实现了良好的水生态环境[17]。同时，天津市积极保护利用运河遗产，并与城市发展建设紧密相连，尤其三岔河口一带，作为南北运河交汇之处，是天津运河文化最为集中的地方。早期的天津商业中心就位于三岔河口运河南岸，佛、道、儒、伊斯兰教、天主教、妈祖文化的各家庙宇都汇聚于此，有市级文物保护单位天后宫、玉皇阁等，以及天津民俗博物馆，以前还有祭祀运河河神的大王庙。通过运河遗产的保护利用，此地如今已成为体验天津历史文化的重要空间。

近些年来，德州市亦积极整治运河环境，将其作为城市“改善城区西部环境，建设幸福德州”总体战略的重要举措。结合引黄济津工程，采取多重措施积极改善运河周边环境，包括：其一，为配合南水北调工程，2004年德州就已经完成了污水全部截污处理工作；其二，先后十几次投资近千万元修葺苏禄王陵园及其他附属设施，主动把运河文化融入城区发展规划中，专批土地进行“运河文化风景区”的开发和利用；其三，较为严格控制运河流域基本建设；其四，积极搜索和整理有关的非物质文化遗产资源；其五，开展了多项保护利用规划工作，诸如《大运河山东省德州段遗产保护规划》、《德州市古运河风景区详细规划》、《德州市城市水系与水景观规划》、《德州市碧水蓝天行动规划》等[18]。

在德州运河沿线环境的整治以及运河遗产资源的利用中，九龙湾公园的建设和开放是一项重要工作。这是一处1930年建设的自来水厂遗址，占地238亩，因运河引水而建，后因运河废弃而停厂。保护利用过程中，维护了优美的环境，也保存了工程遗迹，并展示了河水如何处理加工为饮用水的几个

图1 德州九龙湾公园（赵夏摄）

关键工艺过程，颇受公众喜爱。被誉为是典型的因运河而生的工业遗产以及运河古河道保护利用的有机模式（图1）。

在德州运河遗产的展示利用中，水利部直属的海河委员会漳卫南运河管理局也做了很多工作，值得肯定。在四女寺枢纽、哨马营减河遗址、北厂村附近的漕仓遗址等运河沿线的一些关键水工地点，都竖石介绍，对宣传运河文化和普及运河知识发挥了积极作用。

此外，沧州作为南运河上重要的节点城市，也很重视运河景观带的规划和建设工作，将市区段确定为沧州市的绿色主轴线，对运河两侧绿化用地范围及建筑高度和形式都进行了规划控制，对两岸的文化遗存和古树名木也予以充分保护和利用。2008年，运河景观带建设工程开始启动，被列为是旨在提高城市载体功能的十项工程之一[19]。

（2）南水北调、引黄济津带来良好机遇

天津是水资源严重匮乏的城市，早在1980年代就有引滦入津工程，2000年至今，国务院又先后5次批准实施引黄济津应急调水，局段借道于南运河，不但帮助天津市解决缺水问题，亦惠及沿线城乡。

客观来看，调水工程与遗产保护虽难两全，但也可以统筹协调，互利互惠。由于引水，干涸的河道有了生机，环境变好，也补给了沿线日常农业灌溉和生态补水，还在一定程度上阻挡了河道盗掘。此外，引水工程还给古老的运河增添了新的魅力，创造了未来的“新遗产”。例如漳卫新河倒虹吸工程作为整条调水线路的控制性节点工程，位置十分重要，观赏性也较强。该工程起自德州六五河牛角峪闸上游200米处，止于南运河四女寺闸下游773米处，全长1850米。工程实施后可使黄河水通过倒虹吸进入南运河，减少与所穿越河道排涝、灌溉、行洪等方面的矛盾，避免水质污染，确保供水安全。正如单霁翔所言，“南水北调工程给运河保护会带来冲击，也会带来机遇。要做好抢救性发掘和本体保护工作，同时谨慎考虑、周密部署南水北调工程的每一步实施，在工程中努力增加文化含量，延续京杭大运河的历史文脉，使今日这一造福社会的国家重点工程，成为明天珍贵的世界文化遗产的重要组成部分”[20]。

2. 现存问题

南运河遗产资源利用过程中，呈现的问题与淮扬运河段相仿，主要包括以下几个方面。

（1）保护力度不够，开发热情过高

“运河热”之下，建设与保护的矛盾同样突出，水道恢复工程和运河沿岸房地产建设热度也随之增加。以天津段为例，2009 年 3 月京杭大运河天津段恢复工程正式动工，以重现当年“黄金水道”，重点在南运河都市游憩商务区。德州、沧州等地也都存在类似的问题，房地产广告临街高竖，一些名为“运河”的开发区可能与运河遗产的保护利用并没有多少关联。

（2）趋同、不合理的改造利用

其一，河道渠化和护坡硬化。城市段的运河因刻意保护，普遍砌上了硬质护坡，并装有护栏，有的还精雕细琢，形式单调，面目趋同，拒人于运河之外。硬质衬砌的做法或防护材料的使用，不但改变了运河历史风貌，也可能破坏水系与土地及其生态环境间的能量循环，降低河流的自净能力。反之，传统的堆土和夯土堤以及木桩、石块、植被混合堤岸，更有助于保持和营造良好的生态环境，也更显自然，符合古运河的本来面目。

其二，城市段过于美化，郊野段紧随仿效。天津及沧州等城市段的运河改造，城市化、园林化手法滥用，精雕细琢。南运河的乡野段本来非常原生态，草木茂盛，芦苇密集，但调研中发现有的地方在堤坎上种植花草，很不适宜。

其三，运河旅游开发对运河遗产造成威胁。为了吸引游客，一些城市在运河河道中大建旅游航道以及观景台等附属设施。例如，沧州市规划在新华、运河两城区南起王希鲁、北到北陈屯段拟建设城市运河公园，调查时发现南环路海河西路桥以南约 100 处正在建设橡胶坝，并在橡胶坝南侧建设运河五孔闸口。上游没有改造的河段，口宽约 60 米，水深 6 ~ 9 米，环境优美，水草丰美，有人垂钓游玩；施工段的橡皮坝和硬质护坡则显得生硬，与环境不协调；而下游因无水，干涸了无生机，形成鲜明对比。此外，此地与运河重要遗产地捷地减河相距不远，却没有综合考虑利用。

（3）缺乏有效的解说展示

调查中发现，运河历史文化的解说展示设施普遍缺乏，不利于人们了解运河历史文化，即使一些当地人其实也并不了解与之朝夕相伴的运河。城市段稍好，如扬州、天津市区，而乡镇和郊野段很难见到解说系统。

（4）环境有待改善，有文物盗掘现象

尤其乡野段的环境质量有待改善，有的地段运河河道成了垃圾坑和排污沟。如连镇谢家坝，为运河上著名的险工，整体上保持了原态的自然风光，但是由于村民往河道中倾倒生活垃圾，虽有水泥桩和铁丝网护栏，也难以阻挡，以致引黄济津后存留水体受到污染，水面上满是水芥。此外，河道近河床两岸的护坡下明显留有凹凸不平的坑窝，据当地居民说实为盗掘洞，近年来盗掘者不断。

四　国外案例Ⅰ：美国伊利运河遗产廊道的保护利用及其启示

（一）伊利运河国家遗产廊道概况

伊利运河是一条影响美国历史的人工航道，它将哈德逊河与五大湖连接，是美国东海岸与西部内陆的第一条快速运输通道，现隶属于纽约州运河系统的一部分。自1817年正式破土动工以来，伊利运河系统的兴建和改善工程持续了上百年。

2000年12月，国会通过了伊利国家遗产廊道法案（Erie Canalway National Heritage Corridor Act），其保护对象包括伊利（Erie）、卡普兰（Champlain）、卡尤加塞内卡（Cayuga - Seneca）和奥斯威戈（Oswego）的524英里的通航运河，阿尔巴尼（Albany）和布法罗（Buffalo）的废弃运河段落，以及塞内卡（Seneca）和卡尤加（Cayuga）等通航湖泊，保护范围覆盖了运河沿线的234个市镇（图2）。法案肯定了伊利运河在美国的发展进程中起到的积极作用，同时强调了对该廊道的保护与利用将在历史、文化、娱乐、教育和自然资源的保护等方面具有“无与伦比的民族意义”（NPS，1998年）。

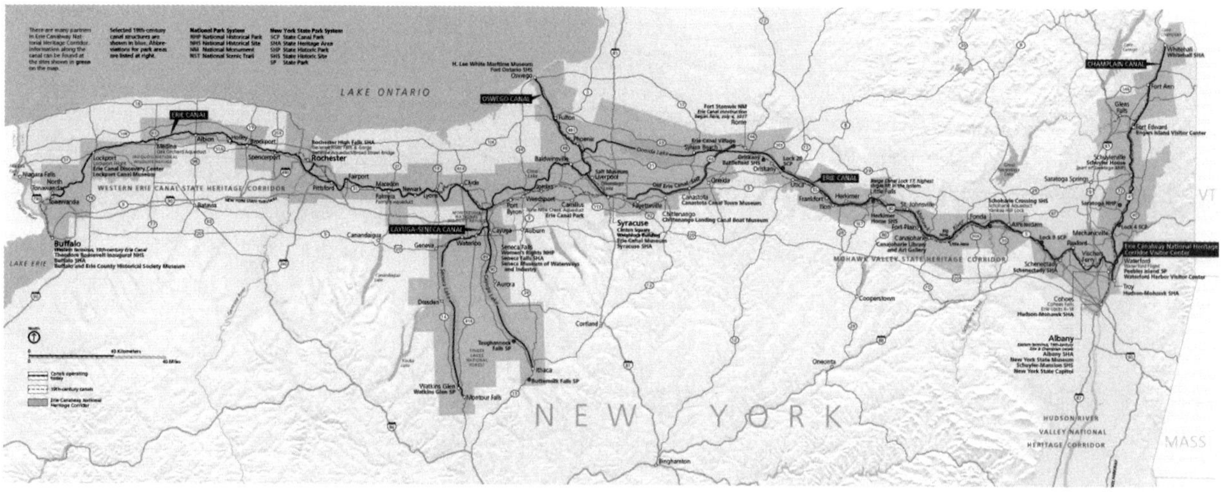

图2 伊利运河遗产廊道图

（资料来源：http：//www. eriecanalway. org）

（二）伊利运河遗产廊道的保护与可持续利用

1. 目标与方法

2000年国会通过伊利运河国家遗产廊道法案以来，廊道的保护与管理逐渐形成一套清晰的工作体系。2006年美国国家公园管理署（NPS）完成了《伊利运河国家遗产廊道保护与管理规划》，明确提出了六大目标：（1）遗产廊道的历史和独特的地方感将得到广泛的表达和保护；（2）遗产廊道的自然资源将反映环境质量的最高标准；（3）遗产廊道的游憩机遇在文化遗产资源的保护的前提下将实现最大的范围和多样性；（4）遗产廊道的居民和游客将认同遗产保护的价值并积极支持；（5）遗产廊道的经济增长将实现可持续的良性发展；（6）遗产廊道将成为本国及外国旅游者必经的旅游目的地。

这六条目标涵盖了伊利运河遗产廊道的历史价值、工程价值、生态价值、审美价值、游憩价值、教育价值等诸多方面，其中前两条强调廊道资源本身的保护；三、四条强调对点状资源的整合，通过线性的廊道体验提升整体价值；五、六条强调了运河品牌的塑造和整个遗产廊道的面状经济增长。六条目标由小及大，规划的综合性逐渐增强（图3）。

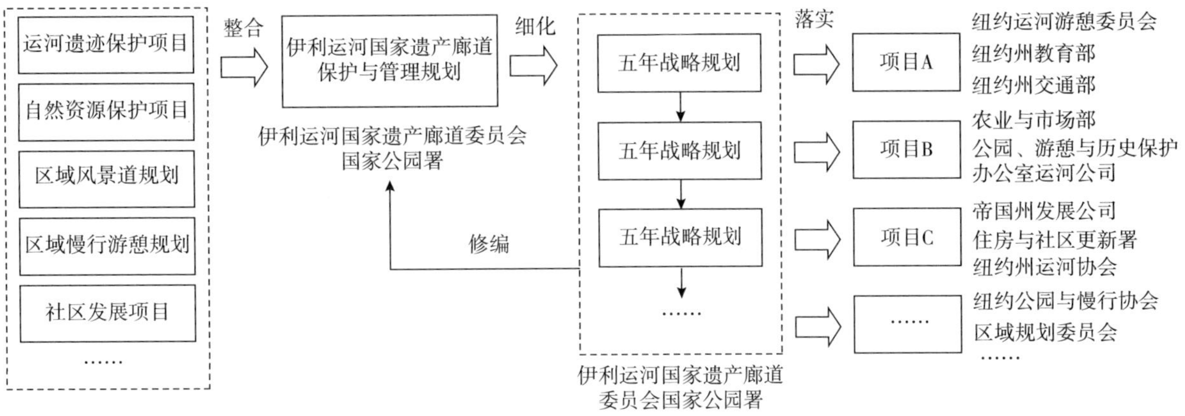

图3　伊利运河遗产廊道保护与管理框架（作者整理绘制）

2. 历史与文化资源的保护

伊利运河国家遗产廊道拥有大量特有的历史和文化资源，并将促进地区、纽约州乃至国家特质形成的那些特定人物和事件传达给现代游客。历史与文化资源保护的对象可分为10类，包括运河本体、附属建筑物、船舶等功能相关遗产，文件、图片等物质文化遗产以及与沿运地区民俗、艺术等相关的非物质文化遗产。根据主体的不同，保护方式有所区别（见表1）。同时，NPS等文化资源的管理者逐

表1　伊利运河国家遗产廊道历史资源的保护和可持续利用措施

类别	优先保护资源	主要保护措施	解说重点	经济复兴	代表案例
纤道时期运河	运河相关地名； 旧运河沿线带状公园； 公园或游憩目的地内的运河遗址； 运河航道遗存	水体部分：保持现状 湿地部分：根据湿地的生态价值，可增加必要的通行路径，或引水恢复河道状态 掩埋/已改建为城市：保持现状	水体部分：增加必要的解说设施 湿地部分：解说湿地的生态价值和曾经的运河历史路径 掩埋/已改建为城市：将该区域的街道名称命名为运河相关，或使用运河作为城市设计元素	遗存的部分可作为连接两个独立资源点的纽带； 湿地的生态价值应得到发挥； 航道遗存应适当恢复构造，成为廊道观光焦点	锡拉丘兹 Syracuse； 布法罗运河港口； 拜伦港运河遗址公园； 旧伊利运河州立公园
20世纪驳船运河	属于运河公司[21]的土地，尤其是居住区、乡村中未破坏土地； 运河沿岸连续的公共用地	保护和恢复历史滨水区； 保护运河沿岸的农田和用地； 恢复运河公司土地的游憩功能	人工驳岸区段，周边的居住区提供了必要的保护措施； 自然驳岸区段，居住区因新运河开通而产生了新的发展方向	通过新的土地利用规划带来新的发展机遇 通过全面规划和强有力的激励机制，防止进一步毁坏，支持运河公司恢复历史的举措，提高运河的商业及休闲用途	利特尔福尔斯 Little Falls； 斯凯勒维尔 Schuylerville； 菲尼克斯桥屋 Phoenix Bridge House； 洛克波特 Lockport

续表1

类别	优先保护资源	主要保护措施	解说重点	经济复兴	代表案例
运河聚落	历史文化资源威胁度最高的聚落；经济发展条件差的聚落；历史上的运河小镇（以文化景观评估，应呈现特殊形态）	重点参考当地遗产保护规划；遗产规划应结合决策者的经济发展需求；赋予运河遗产以多用途或新用途	游客中心应结合真实历史场所建立；解说设施应鼓励访问者体验廊道资源；街区中设明显的引导标识	主要街道的复兴；避免仿古建筑；新的街道铺装、小品等不应追求从未出现过的“历史”；通过高质量的现代设计手法营造舒适的混合用途街道空间	费尔波特 Fairport；奥斯威戈 Oswego；卡尼亚斯托 Canastota；威斯彻斯港口 Vischers Ferry；沃特福德 Waterford；怀特霍尔 Whitehall
工业景观	纤道时期发电设施和磨坊街区；驳船运河港口和沿海街区；宜重新利用的场地	调查后去除污染；去除威胁水质和生态环境的滨水设施；赋予场地新的土地利用功能；某些区域可重新发展工业	驳船运河历史和当今的工业与贸易；工业用地的分布标识出运河沿岸土地利用的序列；廊道中人工和自然运河系统的关系	滨水街区增加商业及休闲用地；许多城市中可根据工业用地的改变发展新的滨水市区格局	布法罗 Buffalo；卡纳约翰里 Canajoharie；科霍斯 Cohoes
乡村景观	农业构筑物；农场；森林和开放空间；出租给农场的运河公司土地	谷仓等农业构筑物可加固并赋予合适的新用途；保护农场的农业活动；保护森林和开放空间；若农田废弃，尽可能以乡土植物替代	结合构筑物解说它们建造时的运河历史；利用路边的农田植物为环境解说素材；根据路边的自然堆土建立观景点	农田、温室和葡萄酒厂可成为汽车游客的兴趣点；乡间开放空间成为森林的缓冲游憩区；绿色市场提供新鲜农副产品	水上农夫市场；手指湖湖区；
船舶	纤道时期运河船舶残骸；运河公司的水上设备	运河公司应恢复水上设备；对船舶的检查中勿遗漏文件和资料	对船舶的考古研究是保护的基础；根据船舶状况可考虑利用历史船舶游览运河	运河公司可利用历史事件进行营销；模拟古董小船的新船只租赁和销售	运河公司拖船 Urger 号；沃特福特拖船大会
遗址	美洲原住民遗址；纤道运河河道及构筑物；水下手工艺品	原址保护；根据州历史保护法案及部落遗址维护法案保护	场地中被掩埋的历史应通过研究发掘从而得到解说	—	奥尔巴尼1号船闸

续表 1

类别	优先保护资源	主要保护措施	解说重点	经济复兴	代表案例
文件和手工艺品	记录运河相关日常事件的材料	在互联网上创建一个“虚拟研究集群”，方便公众查阅运河相关的历史图像及文件资料	由博物馆、历史学会和档案馆收藏并对外展出 鼓励民众收集，保存，展览，以及信息交流	—	
艺术和民俗	民间传说，口述历史，工艺和表演艺术等	应该成为一个努力维护历史的遗产廊道	建立标志性文化建筑收集口述历史，以及运河工人的技能等	—	

* 本表系作者根据伊利运河国家遗产廊道保护与管理规划整理（NPS，2006 年）

渐认识到“这个曾经历战争、运动和变革的遗产区域正如同一辆装载着活态文化遗产的汽车”，在保护资源的同时必须同时关注经济的复兴（图 4 ~6）。

图 4　90 号公路边纤道运河航道遗址（奚雪松摄）

3. 自然资源的保护

丰富的自然资源是伊利运河廊道地区的历史和文化发展不可或缺的基础。历史上这一地区特有的肥沃土地、充沛的水资源，以及多样的动植物资源使得其因运河的开通而迅速成为商业贸易中心。如

图5 运河博物馆沿运地区日常生活用品陈列（奚雪松摄）

图6 在改造后的罗契斯特废弃地铁隧道（由伊利运河的水槽改建而成）
举行世界运河会议接待晚宴（奚雪松摄）

今，这些自然资源成为遗产廊道的自然基质，同时也是许多游憩活动得以开展的基础。对伊利运河国家遗产廊道自然资源的保护，其一是对不良影响保持高敏感度，其二是增强民众保护自然资源的意识，鼓励各种高水准的可持续资源管理。主要措施包含以下几方面：（1）利用乡土动植物群落进行生态修复，并利用大中专院校或高中的科学课程进行教育宣传。（2）在开发区和自然保护核心区、水体或历史文化景观点之间设自然资源的缓冲区，以减轻雨洪问题和非点源污染。（3）对关键区域进行视觉保护，该区域影响地质、水文、聚落等景观格局。(4) 在水资源管理的同时关注外来入侵物种，鼓励常规船维护和清洗，可以帮助恢复自然生态系统。(5) 维护运河的工作应尽量减少对重要栖息地的影响。通过区域流域管理和可持续发展规划以减少快速径流和侵蚀。

4. 慢行游憩系统的完善

伊利运河国家遗产廊道提供了从郊野到城市的多种游憩机会，其丰富的自然资源提供了高质量的游憩资源，廊道区域景观的完整性和连续性成为吸引人们前来骑自行车和远足的基础，与此同时沿线独具特色的历史和文化资源在增强地方感的同时也提供给人们深入了解廊道的机遇。沿线旅游目的地通过有组织的旅行和特别赛事（如自行车、划船、远足、钓鱼或狩猎等），吸引人们前往该地区休闲。当地居民通过提供体育器材、租赁设备，从中获得了经济收益。跨越行政边界规划协调，对整条遗产廊道游憩资源的整合、包装和推广将完善整个区域的游憩系统，完善的基础设施以及解说系统，大大提升了运河遗产的综合品质和社会效益（见表2）。

表2 伊利运河国家遗产廊道游憩系统规划导则

类别	活动内容	规划导则	代表区域
遗产旅游	文化景观、历史场所、自然资源和文化机构	游憩项目以不破坏自然生态系统为前提； 结合遗产保护，强调游憩资源文化意义； 根据解说系统要求，满足廊道使用者需求； 规划项目应保证高视觉质量的游憩体验	哈德逊河谷国家遗产区域；纽约风景道系统
水体休闲	划船、冬季滑冰、游泳、钓鱼等	鼓励面向大众的划船活动，如水上一日游、租船等； 继续完成游憩系统规划的游船设施和服务； 鼓励运动俱乐部和学生运动员的游憩推广； 在船和码头设施完善的前提下可鼓励钓鱼活动； 优先考虑对现有游泳设施的维护和升级； 持续寻求减少对水体游憩造成影响的侵入性物种的措施	纽约州运河系统；纤道时期运河；卡普兰湖；手指湖
慢行休闲	自行车、散步、滚轴溜冰、骑马、野餐等	连接运河的慢行道项目休闲修建； 慢行道主要面向非机动游憩活动，停车设施应靠近船闸、风景点、市镇中心等； 慢行游线的设计应尽量使旅行者经过廊道文化景观； 一般情况下应尽可能设计多用途慢行道； 慢行道表面材质应保证其长时间使用； 独立区域的慢行道规划应与州规划协调，易于接入慢性行道网络	伊利运河遗产慢行道；手指湖游憩道；尼亚加拉绿道；布法罗郊野滨水步道
野外休闲	远足、野营、观鸟、打猎等	野营场地应与慢行道间隔一定距离； 新建远足径应尽量与现有路径连接成网络，并向廊道外延伸； 观鸟设施的设计应尽量避免对野生环境的扰动； 人类活动有限的沼泽和大面积树林深处可安排狩猎	莫雷纳州立公园；三角洲湖州立公园

续表2

类别	活动内容	规划导则	代表区域
冬季休闲	越野滑雪、滑冰、冰上钓鱼、雪地摩托等	通过地区会议确定雪地摩托和越野滑雪路线，路径的使用需要市镇居民的参与决策； 通过运河公司与地方政府和有关团体的协商，运河的某些段落可用作冬季溜冰，需保证运河的冬季维护	奥斯维戈休闲慢行道

＊作者根据伊利运河国家遗产廊道保护与管理规划整理（NPS，2006年）

游憩系统的规划遵循以下基本原则：（1）规划项目应具有多用途，以满足不同使用者需求；（2）新增项目应结合现有游憩资源规划，适当增加出入口；（3）保证游憩资源的可达性；（4）规划项目应保证高视觉质量的游憩体验；（5）游憩项目以不破坏自然生态系统为前提；（6）结合遗产保护，强调游憩资源文化意义；（7）根据解说系统要求，满足廊道使用者需求。

5. 解说系统的构建

遗产廊道丰富的资源提供了许多了解运河的过去、当前和未来的切入点，包括自然特征（如设计运河时面临的地形和水文困难）、文化特色（如运河社区和民间艺术）、历史功能（通过有形证据展现运河系统最初状态的历史景观），以及时代特征（如驳船运河的设施和操控）。对于廊道使用者来说，伊利运河最重要的特征在于它不仅是空间上的联系，更是串联了历史与今天的纽带。面对如此种类繁多、几经变化的解说主题，清晰的思路和恰当的媒介显得尤为重要。为了帮助旅游团体更好的沟通，同时使得廊道整体层面的教育功能更加高效，伊利运河遗产廊道建立了包括解说框架、媒介、标识在内的一个清晰的层级解说系统（见表3）。

6. 市场与营销策略

旅游业在纽约州的经济结构中一直扮演着重要的角色。伊利运河遗产廊道营销推广的目的在于将独立的遗产旅游、自然资源保护、户外休闲游憩、遗产解说教育活动等加以整合，形成品牌效应。同时关注遗产廊道的可持续性，在资源保护和地方经济增长之间寻找平衡，不仅创造良好游览体验，而且提升当地居民的生活质量。旅游市场的营销与推广主要包括平台构架、产品开发、活动推广、设施配套等几方面。

7. 管理体系

遗产廊道跨区域、多功能的属性决定了其管理工作需要经常协调不同行政区域和职能部门，因此伊利运河国家遗产廊道法案同时确定了以合作伙伴关系为基础的保护与管理工作方式。其中，通过法案成立的伊利运河国家遗产廊道委员会（Erie Canalway National Heritage Corridor Commission，ECNHCC）是管理体系的核心部门，由NPS长期支持。ECNHCC的工作重点是遗产廊道保护规划的完善与实施，大致包括两方面内容，一是与联邦、各州和地方部门协同工作，推动廊道规划的执行，促进运河相关历史、文化、休闲、经济和社区发展项目；二是管理联邦基金，同时寻求资金并接受政府和社会赠与。除了上述核心部门外，其他联邦的部门和项目也和伊利运河遗产廊道保持了密切的合作伙伴关系，其中包括了内务部指定的七个州政府部门，住房、区域规划等机构或项目。此外，许多美洲印第安部落和团体也是重要的合作伙伴。在ECNHCC和NPS的总体协调下，这些机构在遗产廊道相关项目中承担不同重要性的工作。与此同时，州和地方各类独立机构及非营利组织在廊道资源保护、游憩与

表 3 伊利运河国家遗产廊道解说框架

核心解说主题	次级解说主题	解说专题	代表地区
美国的象征	进步和力量	克林顿渠：个人、政治权利和远见	
		国家和民族：杰弗逊、麦迪逊、克林顿，以及建造运河之争	奥尔巴尼 Albany
		分裂和移居：运河建造的影响，以及随后的美洲原住民社会	罗马 Rome
		繁荣的发动机：运河建造的经济影响	
		样板项目：伊利运河的成功对同类项目的影响	沃特金斯格伦 Watkins Glen
	连接和沟通	麦浪：运河对农业和市场的影响	手指湖 Finger Lakes
		城市的培育：运河对周边城镇扩张的影响	布法罗 Buffalo
		帝国之州：运河在纽约州发展成为国家财富中心的过程中扮演的角色	
		世界港口：运河在纽约市成为国家重要港口的过程中扮演的角色	
		新疆界：运河成为中西部地区的门户，大湖区在国内战争中的影响	斯史内克塔迪 Schenectady
	发明和创造	美国成就：运河的建造成为科技进步的标志	洛克波特 Lockport
		漂浮山间：地形、水文，以及运河系统的路线、闸坝、水柜的设计和工程	蒙特苏马 Montezuma
		创新和改造：运河成为培养美国第一代工程师的摇篮；它是欧洲运河建造技术适应美国本土的产物	科霍斯 Cohoes
		综合系统：运河的管理和操作	
		演化和改造：运河发展的三个阶段，以及 20 世纪运河的再创造	
	统一和多样	本土遗存：美洲原住民在地区发展中的角色	沃尔尼 Volney
		网状河道：移民，社会和文化相互影响，多民族	
		肥沃的土地：运河在社会改革和宗教运动中创造了舒适的环境	塞尼卡福尔斯 Seneca Falls
		流行文化：文学、艺术、音乐、戏剧……中的运河	
		风俗和民俗：运河活态遗产	斯克内克塔迪 Schenectady
		新世界奇迹：作为国内和国际旅游目的地的运河	

* 本表系作者根据伊利运河国家遗产廊道保护与管理规划整理（NPS，2006 年）

解说教育等方面也成了重要的领导力量。

（三）启示与借鉴

自1984年伊利诺伊和密歇根运河国家遗产廊道开始，NPS积累了近三十年的保护与管理经验为伊利运河国家遗产廊道设定了较高的起点。从近五年的工作成果来看，基本实现了短期战略规划目标，团队建设和项目运作都进入了较成熟的发展状态。其保护与可持续利用经验对我国以大运河为代表的线性文化遗产具有重要的借鉴意义。

1. 基于运河完全价值认识的整体保护思路

如前所述，《伊利运河国家遗产廊道法案》明确认定了伊利运河在工程技术、自然景观、游憩资源、国家形象等多方面的价值。廊道中众多的历史、游憩和自然资源点的相关项目虽有优先级别的区分，但在价值判定上并不进行重要性的划分。强调运河遗产廊道成为沿运河区域自然与人文资源整合保护的有效平台。

2. 保护与可持续利用相结合，通过遗产廊道带动区域经济的复兴

慢行游憩系统的完善、解说系统的构建以及行之有效的市场与营销策略是遗产廊道对资源进行可持续利用的主要方法。2010年NPS的一份研究报告表明，该年度伊利运河遗产廊道的游客数量超过400万，带来经济效益3.8亿美元。而2006~2010年间，遗产廊道各项目的总花费仅消耗了五百万美元的联邦拨款，以及不超过1500万美元的其他资金。用最小化的投入可以取得最大化的经济与社会效益。

3. 统筹与协调，建立以核心部门为纽带的广泛的合作伙伴关系实现共同管理

遗产廊道跨区域、多功能的属性决定了其管理工作需要经常协调不同行政区域和职能部门。因此，形成以具有执行力的核心管理部门为纽带，集各类政府机构及民间非营利组织为一体的合作伙伴关系进行统筹与协调，才能真正使遗产廊道成为“集合与协调现有联邦、纽约州和地方规划及多部门、学科观点，同时关注合作伙伴关系共同利益的‘保护伞’”（NPS，2006）。确保保护与管理各项工作的顺利实施。

五　国外案例Ⅱ：德国慕尼黑伊萨尔河的改造利用与城市的和谐发展及其启示

伊萨尔河发源于阿尔卑斯山区，其源头在奥地利境内，自沙尔尼茨（Scharnitz）山口进入德国，从南到北一路汇集了来自阿尔卑斯山北麓的部分冰雪融水和地表径流，最后汇入多瑙河。慕尼黑老城位于伊萨尔河西侧台地上，穿流而过的伊萨尔河为整座城市提供了丰沛的水源。倘若追溯历史，就会发现在慕尼黑的发展历程中，这条河流扮演了极为重要的角色，因为整座城市的发展壮大与伊萨尔河上的桥梁兴建以及渡口发展有着甚为密切的关联，伊萨尔河堪称慕尼黑的母亲河。

（一）伊萨尔河改造前的重要背景

1. 战后环境的恶化与环保意识的兴起

第二次世界大战的后期，随着德军大溃败，德国绝大多数城市遭到了盟军的疯狂轰炸，慕尼黑作为希特勒发家的重要阵地和纳粹大本营所在地，更是难以幸免。战后为了解决急需的吃穿住行等一系

列重要的日常生活问题，在加快重建和发展的过程中，慕尼黑和其他德国城市一样，普遍经历了污染环境、砍伐森林、滥用自然资源、拆毁历史建筑、在传统老城区开建高楼大厦等过程。大规模的工业化生产对自然环境和人居环境都造成了严重的影响甚至威胁，以至于环境问题一度告急。

在慕尼黑快速城市化的过程中，伊萨尔河水也遭遇到了比较严重的污染。一方面由于现代化生产过程中的污水排放污染了河流，另一方面则由于一些不甚合理的河流改造理念和方式。从 19 世纪中叶开始，慕尼黑人通过兴修河道、建造水库改变了伊萨尔河的水流状况。河畔用水泥修筑了阶梯式的人工河床，建造水坝和水库，避免河水断流，并防止洪涝；而且从 20 世纪 20 年代起，开始利用伊萨尔河的水力发电，建造了瓦尔兴湖等 20 多座发电厂。环境问题随之而来，水泥构筑的分层式人工河床，不但使得河水被人为聚束或分开，除了河口地区之外大部分河段由于固定了河道，缩小了河床，被改造成一条规整的河，破坏了河流漫流的自然形态，也阻碍了水中生物的自然移动；沿途水电站的建设，破坏了原有的自然景观，发电残留的水源对下游的生态环境也带来了威胁。

不过幸运的是，在经济的快速发展过程中，人们很快就警惕到了所谓“发展”带来的种种环境问题；同时由于世界范围内环境保护意识的崛起以及现代林业科学、水环境科学自身的发展，亦促使德国人对快速发展带来的种种问题进行了比较深刻的反思。早在 1971 年就制订了《环境规划》，其目标是：保护或恢复水生生态平衡；防止对水质损害；保证供应足够数量和质量的饮用水和工业用水；确保能维持涉及公众利益全部用水；河水水质应达到二级水质标准等。为此还在生产建设、城市发展、资源利用等领域相继颁发了一系列相关法律条文，要求严格保护良好的生态环境和生活环境。为此还制订了预防为主、控制污水排放、谁污染谁治理、综合治理等一系列的原则和具体措施。

2. 自然保护区的设立

根据德国“自然保护和环境保护维护法”以及各州立法，德国三分之一左右的国土处在保护监控当中。德国在一些动植物资源丰富的地方设立了自然保护区。1970 年巴伐利亚森林保护区的设立，被认为是德国最早的一座国家公园，与捷克的波西米亚相近，有 2 万多公顷的面积，以“让自然成为自然”为其宗旨，其中还包括一个天然动物区。伊萨尔河畔也设有一系列的自然保护区和风景保护区，一些石滩还被指定为鸟类保护区，成为迁徙水鸟的重要休息地，已有 260 多种鸟类被发现，包括一些濒危物种，如燕鸥和蓝点颏。在保护自然生态的同时，为了方便人们的进入，沿河地段还适当地增加了一些极为简单的旅游服务措施，设立的原则是要求尽可能减少对自然环境的干扰。

3. 区域内人工水道的开凿

为了方便交通、调蓄水资源并防止水患，慕尼黑境内开凿了一些局域性的水道和运河，如与伊萨尔河局部并行的运河、夏宫宁芬堡运河、奥林匹克公园的 Nymphenburg – Biedersteiner 运河，以及位于城市西北方向的 Würm 运河和 Dahau – Schleissheimer 运河。这些河道和运河往往与伊萨尔河以及市域范围内的其他河流相通，既有助于输水调水、运输灌溉，也为城市的发展带了一定的经济收益，人工水道的开凿也有利于营造风景秀美的水环境和水景观（图 7、8）。

不过，对自然河流的裁弯取直和“运河化”的改造，以及河坝、河堤、水库的建设，在改变河道蜿蜒曲折自然形态的同时，也隐含着生态危机。比如因此泄洪区面积大大减少，使得泄洪压力增加，一旦洪水冲决河堤，后果将会更为严重，同时亦不利于地下水资源的蓄积涵养。随着社会经济的发展，环境保护意识的兴起，以及生产方式的改进，人们对生存环境的重视和要求愈来愈高，慕尼黑人在对

图7 伊萨尔河（赵夏摄）

图8 伊萨尔河旁的运河（赵夏摄）

待伊萨尔河的态度上也发生了转变。一方面停止对自然河道过多的人为约束和干扰，另一方面一些不利于河流环境良性发展的活动也被叫停。

（二）伊萨尔“重返自然”计划及其理念、措施与成效

1. 基本理念与目标

为了恢复河道的自然形态以及沿河优美的自然风光，也为了追求河流与自然环境、城乡发展的和谐友好。自20世纪90年代中期起，慕尼黑投入了近3000万欧元的经费，开始实施一项名为Der Isar－Plan Neues Leben für die Isar（面向新生活的伊萨尔河计划）的河流改造行动。这一计划以“伊萨尔重返自然”（Die Renaturierung der Isar in München）为旗帜，致力于让伊萨尔河更好地回归自然，亦更好地与城市、环境、市民友好相处。具体预期目标有三个：

（1）增强河流抗洪能力；

（2）恢复城市自然河流的自然景观；

（3）提高相应的社会休闲品质。

2. 主要措施

在这一计划的指导下，慕尼黑对城市南部边界的Groβhesseloher桥至博物馆岛（Museuminsel）8000米长的伊萨尔河道进行了重返自然的改造工程，拆除原有的渠化河道、硬质护坡，放宽放平河床，采用大规模的砾石河岸，亦对原有的堤坝进行了加宽和加固。工程中采取的具体改造措施主要有以下：

（1）拓宽河床；

（2）拆除水泥人工河床，拓平河堤，修建沙石浅滩；

（3）采用天然石料修建分层式河床；

（4）用沙石铺设浅滩和小岛；

（5）种植草坪改造河堤；

（6）修建接近自然风格的绿地；

（7）铺设可供人们在上面休憩的细沙石；

（8）修建隐匿于水中的防洪堤。

3. 伊萨尔河改造前后生态环境和景观的变化

经过多年的努力，目前这一工程基本完工，“重返自然”的改造成效也已显现，主要表现在以下多个方面：

（1）工程中扩大了中部河床的面积，增加了河堤的宽度，在河堤核心部位建造了隐没于水中的密闭式墙面，加强了河堤的安全系数，为泄洪提供更多空间，从根本上保证了泄洪能力和蓄水能力，同时每秒流量的增加也保证了发电需求。

（2）从生态上而言，通过改善生态环境，提高水资源的自然净化能力，并通过污水治理和进一步的消毒，减少对河水的污染，从而提高河水质量，改善水环境，为动植物提供了比较理想的生存环境。

（3）从景观上而言，采用斜坡式的河床设计，更接近自然风格，设计和施工不影响整体外观，大量白色沙石铺设的浅滩和小岛，使得河流呈现出更为自然的、富有野趣的、纵横蜿蜒的状态，并有望“成为整个欧洲水利史上唯一一条保持自然景观穿城而过的河流”。

（4）提升了河道及沿岸作为市民休闲、健身、游憩等方面的品质。河水可以游泳，河岸、滩涂草地可以舒适地晒太阳，其旁的步行道和自行车道便于人们徒步或骑车旅行，部分地段还可以进行烧烤、野餐等户外活动。

此外，由于河岸边保留大面积的滩涂、湿地和绿地，在河水高涨的时候可以增加对河水的涵养能力，并减少对两岸的压力；在低水位时，可成为市民休闲游憩的场所，一举两得。

这一行动被视为是“对未来的投资”，几乎不计成本，虽然这一行动也不可避免地对已有的自然生态系统有所干扰，但是从目前的成效来看，还是相当显著的，综合社会效益也很高，对德国内外都产生了积极深远的影响。德国莱茵河在致力于生态环境改善，使鲑鱼重返河道的努力中，也投入巨资，开展河流回归自然的改造工程，将水泥堤岸改为生态河堤，对流域内支流实施裁直变弯的措施，重新恢复河流两岸储水的湿润带，还延长了洪水在支流中的停留时间，减低了主河道的洪峰量，使其从“欧洲的下水道”又成为备受人们热爱的河流。日本也曾派专家对慕尼黑的伊萨尔河改造行动进行过深入的考察和调研，并应用于本国实践，对很多河流河道采用了自然型治理工程，多采用植物堤岸，以及石头及木材护底的河堤，按照“多自然型护堤法”进行改造，覆盖土壤，恢复河岸植物群落，取得了很好的成效。

（三）伊萨尔河计划的重要意义及其对慕尼黑城市发展的贡献

1. 兼顾行水、排洪、排污的洁净水流

通过伊萨尔河计划，保护与修复了沿线的良好生态环境，提高水流的自我净化能力；同时减少污水源和排放量，加强污水治理和净化能力。此外，通过投入大量资金，完善市政排水管网系统，集中建设污水处理厂，净化污水，并采用紫外线消毒净化设备来减少细菌，改善水质，当水质达标之后再排入伊萨尔河中，不再使生产生活污水污染河水。

2. 沿河优美的生态环境与市民休闲游憩的乐园

伊萨尔河沿河生态环境，经过改造，形成以河道为中心，两侧分别为沙滩、草地滩涂、森林树木的格局，营造了优美的沿河生态景观带。尤其河畔广袤的乔木和灌木，为生活在这块土地上的人们和动植物营造了良好的栖居之所。

3. 生态、朴素、自然的慢行交通系统和休闲健身空间

伊萨尔河畔的自行车道从Scharnitz直到多瑙河边（Donau），长达280多公里。值得一提的是，大部分路段的自行车道和人行道设计都为沙石土的混合路面，朴素自然；城区段人流量较大的地方则为硬化路面，更为方便舒适。

4. 河流与城市的和谐共生

随着“重返自然”河流改造工程的实施，大大地提升了伊萨尔河沿岸的环境品质，使得河流、森林、田园、城乡，更好地安然相处，相得益彰。伊萨尔河河流自南而北贯穿整座城市，自行车道、人行道四通八达，周边又有发达快捷的公共轨道交通。市区段沿河修建的英国公园如它最初设立所愿，早已成为与整个城市生活关系密切的市民公共空间。经过长期的发展演变，如今整个设计愈加自然，河畔的树林、草地、河流、溪水更为有机地融为一体，置身其中，仿佛进入自然山林（图9、10）。

图9 市民休闲游憩的乐园（赵夏摄）

图10 伊萨尔河沿岸的自行车道、步行道（赵夏摄）

（四）伊萨尔计划对我国运河遗产保护利用的启发

1. 坚持最小干预原则，保护自然性和多样性

伊萨尔河改造的理念是让河流“重返自然”，既增强抗洪能力，又恢复城市自然河流的自然景观，并提高相应的社会休闲品质。在改造设计过程中，遵循自然生态原则，保持多样性和多元性。尽可能坚持最简化设计和施工，不主张大兴土木，城市蔓延，以节约土地，不对自然环境造成太大的干扰和破坏。沿途有若干动植物保护区，以及生物观测站。

2. 营造良好的生态环境，提供高品质的休闲环境

慕尼黑市区外南北几十公里长的沿河地段，基本按照森林—草地—沙滩—河流—沙滩—草地—森林的模式进行了“重返自然”式的改造。只是市区段的改造范围略大，为了与市政衔接，沿途为城市提供了一些休闲娱乐服务设施，但是依然坚持自然原则。城市外围的河畔，则一切以自然为原则，一路看不到体量庞大的人工建筑，看不到奢华的人工作品，唯有清水、绿地、森林以及水中、林中多样的生灵。不过为了便于人们的旅行体验，沿途也设置了一些简易的服务设施。每当天气佳好之际，人

们便来到伊萨尔河道两旁，沐浴阳光或散步休闲，长途骑车或徒步，一些特殊地段的水上运动项目，如冲浪、跳水、漂流，也都颇得年轻人的喜爱。

3. 承载多重功能，与沿线城镇和谐共生

改造后的伊萨尔河，依然承担着多重功能，包括行洪灌溉，为人们提供水源以及高品质的休闲游憩环境等等。经过“重返自然”的人为改造，在恢复河流自然本色的同时，也更加适宜城乡发展和市民需求，其实她已是“人化”的自然河道，也可以称之为“人与自然共同的结晶”。可以说，作为世界知名的宜居之城慕尼黑，如果没有了这条河流以及沿岸优美的河流风光，那其都市风景以及魅力都将大打折扣，甚至难以获此殊荣。凡到过慕尼黑的游人，都对英国公园和伊萨尔河两岸的风光赞不绝口。恰如当地歌中所唱“……夏日照在白色的卵石上，旁边就是绿宝石似的河水，假如时间就这样停止的话，那么闪光的伊萨尔就是天堂”。

六 大运河遗产资源可持续利用的总体目标、宏观策略、基本理念和具体措施

基于前文对大运河遗产资源利用现状的调研与分析，以及美国运河遗产以及德国河流保护利用方面的经验，在此对我国大运河遗产资源可持续利用的总体目标、基本理念、宏观策略和具体措施，提出一些不成熟的看法。

（一）总体目标：多重功能兼顾，多重目标导向，谋求面向未来的整体保护与发展策略

鉴于运河遗产的整体性、综合性、多功能性特征，其保护、利用和发展的思路也应该从整体出发，多重功能兼顾，多重目标导向，在保护运河遗产真实性与完整性的基础上，寻求面向未来谋求长久的保护和发展策略。只有如此，才能有望实现运河多种功能的平衡和共赢，才能使古老的运河更加富有生命力。

虽然漕粮运输作为大运河最基本的功能已经丧失，但是济宁以南仍在通航，在煤炭、建材等大宗货物的运输方面不可小视，航运能力还在逐步的升级当中；除了航运功能之外，大运河还承担着泄洪、灌溉、旅游、生态湿地、乡土教育、科普等多重功能；随着南水北调东线工程的启动，运河还将承担起重要的输水通道功能。那么，怎样以现代文明的技术、能力和智慧，以传承文明的决心和毅力，做好大运河的保护、开发，是一个富有挑战性的历史命题。首先，在保护理念上，要强调整体性保护。

从国家主管部门近些年的努力来看，也旨在寻求整体性保护。2006 年 5 月 25 日，国务院将京杭大运河（春秋至清）公布为第六批全国重点文物保护单位，涉及范围为“北京市、天津市、河北省、山东省、江苏省、浙江省”，如此将沟通我国南北五大水系、四省二市行政区的京杭大运河整体列为国家文物保护单位，这无疑是一个重要的跨越，被誉为是遗产保护领域的一次“革命性的事件”，表明了“国家高层决策者保护国家历史遗产的决心和信心”[22]。这不但意味着对大型文化遗产资源的重视，实际上也是对遗产“整体性”保护原则的尊重。原国家文物局局长单霁翔也多次强调，目前亟须确定大运河作为人类遗产的特质与地位，而且大运河作为大型的线性文化遗产，文化价值就在于其整体性；根据大型线性文化遗产的自身特点，我们应当将其作为有机组成的遗产族群进行整体保护。他认为：

> 整体保护大型线性文化遗产，以面涵点，以线状区域内的铺开带动线上的各个点，有利于国家宏观调控，有利于各种社会资源的集中使用。对于文化遗产丰富的发展中国家来说，不失为一种经济、高效的保护策略；整体保护大型线性文化遗产，可以根据遗产的构架与体量特点，形成行之有效的系统保护方法，较之分散的点状保护，效果更好，影响更大，易于摸索普遍规律，形成科学方法，不断深化保护的内涵；整体保护大型线性文化遗产，可以将沿线的物质和非物质文化遗产保护有机结合起来，通过遗产资源和价值的调查，深入开展在文化遗产保护涉及的各个相关领域的科学研究，通过多学科领域的交叉研究有力地推动保护工作[23]。

其次，还需考虑到自然、生态、遗产、休闲、社会经济发展等综合功能的发展规划和积极培育，并制定适宜的策略，才能实现“集文化与生态保护、地区振兴、旅游开发等多个维度于一体”[24]的综合发展战略。北京大学孙华亦强调用“动态而不是静态的观念，在保护规划的制定上应该兼顾遗产保护、沿运河两岸城镇而发展、居民居住和生活质量的提高、水体和环境的净化以及景观的美化等等要素。还要根据运河两岸的遗存及其景观采取更具有针对性的保护措施”[25]。

不过，由于传统遗产保护视野的限制，以及地区利益、部门利益的分割，各方的诉求和思路、方式不尽相同，在2000年之前，运河一直没有被作为一个整体的文化遗产对待。虽然近年来大张旗鼓的宣传和努力推进，但普遍认为还是远远没有做到“整体性”和“综合性”的保护和利用。因此，运河遗产资源的保护利用应该在国家层面进一步加强统一考虑，并制定可行的宏观发展战略，寻求更为综合的可持续的保护利用途径，才可能从根本上保障运河遗产的整体保护和利用。否则可能难以从根本上制止运河遗产被不断破坏和蚕食的命运，也很难从整体上继承、维护大运河遗产资源，并进一步彰显、再塑这一特殊的文化空间。

（二）宏观策略：构建承载复合功能的“运河文化遗产廊道空间”

同样，鉴于运河遗产资源的多度和丰度以及整体性和综合性，还有运河遗产曾经承载的历史的、现有的以及潜在的多重功能，有必要从大型公有资产的国家管理的角度，积极构建承载复合功能的“运河文化遗产廊道空间”。这一举措，不但体现了对运河遗产整体保护与利用高度重视的宏大魄力，同时通过资源的重新整合与空间重塑，亦将成为新的保护展示平台，以及传承与可持续利用的新纽带，并有望推进沿运区域社会、文化、经济的复兴。

类似的思路早有学者提出。例如早在2004年北京大学的俞孔坚、李迪华及其学术团队，就提出应构建“国家遗产和生态廊道”。他们认为，运河的价值对国土生态安全、强化民族认同感、归属感具有战略意义，提出通过构建并且依托大运河的遗产与生态廊道是发挥大运河的历史价值、服务社会的关键途径之一，并认为这一构想“对中国东部广大地区获得健康的生态服务，对中国东部城市带的可持续发展，对遗产廊道本身的保护和满足未来居民的休闲和教育需求”都具有非常重要的战略意义[26]。因为面对这样“一张包罗万象的遗产网络”，“要从根本上保护好大运河这样的文化遗产，还需要引入遗产廊道式的区域保护体系，把它作为一个整体来对待，制定相应的保护规划，改革相关的保护架构，使运河真正成为一个整体性的文化遗产”[27]。

清华大学的武廷海教授进而提出，运河文化遗产保护要与文化环境创造同时并举，积极构建运河“复合文化廊道”，以发挥运河遗产在交通、水利、生态、景观、休闲等方面的作用，而且要充分提高其文化内涵和综合品质[28]。他认为，“如果因地制宜，在生态与环境敏感地区、历史文化环境等零散的弱势空间之间建立并增加联系，就有可能形成合力，从而化被动地应付为主动的追求，实现生态保护、遗产保护、旅游发展、经济发展、交通改善等多重目标。实际上，弱势空间通过整合，其个体难以保护的问题转化为共同的保护与发展问题，强调特定空间在生态、减灾、文化遗产保护和游憩等方面的综合价值，这样保护问题得到重新定义，并有可能创造性地得到解决”[29]。这一观点既体现了运河遗产的保护也体现了遗产的传承与发展的思路。

此外，还有一些学者持有近似的看法，如罗哲文先生提出“大运河文化带”。虽然他们的提法不尽相同，侧重点也有所不同，但共同之处则在于关于运河遗产认识、保护、利用和发展的整体性思维。这一点，也是美国运河遗产和德国河流保护利用过程中所体现的思路，即在资源价值判定上，不做重要性划分，而是强调整体的价值，以及基于完全价值认识的整体保护思路。

（三）基本理念：探索“活态遗产”的“活态保护利用”途径

运河遗产资源见证了大运河开凿和古代社会、经济、文化的发展，至今在现代社会生活中仍发挥着重要作用，既有航运、水利之便，也有精神文化层面的依托，而且沿运区段依然是沿线城乡发展的重要资源和空间基础。作为“活态遗产”的大运河遗产，不但承载着众多的历史和现实功能，而且具有跨区域、线性、历史与现实交融、自然与人文集合一身等特点，具有相当的复杂性、多维性。那么，其保护利用方式自然与传统的“文物”也不尽相同，封闭式的“死保”肯定是不适宜的。必须需要以新的认识和眼光，探索她作为“活态”遗产的“活态”保护的出路。

1. 保护运河遗产的真实性和完整性，维护运河遗产在生态和文化上的可持续性

要做到保护运河遗产的真实性和完整性和维护运河遗产在生态和文化上的可持续性，最重要的一点无疑是要处理好保护与利用的关系。在文化遗产资源的保护利用过程中，保护无疑是第一位的，是利用的前提；而利用，一定是可持续的利用，才是实现文化传承和创新的重要途径。

关于保护与利用的关系，《在大运河保护和申遗省部际会商小组第二次会议上的讲话》中，有如下非常好地表述：

> 必须要处理好保护与利用的关系：大运河作为仍在使用的活态遗产，其保护工作绝不能一味的严防死守，而要始终同利用、发展紧密结合起来。延续大运河的历史功能，本身就是运河遗产保护的重要内容。大运河在长期的形成、发展过程中，历代都要根据当时的功能需要进行修缮、改线，“运河所经历的技术变迁也是遗产的重要组成部分”。在我们的保护工作中，要充分认识大运河因地制宜、因时而变的这一特性，深入研究运河遗产的核心价值，以此确定保护的范围和重点，针对不同类型、价值的遗产采取相应的保护方式。如对在用运河允许在不影响其核心价值的前提下，进行必要的修修补补以至局部改建。其中近现代经过多次改造、历史价值不高的点段可以有较大的灵活性，以保护整体风貌为主；而具有代表性的重要节点仍应以原状保护为主。保护规划和项目实施要同运河航运、水利、旅游等多种功能统筹考虑，综合运用各方面优势资源，维护运河历史风貌，展现运河文化特色，营造亲切、和谐的运河文化景观，使大运河成为中国最具魅力的文化名片，成为促进地方经济社会发展新的着力点和增长点。

这一重要认识，无疑能够很好地指导我们的保护和利用工作。不过，在具体的实践过程中，如何

把握好保护与利用之间的关系和度，实现“在保护中发展，以发展促保护”，以及“发展与保护能够取得双赢”，难度却很大而且问题重重。大规模的开发性和建设性破坏，对运河遗产的破坏甚为严重，保护性破坏也时有发生。所以很多学者积极呼吁，在当前的保护工作中，切不可急功近利，盲目开发和利用，在运河文化遗产总体保护规划形成之前，不能再对它形成损害[30]。舒乙先生就毫不客气地指出，“沿河各城不论经济实力多大，不准搞‘东方的塞纳河’……不搞近在咫尺的不协调的现代化广场、大草坪和现代高楼。看不准的，宁肯留给儿子、孙子去做，不要什么都想自己一步做干净，免得将来再拆，让后人骂”[31]。语言质朴有理有力，值得深思。国家文物局张柏副局长在 2009 年 11 月安徽淮北召开的“大运河保护与申遗高峰论坛”上也强调，各地应进一步加强对大运河沿线房地产、工业开发和其他生产、生活的管理，严格控制大运河文化遗产保护范围和建设控制地带内的新建项目，防止过度开发和建设性破坏对大运河文化遗产、环境景观和生态系统的损害[32]。

2. 以人为本，处理好保护与民生的关系，让运河遗产更好地融入社会发展和生产生活

运河沿线分布着众多的城乡聚落，居住了大量的人民，那么在其保护利用过程中，就不能无视它们的存在。我们认为，保护利用运河遗产，必须同改善民生相结合，必须唤起民众的自觉性。大运河是中华民族以至全人类共同的文化财富，但首先是大运河沿线民众热爱的生活家园，是千百年来人民贸易往来和文化创造、交流、融合而成的文化线路。民众是运河文化的创造者和传承者，没有了“人”，大运河就失去了生气和活力。我们在保护工作中要充分考虑民生需求，通过加快大运河沿线的基础设施建设和环境整治工作，提高居民生活质量，让民众切实享受到文化遗产保护的成果。在涉及民众切身利益的城区改造、新农村建设等工作中，尤其要听取民众意见，尊重他们的自主选择，尽量避免将原住民全部迁出进行大规模改造的商业开发模式。有人说，大运河不仅要有“小桥”、“流水”，更要有“人家”，所言极是。只有真正调动民众的积极性，使保护大运河文化遗产的理念深入到千家万户，使每一个人都愿意并且能够尽一份心，出一份力。同时，大运河遗产的保护利用也要惠及民众，更好地与民众的生产生活密切相连。如此，才能实现大运河的有效保护和永续利用。

联合国教科文组织北京办事处文化遗产项目官员杜晓帆先生也曾强调，“我们将京杭大运河看作文化遗产的同时，如何对待继续为人类造福的运河及其两岸的人民，如何看待实际功能已经被废弃，而继续生活在运河之上的人们？文化遗产保护如何能与社会经济的可持续发展完美结合，将会是一个重大的难题。大运河的保护所面临的问题应该是前所未有的，如果我们能够找到一条合适的道路，必将丰富世界文化遗产保护的理念与技术，为全人类特别是发展中国家的文化遗产保护提供宝贵的经验”[33]。有一位日本建筑计划专家在阐释历史文化城镇保护意义时曾谈到，“所谓历史文化城镇的保护，绝不是单纯的保护，还必须把它们纳入未来生活发展的轨道上来……我们就是为了要创造这种生活内容丰富多彩的时代而努力。并且，为了未来子孙后代，将我们的祖先留给我们的历时性文化城镇的价值发掘出来，叫下一代人永远继承下去！”[34]这一认识，对我们理解运河遗产的保护与传承也同样具有重要的启发性。

3. 依据运河遗产的“变化”特点，传承中要有所发展和创新

大运河的线路、形态、技术、功能，在历史时期经常处于变动当中，如今同样面临“变化”与“发展”的问题，以更好地适应现代社会的发展需求。所以很多专家提出“变化”与“发展”正是京杭大运河遗产区别于其他遗产的重要特点，同时也是其保护利用中应该坚持的一个重要特点。这一认识至关重要，不只涉及对运河遗产真实性的认识，同时也涉及未来的发展利用方式和态度。例如董碧水认为，关

于大运河，保护并不是仅仅保护春秋战国时期的运河，或是隋炀帝时候的运河、元代的运河，需要保护的是历史遗留下来的东西，这种保护，也是两千年来不断在发展的，到了现在还要发展[35]。

其实这也是很多专家学者所持的共同观点。UNESCO《世界遗产公约》2005 版《实施保护世界文化与自然遗产公约的操作指南》[36]的相关规定，也体现了这一认识，所谓：

> 真实性整体上取决于价值和这些价值之间的关系。作为一种遗产元素的运河，它的一个突出特征是它随着时间的发展演变。这与运河所经历的在不同时期如何被使用以及与之相关的技术改变相关联。而这些改变即可组成一种遗产要素。……通过发挥其灌溉功能，运河过去一直并且还将继续在经济发展中扮演重要的角色。

那么，如何能够保护好这项伟大的古代工程和文化创造，并在其传承和发展过程中，发挥和体现后来人的智慧和创造就至关重要，如此也才能共谱运河遗产永久魅力和辉煌。在有关部门就“运河遗产发展”形成的《济宁共识》（2011 年 9 月 23 日）中，第一条就是“大运河的发展要遵循保护与发展相统一的原则，需在运河遗产保护的前提下，倡导运河遗产的利用。运河航运是运河遗产利用的重要组成部分，在开发利用运河航运功能规划及其实施中，要强调保护与发展并重”；第二条，则非常鲜明地指出，“要引导社会正确认识运河遗产保护和航运发展的关系，不仅要在继承中发展运河，在保护中发展运河，更要在创新中发展运河，以实现大运河的永续利用。”这一认识，无疑反映了相关行业和专家共同的认识。不过，该共识提出的另一点，即“新时期，推进大运河全线复航已成为运河沿线地区的共识，……随着大运河的全线复航，古老的大运河必将重现辉煌”，如前所言是值得商榷的。

4. 依据遗产资源的不同特点以及社会需求积极发挥运河遗产的多重功能

既然作为文化遗产的运河资源，依然有着重要的现实功能；既然“变化”与“发展”是运河的“常态”和“主旋律”，那么依据其资源特点和现实需求，发挥其“已有的”和“潜在的”功能则无可厚非，而且理当如此。大运河遗产保护要与运河沿线地区的社会发展和生产生活相结合，才能保持其持久的生命力和活力。正如国家文物局相关领导发言中所提出的，“延续大运河的历史风貌，传承深厚的运河文化，提升沿线城市的文化品位，促进地方社会的全面、协调和可持续发展。……在保护好大运河文化遗产本体，延续其传统功能的同时，将环境整治和展示工作结合起来，改善运河周边环境，维护运河历史风貌，展示运河文化特色，营造亲切、和谐的运河文化景观”[37]。

（1）继续发挥航运、蓄水、排洪等初始功能

其一，航运和交通功能依然重要。虽然如今铁路公路非常发达，但是一个不可忽视的重要事实是运河的航运交通功能依然很强大，每年承担的运输量也不小，尤其在一些特殊情况下，意义不可低估。据报道，2007 年年底南方发生特大雪灾的情况下，江苏所需煤电的 93% 都来自京杭大运河。由于水运成本低，在未来很长一段时间里可能都将发挥极为重要的作用。

其二，调水、蓄水、排洪等水利功能绝不可忽视。自古至今，运河在承担交通航运功能的同时，还承担着重要的蓄水和排洪功能。这些都是事关国计民生的重大问题，无论遗产资源的保护还是利用，都不得不考虑和保障这些实际的需求。

（2）积极拓展休闲游憩、文化教育、生态培育等新功能

运河生存的环境毕竟已经发生了巨大的变化，而且很多地方已经缺水甚至干涸，成为遗迹，那么

其航运交通功能也就随之丧失了。这并不等于就没有了可利用的价值，因为运河遗产资源的价值不仅仅是航运，它可能还有水利、生态、旅游、历史文化体验等其他功能。

例如，从生态角度而言，运河作为唯一跨越多个气候区域，沟通长江、黄河五大水系，连接太湖、南四湖等东部湿地群，也是东部唯一的南北水系，对东部地区旱涝调节、雨洪管理、生物迁徙、生物多样性都具有不可替代的重要意义。另外，从发展休闲游憩角度而言，运河途经中国东部人口最密集、城市化程度最高、经济最发达的地区，随着国民经济收入的提高，以及人们对休闲健身的渴望，运河沿线有望成为重要的休闲游憩空间。

（3）借助保护利用促进地域文化认同感和社会经济文化的复兴

除了航运、水利等“实用价值”之外，运河遗产还具有重要的科技、文化、社会乃至精神层面的见证和象征意义。《国际运河名录》（1996 年）中认为：大运河在“是一件人类天才创造力的杰作”、“对运河技术发展产生过巨大影响”、“是一个杰出的构筑物或特征之范例、代表着人类历史上的重要时期”三个方面都具有突出普遍价值（outstanding universal value）。每每提到大运河，人们都会将其与长城并驾齐驱，认为是我国古代最为杰出的工程代表。另外，由于运河遗产规模大、内容丰富，涉及的社会领域广泛，具有广泛的社会影响，对其进行合理利用，对社会生活、经济发展所产生的影响将是巨大的。特别是对于挖掘城市历史、弘扬城市文化，建设有特色的城市，将起到无可比拟的作用[38]。

（四）具体措施：一些可以优先行动的措施

1. 加强遗产环境的保护与治理，并在沿岸较大范围内培育良好的生态环境

运河作为“人与自然”共同的杰作，与环境关系至为密切。一方面与运河开凿和发展密切相关的自然遗产是运河遗产的重要组成部分，“周边环境”也是其“生存”和“见证”的因素；另一方面，沿线生态环境的保护有助于运河生态环境及其景观的继承和重新塑造，有利于人们更加亲近运河，了解运河，热爱运河。

近十年来，世界遗产委员会等国际组织已将遗产核心价值的保护范围由遗产单体扩大到了整个遗产环境（郭旃，2005 年）。2005 年 10 月国际古迹遗址理事会第 15 届大会在中国西安通过《西安宣言》，曾围绕“文化遗产与周边环境保护”这一主题展开深入探讨，认为“遗产环境”是遗产价值不可分割的重要组成部分，并需要通过建立缓冲区加以保护。

就大运河遗产来说，目前的保存环境却不容乐观，同时还需要承担来自人口增长、旅游、污染等多方面的压力，其遗产的原真性、完整性和背景环境面临着巨大威胁，环境问题引人关注。

从一般的环境治理角度来讲，张廷皓先生曾提出，打扫好卫生至关重要，否则既不利于运河遗产的保护也不利于人们的参观。舒乙先生也提出应“清除污染，为大运河洗脸整容”，并建议应该按照国际治理污染的既定政策实行“一关二治三同”[39]，建议在编制保护大运河规划中要优先联合环保部门加入治理污染的规划……彻底还大运河一个清澈[40]。此外，一些专家学者还提出，保持运河沿线大量耕地以及培育沿运生态林带非常重要。因为无论是对于保护运河遗产，还是营造良好的体验环境，保持以及改善沿线地带自然优美的生态环境都极为重要。

2. 完善解说系统，并增加富有吸引力的公共文化服务设施

在沿运实地调查中，发现普遍缺乏有关运河信息的良好展示解说系统。非常不利于运河遗产的宣

传、展示，即使一些生活在运河身边的人们，也并不了解运河历史、文化、科学等方面的价值。因而，有必要构建相对完善的解说系统，并增加富有吸引力的公共文化服务设施，这既是运河遗产价值的展示解说，也是可持续利用的重要途径。

解说是展示一个地区自然或文化景观遗产的特性和系统方法，它通过讲述纯概念化的事实，使游客的智慧得到激发，兴趣得到升华。解说的同时，游客还可以获得学习、娱乐为一体的感受。理想的解说展示系统，应在受众、主题和设施之间实现良好的信息互动链接，有必要做好以下工作：

其一，构建层级清晰的解说主题：包括全段的大主题、局段的小主题以及各地多样化的专题。各个层级之间既有呼应，又突出各自的特色，而且综合起来又能形成一个统一体。

其二，根据不同受众需求，增加解说和教育的媒介和设施。如旅游杂志、简明手册、户外介绍牌、语音和多媒体项目、信息中心等，此外，也可通过纪录影片、节庆和文化活动等多渠道广泛传播。

其三，建立相对统一的标识系统：通过相对统一的标识系统的图形、颜色设计，表示身份、指示方向、明确边界，便于游客出入，并访问各自感兴趣的相关资源。

其四，与所在地其他空间指示相衔接，例如与公路指示牌、解说牌、慢行道出入口、下一结点的引导相衔接。

3. 构建网络发达的慢行交通游憩系统，为公众休闲、健身、体验运河文化提供多方位的通道

所谓慢行道一般是指满足于（但不限于）徒步、自行车、骑马、轮滑、滚轴溜冰、轮椅等非机动交通需求的交通方式，有的也满足船只、越野休闲车等慢速机动交通出行，速度一般不超过15km/h[41]；慢行道系统则是指提供慢行交通方式的场所和设施，即提供城市步行、非机动车、慢速机动交通的场所及其相关配套的软硬件设施的总称[42]，二者相辅相成。目前欧美一些发达国家的发达城市，为了应对休闲游憩需求的大幅度增长，在沟通城乡人口密集地与自然或人文风景地等具有较高休闲游憩资源及其空间场所之间，都非常重视慢行交通系统的发展，使其日渐成为一种重要的资源组织方式和休闲场所；而且他们还将慢行交通路线，与自然环境、体验对象、休闲游憩、公共设施等因素综合考虑，发展集交通、生态、文化、休闲、教育等要素于一体的综合性网络体系[43]，已取得了良好的社会效益。这一发展趋势和相关经验，对我国很有启发性，尤其在类似大运河遗产资源空间分布广阔分散、资源构成复杂丰富、社会影响深远、社会生活关联度大的大型遗产资源的保护利用中，非常值得借鉴。

之所以倡导发展沿运慢行交通系统，主要原因在于：其一，与大运河及其遗产特点相契合，是走近、体验遗产资源的高效途径；其二，有助于沟通、整合、管理运河遗产、相关资源以及城乡聚落，有助于提升整体形象和价值，增加吸引力和人流，并为沿线发展带来契机和活力；其三，与骑车远足等休闲活动的兴起相契合，可提供丰富多彩的旅行体验；其四，对沿线遗产环境的影响和干扰较小，符合可持续保护和发展的理念；其五，有助于遗产保护与社会经济发展相协调。同时旨在通过发展沿京杭运河慢行交通系统，逐步构建一个集运河遗产保护、生态环境建设与休闲游憩、审美启智与教育等多重功能和目标于一体的战略发展网络体系，更好地协调和处理保护与发展，传统与现代的关系。

4. 鼓励、策划和组织形式多样的与运河遗产相关的公众活动，让运河文化深入人心

为了增进人们对运河遗产的了解，以及促进运河遗产的可持续利用，鼓励、策划和组织形式多样的活动也非常重要。通过形式多样的活动，引导公众走进运河，进而热爱运河，了解运河的历史和文

化，并参与创造和续写运河文化的未来。活动可以分为两大类：第一类，是直接与运河遗产资源相关的，如直接的运河遗产或遗产地的历史、文化、科技考察和体验。第二类，是指间接与运河遗产资源相关的活动，如在遗产保护范围内开展的其他活动，只要不对遗产本体造成破坏，不低俗媚俗，就可以包容接纳，如沿运的休闲娱乐、节庆、体育健身等活动。通过这些活动，可以加强遗产与公众之间的联系，使运河遗产及其遗产空间更为生动地进入公众视野，从而增进对运河历史文化了解的机缘，并延续鲜活的记忆和文脉。

七　结语

京杭大运河作为我国先民的伟大创造，以及延续至今的重要大型文化遗产，我们一定要善加保护，并通过可持续利用，为运河遗产的传承和发展续好篇章。

综上所述，鉴于运河遗产的整体性、综合性、多功能性特征，以及“已有的”和“潜在的”利用价值，有必要从整体出发，多重功能兼顾，多重目标导向，寻求面向未来谋求长久的保护和发展策略。为了实现这一总体目标，可以采取构建承载复合功能的“运河文化遗产廊道空间”的宏观策略，探索“活态遗产”的“活态保护利用”途径。在此过程中，需要坚持以下基本理念：在保护运河遗产的真实性和完整性的基础上，维护运河遗产在生态和文化上的可持续性；以人为本，处理好保护与民生的关系，让运河遗产更好地融入社会发展和生产生活；依据运河遗产的“变化”特点，传承中有所发展和创新；依据遗产资源的不同特点以及社会需求积极发挥运河遗产的多重功能。同时，可以积极推进一些可以优先行动的措施，包括加强遗产环境的保护与治理，并在沿线较大范围内培育良好的生态环境；完善解说系统，并增加富有吸引力的公共文化服务设施；构建网络发达的慢行交通游憩系统；鼓励、策划和组织形式多样的与运河遗产相关的公众活动等。通过这些积极的方式，为公众体验运河文化，提高生活品质，展现运河廊道空间魅力，提供多种可能性。

倘若如此，在积极探索和推进整体保护的过程中，因势利导，善加利用，处理好传统与现代、保护与发展、传承与创新，利用与民生的关系，才能实现保护与发展的共赢，才能使运河遗产和运河文化更加源远流长。

---

[1]　杜晓帆．世界遗产的发展趋势［J］．中国文物报，2011-3-25（5）．

[2]　单霁翔．“活态遗产”：大运河保护创新论［J］．中国名城，2008，（2）．

[3]　阮仪三．我们应当怎样保护京杭大运河［J］．中国三峡建设，2008，（8）．

[4]　2006京杭大运河保护和申遗活动纪实．春秋，2007，（1）．

[5]　单霁翔．加强研究，扎实工作，切实推进大运河保护与“申遗”工作［C］//中国大运河2007-2008：16．

[6]　张廷皓．中国大运河文化线路的工程性［J］．中国文物报，2009-5-29．

[7]　李伟，俞孔坚，李迪华．遗产廊道与大运河整体保护的理论框架［J］．城市问题，2004，（1）．

[8] 2006 京杭大运河保护和申遗活动纪实［J］. 春秋，2007，(1).
[9] http：//news. xinhuanet. com/politics/2007-12/18/content_ 7274082. htm.
[10] 李殿魁. 立足客观实际 抓住时代机遇 恢复和发展京杭大运河航运［J］//山东经济战略研究，2012，(11).
[11] 杜金鹏. 运河的发展应走全面发展的道路，http：//topics. gmw. cn/2011-09/23/content_ 2689225. htm.
[12] 参见中国文化遗产研究院大运河淮安段遗产本体调查方法研究课题组编. 大运河清口枢纽工程遗产调查与研究［M］. 北京：文物出版社，2012.
[13] 孙永如. 承运河文明、促进城市发展——在京杭大运河遗产保护与可持续发展高峰论坛上的发言//京杭大运河遗产保护与可持续发展——高峰论坛会议. 北京市通州区文化委员会编，2006：100-102.
[14] 主要参见淮安市人民政府. 淮安：全面保护运河遗产 力促申遗早日成功//中国大运河 2007-2008. 中国文史出版社，2011：201-203.
[15] 刘庆柱. 关于中国大运河保护的重点与难点［C］. 中国大运河 2007-2008：57-60.
[16] 参考海河委员会漳卫南运河管理局. 南运河遗产资源的调查和特点分析［R］，2012.
[17] 2000 年完成了三岔河口以上 5 公里河段的治理；2002 年又投资 2.2 亿元，对杨柳青段 4.1 公里河段进行了综合治理，使其成为中国重大魅力名镇之一；2007 年又启动了外环线以内 8 公里河段的整治工程，进行了河道清淤、堤岸改造及绿化建设等工程。参见天津市水务局. 天津：珍惜运河资源、传承运河文化［C］. 中国大运河 2007-2008：166.
[18] 李艳华. 秉承运河文化精髓、促进城市全面发展［C］//京杭大运河遗产保护与可持续发展——高峰论坛会议. 北京市通州区文化委员会编，2006：77.
[19] 人民政府. 沧州：保护运河文化遗产、建设运河景观带、弘扬沧州武术杂技文化［C］//中国大运河 2007-2008：174-178.
[20] 单霁翔. 关注线性文化遗产、推进大运河保护与“申遗”［C］. 京杭大运河，2006：151.
[21] 纽约州运河公司（New York State Canal Corporation）是纽约州公路管理局的附属机构，负责监督、管理和维护纽约州的运河系统。同时，它还参与纽约州运河慢行道的开发与推广。
[22] 孙华. 由保护大运河行动想到的几个问题//京杭大运河遗产保护与可持续发展——高峰论坛会议［C］：51.
[23] 李伟. 世界文化遗产保护的新动向——文化线路［J］. 城市问题，2005，(4).
[24] 孟宪民. 决策与落实、求索保护国家遗产的意义——中国大遗址保护思路再探［R］. 2011.
[25] 单霁翔. 大型线性文化遗产保护初论 突破与压力［J］. 南方文物，2006，(3).
[26] 俞孔坚，李迪华，李伟等. 论大运河区域生态基础设施战略和实施途径［J］. 地理科学进展，2004，(1).
[27] 李迪华. 构建大运河遗产廊道——京杭大运河骑行的感想和希望［J］. 中国文化遗产，2006，(1).
[28] 武廷海. 城市规划建设与中国大运河遗产保护浅论［C］//第五届中国大运河文化节. 大运河保护与申遗高峰论坛（安徽淮北）. 2009：71-78.
[29] 武廷海，黄鹤，赵夏等. 南水北调东线一期工程：大运河历史文化环境保护与建设研究［R］. 清华大学建筑学院建筑与城市研究所，2006.
[30] 马文波. 南水北调东线工程与运河文化遗产保护［J］. 东岳论丛，2007，(1).
[31] 北京市通州区文化委员会编. 京杭大运河遗产保护与可持续发展——高峰论坛会议［C］. 2006：25.
[32] 张柏. 坚持保护为主，全面推进大运河申报世界遗产工作［C］//大运河保护与申遗高峰论坛论文集（安徽淮北）. 2009.
[33] 杜晓帆. 文化遗产保护也要以人为本——在京杭大运河遗产保护与可持续发展高峰论坛上的发言［J］. 北京市通州区文化委员会编，2006：13-14.
[34] 转引王东. 大运河文化遗产保护与城市发展［C］. 中国大运河 2007-2008：56.
[35] 董碧水. 中国酝酿申报三千里大运河为世界遗产［J］. 观察与思考，2006，(12).
[36] whc. unesco. org/archive/opguide05-en. pdf.
[37] 张柏. 坚持保护为主，全面推进大运河申报世界遗产工作［C］//大运河保护与申遗高峰论坛论文集（安徽淮北），2009.
[38] 单霁翔. 活态遗产：大运河保护创新论［J］. 中国名城，2008，(2).
[39] 即把对危害人民身体健康的严重污染环境的小造纸、小水泥、小发电、小染织厂毫不留情地限期关掉；对一定规模的有污染的企业则要限期整治，逾期不治也要关掉，而不是以罚代治；对建设中的有污染的新企业则要同时审核其治理配套项目，否则不予立项。
[40] 舒乙. 清除污染 大修民居 为大运河洗脸整容［C］. 中国大运河 2007-2008：61-65.
[41] 李晔. 慢行交通系统规划探讨——以上海市为例［J］. 城市规划学刊，2008，(3)；云美萍，杨晓光，李胜. 慢行交通系统规划简述［J］. 城市交通，2009，(7).
[42] 施旭栋，孔令龙. “慢行城市”的实现之道——试论当代我国城市慢行系统的构建［C］. 规划创新——2010 中国城市规划年会论文集，2011.
[43] 参见陈琳，奚雪松. 美国慢行道系统评述及启示［J］. 国际城市规划，2010，(4).

基于红河哈尼梯田世界文化遗产价值认定的红河哈尼族农业传统及可持续发展研究

中国文化遗产研究院文物保护工程与规划所　冯铁宏　张　谨　王　喆
北京大学文化产业研究院　邓丽丽

摘　要：为了能够对即将开展的红河哈尼梯田申报世界文化遗产工作给予有力的支撑，特别是对该遗产价值的认定提供扎实有效的依据，本课题以红河哈尼族独特的农业生产生活传统为研究对象，通过对目前较为分散的有关文献资料和既有研究资料的收集、整理，通过遗产现场踏勘调研，采取人类学（或民族学）的调查方法，找寻并分析归纳出具有一定发展历史的、目前仍在延续中的、特属于中国红河哈尼族的农业生产生活传统；在此基础上，提炼出能够印证世界遗产标准有关条目的红河哈尼梯田所具有的世界文化遗产价值。并根据遗产现状情况与当前社会经济发展状况，进行遗产可持续发展研究，提出符合红河哈尼梯田可持续发展的保护对策。

关键词：红河哈尼梯田　遗产价值　农业传统　可持续发展

A Study on the Agricultural Tradition and Sustainable Development of Honghe Hani Ethnic Group Based on OUV analysis of the Hani Terraced Fields

Feng Tiehong, Zhang Jin, Wang Zhe, Deng Lili

Abstract: This study aims to provide a strong support for the inscription of World Cultural Heritage of Hani terraced fields in Honghe region and offers a solid and effective basis for the identification of the outstanding universal value. The subject of the study is the unique tradition of agricultural production and life of the Hani people in Honghe region. In this study, the relevant dispersed literature and existing research data have been collected. Then based on the reconnaissance research and anthropological (or ethnological) methods of investigation, the tradition of agricultural production and life exclusively belonging to the Hani people in Honghe region of China, which boasts the history of development and is still continuing, has been analyzed and summed up. On all these bases, the outstanding universal value of the Hani terraced fields in Honghe region, which is up to the criteria of the *Operational Guidelines for the Implementation of the World Heritage Convention*, has finally been confirmed. After that, according to the current situation and related socio-economic development of the nominated heritage, sustainable development research of the nominated heritage is launched and protection measures, which are in line with the sustainable development of Hani terraced fields, are proposed.

Keywords: Cultural Landscape of Honghe Hani Rice Terraces, Heritage Values, Agricultural Tradition, Sustainable Development

一 前言

哈尼族是中国西南边疆历史最为悠久的少数民族之一，现有人口约140万。哈尼族主要分布于云南南部红河下游与澜沧江之间的山岳地带，即哀牢山与蒙乐山的中间地区，这里的哈尼族在风俗习惯等方面存在不少与其他地区的哈尼族不同的地方，从而一般被称为红河哈尼族。一提起红河哈尼族，人们自然就会联想起梯田，曾有人将梯田与红河哈尼族的关系形象地比喻为牛与人的关系，由此可见梯田与红河哈尼族之间存在的那种密不可分的、相互依存的关系。一提起红河哈尼梯田，人们又会自然而然地联想起那样的美丽画面：白云缠绕着长满茂密森林的高山，森林下方一大片反射着金灿灿阳光的一级级的满水的梯田，梯田中偶见一簇哈尼村寨，一栋栋蘑菇房错落有致的聚集在一起，有的蘑菇房上炊烟袅袅升起……

这美丽的画面正反映出那具有千年历史的，至今仍在延续和发展中的，以江河、梯田、村寨、森林四种要素相结合而成的红河哈尼族独特的人居环境。红河哈尼族在创造并使用梯田——这美妙的大地景观的漫长历史进程中，也孕育了其民族特有的文化传统。时至今日，这民族、这梯田、这传统仍在延续发展之中。

在全球化浪潮的迅猛冲击之下，寻找和保护地方文化、保护人类悠久的历史信息与多样的文化传统为越来越多的人所重视，基于此，世界文化遗产的登录与申报工作成为实现上述目的的一条重要途径。对于红河哈尼梯田这一活的文化遗产，保护的意义更大，更值得登录在世界文化遗产名录之中。

1972年，联合国教科文组织成员国通过了《保护世界文化和自然遗产公约》，目的即尽可能保证对世界遗产的确认、保护、保存和展示。之后便有了《世界遗产名录》，截至2009年，已列入世界遗产名录的文化遗产数量是689处。

红河哈尼梯田（图1、2）于2008年作为中国申请世界遗产预备清单中之一项提交联合国教科文组织。

红河哈尼梯田：位于云南省红河州元阳县境内、正在申报世界文化遗产的活态文化景观的正式名称，该项遗产包括近300余平方公里范围内的水稻梯田、民居村寨、森林、水系等重要构成要素，以及这些物质要素所体现的重要的历史文化内涵，特别是当地哈尼族独特的农业文化传统。

遗产地：指目前正在申报世界文化遗产的“红河哈尼梯田”所对应的地域范围，主要包括遗产区和缓冲区在内。但是，作为一处活态的文化景观，其构成要素及其背后的文化内涵与周边地区必然会有不同程度的联系，因此，遗产地属于一个较为宽泛的对遗产所在地域的称谓，其所指代的范围并不仅限于前述遗产区与缓冲区。

图1 成片的梯田

图2 梯田中升腾着云雾

哈尼族：我国西南边疆历史最为悠久的少数民族之一，与彝族、拉祜族等同源于古代的羌族。现主要分布在滇南红河和澜沧江的中间地带，即哀牢山和无量山之间的广阔地区。哀牢山区的元江、墨江、红河、元阳、绿春、金平、江城等县，是人口最集中的地区，占本族人口总数的70%以上。其余分布在澜沧县和西双版纳州，滇北及滇西南十余个县也有零星分布。哈尼族语言属汉藏语系藏缅语族彝语支，原无文字，解放后，创造了拼音文字。

二 遗产地相关历史信息

中国云南省红河州元阳县属藏滇地槽系哀牢山褶断束，北以红河为界，与康滇地轴和南盘沉降地带毗邻。元阳县地质构造发展漫长，沉积建造多样，褶皱断裂复杂。境内地层以元古界最发育，中生界次之，古生界和新生界局部露出。自古生代以来，在各构造回旋中有不同程度的活动。受新构造运动影响，境内发生大幅度间歇性上升，产生了古夷平面，河谷发育呈多级阶地，坡面为羽状水系底蚀形成峡谷，终于形成如今如此复杂的山岳地貌。

1. 唐以前（618年以前）

（1）梯田的雏形

在中国，梯田的发展历史也非常悠久。被认为是梯田雏形的“阪田”在中国著名的古文献《诗经》中就已出现（《诗经·小雅·正月》：“……瞻彼阪田，有菀其特……”）。我们从四川彭水县出土的陶田雕塑可以发现，历史发展至25～220年间时（东汉），我国梯田的修筑已非常完善。

（2）哈尼族的历史

遗产地世居民族的代表哈尼族历史上没有文字，从而没有自己的历史记载，从汉文献中可找到一些有关的记述内容。同时，根据著名的哈尼族史诗《哈尼阿培聪坡坡》和其他哈尼族传说，可以了解到，哈尼族先民曾经过一段漫长的迁徙历史，最终定居在今红河州及东南亚其他几个比较集中的地区。哈尼族普遍沿袭父子连名的传统，通过对元阳县内哈尼族的考察，其家谱最长的可追溯90代，一般的都在70代左右。从可数代限看，哈尼族作为一个群体出现，至少已有2000多年的历史[1]。

2. 唐至金（618～1271 年）

（1）遗产地早期农耕史

在元阳县绿蓬渡傣族中流传有这样的传说："女人做皇帝的时候"，哈尼人将已开垦的河坝梯田和村寨慷慨的赠予了傣族人。在中国中央王朝的历史上，只有一位女皇帝——武则天。由此可见，在武则天在位时期即685～704 年期间，以哈尼族为代表的遗产地世居民族已经在元阳县境内开始开垦梯田。今天，在遗产区内的全福庄还完好的保存有一块向全福庄和箐口两个村庄分配水量的分水石，而在全福庄哈尼族家谱中明确的记述着这块分水石是第45 代哈尼族祖先安放于该处的，依此算来，这两个村庄定居在这里开垦梯田已经有大约1000 年的历史了。

在唐代的汉文献《蛮书·云南管内物产》[2]（成书于863 年）中有如下的记述："从曲靖州已南，滇池已西，土俗惟业水田"，"每耕田用三尺犁，格长丈余，两牛相去七八尺"，"蛮治山田，殊为精好。……每一佃户，佃疆连延或三十里。浇田皆用源泉，水旱无损。"这段描述是对遗产地所在滇南地区农耕状况的较为翔实和生动的记载。从文字中能够发现当地世居民族已精于耕种山地水田（蛮治山田，殊为精好），而且他们已经在有效的利用天然水源，以至于在出现类似今天的旱灾的情况下仍能确保满足生产生活用水的需要（浇田皆用源泉，水旱无损）。

（2）"梯田"称谓的出现

"梯田"这一田制名称的出现，目前所知最早见于南宋诗人范成大的《骖鸾录》（成书于1173 年），该文中有这样的记述："出庙三十里，至仰山。缘山腹乔松之磴，甚危。岭阪之上，皆禾田。层层而上至顶，名梯田。"

3. 元至民国（1271～1949 年）

（1）梯田已成为一种重要田制

历史发展至元代，梯田已成为当时中国这个农业大国重要田制之一。在元代著名农学家王祯的《农书》[3]（成书于1313 年）中，对梯田有如下的描述："梯田，谓梯山为田也。夫山多地少之处，除磊及峭壁例同不毛。其余所在土山，下自横麓，上至危巅，一体之间，裁作重磴，即可种艺。如土石相半，则必叠石相次包土成田。又有山势峻极，不可展足，播殖之际，人则伛偻，蚁沿而上，耨土而种，蹑坎而耘。此山田不等，自下登陟，俱若梯磴，故总曰梯田。上有水源，则可种禾秔秫；如此陆种，亦宜粟麦，盖田尽而地，山乡细民，必求垦佃，犹胜不稼。其人力所致，雨露所养，无不少获。然力田至此，未免艰食，又复租税随之，良可悯也。"该文既说明了开垦梯田的自然条件，又较为详细的描述了梯田开垦耕种的方式方法，还对水梯田、旱梯田适宜种植的农作物进行了初步的划分。

明代农学家徐光启在《农政全书》中将农田分为区田、圃田、围田、架田、柜田、梯田、涂田七类，进一步奠定了梯田作为田制之一的地位，此后梯田作为一种田制越来越为人们所熟知。

（2）土司制度的推行极大地促进了梯田规模的扩张

元末明初，土司制度开始在红河、元阳地区施行。由于该制度适应了当时、当地的社会经济状况，对梯田开发产生了积极地影响，元阳梯田之所以能形成今天的规模，土司制度在其中发挥了重要的作用。

中国中央王朝对西南部多民族地区的治理，推行过两种政策或制度，即早期的"羁縻政策"和晚期的"土司制度"。土司制度是在羁縻政策的基础上演进发展而成的。政策或制度的实质都是中央王朝对西南多民族地区的统治，是通过封授该地区民族首领一个官职，只要其表示臣服，即令其管制其地方事务，简言之，就是一种地方自治的政治制度。

元王朝统一中国后，为了推进对民族地区的治理，在总结前朝代“羁縻政策”的基础上，创立了“蒙、夷参治”之法，在云南行省委派蒙古王族坐镇统治，下设土官，任用地方民族地区首领任职，开始了约700年的土司制度。

1255年，蒙古大军消灭大理国地方政权，开始在云南设置万户府、千户所、百户所等土司机构，直至1381年明王朝平定云南。元王朝统治时期，是土司制度在云南的初创阶段，形成了一套包括承袭、奖惩、朝贡与纳赋、征调土兵等的土司管理办法。为明朝土司制度在云南的兴盛奠定了基础。

明王朝对土司的管理做了一系列的规定，形成了一套完备的土司制度。土司制度的施行，使云南多民族地区社会处于一段较为稳定的时期，促进了当地经济社会文化的发展。土司的授职与承袭是土司制度的基本特征，也是土司制度最核心的部分。明王朝给予土司授职的原则之一即对民族首领功绩的认可。如在清雍正《云南通志》[4]卷二四“土司传中・纳更山土巡检”中即有这样的记载：“明洪武中，龙咀以开荒有功，给冠带，管理地方，寻授土巡检，传子龙政……”[5]可见，拓荒增加农田提高产量是当时地方首领或土司官员的一项重要工作内容。而且，在明《土官底簿》“纳更山巡检司巡检”中有这样的记载：“龙政，车人寨冠带火头，系和泥人……”，由此可判断龙咀属哈尼族。[6]这是以哈尼族为首领开拓梯田的例证。土司之职的获得和升迁，主要是通过军功、忠勤、纳粮和进贡，而在社会稳定时期，纳粮和进贡就成为一条较为可行的谋求升迁的途径。另一方面，对于平民而言，如能带领大家发展生产满足温饱需求，也必然会被推举为首领。在清嘉庆《临安府志》[7]卷一八“土司志”中便有这样的记载：“洪武中，有夷民吴蚌颇率众开辟荒山，众推为长，寻调安南有功，即以所开辟地别为一甸，授副长官司世袭，隶临安。……”

经过明朝的拓展，历史发展至清朝，遗产地已基本形成当前的规模，产生了美妙如画的效果，比如有历史文献中就有这样的描述，遗产地“所属山多田少，土人依山麓平旷处开作田园，层层相间，远望如画；至山势峻极，蹑坎而登，有石梯，名曰梯田，水远高者，通以略彴，数里不绝。”[8]

（3）土司制度的衰落

从清王朝开始，遗产地的土司制度逐渐开始衰落下去。清王朝主要对红河北部地区施行了“改土归流”，虽然在红河南部仍保留了土司制度，但是清王朝对当地土司的控制更加严格了。红河南部的改土归流自1913年开始，至1940年，该地区的土司制度被废除，改为乡（镇）、保、甲制度。土司制度对遗产地的影响逐渐退出了历史舞台。

三　遗产地世居民族生存环境特征分析

目前确定申报世界文化遗产的红河哈尼梯田完全位于中国云南省红河哈尼族彝族自治州元阳县境内，遗产区面积约166平方公里，缓冲区面积约295平方公里。

（一）起伏的地形

遗产地位于横断山区东缘、红河流域中部。遗产地所处的哀牢山为西北至东南走向的山脉，属于横断山脉云岭南延的余脉，全长约500公里，最高海拔3166米。红河（又称：元江）在遗产地北侧自西向东流过，藤条江在遗产地南侧自西向东流过。前文已述，在史前地质运动作用下，遗产地形成了如今高低起伏、山河相间的复杂的地形特点（图3）。遗产地中部系由西北部的西观音山和东南部的东观音山连成一条山岭，受南北两条河流侵蚀，遗产地中部较高，南北两侧较低，整体地势由西北向东南倾斜。遗产地海拔跨度自600～2860米。海拔900～2100米的地域占遗产地总面积的86%。遗产地内少有平地，但极陡峭的山地面积也很小，遗产地内坡度在10～25度的缓坡地占46%，接近一半的比例。遗产地内分布有5条主要河流，分别是：牛倮河、麻栗寨河、大瓦遮河、阿勐控河（含：碧播河）、戈它河，其中前3条河流汇入红河，后2条河流汇入藤条江。从而形成3片主要汇水区。

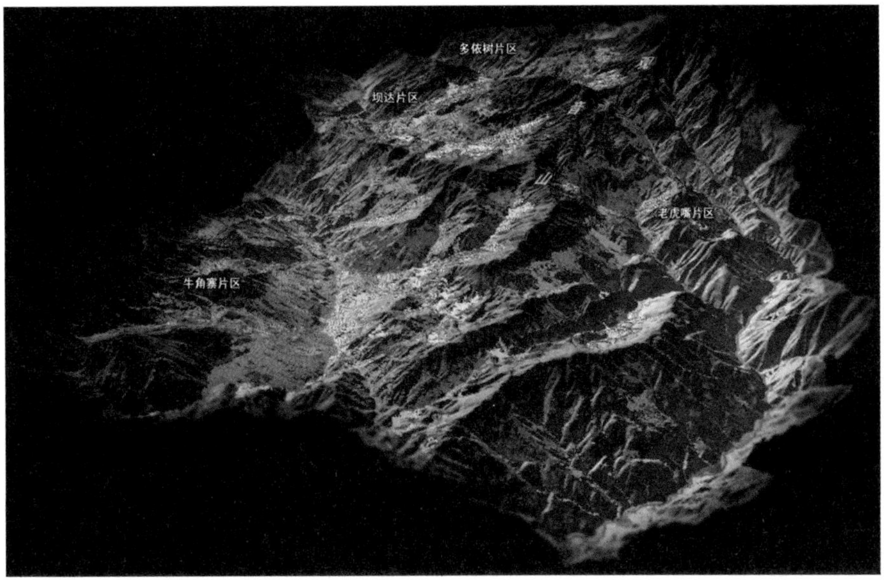

图3　红河哈尼梯田起伏的地形

（二）温热的气候

遗产地位于北回归线以南，其气候总体属于亚热带季风气候类型。年平均气温15℃～18℃，年相对湿度85%，年日照时数1770小时，年降水量1398毫米，5～8月降水集中，形成雨季。遗产地海拔跨度超过2000米，在这里，海拔每升高100米，气温下降约0.7℃。气候垂直分布明显，从山麓至山顶依次为南亚热带、中亚热带、北亚热带、暖温带、温带、寒温带气候。垂直山地气候使植被具有明显的垂直分布特征，并形成多样性的自然生境与生物群落。从而在遗产地的中、低山区具备了较好的适于水稻生长的自然气候条件。经统计，遗产区内94%的梯田分布在海拔900～1800米的范围内。

（三）充足的水源

来自太平洋、印度洋的两支暖湿气流——东南季风暖湿气流和西南季风暖湿气流受到遗产地中部东西走向的高大的山体阻遮作用，而在遗产地形成丰沛的降水。加之哀牢山区的地质条件比较特殊，在致密的花岗岩和页岩岩层中，交叠着质地疏松可以储水的砂岩层。当地植被以常绿阔叶林为主，林下长期堆积的厚实的落叶层有效地减缓了地表径流速度，使雨水更多的下渗并储存在砂岩层，形成巨大的地下水库。据统计，元阳县境内地下水资源总量超过6亿立方米。富集的地下水化作山间经年不息的清泉与溪流，从而形成了“山有多高、水有多高”的特殊的地理环境。

特别值得一提的是，遗产地拥有丰富的森林资源。为这里保存多样的生物群落和丰富的水源提供了重要保障。原始植被按照海拔分布，依次为分布于海拔900～1600米的南亚热带山地雨林、1600～1950米的季风常绿阔叶林、1950～2650米的中山苔藓常绿阔叶林、2650～2800米的山顶苔藓矮林和2800米以上的山顶苔藓灌丛。经统计，在遗产区内，林地占地比例最高，达到52.9%。而梯田面积占地比例为29.3%，远小于森林分布面积。

丰沛的水源使人类聚居和农业耕作成为可能，温热的气候条件适于水稻的生长，然而起伏的地形条件决定了在这里只能开垦梯田来进行农业生产。在有史可考的1300余年中，以哈尼族为代表的遗产地世居民族在高山峡谷之中建设村寨、开垦梯田、种植水稻，从而形成了今天分布集中、波澜壮阔的山地水稻梯田景观。

四　遗产地梯田耕作农业文化传统

遗产地哈尼族自从定居于哀牢山地区开垦梯田后，逐渐产生并发展至今内涵丰富的与梯田农业生产紧密相关的文化传统。在宗教信仰、历法节庆、民居建筑、饮食服饰以及农业灌溉等方面都或多或少的体现出梯田耕作的影响。

（一）宗教信仰

哈尼族的自然崇拜集中表现为对护寨神、萌生于大地之上的五谷神和对山峰、石岩、树林、泉水等自然神灵的祭献。哈尼族自然崇拜对象之一的护寨神和护林神的居地固定于村寨上部或两侧一座树林中，称作“寨神林”（图4）。对护寨神和护林神的崇拜是哈尼族依赖崇山峻岭和河流水域等自然要素的精神体现。这些自然要素都是农业生产所必需的基础，是哈尼族人民生产生活赖以延续的根本。

图4　全福庄的寨神树

哈尼族的自然崇拜还表现在对直接萌发于大地之上的五谷神灵和山峰、岩石、泉水神灵的频繁的祭祀活动。春种秋收，哈尼族所获得的成果，既是哈尼人辛勤耕耘的结果，也是神和自然赐予哈尼人的礼物，在大大小小的节日里，对诸神哈尼人都要举行仪式表示自己的谢意。例如，新米节时要把第一口饭献给田神，“祭龙”节时要祭献寨神，“苦扎扎”和“十月年”既要祭神献神，又要把祖先的亡灵请到家中款待。

此外，哈尼族还有许多关于耕牛的传说，把耕牛描绘成神仙的化身，说明耕牛在哈尼族社会生产中的重要地位。

可见，哈尼族解说天地自然属性和天人关系的认知思路，以及顺应自然与大自然融为一体的人生价值观念，都源于千百年来梯田稻作耕耘的历程。

（二）历法节庆

哈尼族的传统历法关于年记、季记和日记的计算方法完全根据遗产地梯田农耕的季节气候变化及植物生发、候鸟飞还和大小动物活动规律等自然现象而定，俗称为“十月物候历”。

一年的起算日期、节令安排等，也依据农耕生产的忙闲而确定。目前遗产区仍根据其传统历法安排日常生产生活。

哈尼族历法以一年农耕活动的完成时间作为年末岁首，一般为公历的十一月（农历十月）。哈尼族按气候和梯田农耕的主要阶段将一年分为“三季”，即冷季（农历十月至次年二月）、暖季（农历三至六月）和温热多雨季（农历七至八月）。季节的更替按遗产地各片区不同的季节、气候条件和农耕活动确定，各片区哈尼村寨的日期略有不同。“三季”在梯田农耕时序上反映十分明显：冷季为农闲季节，主要从事梯田养护维修和春耕准备工作；暖季为耕田种植和田间管理时期；湿热多雨季则是收获的季节。

哈尼族节日一般都结合梯田农耕时令和重要农耕活动，并与民族祭祀活动紧密相连。其中最重要的农耕和自然祭祀活动演化成遗产地哈尼族民族节庆中最重要的“昂玛突”、“苦扎扎”和“十月年”三大节日。

“昂玛突”意为祭寨神。在遗产地，“昂玛突”是各村寨对寨神最隆重的集体公祭，一般在农历二月第一个属龙日进行，是一年农耕生产全面开始的标志性节日，是农忙劳动开始前对神最盛大的祭祀和哈尼族身心的放松。“昂玛突”一结束，紧张繁忙的春耕生产就全面展开。节日活动以“寨神祭祀仪典”和极具特色的“长街宴”为高潮。寨神祭祀活动在本村“寨神林”中举行，全村成年男性参加，由祭司主持，祭毕共同就餐。“昂玛突”一般过节三天，不事生产。节日的最后一晚，全村男子都要参加“长街宴”。“长街宴”在祭司家门前的场地上布置，席间由祭司领头，同唱古老的哈尼酒歌，边吃边唱，共致节目的祝福，哈尼族称这节日之夜为“埃玛支拔多”。村里新生男孩的人家，要特意献上一壶米酒，向长者报喜，祝全村幸福。“长街宴”已成为遗产地一条特殊的风景线（图5）。

图5　长街宴（采自《文明的圣树》）

“苦扎扎”节日是由哈尼族村寨驱除邪神，保佑人丁平安，六畜兴旺的祭祀活动发展来的，于每年农历六月的头一个属狗日至属鼠日过节。“苦扎扎”是遗产地居民在秋收生产开始前的心理和身体准备，因此，节日内容轻松愉快。节日期间，各村都要立磨秋，翻修神房，杀牛祭祀。家家户户舂粑粑，煮糯米饭，喝闷锅酒，三天之内不事生产，村里村外，一派欢乐景象。“苦扎扎”节后，开始秋收工作。

“扎勒特”即“十月年”是哈尼族最盛大的节日，

以一个或几个村寨为中心会举办哈尼族独有的“长街宴”来庆贺。开宴时要先以酒、肉等各种祭品祭奠梯田的保护者——土地神。祭司“咪谷”致辞，希望所有的神灵能保佑村寨“稻谷丰产、人畜两旺、村寨平安”。

哈尼族将千年来农耕活动的经验总结成歌谣《哈尼族四季生产调》，并口口传唱至今。《哈尼族四季生产调》用精彩生动的语言强调了传承古歌、传授传统知识的重要性，并按季节顺序讲述或介绍梯田农耕的程序，记录了与农耕活动相应的天文历法和自然物候变化规律，描绘了哈尼族祭寨神、六月年“矻扎扎”、十月年这三个祈祷和庆丰收的节日，并对年轻人进行人生礼仪教育，是一部完整的哈尼族生产生活教科书。

通过对遗产地的一个传统保存较好的村庄——全福庄的调研，更详细地了解了红河哈尼族历法节庆的有关情况。详细内容见表1：

表1 全福庄哈尼族传统节庆表

节庆时间（农历）		节庆名称	传统习俗
一月	一月一日开始	huo－huo－huo 新年	上一年最后一天，杀猪、开始连续祭神三日； 新年第一天，年轻人抛球、斗陀螺； 新年第三天，媳妇回娘家，带着糯米粑粑； 新年第四条，媳妇从娘家返回，带回糯米粑粑、糖、酒、猪左前腿
二月	二月马日 （第7日）	a－ma－tu 祭龙	二月马日，不劳作，在家打扫卫生，染红鸡蛋，摩匹绕村游行，边绕边喊，驱邪； 之后一天下午4点左右，在摩匹的带领下，成年男子去寨神林祭拜，祈求各位神灵的保护和稻谷的丰收，在寨神林中摆宴
三月	三月虎日 （第3日）	pu－ha－tuo	在村边最高的山上，摩匹带领全村每家一位成年男子，用公鸡、小猪祭拜山神和其他各种神灵，保佑五谷杂粮和牲畜，并一起吃饭
四月	无节庆		
五月	五月初五	na－ha－mi－na－na 农忙之后闲期	包糯米粽子，在家祭神
六月	六月狗日开始	ku－za－za	六月狗日，摩匹和成年男子一起修磨秋房； 之后一日，摩匹在寨神林中杀一头牛，村里每家分一小块牛肝，用来在家祭神；摩匹在寨神林中摆动秋千三次，一边喊话，求神保佑收成，之后全村成年男子也可以摆动秋千； 之后一日，每家一名成年男子，在磨秋房中向摩匹磕三个头，摩匹带领大家吃饭，不可出声； 六月狗日之后的第12或13日，拆除秋千

续表1

节庆时间（农历）		节庆名称	传统习俗
七月	七月猪日开始	pu－wo	七月猪日，摩匹带领一队人游行至每家驱邪；队伍中包括一些把脸涂黑的小孩，拿着木剑，带着稻草人，队伍中还包括一只公鸭和一大一小两只公鸡；摩匹带着一段1米长左右的铁链，到每家抓一把米撒出去，同时念咒语，赶出瘟神；队伍从每家正门进入，后门出去；队伍中的鸡鸭如果在途中死掉则不吉利；游行结束后队伍去磨秋场，杀死稻草人，并点火烧掉；之后杀掉鸡鸭，祭神，摩匹与村民们一起吃掉
八月	八月龙日	cen－guo－ga 新米节	用三把稻米炒成米花，挑出六颗祭神，从三把稻米中抽出六棵扎在神龛下，在自家杀一只公鸡祭神
	八月龙日	die－luo－hu 五谷丰收节	在寨神林里看不见的场地上，摩匹带领每家一位男子，杀一头公猪祭神，向田的方向叩头，之后一起吃饭
九月	九月最后一日	huo－yu－bu	上古时候，十月为一年的开始，这一天是庆祝一年过去了；每家做糯米粑粑，在家中祭神两次
十月	十月最后一日	huo－yu－bu	家家做汤圆，用竹条把九颗小汤圆穿成串，挂在门口上方；小辈给老辈敬汤圆，老辈说些祝福的话
十一月	无节日		
十二月	无节日		

*表中内容为2010年9月访谈全福庄老摩匹整理而成（图6）

图6 全福庄摩匹与妻子

由此可见，全福庄哈尼族每年共有十个节庆，其中三个是与农耕生产直接相关的（农忙闲期、新米节、五谷丰收节），另有三个与祈求农业生产丰收有关（祭龙、pu－ha－tuo、ku－za－za），其间的各种祭祀仪式均与梯田稻作生产紧密相关。

（三）民居建筑

遗产地哈尼族村寨通常选址于朝阳、开阔、凉爽并有溪流经过的山梁或半山腰。据统计，约93%的村寨位于海拔1200米以上，并相对集中地分布在海拔1500～1800米的中半山区，这是当地居民长期观察自然适应自然的结果。因为在低海拔河谷地区，炎热潮湿；而在高海拔山区，多云雾且阴冷潮湿。只有在中半山区，年平均气温在15℃左右，全年日照1630小时，降水1000毫米，气候温和、适宜人居。村寨背后一般都是一片树林，村寨前方即成片的梯田。

每座村寨中一般都有供村民活动和交流的公共空间，如磨秋场、公共水池、寨门等，是村寨里的重要场所。磨秋场，在农忙时是晾晒粮食的地方，在农闲与节日期间，是村民进行宗教活动和娱乐活动的场所。其形态为村寨中一块空地，中央立有磨秋桩。前文所述哈尼族三大节日活动基本都要在磨秋场进行。公共水池，是村民日常生活中一定会去的公共场所，这里提供了村民的生活用水，是村民日常交流的重要地点（图7）。寨门，位于村寨出入口，不但是客观上的一处村寨的出入口的标识，而且在哈尼族的宗教意义上，寨门还是划分人、鬼地域的界线（图8）。

图7　全福庄公共水池

相比较而言，哈尼族民居较为坚固而采光不足。建房时间多选择在冬末初春。遗产地哈尼族民居有个很形象的名字——“蘑菇房”。哈尼族民居一般就地取材，打好基础后，开始建筑。墙基由沙石、石灰砌筑，一般地面以上半米的墙体要砌石脚，再往上砌砖或用土夯筑。一般一层由正房、刹子和耳房组成，二层仅在正房上修建，刹子、耳房的屋顶兼做晒台。二层房屋屋顶多为四坡顶，也有的略呈圆锥形，用茅草打成草排，然后层层叠压，满铺屋顶。

图8 全福庄寨门（正、背面）

（四）饮食服饰

1. 饮食

从哈尼族的饮食来看，其主食是大米，大米由于品种的不同，又分为糯米、红米、紫米以及普通稻米等种类。而玉米、荞子、小麦、木薯只是哈尼人的辅助食物。

哈尼族的许多菜肴来源于梯田。他们可以从梯田采集到鱼、螺蛳、黄鳝、泥鳅等野生鲜活动物为食，也可采集到生长于梯田内和田埂上的各种野生植物为食，如水芹菜、鱼腥草、车前草等等。

哈尼族还有利用梯田养鱼养鸭的传统。在插秧时节，将鱼苗放入梯田，使鱼苗与稻谷一起生长。稻田内放养的鱼、鸭，可以除草、除虫、施肥，促进了水田养分物质的循环。同时获取的鱼、鸭也丰富了当地居民的饮食，属于哈尼梯田稻作生产的副产品。

2. 服饰

哈尼服装装饰中，可以看到梯田农业的记录和象征。如哈尼族衣服上绣制的图案和银泡图案的排列，就是象征层层梯田，重重叠叠，埂回堤转。哈尼族崇尚黑，遗产地的哈尼族无论男女，其服装均以黑色为主基调，这是其在漫长的迁徙过程中形成的历史沉重感和审美的心理要求以及社会历史文化发展程度及哀牢山自然环境和梯田稻作农业所决定的。遗产地哈尼族以梯田农业为主要生产方式，黑色，对高山农耕生产者来说在保暖、耐脏、耐磨等方面都有独特优势；另外，这一习俗也是遗产地地理环境、社会生活的封闭以及“避世深隐”的民族心理、落后的传统原料和印染技术的客观体现。哈尼族服装用料主要是自纺的靛染土布。其纺织、靛染原料都来自于自家梯田及村寨周边的经济林生产。

哈尼族服饰的款式设计也以适应梯田农耕生产为最主要原则。其男子的服饰以紧身短衣、宽松长裤、黑布包头为特色。服饰的纷繁主要体现于妇女。遗产地一带的哈尼族妇女普遍喜穿短衣长裤。短衣斜襟无领，腋下一扣紧衣，外配一坎肩，坎肩无扣；长裤为大腰、大裤裆、大裤脚、直筒裤。上紧下松的服装特点，一是为在山高谷深的自然环境中，上坡下坡行走方便；二是便于梯田中的劳动生产，体现出哈尼族服装对于哀牢山自然环境与梯田稻作农业的适应性。

（五）村规民约

在千百年来的梯田耕作生产过程中，在以哈尼族为主的遗产地世居民族中逐渐形成了一套适于当地农业生产的、为大家共同遵循的规矩和约定，如水资源管理、冲肥（或称：赶沟）、稻种交换等。

1. 水资源管理

哈尼族聚居于哀牢山半山区，所依赖的水源主要以降雨经森林截留之后形成的地表径流及泉水出露为主。为了实现水资源的高效利用，哈尼族形成了一整套水资源利用和管理的传统。

红河哈尼梯田具有完整的灌溉体系，引高山来水逐级通过下级渠系，穿过村寨和梯田。渠系引水到达梯田和村寨处，需要进行分水，哈尼族人自古就使用较为科学的分水石（木）刻。由沟渠覆盖的灌溉面积内的田主依照各自的梯田面积共同协商，规定各自的用水量，按照沟渠流经的先后，在沟与田的交接处横放一块刻有几处具有一定宽度缺口的木槽，沟渠内的水经过不同宽度的缺口，按比例分配至不同的流向。分水石（木）刻能够较为准确地为梯田实现灌溉用水的分配，其间蕴藏着古老的“水位—流量关系”经验，是哈尼族重要的水利和农业传统。

为了维持梯田的灌溉系统正常运转，村寨设有专门的管水人员（沟长）进行灌溉管理，由村寨支付其钱粮作为报酬。尤其是枯水季节，其沟渠来水量减少时，哈尼族人设立类似于现代农田水利的轮灌制度，以避免争水、抢水的水事纠纷。

2. 赶沟（冲肥）

为了解决梯田施肥困难的问题，哈尼族传统上采取“冲肥”的方法，充分利用山区来水。每年雨季来临期间，正是稻谷拔节抽穗之时，在高山森林中积蓄、堆沤了一年的枯枝、牛马粪便顺山水而下，流入山腰水沟，此时适逢梯田需要追肥，故村村寨寨、男女老少一起出动，把漫山而来的肥料疏导入田，此举古称“冲肥”和“赶沟”，并至今沿用。

3. 稻种交换

哈尼梯田红米的基因多样性指数很高已为人所知，其背后的原因。除了云南是亚洲野生稻种的发源地之外，更重要的就是哈尼族具有稻种交换的习俗。哈尼族每家在种植红米二至四年之后，就会把自家田里的种子与本村或其他村寨的人交换。这样定期的稻种的交流，促进了红米不同品系种子之间基因的优化组合，增强了当地红米品种的基因多样性。

（六）音乐舞蹈

音乐舞蹈是遗产地哈尼族社会生活、意识形态的另一种形态的表达，与其所处的高山深谷的自然环境和从事梯田农耕生产密切相关。哈尼人在千百年的生产生活过程中创作并流传至今许多内涵丰富、形式多样的民族乐舞。目前，哈尼族多声部音乐、乐作舞等已被列入国家非物质文化遗产名录。

1. 哈尼族多声部音乐

多声部音乐是哈尼族古老的音乐艺术，发源传承的历史非常久远，它是随着哈尼族梯田文明的产生而产生，并随梯田稻作文明的发展不断得到完善的，直接脱胎于哈尼族从事梯田耕作时的劳动歌曲。哈尼族原生形态的多声部音乐，其声部多达八个。代表性曲目如《栽秧山歌》，歌曲内容非常丰富，并且所有演唱都与生产劳动特别是梯田水稻栽秧有直接关系。演唱从栽秧开始，一直唱到谷子金黄，直到收割时节，即从农历一月唱到农历十月年。

2. 乐作舞

“乐作舞”历史悠久，是集歌、舞、乐为一体的哈尼族、彝族古老的民族民间传统舞蹈。最早是从哈尼族的祭祀舞蹈“打摸撮”演变而来的，现在哈尼族民间跳“乐作”称为“哈塞塞”，又称“龙纵撮”，乐作舞以哈尼族“龙纵撮”演变而得名。舞蹈动作是模拟生产劳动和生活情趣的一些基本动作，如踩荞麦、栽秧、摸螺蛳等的动作组合而成（图9）。

图9 红河哈尼族乐作舞（采自《探秘江外名邦·红河》）

综上所述，建立在梯田稻作农业生产基础上的哈尼族传统文化，在各个方面都显现出梯田农业生产的烙印，是因梯田耕作而产生、又维系着梯田耕作的发展和延续。

五 红河哈尼梯田突出普遍价值评定

（一）农业类文化遗产的全球认知

作为有机演进的文化景观，农业类的文化景观遗产因其农业生产活动而有其独特的品质。它所展现的产业活动的特征，包括生产要素、产品、作为支撑的技术与知识体系以及经济规律等，都与其突出普遍价值（OUV）密切相关。

在过去二十年中，一些国际组织与研究机构对农业类的文化遗产给予了持续的关注，并尝试对其进行界定，建立针对其价值、保护、管理的评价体系。

联合国粮农组织（FAO）于2002年启动了全球重要农业文化遗产（GIAHS）保护和适应性管理项目。“全球重要农业文化遗产”定义为：“农村与其所处环境长期协同进化和动态适应下所形成的独特的土地利用系统和农业景观，这些系统与景观具有丰富的生物多样性，而且可以满足当地社会经济与文化发展的需要，有利于促进区域可持续发展”，包括以下类型：

以水稻为基础的农业系统；

以玉米/块根作物为基础的农业系统；

以芋头为基础的农业系统；

游牧与半游牧系统；

独特的灌溉和水土资源管理系统；

复杂的多层庭园系统；

狩猎—采集系统。

在联合国教科文组织《保护世界文化与自然遗产公约》体系中，农业类文化遗产作为文化景观或混合遗产被列入世界遗产名录和预备名单。国际古迹遗址理事会（ICOMOS）的名录分析报告《世界遗产名录，填补空缺——未来行动计划》（*The World Heritage List: Filling the Gaps - an Action Plan for the Future*, 2004/2005）中提出了类型、年代—地区、主题三个框架建议。其中，在类型框架与主题框架中，均纳入了与农业相关的遗产：

在类型框架中，农业\工业\技术遗产被列为文化遗产的十四个类型之一。

在主题框架中，以下主题直接涉及与农业相关的遗产：

2）创造性反应活动及其传续（文物、建筑群、遗址）：

h）农业建筑（农场、谷仓、马厩、地窖等）

q）乡村定居地；

4）利用自然资源：

a）农业和粮食生产

i）灌溉系统 ii）种植和养殖 iii）狩猎、采集和捕鱼

2010年4月18日，国际古迹遗址日的主题即是农业遗产，提议并倡导以一种革新的理念拓展研究领域——即对农业生产活动进行深入研究，以实现对农业遗产特征的综合认知。目前列入世界遗产的农业类遗产，基于农业生产活动，大致可分为如下七个类型：

（1）葡萄园景观。此类景观获得了最高的国际认知，这一点从列入世界遗产清单名录的此类景观的数量和大量与之有关的出版物和会议即可见一斑。目前已有八处葡萄园景观列入清单，如Wachau文化景观（the Wachau Cultural Landscape，奥地利）、Tokaj葡萄酒产区历史文化景观（the Tokaj Wine Region Historic Cultural Landscape，匈牙利）、上中莱茵河谷（the Upper Middle Rhine Valley，德国）、the Jurisdiction of Saint - Emilion葡萄园景观（the Jurisdiction of Saint - Emilion，法国），以及Alto Douro葡萄酒产区（葡萄牙）。

（2）与主要作物和/或经济作物，如稻米、小麦、玉米、粟、咖啡、烟草等相关的景观。如菲律宾科迪勒拉水稻梯田（Rice Terraces of the Philippine Cordilleras ）等。

（3）与游牧社会相关的景观，其中最突出的例子是Orkhon河谷文化景观（the Orkhon Valley Cultural Landscape，蒙古）以及Madriu - Perafita - Claror河谷（the Madriu - Perafita - Claror Valley，安多拉）。

（4）保存了在特殊条件下使用农耕和畜牧技术的历史遗存的已经停止演化的化石型景观，如Lopé Okanda生态系统和文化景观（the Lopé Okanda Ecosistem and Relict Cultural Landscape，加蓬）。

（5）农业活动创造了独特美丽景色的景观，是其艺术价值而非其农业活动本身使其被列入。如Val d'Orcia和Costiera Amalfitana文化景观（the Val d'Orcia and Costiera Amalfitana Cultural Landscapes，意大利）。

（6）突出普遍价值主要与乡土基础设施和农业活动建筑相关的农业景观如，Kinderdijk – Elshout 文化景观的风车群（the Mill Network at Kinderdijk – Elshout Cultural Landscape，荷兰）。

（7）因保存了全部或部分以上提到的价值和特征而颇具意义的农业景观，典型的是与游牧相关的景观。如南非的 Richtersveld 文化和自然景观（Richtersveld Cultural and Botanical Landscape）、瑞典的 Laponian 地区（Laponian Area）等，这也包括 Mont Perdu（the mixed site of Mont Perdu，法国—西班牙）混合遗址和 Kuk 早期农业遗址（the Kuk Early Agricultural Site，巴布亚新几内亚）。

（二）稻作农业文化景观是亚洲文化传统的重要代表

目前列入世界文化遗产名录的与农业相关的遗产约有 21 处，其中第一处即是菲律宾科迪勒拉水稻梯田景观，另外还包括咖啡、烟草等作物相关的遗产。但是尽管在过去二十年间，ICOMOS、IUCN 和世界遗产中心组织召开大量地区会议和专家会议，来强调传统的主要农作物在文化景观遗产方面的重要性，近年来被纳入世界遗产清单的农业景观却主要或部分都与葡萄酒生产相关。葡萄园景观体现出具有较高的风景和历史价值且为其社区提供重要经济效益。但是应该鼓励认定其他类别的同样具有突出普遍价值、并应从国家或国际层面加以促进和保护的农业景观。稻作农业文化景观即是其中重要的组成部分。

稻米是人类最重要的农作物之一，养活了世界二分之一的人口。在人类发展史上发挥了极其重要的作用，并在今天仍然与人类的生存与发展休戚相关。因此对与稻作农业相关的文化遗产的突出例证进行保护就显得尤为重要。

1995 年，在菲律宾召开了《亚洲稻作文化及其梯田文化景观地区主题研究会议》，会议报告指出：

> 高地塘田景观（high – altitude pond – field terraced agricultural landscapes）既作为考古遗址也作为活的景观存在，由创造它们的人持续使用和维护。保护这种几乎在所有亚洲国家能够找到的这种景观的突出例证是非常重要的——既因为其内在价值，也因为它交给我们人类—自然相互作用的永续系统。

该报告也重点指出了稻作类的文化景观遗产在亚洲文化传统中的重要意义与价值特征：

> 几个世纪以来，主要为了生产稻米以及芋头和其他作物，亚太地区高山梯田被塑造成阶地状塘田景观。这些景观既作为考古遗址也作为活的景观存在，由创造它们的人持续使用和维护。保护这种几乎在所有亚洲国家能够找到的这种景观的突出例证是非常重要的，既因为其内在价值，也因为它交给我们人类—自然相互作用的永续系统。然而，不仅仅是其物理结构必须被保护，也必须分析与这些结构成为整体的各种因素。几个世纪以来，传统文化发展出复杂的文化、社会经济、生态、农业、水利以及其他方面的支撑系统，为了维护这些遗址一直延续到现在。为维持这些遗址的生命，包括自然生物（生物多样性）及其特殊栖息地，继续文化及其传统系统的微妙相互关系是必要的。
>
> 这是生活本身的纪念物，这些景观赞美亚洲人民的传统生活方式。这是该特殊地区文明在自然上的印记以及与自然的关系，同时显示出突出的美学的和谐和的价值。这是一个每天都在被更新且将持续发展的景观，只要这种生活方式的完整链条一直存在。
>
> 亚洲人赞美稻米作为一种重要的产物，也作为他们很多传统实践、神话和信仰的基础。

可见，稻作农业文化景观是亚洲文化传统的重要代表。

（三）云南红河哈尼梯田——稻作农业文化景观的突出例证

云南红河哈尼梯田是云南红河南岸以哈尼族为代表的世居民族共同创造的稻作梯田景观。在历经千余年的持续发展中，不断累积，而形成今天覆盖哀牢山区近百万亩的规模。

云南红河哈尼梯田是致力于生产世界最重要作物稻米的活的文化景观。它保存了可追溯几个世纪但今天仍在使用的传统技术和方式。同时，也印证了人类与自然环境有美学感染力的和谐的非凡程度，也展示了基于慎重使用自然资源的山区可持续农业系统。

但是，哈尼梯田本身是一个有机生命体，拥有一个复杂而完善，并具有自我调节功能的运行机制。不仅其表面特征需要被分析，也必须分析其背后的各种因素。长久以来，由稻作农业传统发展出的复杂的文化、社会、经济、生态、农业、水利以及其他方面的支撑系统，维护它一直延续到现在。而其中的微妙关系更值得深入剖析与研究。因此，对哈尼梯田突出普遍价值及其真实性、完整性的理解应该以系统论的方法进行分析。

红河哈尼梯田是一个复杂的体系，其中包括以下三个系统。它们彼此相互制约、相互调动、相互促进。共同形成了一个人与自然高度和谐的文化景观遗产。

自然生态系统构成要素主要包括（见表2）：

表2　　红河哈尼梯田自然生态系统表

<table>
<tr><td rowspan="6">自然生态系统</td><td>分类</td><td>要素</td></tr>
<tr><td>气候</td><td>温度、湿度、风力、降水量</td></tr>
<tr><td>地质</td><td>地质构造、土壤结构</td></tr>
<tr><td>地貌</td><td>地表形态</td></tr>
<tr><td>水系</td><td>泉、溪、河流</td></tr>
<tr><td>植被</td><td>森林、灌木</td></tr>
</table>

农业技术系统构成要素主要包括（见表3）：

表3　　红河哈尼梯田农业技术系统表

<table>
<tr><td rowspan="9">农业技术系统</td><td>分类</td><td colspan="2">要素</td></tr>
<tr><td rowspan="4">水利</td><td rowspan="3">设施</td><td>沟渠系统（干渠/支渠）</td></tr>
<tr><td>分水设施</td></tr>
<tr><td>肥塘</td></tr>
<tr><td colspan="2">技术（引水/分水）</td></tr>
<tr><td rowspan="4">梯田</td><td>工程（土方）特征</td><td>规模、坡度、跨度、海拔</td></tr>
<tr><td>技术（精耕细作）</td><td>选址、开田、耘田、育种、交换稻种、轮作间作、栽植、灌溉施肥、梯田养护、稻鱼共生</td></tr>
<tr><td>生产资料与工具</td><td>使用方法</td></tr>
<tr><td>产品</td><td>基因稳定并具多样性的水稻品种</td></tr>
</table>

社会文化系统构成要素主要包括（见表4）：

表4 红河哈尼梯田社会文化系统表

<table>
<tr><td rowspan="14">社会文化系统</td><td>分类</td><td>要素</td></tr>
<tr><td>历法</td><td>哈尼族的传统历法</td></tr>
<tr><td rowspan="2">制度</td><td>森林管理</td></tr>
<tr><td>水资源管理</td></tr>
<tr><td rowspan="2">宗教信仰</td><td>自然崇拜</td></tr>
<tr><td>摩匹、咪咕 传承系统</td></tr>
<tr><td rowspan="3">风俗</td><td>年节</td></tr>
<tr><td>仪式（插秧、放水、收获）</td></tr>
<tr><td>口传知识</td></tr>
<tr><td rowspan="2">文学艺术</td><td>口头文学</td></tr>
<tr><td>服饰装饰艺术</td></tr>
<tr><td>村寨</td><td>选址与布局</td></tr>
</table>

（四）世界文化遗产价值标准分析

在《实施“保护世界文化与自然遗产公约”的操作指南》（以下简称《操作指南》）中所提出的文化遗产价值的标准包括以下六条：

i. 代表人类创造精神的杰作；

ii. 体现了在一段时期内或世界某一文化区域内重要的价值观交流，对建筑、技术、古迹艺术、城镇规划或景观设计的发展产生过重大影响；

iii. 能为现存的或已消逝的文明或文化传统提供独特的或至少是特殊的见证；

iv. 是一种建筑、建筑群、技术整体或景观的杰出范例，展现历史上一个（或几个）重要发展阶段；

v. 是传统人类聚居、土地使用或海洋开发的杰出范例，代表一种（或几种）文化或者人类与环境的相互作用，特别是由于不可扭转的变化的影响而脆弱易损；

vi. 与具有突出的普遍意义的事件、文化传统、观点、信仰、艺术作品或文学作品有直接或实质的联系（委员会认为本标准最好与其他标准一起使用）。

基于以上分析，可以明确哈尼梯田这一农业类文化景观遗产的形成动因与价值特征，进而论证其申报列入世界遗产的理由——依据《操作指南》，哈尼梯田符合 i、iii、iv、v、vi，共五条标准：

第一，依据标准 i：代表人类创造精神的杰作。

在人类与自然共同进化的过程中，哈尼梯田以其精湛悠久的农业生产技术以及天人合一的生态价值观，形成了一套科学高效的基于慎重使用自然资源的山区可持续的农业生态系统，创造出基于极限条件下人类生存方式的完美而和谐的人居环境，展现了在受到自然环境极大制约下人类高超的智慧、坚韧的毅力和乐观的创造精神，以其和谐的秩序与宏大的尺度，形成了人类与自然水乳交融的和谐美景，是人类与自然共同创造的杰作。

遗产区内基于独创的造田、养田技术而建成的绵延于广袤山区的水稻梯田无疑是一项杰出的工程成就，它不仅与自然环境取得了和谐，而且通过雕塑大地赋予了这里无与伦比的美学意义。

遗产地世居民族创造性地建立了一套卓越的用水系统，实现了水资源的集约高效的利用与管理。这套系统以维护自然生态机制为科学原理，将人对水资源的利用巧妙融于自然水资源的循环之中，直至今日仍在稳定地发挥作用。

遗产地世居民族在梯田生产活动中以自然生态为依托，在生活方式上以自然环境为根本，在宗教活动中以自然万物为神明，创造出以江河、梯田、村寨、森林四要素同构为代表的人与自然完美结合的人居环境。

第二，依据标准 iii：能为现存的或已消逝的文明或文化传统提供独特的或至少是特殊的见证。

哈尼梯田代表的红河南岸、亚热带山岳地区的梯田文化区是 8 世纪至今亚洲海拔跨度最大、规模最广阔的稻作文化区之一。申报的遗产区所包含的各种物质的和非物质的稻作文化要素构成了一个非凡的整体，对于亚洲传统稻作文化而言是一个独特见证。

“亚洲人与稻米的特殊关系，这已经在整个地区都能够发现的稻作景观中表现出来。”在这一广阔地带发展起来的稻作文化除了具有共性或相似性外，还有许多民族性和地区特色。哈尼梯田展现的独特性具体体现在以下三个方面：

由于其他许多地区的传统农业逐步被现代农业取代，哈尼梯田保存的许多稻作文化要素已经成为了见证传统稻作文化的稀有证据。

由于民族发展的特殊历史和哀牢山区特定的自然地理条件，哈尼梯田保存的许多稻作文化要素是独有的，体现了稻作文化的地方特色和民族性，是亚洲传统稻作文化多样性的重要组成部分。

哈尼梯田在农业史研究方面具有重要意义。

第三，依据标准 iv：是一种建筑、建筑群、技术整体或景观的杰出范例，展现历史上一个（或几个）重要发展阶段。

哈尼梯田是反映农业文明的活的文化景观的杰出范例，其灌溉稻作梯田系统在唐代至清代的千余年间逐渐演进成型，是中国传统的精耕细作农业扩展和持续发展阶段的一个独特缩影，该景观延续至今并充满活力，以其非同凡响的完整性和真实性，生动地描绘着农业文明在景观形成方面所能达到的极致、完美的状态。

遗产区的水稻梯田反映了农业文明时期的最主要的景观形成方式，它所展现的源于古老的农业系统蕴含着特别力量的美学品质，在世界上任何地方都无出其右。

中国传统农业不仅养活了中国众多的人口，孕育、创造出连绵不绝的中华文明，而且历史上对东亚和东南亚地区产生了深远影响，为世界农业持续发展提供了极有意义的重大思路。哈尼梯田延续至今的传统稻作生产，体现了中国传统农业的精髓，并为中国所特有的精耕细作传统的农业扩展和持续发展阶段提供了独特的见证。

第四，依据标准 v：是传统人类聚居、土地使用或海洋开发的杰出范例，代表一种（或几种）文化或者人类与环境的相互作用，特别是由于不可扭转的变化的影响而脆弱易损。

该景观见证了持续1300多年的、成功的山地开发实践，以可持续的方式设计建造的梯田、灌溉系统和村寨，巧妙协调地融入当地自然生态系统，不仅创造了健康、和谐的人居环境，而且保护了山区生态系统和生物多样性，反映了基于慎重使用自然资源的人类与环境长期互动的过程和成效，是山区环境中人类聚居和土地利用的杰出范例。

哈尼梯田的传统农业是山区农业可持续发展的杰出范例。就土地资源的开发和利用效率而言，哈尼梯田以历史悠久的灌溉稻作系统和代代相传的水稻种植知识，在山区的限制性条件下，实现了最高的生产力，以有限的土地资源养活了几十代人数十万人口。就生物多样性保护和环境影响而言，哈尼梯田以水梯田为核心、保护森林为基本的农业系统是生态农业的典范。

同时，哈尼梯田也是山区环境中传统人类聚居的杰出范例。理想的人居环境是人与自然的和谐统一。历经上千年的演化，哈尼梯田已经成为一个完善的生态系统，包括森林子生态系统、村寨子生态系统、梯田子生态系统以及河流子生态系统，维持着正常的能量流通、物质循环、信息交换等生态功能，创造了一个自然、良性的人居环境，代表了受益于传统知识的人类与自然的和谐关系，它持续至今并依然充满活力。哈尼梯田至今仍然是哈尼人民物质和精神生活的根本，更是哈尼人民与大山和谐相处的伟大创造，达到了自然系统与人文系统完美而高度的和谐。

第五，依据标准vi：与具有突出的普遍意义的事件、文化传统、观点、信仰、艺术作品或文学作品有直接或实质的联系。

文化景观不仅仅是静止的历史物证，而是活态的历史延续。哈尼梯田在这样的环境中形成了独特的历法、制度、宗教信仰、风俗、艺术、口传知识等文化传统和坚韧、乐观、深沉的民族性格。哈尼梯田的核心价值与“文化多样性”这一全球化时代的普适价值观，以及以哈尼族为代表的遗产地世居民族所特有的文化传统密切相关。

哈尼梯田的延续和发展展示了多元文化和谐共存、共同发展的美好图景。哈尼梯田是尊重文化多样性的产物，是遗产地世居民族在认识自然、利用自然的过程中共同缔造的奇迹。

哈尼梯田是哈尼民族的文化身份最重要的象征。充满在大地之间的一座座的梯田，仿佛就是一部非文字的巨型史书，直观地展示了哈尼先民在自然与社会双重压力下，顽强抗争、繁衍生息的漫长历史。梯田是这个民族最显著的标志和代表。梯田的建设发展，直接联系着哈尼族社会历史的发展，实际上它就是哈尼族社会历史发展的缩影，哈尼族社会生产生活的几乎所有层面都由梯田生产所规范。因此，哈尼梯田与哈尼族文化具有直接的联系。

六 红河哈尼梯田可持续发展策略

哈尼梯田是物质的，其生命却在于耕作梯田的人的理念、规则及其传统，所以，哈尼梯田的延续，其核心是哈尼梯田文化的延续。

（一）红河哈尼梯田文化可持续发展的问题与策略

1. 红河哈尼梯田文化存续发展面临的五个问题

哈尼梯田文化作为人类文明进步中典型范例必须存续发展，这是中国对于人类、对于世界的贡献，也是中国的责任。但是，今天随着中国经济的快速发展，随着人们生活消费状态的改善，随着国际化程度的提高，哈尼梯田文化面临接续人断层、经济的挑战、环境的退化、旅游开发、管理机制等方面的问题。

第一，哈尼梯田文化在年轻一代中难以接续的问题。文化依赖人的代代相传。理念、规则、技术等没有后一代的接续，传统就会逐渐消失或走样。由于全球化发展、市场经济的渗透、现代媒体的作用、多种信息的诱惑，元阳县的年轻人已经或将来会越来越多地了解“多彩”的外部世界，走出稻田、走出元阳将是这些年轻人潜在的冲动，安心稻田耕作不再是他们唯一的选择，他们可能会舍弃梯田农作，寻求其他生计，发家致富，或者离开家乡，长期在外工作，获得比梯田耕作更多的收入和更好的生活环境。若如此，会使坚守梯田的年轻人逐渐减少。

一些年轻人用外出工作的收入，参照外面流行的建筑模式改建了自己的住房。长此以往，就会淡化民族的生活习俗、宗教信仰、传统礼仪等。这样下去，哈尼族等民族传统的丢失，熟悉山区节时环境、掌握梯田耕作技术的人的流失，典型的哈尼梯田文化将退化，直至消失，这就对这一重要文化遗产的存续发展形成战略性威胁。所以，如何使年轻一代熟悉、了解、热爱哈尼梯田文化传统是哈尼梯田文化存续发展的首要问题。

第二，哈尼梯田的存续面临着农民生存生活的经济挑战。哈尼梯田核心区所在的红河州元阳县是我国贫困县，2009 年人均收入大致为 2200 元。这与农民长期闭塞，长期以来从事梯田稻米耕作、而稻米价格不高有关。现在情况发生变化，随着中国整体经济实力的提高，红河州及元阳县的交通不断发达，农民与外界的交流日益开阔，他们发现可选择的赚钱的项目和机会并不限于稻米，也不限于梯田。由于土地承包制度，使农民可以在自有土地上选择种植各种农作物，可以在梯田上种玉米、栽果树等等，政府无法硬性干预。这样一来，农民在自有梯田上种植非水稻作物，将会破坏梯田的稻作文化，哈尼梯田文化将会走样。所以，通过提高稻米的市场价格，以及其他方式来提高农民的人均收入，提高农民的生活质量，使其觉得继续种植水稻劳有所值，安心梯田劳作，才可以存续梯田稻作文化，这也是我们面临的重要问题。

第三，旅游管理不当将对哈尼梯田文化的存续发展带来负面影响。随着哈尼梯田在国内外影响力持续扩大，哈尼梯田将成为著名的旅游景点，各类访问者的数量必将逐年递增。据统计，自 2005 ~ 2009 年，平均每年大约 30% 的速度增长。这样的速度，甚至更高速度的游客规模增长，一方面会对文化遗产保护带来经济、认知、文化传播等方面的巨大利益，另一方面也会带来一些负面影响。例如，无序的建设旅游设施、无序圈地进行旅游收费等都将会对哈尼梯田文化造成负面影响。所以，游客规模的增长所带来的多重影响，将成为哈尼梯田文化存续发展特别关注的问题。

第四，哈尼梯田可能会遭遇到环境条件的退化。水梯田的存续关键是水系统的充足程度。随着全球气候变化，将来会遇到各种不同的自然灾害。能否保护水源成了梯田环境支撑的重大问题。首先是干旱问题。2005 年元阳县曾遭到百年不遇的大旱。2010 年的旱灾也对梯田造成威胁。其次，也会遇到涝灾。雨水过多，在植被覆盖较差的地方也可能形成比较严重的水土流失，当冲沟侵蚀形成临空面时，就会产生滑坡型的地质灾害。虽然哈尼族民众长期采用合理的梯田开垦方式，较少发生泥石流和水土流失的情况。但随着经济开发力度增加，特别是道路建设项目的增多，由于开挖不当，梯田也会出现松垮及滑坡现象。所以，如何优化上述的环境条件，防止退化，也是哈尼梯田存续发展所要解决的问题。

第五，管理体制机制问题对哈尼梯田文化存续发展的影响。哈尼梯田文化的存续发展得到了各级政府的高度重视，不断采取积极稳妥的方式对哈尼梯田文化进行保护和发展。

同时，我们也应该看到，由于哈尼梯田不同于其他世界文化遗产，有着活态文化、地域广阔、遗产保护跨地域、跨部门、且利益相关等特征，问题不断出现。所以，若出现领导管理理念、管理体制、机制方面不到位或错位问题，就会直接影响哈尼梯田文化存续发展的协调及效率效果。所以，应理顺各级政府的管理理念、管理体制、机制，为哈尼梯田文化存续发展创造扎实有效的管理条件。

2. 哈尼梯田文化作为世界文化遗产其存续发展的策略

第一，以保护哈尼梯田文化的精髓，哈尼族为代表的族群环境意识、生存智慧和创造精神为指导思想。哈尼梯田显示了以哈尼族为代表的世居民族高度的智慧、超凡的耐受力、一贯的环境意识和乐观的生存精神。这种族群与环境和谐共存的生活理念及传统，至今仍然具有世界意义。

第二，以保护，发展以人为核心的“活”的生态系统为原则。哈尼梯田和八达岭长城、张家界、九寨沟等根本不同，区别的关键在于“活”的生命上。哈尼梯田要想长久耕作，就要维系耕作的民众，维系耕作的规则，维系耕作的机制，维系耕作的技术，维系耕作的自然环境，这样才可以维系梯田的生命力。

第三，以保护，发展由人、林、水、田四要素构成的内在生态机制为前提条件。哈尼梯田存续发展的生存机制由四个基本要素构成：一是“人”，与维持耕作的传统文化相关的人，及与人相关的村寨、风俗、习惯，以及使人口相对稳定和健康的政策、办法等。二是“林”，森林及水源涵养系统及相关的存续方式等。三是“水”，主要指梯田水系结构、水道系统、水流使用机制，以及与此相关的存续与更新等。四是“田”，存续和发展梯田的建设方式、保护方式、水稻耕作技术等。人、林、水、田等四要素相互作用，其中，人是第一位的，没有耕作人的健康、稳定和进步，任何林、水、田的存续都无从谈起。没有林就没有水，人、林、水等要素需集合起来，集中作用在梯田上。梯田的收获养育了人，人又用林和水等要素涵养了梯田，形成以人、林、水、田为链条的互相作用的内在生态机制。

第四，以建立有效的政府、企业、机构、游客等要素构成的外部条件作为存续发展的社会环境保证。规模宏大的哈尼梯田由谁来规划实施并影响存续和发展？除了以梯田为生的村民以外，还有四个因素会影响哈尼梯田文化的存续发展：一是当地各级政府，负有宏观协调、推动和管理的责任，包括规划、政策、资源、就业、税收、安全等方面的责任。二是以梯田及梯田文化为营利资源的企业，可以提供经营资金、市场、人才、信息等方面的资源等。三是以梯田为服务或研究对象的各类机构，如研究、设计、咨询等机构，为梯田提供发展建议。四是络绎不绝的游客、参观者，传播梯田的声誉，为梯田提供旅游收入等。政府、企业、机构、游客等要素构成哈尼梯田文化存续发展的外部条件。这四个条件相互作用，其作用方向和力度直接关系到哈尼梯田文化的健康存续。

综上所述，哈尼梯田文化存续发展应从：“族群与环境和谐共存的生活理念”、“以人为核心的活的生态系统”、“人、林、水、田相互作用的生存机制”、“政府、企业、机构、游客等构成的外部条件”等几个方面思考，从生活理念、生态系统、生存机制、外部条件几个关键点来规划设计。

（二）红河哈尼梯田文化可持续发展的基本纲领

1. 红河哈尼梯田文化遗产中村民与村寨的存续发展

梯田耕作作为当地居民农业生产的方式，具有生态价值和文化价值。这些价值存续和呈现都离不开村民的耕作。因此，要存续哈尼梯田文化，就需要让村民愿意留在农业生产区域，愿意继续维持梯田的原生态耕作方式，使哈尼梯田具有可持续的生命力。为此，要在村民意愿、数量，以及与族民相关的村寨建设方面采取可持续的机制和办法。

第一，控制哈尼梯田核心区域内的人口，保持单位面积上人口的适当规模。

(1) 把哈尼梯田的环境容量作为人口增长的控制依据。对哈尼梯田而言，人口过多会增大梯田的单位面积负荷率，造成人均收入下降；人口过少，会影响梯田的正常耕作。本质上看，民族区域的发展不仅包括人口数据的变更，反映从贫穷到富裕的进步，还包括人与环境相互关系的优劣转化。因此，应把哈尼梯田的环境容量和梯田单位面积负荷人口作为人口增长的控制依据。

(2) 有效地规划和调整哈尼梯田区域内的人口结构与规模。考虑到核心区域梯田景观引来的旅游服务的增多，会引来各方面的人员增加。我们认为应严格控制核心区域与缓冲区域的人口数量及人口比例。

(3) 按照控制规模考虑人口的存续与发展问题。首先，研究和确定核心区域的人口增长率，研究人口规模对核心区域存续的影响。其次，确定每年人口增长后多出人口的安排政策，如人口转移和人员交换、交流政策。还有，在核心区域外开辟新的居住地等。最后，形成机制，将哈尼梯田核心区域作为专门的原生态文化地进行养息，经营管理人员、与大型商业活动相关的人员等可以考虑在保护区外生活和居住。

第二，保持村民对当地居住环境和民族传统的认同和理解，保持和延续传统民居的乡土特性。

(1) 保护具有民族传统的村寨。哈尼梯田的村寨及民居在整体布局和建筑形式上具有特色，同时与当地的民族文化和梯田农耕活动紧密联系、相互融合，形成有民族传统的村寨。这些村寨，总体上具有民族文化特色，具有保护的价值，但对近些年来非传统的变化，应给予特别的关注。

(2) 随着农民收入的提高，农民对居住环境有新的需求。哈尼族村寨的房屋大多是土木结构或石木结构，经过千百年的延续发生了许多演化。在传统农业文明不再成为主导文化的条件下，传统民居的传承和维护机制受到相当冲击。目前，由于村寨农民收入水平有限，当地各民族村寨民居仍然保存了大部分的传统特色。但是随着农民收入的提高，农民对居住环境有新的需求，这一变化是个必然的趋势。

(3) 教育与保护相结合。需要通过世界文化遗产教育，使当地村民继续保持对传统的认知和认同，政府将村寨保护与提高农民生活水平相结合，将村寨保护与解决农民居住环境相结合，将村寨保护与卫生条件改善相结合，和村民一起，有效地保持和延续传统民居的乡土特性。

第三，按照维持传统风貌的原则，政府制定政策，分类进行指导，鼓励和推动村民实施。

(1) 对村寨的价值进行评估，研究制定新的保护规划。完善村寨内道路、水电、通讯、卫生、消防等公共基础设施，对文化遗产区内的所有民居建筑进行调查，逐一记录，建立完整的档案资料。遵循乡土建筑保护的原则，保持体量、色彩、材料、结构等要素基本不变，对村寨的价值进行多维度的评估，审慎地调查并评估现状，研究制定新的保护规划。

(2) 实施文化遗产保护区内村寨民居整治改造工程。在调研的基础上，规划和实施文化遗产保护区内村寨民居整治改造工程。按类别，分类保护建设，依据存续要求进行基础设施设计和民居设计，进行整改规划。例如，可按民族文化传统，选择部分村寨，专门供游客参观或供专家研究等，采取相应的保护和维修措施。

（3）将村寨民居分类分级，区别对待。在调研的基础上，选择重点村寨，进行试点和政策研究，制定传统建筑保护措施与新建建筑的指导方针，稳妥推进。目前红河梯田管理局拟在全福庄做试点，进行建筑保护的调研。针对村寨内各种样式民居混合的现状，可将村寨民居划分为四级，区别对待。第一级，传统民居，基本上保持传统的民居风貌，保护茅草顶，鼓励和引导原住民使用传统方式维护。第二级，建筑主体保持传统形式与传统材料，保护和恢复茅草顶，对局部不恰当的改变进行恢复。第三级，局部传统民居，局部保持传统形式与传统材料，积极维护已有的传统遗存，鼓励和引导居民采用传统方式更新。第四级，非传统民居，要进行风貌的协调性改造，鼓励和引导居民使用传统方式重建。

（4）改善农民居住环境及卫生条件。在保护原建筑风格的条件下，在村边开辟一地，将原来农民住房中饲养的牲畜统一转移，依旧由各家自养。通过制定延续乡土建筑的鼓励政策，引导农民形成保护文化遗产的理念，提高农民对传统价值的认识，在改善居住条件的基础上，推进传统风貌的民居设施建设。

2. 红河哈尼梯田文化遗产中森林系统的存续发展

哈尼梯田海拔 2000 米以上的山区几乎全部为森林所覆盖。森林是哈尼梯田的天然水库。

第一，保护哈尼梯田和村寨居民赖以生存发展的水源涵养区域。

（1）保护哈尼梯田存续的生态基础。在哈尼梯田所处的中部山地，由于暖湿气流形成每年丰沛的降水，并借助于当地的常绿阔叶林植被和交叠分布于山体致密岩层中的疏松砂岩体形成天然水库。这是哈尼梯田和村寨居民生存发展的水源涵养区域。所以，特别注意保护从海拔 600 ~ 2800 米垂直带内的山地雨林、季风常绿阔叶林、中山苔藓常绿阔叶林、山顶苔藓矮林、山顶苔藓灌丛等多种类型的森林生态系统，保护这个哈尼梯田存续的生态基础。

（2）扩大特别保护的范围。被特别保护的范围还应扩大至整个红河州的森林植被，并不断增加森林覆盖率。大环境生态的合理保护，可以使哈尼梯田这个小环境得以长久存续。保护为数不多的水库，可以保持小面积的丰沛的水源，这是当地原住居民的聚居繁衍和哈尼梯田的灌溉系统赖以存续的根本。

第二，继续通过哈尼族对树木和森林崇拜的传统信仰，有效地存续和发展森林资源。

在哈尼族文化传承过程中始终强调森林与人依存的关系，在森林神圣化的崇拜中存续发展了周围的森林系统。在哈尼族的生活中，“寨神林”观念浓厚，通过各种民族节日，用庄严的宗教仪式来表达对树木和自然的崇敬。村寨附近的寨神林区、公墓林区、村寨防风防火林区等，都用来进行祭祀、传统文化的维持和安全保护。这些林区，禁止林木采伐活动，同时，还根据林木情况适时进行补栽、维护等。这种千百年来的信仰和风俗习惯，对森林的存续发展十分有利。这种文化存续的越好，对森林系统的存续发展越有利。

第二，各级政府通过政策法规，稳定并扩大水源森林的保护区域。

（1）政府实行积极的林业政策。红河州及各下属县政府对作为哈尼梯田水源主要来源的观音山等自然保护区分级进行了有效的管理，重要的水源林划为国家林区。建立国有林区，并根据情况适当扩大保护区域。保护区内禁止对各类林地的破坏、采伐、征用活动，退耕还林、封山育林，防火、防虫，维持森林生态系统。目前国家实行林业补贴政策，对公益林、自营林、国家林等都有相应的保护政策，实行砍一棵种一棵的办法等。今后，政府应不断调整完善法规，实行积极稳妥的林业政策，有效的保护森林资源。

（2）稳定并扩大水源森林的保护区域。地方政府已经采取积极的措施，推进森林系统的存续和发展，成效逐渐明显。例如，自 1996～2010 年，在遗产区内的森林面积就有较大幅度的扩大，新增林地约 6500 公顷，林地占遗产区总面积的比例从 31.43% 提高到 41.33%。今后，要继续稳定并扩大水源森林的保护区域，保持水源的长远存续。

（3）鼓励使用先进适用的节能技术，减少砍伐林木。从长远发展上考虑，还要继续积极推广和鼓励当地群众使用沼气等节能技术，政府从政策上扶持，鼓励民间（个人和企业）加大技术与资金的投入，用新技术降低或替代对生活用薪材的需求，减少砍伐林木，保护原有的森林资源。

3. 红河哈尼梯田文化遗产中水系沟渠系统的存续发展

哈尼梯田的水系通过山泉从中部的观音山水源林流出，逐级经过村寨、梯田，最终汇入红河及其支流藤条江。哈尼族人民千百年来在大山上挖筑了成百上千条引水沟渠。山上田间宽窄不同的沟渠密如蛛网，大渠直接连接水源，小沟将水引入梯田，形成完整的水系网络，成为梯田稻作的水系命脉。保护和利用好这个水系沟渠系统是哈尼梯田存续发展的必要条件。

第一，保持水系沟渠系统存续发展的传统模式。

千百年来，哈尼梯田区域内一直延续着非常有效合理的水系沟渠系统的民间管理机制。水沟归集体管理协调，通过村规民约，村民集体对水系进行保护，对梯田水量进行协调，避免使用方面的纠纷。哈尼梯田的水系存续主要涉及河流、沟渠、水工设施等要素，其中人工投入较多的是沟渠，以及水工设施中的引水工程和集体水沟等。哈尼族有自己独特的水资源管理模式，保存这种模式是保存哈尼梯田文化的重要组成部分。

在水系沟渠系统的民间机制中，政府不参与意见与管理，在哈尼梯田的存续发展中，这样的民间机制应该鼓励及延续。

第二，发挥政府作用，将梯田水系河流的建设与整治纳入法制管理轨道。

水系是梯田农业生产体系中至关重要的组成部分，地方政府采取法律、经济、行政措施对哈尼梯田的河流、沟渠和水工设施等水系要素进行保护管理，加强对水系要素的日常保护和修复。从 20 世纪 50 年代起，红河州政府参与哈尼梯田的引水沟渠的建设，至今地方政府共投资修建引水沟渠约 590 多条，灌溉面积约为 22.2 万亩。政府可采取有利于生态保护的技术措施，继续进行梯田水系的维护和扩建工程，将梯田水系作为哈尼梯田湿地公园生态系统中重要的构成要素进行建设，作为自然保护区中的重要保护要素进行管理，使其更合理地存续和发展。

第三，民间和政府共同努力，力求存续水系沟渠系统的清洁水循环功能。哈尼梯田的水系沟渠系统为村寨中的人们提供生活用水，为设于村寨中的水碾、水碓、水磨等设施提供水能资源，为梯田提供灌溉水源和施肥途径，为可能的洪水提供排泄渠道，这套水系沟渠系统，合理地连接了森林、村寨、梯田、江河。除此而外，这个水系沟渠系统还为实现清洁的水循环提供了很好的循环机制。我们已经看到这些水系沟渠从森林中引接水源，环绕或穿过村寨，将利用后的生活用水排入梯田，最终汇入下方河流之中。这个过程中水的状态，在森林中时最为清洁，水经过村寨时，由于人们的使用而导致水质下降。水经过梯田时，污染物被稀释、沉降、吸附、吸收和降解，使水体又得到一定的净化。水到达河谷时，水质又回到了比较好的状态。贯穿哈尼梯田的水系统，从大自然引来清洁的水，最终又将比较清洁的水还与自然，这套沟渠系统，合理地连接了森林、村寨、梯田、江河，既保障了村寨生活和农田灌溉的用水需求，又集合了冲肥、排水和防洪功能。今后，需要民间和政府共同努力，将有可能对水循环系统造成污染的要素排除在系统之外。力求存续这个水系沟渠系统清洁水循环的功能和机制。

4. 红河哈尼梯田文化遗产中水稻梯田的存续发展

哈尼族的谚语说："房子盖了住百年，梯田开了吃千年。"哈尼梯田在漫长的人类耕作活动中，还未出现明显的环境恶化、地力下降、水土流失、生物多样性降低、稻种退化等生产难以维持的现象，反而表现出持久而旺盛的土地生命力，这是千百年来哈尼族世代相传的土地伦理、梯田建造与梯田耕作制度的延续。梯田耕作的理念与制度作为文化遗产主要通过三个途径进行延续与继承。

第一，村民通过对下一代的言传身教来存续哈尼梯田的理念、机制和技术。梯田存续的关键在于修造理念、修造技术和修造机制的延续。作为当地村民的基本生产和生活资料，梯田历来是人们悉心维护的对象。每年春季栽种前的灌水养护、修整田埂、去除杂草、精心耕犁，以及水稻成长过程中的梯田养护都是每一位劳作者必备的责任和技艺。由于相关工作主要由家庭中的男性完成，所以，男性的梯田维护维修技能就成为女性择偶的主要标准。

（1）村民通过口耳相传对下一代进行传承。口耳相传主要指家庭方式的口耳相传和社会方式的口耳相传。家庭方式是父亲、母亲向子女传授农田生产经验、生产知识和农耕生活经验。社会性方式是通过节日、集会、宗教祭祀等重要社会活动，传授不同的农耕文化内容。

（2）村民通过身教示范对下一代进行传承。身教示范主要是指家庭方式的农业实践和社会方式的农业实践。家庭方式的农业实践以家庭为单位，以上一辈人在劳动中身体力行的示范来进行。社会方式的农业实践，除全社会都在从事农业劳动给人以整体示范外，还有一些专门的社会性农业示范活动，如劳动技能表演，在老一辈人及农耕指导者摩匹主持下进行，具有极强的身教示范与传承效果。政府可有组织的举办各种类型的体验式活动，教育下一代传承民族文化及生存技能。

第二，遵循及维持传统的模式，存续发展原生态的梯田垦殖制度。

（1）水梯田的生成应遵循及维持传统的模式。历史上看，村民在选定寨址之后，便开始在周围开垦田地。首先在较平缓的山坡开挖出缓坡旱地种植旱地作物，将生地变成熟地，再改造成台地，并通过一段时间的耕种使台地自然沉降稳固，再修筑田埂并开挖沟渠引水。水梯田就这样逐步形成。今后的水梯田的生成也应遵循及维持这样的模式。

（2）哈尼梯田应力求保持泥土田埂。哈尼梯田田埂均为土砌田埂，田埂沿地势自然弯曲，以使受力均匀而不易塌方。田埂厚度随山势坡度自上而下逐渐递减，平均田埂厚 20～30 厘米。田埂基本上全部采用黏土修筑，这是哈尼梯田区别于其他陡坡梯田的显著特征。其他梯田在较陡的坡地，为避免田埂坍塌，通常采用石砌，但哈尼梯田的泥制田埂可用于各种坡度，甚至在坡陡达 75 度的地方，仍然非常坚固，稳定性良好。这既是由于当地的黏性黑色土具有良好的黏合度，更是得益于一套独创的水养加固与整地维修相结合的田埂保养技术。

第三，存续发展哈尼梯田一整套的适合时宜的耕作程序。这些耕作程序大致是，以一年为周期进行耕作，具体耕作包括：挖头道田、修水沟、犁、耙、施肥、铲埂、修埂、造种、泡种、放水、撒种、薅草、拔秧、铲山埂、割谷、挑谷、打谷、晒谷等，大约有二十道耕作程序。其中很多程序需要集体协作。梯田是存续发展的物质基础和基本生产资料，上述的梯田维修及耕作规范与技术的良好传承为梯田的持续维护起到了基础性的作用。梯田作为当地村民农业生产的手段，具有生态价值和文化价值。这些价值的存续和发展都离不开梯田上村民耕作的积极性和稳定性。政府应将特别保护的水稻梯田纳入国家基本农田保护范围，并在不破坏传统梯田耕作的前提下，鼓励支持村民积极利用先进技术。

5. 红河哈尼梯田文化遗产中社会文化的存续发展

哈尼梯田是哈尼族民生存的基础和社会生活的核心，哈尼社会文化围绕哈尼梯田这个生存基础而展开与繁衍。例如，哈尼族的信仰体系、民俗节庆、口传文学、歌舞音乐、服饰艺术等都与生存基础有关。所以，哈尼文化除人的延续及村寨、水系、梯田的延续以外，还面临着非物质的社会文化遗产的保存与发展问题。

第一，在市场环境中，保存民族传统环境，以便存续“圣树崇拜”和“稻魂崇拜”为核心的信仰体系，对民俗民风进行保护。

（1）认识“圣树崇拜”与“稻魂崇拜”信仰体系，积极加以保护。“圣树崇拜”与“稻魂崇拜”相辅相成。插秧之前进行“圣树祭”，象征谷物的种子获得“圣树”的生命力而能保证秋季的丰收。收获时节进行“尝新祭”，将每年新收获的稻穗挂在家中祖先柱上，祖先柱就是家中的圣树。由于以往相对封闭的自然环境和传统的社会环境，千百年来哈尼族并未过多地受到外来信仰的影响，因而可以保留哈尼民族长期积淀而成的这个以“圣树崇拜”和“稻魂崇拜”为核心的信仰体系。这套信仰体系由来已久，朴素而崇高。所以，各个方面都应当鼓励哈尼族民延续这种对自然的敬畏与依赖的传统环境，依靠民间机制延续有利于民众与自然的长期共存。

（2）政府对民风民俗进行保护和引导。对于自然的敬畏与依赖的信仰体系除了哈尼族民依风俗世代相传以外，各级政府还可以制定一系列措施，对民风民俗进行保护和引导。通过教育、培训，使当地村民，特别是下一代青少年，充分认识本民族、本地域文化的特色和价值。普遍开展传统艺术的传习与教学，强调民族服饰、餐饮文化等民族特色。在不断满足现代生活功能的同时，保护其传统特色。

第二，存续发展哈尼族的具有科学意义的传统历法和民族节日。

（1）保存传统历法。保存哈尼梯田社会文化重要方面是它的传统历法和它的民族节日。这些方面与哈尼族的生存方式相关。例如，哈尼族按气候和梯田农耕的主要阶段将一年分为“三季”，即冷季（农历十月至次年二月）、暖季（农历三至六月）和温热多雨季（农历七至八月）。冷季为农闲季节，主要从事梯田养护维修和春耕准备工作；暖季为耕田种植和田间管理时期；雨季则是收获的季节。千百年来，哈尼族按照这样的历法进行梯田农耕和日常起居，有条不紊生活从而成为传统习惯。

（2）保存民族节日。哈尼族节日一般都结合梯田农耕时令和重要农耕活动，并与民族祭祀活动紧密相连。其中最重要的农耕和自然祭祀活动都演化成哈尼族民族节庆中最重要的节庆日。如“昂玛突”、“苦扎扎”、“十月年”等。这些节庆日反映了哈尼族的生活理念和农耕节奏。哈尼族的传统历法和民族节日是哈尼族民的生活经验和生活积淀，反映了哈尼族原生态的生活规律，具有科学意义和实际价值，应当给予保护，使其存续和发展。

第三，将口传的诗歌、故事、谚语等各种口传文学文字化、数字化，便于存续和传播。同时存续发展与梯田稻作相关的歌舞音乐、服装装饰等民俗文化。

(1) 将口传的诗歌、故事、谚语等各种口传文学文字化、数字化。哈尼族没有文字，有关的传统知识和文学都靠口耳相传。哈尼族民创造了大量体裁多样的口头文学，是哈尼族民定居、农耕发展历史及民族文化的重要佐证。例如，《哈尼阿培聪坡坡》是哈尼族的迁徙史诗，全诗5500行，系统完整地记叙了哈尼族从诞生、发展到迁徙各地，直至今日所居之地的路线、历程、各迁居地的生产、生活、社会状况，以及与其他民族的关系。这部史诗被哈尼族人当做族根，代代传唱至今。哈尼梯田文化中有许多各种类型的口传文化，但口传形式不利于文化的延续和传播。所以，需要鼓励民族学者、教育和出版机构，搜集、整理、翻译、研究与哈尼梯田文化相关的口传文学，并将其文字化和数字化，便于长期保存和开发各种形式进行传播。目前所进行的将整理过的《哈尼族四季生产调》、《哈尼阿陪聪坡坡》、《哈尼哈巴》（古歌）等一批哈尼族的口传文学和歌曲的文字化和数字化工作，就是极有价值的存续发展工作。

(2) 存续发展与梯田稻作相关的民俗文化。例如，保护哈尼族服装装饰的传统风格。服装装饰作为哈尼梯田文化的一部分，记录和反映哈尼族民对自然环境、社会生活及梯田稻作农业的适应性。存续和发展哈尼族的歌舞音乐。歌以言情，舞以表意，乐以助兴。哈尼族民在生产生活过程中创作并留传了内容丰富、形式多样的民族乐舞，与其所处的高山深谷自然环境和从事的梯田农耕生产密切相关。存续哈尼族民族音乐舞蹈就是存续哈尼族的社会生活及意识形态，应该充分理解存续和发展哈尼歌舞音乐的历史价值。

第四，将民俗文化作为非物质文化遗产进行存续和发展。上述许多哈尼族与梯田稻作相关的信仰体系、传统历法、民俗节庆、诗歌、故事、谚语等各种口传文学、歌舞音乐、服饰艺术等民俗文化都是在哈尼梯田文化核心区内非常有价值的非物质文化遗产，我们应当将其与村寨、水系、梯田等物质遗产一样，给以充分的重视。目前，哈尼族的哈尼哈巴、乐作舞、哈尼多声部音乐等民俗活动已被列入国家级非物质文化遗产，对这些方面更应给以特别保护，并积极努力，将更多的有价值的民俗活动列入国家级非物质文化遗产。

（三）红河哈尼梯田文化存续发展的保障机制与资源利用

哈尼梯田文化的存续发展依赖于发展的体制机制，同时要逐步坚实哈尼梯田文化存续发展的经济基础，要特别关注哈尼梯田作为文化景观进行旅游运作时所遇到的问题，以及如何进行恰当的保护、控制、协调等方面的问题。

1. 红河哈尼梯田存续发展的动力及多方参与的支持体系

哈尼梯田的存续、发展、演进一直是凭借内在的动力和世代延续的传统机制而实现的。这个动力至今仍然持续着。同时，各级政府也实施了一系列保护措施，这些保护措施与传统机制相结合，使哈尼梯田的自然演进过程向着更有保障的方向发展。所以，在哈尼梯田存续发展过程中，要寻求和坚持合理的动力和动力机制，并保证它们能正常地发挥作用。

第一，民间内在动力与政府推动力的作用。

(1) 民间内在动力的作用。村民对山林、稻谷、土地等方面的自然崇拜；稻田和灌溉系统功能的连续；传统的农业技术和产品的传播；梯田耕作制度的有效性；村寨民居的乡土性特征；民族特色的管理方式、历法、仪轨、信仰、习俗的延续等，这些都是以哈尼族为主的各民族的民间传统机制延续的结果。

（2）政府推动机制。近十年来，各级政府通过行政、经济、法律等手段解决哈尼梯田的存续和发展问题，使哈尼梯田及其文化的自然演进过程向着更有保障的方向发展。各级政府已相应成立哈尼梯田管理机构，给予综合协调和专业性的支持，并通过《哈尼梯田保护与管理规划》和《哈尼梯田保护管理办法》等规划与措施，对哈尼梯田进行保护和管理。同时，通过资源宣传、梯田农产品营销、旅游服务等综合方式提高农业收入，促进旅游产业的适度发展，减少其对梯田持续发展的不适当的外界干扰。政府为哈尼梯田的持续发展提供了有利的环境保障。所以，哈尼梯田能够延续到现在，既有民间机制的作用，也有政府机制的作用。由于有许多存续和发展问题仅依靠民间的传统机制是无法得到合理解决，在新时代，尤其在中国实行社会主义市场经济制度的条件下，对哈尼梯田的保护更需要各级政府的特别参与与管理。

第二，民间动力机制与政府动力机制相结合。具体到哈尼梯田存续发展的动力和机制上，更好的状态是使民间机制与政府机制结合起来。从历史上看，旧时代的官府也在尊重民俗传统的基础上实施政策。各朝代推动改革时，也考虑了民间的传统。因此，民间机制和政府机制相结合，是哈尼梯田存续发展的基本途径。只有政府管理和民间机制相结合才能取得更好的功效，除此而外，哈尼梯田的存续发展需要不同利益相关方面相互协作，共同努力，才能实现单方面无法完成的历史使命。因此，有必要建立起多方参与的支持体制。

第三，不同相关利益者相互协作，建立多方力量参与的支持体系。多方参与的支持体系至少包括五方面的力量：一是国际组织的力量。哈尼梯田是具有全球意义的人类共有的文化遗产，需要来自联合国教科文组织、世界粮农组织、政府间组织等规则、技术、经济方面的关注和支持。二是政府机构的力量。主要指乡、镇、县、市、州、省、中央等各级政府，作为哈尼梯田存续发展的规则制定者、基础服务推动者、组织监督协调者等，起着主导和引领的作用。三是企业组织的力量。企业以市场为导向，参与哈尼梯田的存续发展工作。在基本建设、旅游发展、商品营销、环境保护等方面发挥重要作用。特别在经济欠发达地区，企业资金投入、发挥“助推器”作用更加明显。四是科研机构的力量。哈尼梯田是融自然、技术、社会、文化等特性在内的综合性遗产。哈尼梯田的价值挖掘、动态保护、可持续利用等涉及生态、农业、林业、水利、民族、民俗、经济、管理、旅游等众多的学科和部门，需要多领域的研究。所以，多种相关科研机构的参与，将有利于产生多种解决问题的新手段，有利于提高哈尼梯田存续发展的水平。五是村寨居民的力量。村寨居民或以村寨居民为基础的机构更能了解当地的生态环境和传统资源，可以更好地反映当地村民的利益和习惯，更容易结合当地传统利用当地的各种资源，解决当地居民的生计问题。村寨居民是哈尼梯田存续发展的基础性力量。哈尼梯田的存续发展，既需要政府的主导调控，也需要市场化的企业运作，更需要村寨居民的积极参与。所以，将各方面的力量集合起来，采取国际组织指导、各级政府主导、各类企业协助、科技支持、村寨居民主体参与及实施的体制机制，共同推进梯田、村寨、森林、水系等“四位一体”的存续发展，不断改进管理机制，在哈尼梯田这个特殊地理区域的可持续发展方面，为人类面临的共同问题，积累可行的经验，提供有益的对策。

2. 红河哈尼梯田文化存续发展的体制与机制

第一，建立、调整、建设、完善专门的管理机构和管理队伍。

（1）完善红河州哈尼梯田管理局、元阳县哈尼梯田管理局和乡镇的哈尼梯田保护所三级管理机构。各层机构分层进行哈尼梯田文化的存续发展的行政管理、民族文化发掘、自然资源保护、梯田保护、农耕技术研究、宣传教育、水土保护和生态保护的执法监督及民族、宗教等方面的管理工作。就综合管理机构分层设置来看，须考虑四个方面：一是红河州哈尼梯田管理局统管全州文化性梯田，侧重遗产区的梯田管理；二是元阳县配置梯田管理局，其他县可配置管理处，元阳县重点管理遗产区的梯田；三是各相关机构的专门人员要到位，避免兼职，稳定专门人员和队伍；四是各机构须结合实际情况，完善管理制度、办法、机制等。另外，通过调整和完善各级机构的职能，按照世界文化遗产保护的办法，将红河州遗产区和非遗产区有文化价值的梯田统管起来，使其成为红河州经济、文化的新的思路和新的起点。以遗产区的梯田管理为重点，将其作为典范，为非遗产区的梯田文化存续发展提供工作规范。

（2）建立“红河哈尼梯田文化持续发展咨询委员会”。遴选和聚集相关领域高级专家，组成咨询委员会。这个委员会的基本职能是从各领域、各角度、各方面对哈尼梯田文化的存续发展提供咨询建议和施加影响。咨询专家可包括国家发改委、文化部、国家文物局、中科院、社科院、北京大学、清华大学、云南省等方面的专家，形成有影响力的智囊机构。

（3）各级机构和组织面临的根本问题是建立哈尼梯田文化长久存续和发展的经济基础和社会基础。建立这两个基础的关键在于村民的利益协调和村寨的建设。所以，各级机构须以哈尼梯田文化的存续发展为基本使命，以村民、村寨的利益为基础，处理好文化遗产与环境保护、文化遗产与农民利益、文化遗产与村寨保护、文化遗产与旅游发展等方面的问题，将村民、村寨、行政村、企业、乡镇、县等层次的管理，统一纳入到文化遗产的存续管理和经营活动中，积极提高农民的经济收入和社会生活状态，使其能主动地为哈尼梯田文化的存续发展贡献力量。各级机构应该力求实现这样的效果。

第二，建立生态补偿机制，进行生态教育，保持哈尼梯田持久的生态环境。

（1）根据相关法律条款，建立补偿机制，保证哈尼梯田在文化遗产的所有权、存在空间、辐射区域等方面的地位和作用，实现协调发展。一是建立哈尼梯田自然保护区，保护哈尼梯田世界文化遗产的生态环境。二是建立哈尼梯田湿地生态旅游生态补偿机制，力求平衡生态、旅游和环境的保护者、传承者与政府、企业、游客之间的利益关系，使政府、企业、游客共同担负发展生态旅游的责任。三是协调好梯田生态系统的管理者、经营者、享受者、保护者、传承者之间的责权利关系，实现哈尼梯田持久的协调发展。

（2）建立“红河州哈尼梯田生态补偿资金”。从国民经济和保护环境的角度，由中央政府、省政府和州政府共同建立，成立专门机构管理。用于森林涵养、水土保护、能源转换、种植物的推荐、选择与鼓励等。根据国家生态保护和补偿的办法，将各级拨付的相关资金集中使用。另外，可从设立生态维护项目的角度，从国家发改委、城乡建设部、环保总局等政府部门申请专门资金，动员林业企业及与林业相关的企业进行资助，从生态保护的民间组织、世界性的生态保护组织那里募集资金等，广开渠道，将各方资金源，都汇集到生态补偿金中去。

（3）做好企业、村民和游客的生态意识教育工作。政府发挥主导作用，采取边发展、边治理、边宣传教育的手段，对村民进行生态环境保护的教育，把保护环境变成村民的主动行为。对企业进行教育和监督，让企业在项目建设前做好环境影响评价工作，项目建成运行后，定期进行检查和监测。运用导游解说、导游图册、科学解释牌等向游客介绍生态环境和文明旅游的知识和规则。通过这样的生态意识教育，促进生态资源和环境的有效保护。

第三，进行科研开发，挖掘哈尼梯田的文化价值，建立和扩展公共传播渠道，增强哈尼梯田文化的吸引力。

（1）组织队伍，进行科研开发。由政府聘请教育机构、研究机构、咨询机构、管理部门等的技术和管理专家，参与哈尼梯田文化的研究工作。利用自然科学手段和社会科学方法全面深入地研究文化遗产的文化内涵和价值，进行高层次农产品的研究与开发，进行旅游产品的研究与开发，如具有民族特色的饮食、服饰、艺术、技艺等文化产品的开发。协助做好人类遗产保护与开发的论证，做好哈尼梯田湿地生态环境的功能分区和湿地生态监测体系，在研究中继承，在继承中开发，群策群力，探索具有哈尼梯田文化特色的区域发展道路。

（2）政府主导，积极传播。主管机构通过电视、广播、报纸、杂志、宣传册、宣传牌、建立文化网站和博物馆等多种形式，宣传哈尼梯田的自然资源和人文资源，提高村民、公众、各级政府官员的自然遗产和文化遗产的保护意识。

（3）企业参与，村民主动配合。文化企业通过出版图书、发行画册、多媒体光盘、拍摄影视片，通过商业渠道，增强哈尼文化的吸引力。村民通过田间劳作、表演示范、农家接待、出席相关推介活动等，主动配合文化传播，建立广泛的民众参与传播的基础。

总之，各方面协作，将哈尼梯田文化向全中国、全世界传播。了解哈尼梯田的自然景观、人文景观的人越多，对哈尼梯田文化的保护和发展越有促进作用。

3. 红河哈尼梯田文化遗产存续发展的经济保障

哈尼梯田文化遗产存续发展的持续程度在于它的经济基础，以及为此而形成的经济机制。经济机制合理、经济基础雄厚，哈尼梯田文化才能更持久地存续和发展。

第一，提高人均收入水平。

将来村寨居民收入的主要来源由五部分组成：一是“哈尼梯田红米”等一系列农产品及经济作物的销售收入；二是与村民相关的公司收益的股份分红；三是哈尼梯田景区内的村寨、家庭的景观服务收入；四是在景区参与管理和服务的收入；五是旅游小商品售卖收入等。这些方面形成村民的收入结构，每户的收入结构不同，每户可以从不同的来源提高人均收入。例如，提高“哈尼梯田红米”的市场价格，可以使所有种植“哈尼梯田红米”的农户受益；经营林业活动的农户将从林产品中获得收入；参与旅游事业的农家将从旅游发展中获得受益等等。农民得到了实惠，就有了文化遗产存续发展的经济保障，政府应该从市场发展的眼光，科学合理的为村民提高人均收入创造条件。

第二，多方筹集资金，建立投融资的管理与机制。

（1）哈尼梯田文化遗产是全人类的财富，联合国教科文组织等世界性的机构大多有专门的基金用于支持人类文化遗产的保护工作。哈尼梯田文化管理机构可以组织力量分阶段地申请世界性组织的项目基金，相关世界组织的项目资助、有偿贷款、无偿捐助等。从世界银行、联合国教科文组织、世界环境组织、世界粮农组织等处争取项目，用好世界性的资源，推进哈尼梯田文化的保护工作。

（2）政府规划的资金投入。除了与哈尼梯田相关联的村民、经营性组织、研发组织为哈尼梯田文化存续发展提供资金支持以外，与哈尼梯田有关的各级政府通过法律、规划、计划等，进行各项资金投入与特别项目资金投入。政府规划的投入是重要的、甚至是目前基本的资金来源。

（3）国家补贴。根据国家政策，提高对农民种稻米的补贴、村寨民居的保护费用以及交通、水电等基础设施的改造修建等方面的资助。

（4）建立“红河哈尼梯田文化发展基金”，由红河哈尼梯田管理局牵头，通过建立基金，持续地筹集资金。可以通过州政府的作用，联系中央、省政府等相关机构，联络一些基金组织，动员公司及慈善组织，参与基金的筹建。使其成为哈尼梯田文化存续发展的比较稳定的资金来源。

（5）在有利于长期保护和存续哈尼梯田文化的大前提下，可以建立或吸引公司力量参与哈尼梯田文化保护和建设工作。至于如何投资、如何参与，需要具体问题具体把握。一般情况下，以营利为目的经营性公司不宜参与文化遗产管理机构，文化遗产的管理还是应由政府管理。但经营性公司可以参与农产品开发与经营、市场流通，以及与旅游相关的外围项目的建设等。

（6）建立有效合理的利益分享机制，保护村寨居民的利益。在市场经济条件下，在哈尼梯田市场化运作过程中，村寨居民是首要的利益主体。可以设想，以行政村寨为单位，采用土地集体入股方式，按股权参与哈尼梯田管理决策和利益分配，进而形成公平合理的社区利益分配机制。在哈尼梯田文化存续发展过程中，政府可以从多方面制定相关政策，稳定就业，激励当地居民保护遗产的自觉性。

第三，以“红河哈尼梯田红米”为绿色产品标志，增加其文化价值，改进机制，提高农民的经济收入。

（1）给海拔 1000 米以上的红米特殊的价值。历史上，梯田栽种的大多为红米。但是红米产量低，收购价格低，无法解决农民温饱问题。袁隆平先生发明了杂交水稻后，在海拔 1000 米以下的梯田基本上改种了杂交水稻，一定程度上增加了哈尼族民的收入。红河梯田红米是珍稀的水稻品种，目前只是在海拔 1000 米以上的地区种植，可以将这个高度的稻米定名为“红河哈尼梯田红米”，并按市场要求改善包装，塑造市场形象，为红米的特殊价值创造良好的市场条件。

（2）大力宣传红米具有其他稻米所不具有的高品质。经科学研究证实，该红米品种的基因多样性指数是现代改良品种的三倍；面对转基因作物和滥用化肥农药对于生物多样性的潜在威胁，哈尼梯田红米具有抗虫抗病基因，可减少农药和化肥的使用量；该红米对于温度和环境良好的适应能力，为全球气候变化导致的粮食减产、维护全球粮食安全的问题提供了一定的粮食品种借鉴。对红米这样的品质应给予充分的肯定与宣传，确立红米高品质的市场形象。

（3）从品牌营销上将绿色、健康、文化的内涵植入到红米品牌中，提高红米销售价格。对红米进行积极的宣传推广，建立畅通的销售渠道，从而增加销售收入，促进族民种植红米水稻的积极性。只有解决好农民利益问题，使当地百姓致富，才有可能存续发展哈尼族传统稻作技术，保护哈尼族传统文化。所以，打造“红河哈尼梯田红米”品牌，可以作为哈尼梯田文化存续发展的重要经济来源。

（4）确立哈尼红米战略，建立相应公司，集中处理种植与销售的问题。哈尼红米的种植和经销是件长期的事情，县、乡政府可以在确立哈尼红米发展战略后，积极引导农民种植红米。可以设想在红河州哈尼梯田管理局管理之下成立相应的公司，来统筹红米等产品的收购与营销，处理好红米种植、农民收入与公司收购及公司管理等方面的关系，确保农民的基本利益。

第四，在经营“红河哈尼梯田红米”的基础上，积极推进有机农产品生产基地的建设，发展多种经营，扩展价值通道。

（1）建设一批具有生态内涵的农产品出口创汇龙头企业。

由于特殊的环境条件，哈尼梯田文化区域具有难得发展有机农产品的自然、生态、人文、技术条件。因此，要在哈尼族聚居的地区，克服盲目生产、信息不灵、营销观念淡薄、市场定位不准、战略协调不强等问题，优化区域特色农产品的产销环境，完善市场体系，引进农业深加工企业，搞活特色农产品流通，开拓特色农产品国内、国外两个市场，建设一批具有文化特色和生态内涵的农产品出口创汇龙头企业。

（2）建设有机农产品生产基地。通过龙头企业，发挥其开拓市场、引导基地、加工增值、科技创新、标准化生产等方面的带动作用，发展特色农产品加工业，把农产品的生产、加工、贮藏、运输、销售等环节连接起来，进行市场策划和品牌塑造，注册哈尼族各种有机农产品商标，形成具有地方特色的农产品加工体系。在这个网络化条件下，按照产业化的思路，建设一批特色农产品标准化生产示范基地，创立一批特色品牌产品，建成以“红河哈尼梯田红米”为主导的特色有机农产品红河基地，以此来增强哈尼梯田文化存续发展的市场基础。

（3）充分利用农业遗产平台，以红米为主，发展哈尼稻作系统，深化价值通道。哈尼梯田已被联合国粮农组织划为世界农业遗产试点区域，授牌“全球重要农业遗产保护试点（哈尼稻作系统）”。同时，还作为国家级湿地公园受到国家认可与保护，这些方面都为哈尼梯田的农作物的价值提供了很好的增值平台。

（4）发展稻田养殖业、资源开发与利用等多种产业的经营，多渠道扩大哈尼梯田文化存续发展的经济来源。哈尼族世代居住在滇南山区，这里物种丰富。根据当地资源状况，发展森林产品等，推动经济作物的研究、培育及种植。哈尼梯田既种植稻米，也可以稻田养鱼、稻田养鸭等等。以建设基本稻田、植被为主导，综合发展农、林、果、渔等产业。所以，经过专家论证、建议和规划，可以充分发挥多种经营的作用，提高多品种的组合价值，使哈尼梯田农业基地的建设充分利用各种平台拓展价值通道。

4. 哈尼梯田文化遗产中旅游体系发展的控制与协调

在哈尼梯田维护、利用、演进等存续与发展的过程中，旅游是梯田利用的重要领域。旅游在梯田存续中机会和威胁并存。既要利用旅游扩展文化遗产的影响和为文化遗产的存续提供资金支持，同时还要最大限度地减小旅游给遗产保护带来的不利影响。基本原则是在利用中存续，在存续中利用。

第一，以“红河哈尼梯田”风光为主题，形成具有民族特色的观光旅游产品系列。

（1）在对旅游发展进行积极因素和消极因素客观评价的基础上，积极稳妥地做好以“红河哈尼梯田”为主题的旅游事业。以哈尼梯田气势磅礴的景观，作为元阳旅游的最典型的代表作。

（2）以独特而壮观的梯田风光为主题，形成系列的、有民族特色的元阳观光旅游产品。例如，梯田风光与云海风光结合，将“日出、夕阳、云海、森林、梯田、村寨”等构成整体画卷，整体宣传。

（3）逐步发展一系列的相关旅游项目。例如，哈尼族民俗文化生态村旅游、民族风情体验、避寒避暑度假旅游、摄影旅游、民族节庆旅游、森林生态旅游等等旅游项目，形成系统化的特色旅游产品系列。

第二，明确思路，通过规划、整治，将旅游者及各类访问者的居住、娱乐、办公区域与哈尼梯田文化遗产保护区隔离开来。

（1）在保护中做好以“红河哈尼梯田”为主题的旅游事业，避免过于眼前利益、效仿攀比、盲目建设。根据哈尼梯田的特点，认真规划，对旅游资源进行梳理，重点开发、分期建设、滚动发展。把资源开发和产品建设放在战略位置。提升哈尼梯田的吸引力和竞争力，使原本分散的旅游资源逐步向特色鲜明、功能合理、设施配套、体系健全的旅游产品体系转变。

（2）制定哈尼梯田旅游规划，使哈尼梯田文化遗产保护区相对独立地按照原有风貌和习惯进行各种活动，不受旅游设施的干扰。最大限度地实行步行设计，最大限度地减少车辆来往，将步行道路按景点成线成网。限定的文化区内不建设宾馆、大型餐饮等对遗产保护影响较大的项目，不引进商业性的农家乐、农家住宿等异化遗产价值延续模式的经营活动。

（3）对限定的文化区内部分影响遗产文化存续的旅游设施进行拆除或改建，仅保留自然场地型的观景平台、必需的公共卫生间、必需的小型停车场等设施。将旅游者、访问者等的主要居住和娱乐设施建在邻近的县城附近，最大程度上避免商业活动对遗产区的负面影响，同时带动周边经济发展。

第三，整合各种力量，加强区域组合开发，增加旅游产品附加值。

（1）在总体规划的基础上，提高哈尼梯田观光产品的档次，不能仅停留在“看”上，对观光路线、观光方式进行改善，围绕梯田，重点开发休闲度假产品等，完善服务系统。

（2）利用“红河哈尼梯田”主导产品及其品牌效应，兼顾核心区、东部、北部、西部四大旅游区的统筹优化、合理布局。合理整合牛角寨景区、多依树景区、坝达景区等景区的资源，整合金平、绿春、红河的旅游资源，重视与周边市县旅游产品的组合开发，使特色资源能够互为补充，充分利用。

综上所述，在红河哈尼梯田可持续发展对策中，除了应确保民间动力机制与政府动力机制相结合，完善管理、建立生态补偿机制、加强科研、扩大宣传等长远、持续、宏观的策略之外，目前还可及时开展的具体措施主要有：

（1）建立“红河哈尼梯田文化持续发展咨询委员会”，从各领域、各角度、各方面对哈尼梯田文化的存续发展持续、系统提供咨询建议并施加影响；

（2）建立“红河州哈尼梯田生态补偿资金”，由中央政府、省政府和州政府共同建立，成立专门机构管理，用于森林涵养、水土保护、能源转换、种植物的推荐、选择与鼓励等；

（3）建立“红河哈尼梯田文化发展基金”，由红河哈尼梯田管理局牵头，持续地筹集资金，使其成为遗产地可持续发展的比较稳定的资金来源；

（4）以“红河哈尼梯田红米”为绿色产品标志，增加其文化价值，改进机制，提高当地农民的经济收入；

（5）在经营“红河哈尼梯田红米”的基础上，积极推进遗产地有机农产品生产基地的建设，发展多种经营，扩展价值通道。

七　结论

通过以上研究可知，具有千年历史的红河哈尼族仍较为稳定地保持着与梯田耕作紧密相关的丰富的农业传统文化，并分别体现在宗教信仰、历法节庆、民居建筑、饮食服饰、村规民约以及音乐舞蹈等方面。其中位于中国云南省红河南岸高低起伏的山区之中的红河哈尼梯田（包括极具代表性的集中连片分布的面积广大的水稻梯田及与之相互依存的森林、水系、村寨），是这一范围内，以哈尼族为主的世居民族在遵循历史上形成并传承发展至今的农业文化传统生产生活基础上，形成的一处“活态”

文化遗产。该遗产目前较为稳定地保留着上千年的山地稻作农业文化传统，其价值符合世界遗产价值标准三。红河哈尼梯田生动地反映了遗产地上千年的演变和发展，以及这里悠久的、与山地稻作农业密不可分的、丰富的文化传统。以其大规模集中分布和突出的保存完整与稳定而成为亚洲山地稻作农业文化非同一般的见证。

红河哈尼梯田具有如下的突出普遍价值：

红河哈尼梯田位于中国云南省南部红河南岸的大起伏中山地带。这里是以山高谷深的奇绝地貌和罕见的生物多样性而闻名的横断山区的东缘，是穿越中国和越南的国际河流——红河的流域中心，也是古老而独特的稻作梯田民族——哈尼族的主要聚居区域。在有史可考的1300余年中，以哈尼族为代表的世居民族凭借坚忍的性格、顽强的精神和生存的智慧，在此建设村寨、开垦梯田、种植水稻，创造了在此区域内广泛分布的水稻梯田景观，以其奇绝的景观、悠久的历史和保存良好的传统农业系统而举世闻名。

遗产位于此区域的中心地带，是以最具代表性的集中连片分布的水稻梯田为核心，包含其所依存的水源林、灌溉系统、民族村寨等要素的文化景观。

该景观是罕有的反映农业文明的活的文化景观的杰出范例，具有突出的普遍价值。它规模宏大、气势磅礴，展现了极富审美价值的山地稻作景观。其与自然环境紧密结合的梯田工程、水利系统以及和谐完美的人居环境证明了人类的高度的智慧、超凡的耐受力和乐观的创造精神。作为亚热带山岳地区的稻作文化景观，红河哈尼梯田为亚洲传统稻作文化传统提供了独特的见证。它持续1300多年的基于慎重使用自然资源的人类与环境长期互动的过程和成效，是山区环境中人类聚居和土地利用的杰出范例。在哈尼梯田产生与发展的过程中，遗产地世居民族始终遵循着严格的生态伦理与价值观，保护了遗产地宝贵的生物多样性，这与延续至今的文化多样性共同成为这一遗产得以稳固发展的基石与动力。红河哈尼梯田现在仍充满旺盛的生命力，生动地描绘着千百年来农业文明在极为有限的自然条件下所能达到的极致与巅峰，其展现的世界观在今天具有深刻的启示意义。

哈尼梯田符合列入世界遗产标准的第ⅰ、ⅲ、ⅳ、ⅴ、ⅵ条。

红河哈尼梯田可持续发展主要受到文化接续人、经济的挑战、旅游开发、管理机制、环境的退化等五个方面问题的影响。而“族群与环境和谐共存的生活理念”，“以人为核心的活的生态系统”，“人、林、水、田相互作用的生存机制”，“政府、企业、机构、游客等构成的外部条件”则是哈尼梯田文化存续发展的几个关键方面。红河哈尼梯田可持续发展主要包括族民与村寨、森林、水系、梯田、社会文化等五个领域。应确保民间动力机制与政府动力机制相结合、相关利益者相互协作而成为促进红河哈尼梯田可持续发展的动力机制，并进行如下的体制建设：完善管理、建立生态补偿机制、加强科研、扩大宣传。可以通过建立基金等方式筹集可持续发展资金，并争取各级政府及相关的世界组织对哈尼梯田文化遗产的存续发展给予资金和政策的支持；增加“红河哈尼梯田红米”的文化价值，提高当地居民的经济收入；在经营“红河哈尼梯田红米”的基础上，积极推进有机农产品生产基地的建设，发展多种经营，扩展价值通道。以“红河哈尼梯田”风光为主题，形成具有民族特色的观光旅游产品系列；整合各种力量，加强区域组合开发，增加旅游产品附加值；同时，严格控制旅游对遗产保护的影响。简而言之，应建立有效地体制与机制，多方筹集资金，争取政府政策支持，并开发梯田产品以增加当地居民经济收入，策划有特色的旅游产品、科学处理旅游与保护的关系，从而促进红河哈尼梯田的可持续发展。

[1] 云南省元阳县志编纂委员会编纂．元阳县志．贵阳：贵州民族出版社，1990.

[2] [唐] 樊绰著．赵吕甫校释．蛮书·云南管内物产（卷七）．北京：中国社会科学出版社，1985.

[3] [元] 王祯．农书卷十一（丛书集成初编本）．北京：商务印书馆，1937.

[4] [清] 鄂尔泰，尹继善修，靖道谟纂．云南通志（乾隆刻本）.

[5] [清] 江浚源修，罗惠思纂．临安府志·土司志·纳更司（卷一八）．书中亦有类似记载："纳更司唐、元间无闻，明洪武间，有龙嘴者，始以开辟荒山，给冠带，寻授为土巡检，隶临安。"

[6] [清] 倪辂集·南诏野史（下卷）．书中记：窝泥，有和泥、斡泥、哈泥、路弼等名。以上这些称谓均为"哈尼"的不同记载方式。

[7] 同 [5].

[8] [清] 刘慰三撰．滇南志略（卷二）.

城址类考古遗址公园阐释与展示设计的理论与方法研究

中国文化遗产研究院文物保护工程与规划所　陈曦

摘　要：本课题旨在梳理国际遗址阐释与展示设计的理论与方法；审视我国城址类考古遗址阐释与展示工作的已有成绩和现存问题，通过城址类考古遗址与其他类型大遗址的比较研究以及隋唐洛阳城等9个具有重大意义的城址类考古遗址的实地调研，探讨我国城址类考古遗址的特点和价值，提出中国大遗址规划体系的构建、考古遗址公园规划体系的构建以及我国城址类考古遗址阐释与展示设计的方式方法，为国家考古遗址公园的规划设计、建设与运营管理提供理论和技术支撑。

关键词：城址类考古遗址　国家考古遗址公园

A Study on Theories and Methods in Interpreting and Presenting Archaeological City Sites

Chen Xi

Abstract: The paper tries to streamline the theories and methods in the interpretation and presentation of international relic sites by analyzing the achievements and problems in interpreting and presenting archaeological city sites in China, and by examining their features and values through comparative studies and case studies of 9 city sites in China. It will provide an interpretation and presentation outline and framework for archaeological city sites and offer theoretical and technical support for the planning, construction, operation and management of national archaeological heritage parks in our country.

Keywords: Archaeological City Sites, National Archaeological Heritage Parks

一　绪论

（一）研究背景

1. 全球国家公园及遗产保护地的蓬勃发展

受20世纪以来资源与环境保护思潮的影响，国家公园及相关遗产保护地在全球范围内纷纷涌现，呈现总量增长的趋势和多样化的类型分布格局。遗产管理的国家公园模式已经出现于150多个国家。无论从面积上还是数量上看，全球性的国家公园行动影响仍在持续扩大。国家公园的理念历经140多年经久不衰，得到世界各类政体、国体以及非政府机构的广泛认可，这要归因于国家公园对人类遗产保护、环境保护和游憩的积极作用。

中国属于全球旅游产业网络体系中规模最大的旅游经济体之一，也是全球最大的发展中国家。中国目前已经建构了“国家级自然保护区”、“国家森林公园”、“国家重点风景名胜区”、“国家湿地公园”、“国家考古遗址公园”等有显著保护资源倾向的国家级旅游地。但也遭遇了部门分割、权责模糊、法规不全、保护资金匮乏、公益性不足等问题的困惑。全球国家公园及遗产保护地的蓬勃发展，为我国建设更多符合国家公园特性的公共游憩地提供了可资借鉴的理论与实践经验。

2. 文化遗产的可持续发展日益受到关注

文化遗产是大自然馈赠给人类最珍贵的财富，也是人类实现文化游憩的主要场域。高品质、大尺度的文化遗产，是人类共享的文化财富，是具有重要意义的旅游吸引物，也是实现人们接受文化教育和户外游憩体验的重要空间。“可持续发展”是在20世纪60年代以来被人们所关注的概念，1987年世界环境与发展委员会（WCED）出版的《我们共同的未来》出现“sustainable development”这一术语，将其定义为“不仅应满足当前的需要，而且不应以牺牲子孙后代满足他们的需要的能力为代价”的发展。

近年来，在我国高速城镇化过程中，大量文化遗产地在城市扩张中消失，对文化遗产地的旅游经济追求，导致我国一些极具纪念价值、游憩价值、科考价值的文化遗产价值流失或品质下降，文化遗产地的可持续发展面临着严峻的挑战。

3. 遗产旅游“真实性”需求的不断增强

遗产被认为是20世纪90年代最重要、增长最快的一种旅游产品[1]。遗产旅游是近几年来在我国兴起的又一旅游形式。遗产旅游与一般的文化旅游最大的不同点在于“真实性”的保留。而旅游者希望通过过去遗留下来的“遗产”具有绝对的“真实性”、“完整性”、“不可复制性”和“不可移动性”等特点而获得“真实性”的体验。

遗产旅游开发和真实性保护的“困境”随之出现。将遗产作为旅游资源和产品来开发和利用，必然给遗产带来直接或间接的负面影响，如大量游客的涌入会破坏遗产地的自然生态和文化生态，进而与保护遗产真实性的原则是相违背。因此，处理遗产旅游和真实性的关系是我们当下需要认真研究的重要问题。

4. 我国大遗址及国家考古遗址公园的广泛兴起

“大遗址”可视为一个特有名词，专指我国文物保护主管部门近十年来针对大型不可移动文物而提出的一个极为重要的管理和政策概念。2002年11月国家文物局就向国务院提交了《“大遗址”保护“十五”计划》。2005年国家文物局和财政部联合公布和实施了“大遗址保护专项”，安排了20亿元专项资金支持大遗址考古发掘、本体保护规划以及展示工程等工作，并组织编制了《“十一五”大遗址保护总体规划》。自此以后，“大遗址”引起了文博行业和社会各界的高度重视，相关研讨活动和学术成果呈现出繁荣局面。2009年我国正式提出国家考古遗址公园建设，是对考古类文化遗产资源保护、展示与利用的新方式。

“十二五”期间，“大遗址”依然是《国家文物博物馆事业发展“十二五”规划》中的“主要任务”和重要篇章，为此，中央财政预计投入资金100亿元，大力推动大遗址保护的纵深发展。随着国家财政的巨大投入，大遗址保护实践和国家考古遗址公园建设的快速推进，以及高规格研讨活动的组织、宣传和调动，“大遗址”和“国家考古遗址公园”已引起了比较广泛的社会关注。

（二）概念分析

1. 遗址

联合国教科文组织于1972年10月在巴黎的第十七届会议上通过的《保护世界文化遗产和自然遗产公约》中，认为古迹（或文物），建筑群和遗址共同构成了文化遗产的主体，其中为遗址下的定义是：从历史、审美、人种学或人类学角度看具有突出的普遍价值的人类工程或自然与人联合工程以及考古地址等地方。上述联合国教科文组织的定义是比较简练、科学和全面的，并不涉及具体遗址内容而是在宏观上进行界定，并且传达出了三个关键的信息：有普遍价值，有存在环境，不可移动与不可替代性。

一般认为遗址根据其性质可分为自然类遗址和历史类遗址，历史类遗址主要指以富含人类活动的信息为特征的人类活动或考古遗址，但这种分类方式有些笼统。实际上遗址内容比较广泛，一般包括在考古学文化和我国历史上在政治、经济和文化上占有重要地位的原始聚落、古代城市、宫殿、陵墓和宗教、丧葬、军事、交通、手工业、水利等建筑与设施的遗迹及其相关环境。

有关遗址的内涵不论是历史学界、考古学界还是建筑学界都有着基本一致的观点。但对于遗址外延的认识则有出入：比如有观点认为仅遗存至今的，塌毁或已成为废墟的基址、遗迹才称为遗址，从而排除了现存古建筑（群）以及石窟寺，但有的观点认为遗址包括这两项内容；还有对于古墓葬同样存在“是”或“不是”遗址的分歧。在新《文物法》（2002年12月3日颁布）中，古文化遗址是与古墓葬、古建筑、石窟寺等概念以并列的形式同时出现。

2. 大遗址

1995年，全国文物工作会议上提出了“大型文化遗址”概念。1997年，国务院在《关于加强和改善文物工作的通知》中，正式使用了“古文化遗址特别是大型遗址”的提法。2005年财政部、国家文物局联合制定的《大遗址保护专项经费管理办法》认为，大遗址是指“主要包括反映中国古代历史各个发展阶段涉及政治、宗教、军事、科技、工业、农业、建筑、交通、水利等方面历史文化信息，具有规模宏大、价值重大、影响深远特点的大型聚落、城址、宫室、陵寝墓葬等遗址、遗址群及文化景观”。《“十一五”期间大遗址保护总体规划》对“大遗址”的界定基本相同，只是少了后缀“及文化景观”，反映出二者思路可能略有不同。这一基本界定，也是“十五”100处和“十一五”150处入选“大遗址保护专项”项目所遵循的基本标准。

由于上述对“大遗址”的解说比较宏观和综合，具有多种可能性、包容性和扩展性，从而引发了一些管理和科研人员对大遗址基本特点、界定、分类、保护理念、实践方式等层面的积极思考。单霁翔、孟宪民、陈同滨等人对此都有比较系统地阐释和思考。

由于主管部门对“大遗址”的界定以及入选保护专项的具体标准主要为定性说明，所以在对其具体认识和操作上也就存在一定的“模糊性”或者说“弹性”。基于以上多方面的原因，一些学者对“大遗址”概念的严谨性提出了异议。张忠培先生认为，大遗址是大家目前都承认的一个词，但至今没有一个科学的概念。一个科学的概念，虽不能有很多的修饰词或定语，但必须作出科学的界定[2]；王刃余则认为，大遗址内涵至今没有能够明确提出，其原因在于“人们习惯于或者割裂遗址之间的相互关系，单独看待遗址的特性”，而“单独依靠某一个或者某几个标准是根本无法对遗址进行分门别类的”[3]。当然也有不少人认为，主管部门之所以提出“大遗址”，只是为了“有关工作得到重视和落实”，即出于保护管理的需求，只是一个政策概念[4]。综上，“大遗址”概念在理论层面仍有待明确。

3. 国家公园

18 世纪至 19 世纪，产业革命以来，经济发展过程中产生的负面环境影响很多具有不可逆性。人们开始认识到大自然是人类的一种必需品，保护地的发展理念得到越来越多人的认同。美国主流社会较早地认识到在原生自然空间越来越受人类干预的情况下，“荒野理想”在一定程度上是一个文化建构，而不是一个确切的自然存在，因而政府的作用非常重要。1872 年美国黄石国家公园成立了，随后在全球范围内掀起了以保护地为主要手段的自然生态系统保护的大运动。

1933 年，伦敦召开的非洲动植物保护国际会议初次形成了“国家公园”的概念，亦即：“一个处于公共控制情况下的，其边界除非经由权威立法机关命令不得更改的；划分出的为公众利益、幸福而保护野生动植物的；除经公园管理机构容许禁止任何采摘或狩猎活动的区域。”这一概念明确指出了国家公园在公共利益上的积极意义，对于野生动物过度狩猎导致生物多样性极度降低，自然景观价值极高的地方被特权阶层圈地独享的保护地现状找到了治理的政治伦理出发点，但在性质上并未将国家公园与其他保护地区别开来，譬如狩猎保护地。

1969 年，IUCN 在印度新德里大会上形成一个国家公园定义：“一个国家公园，是这样一片比较广阔的区域：① 它有一个或多个生态系统，通常没有或者很少受到人类占据及开发的影响，这里的物种具有科学的、教育的或游憩的特定作用，或者这里存在着具有高度美学价值的自然景观；② 在这里，国家最高管理机构一旦有可能就采取措施在整个范围内阻止或取缔人类地占据和开发，并切实尊重这里的生态、地貌或美学实体，以此证明国家公园的设立；③ 到此观光须以教育、游憩、文化陶冶为目的，并得到批准”。IUCN 要求各国政府不能再以“国家公园”的名义划分各种自然保护区，同时由私人设立并管理或由地方机构设立并管理的自然保护实体，除非得到中央一级政府的完全承认和控制是不能算为国家公园[5]。

随着国家公园的概念被越来越多的国家所接受，1969 年定义的适用性越来越小。1974 年，IUCN 对此概念进行修正，提出国家公园是“具有优美景观、特殊生态或地形，有国家代表性，未经人类开采、聚居或建设；限制工业区、商业区及人类聚居开发，禁止伐木、采矿、设厂、农耕、放牧及狩猎等行为，以有效地维护自然景观及生态平衡；保护现有的自然状态，准许有游人在一定条件下进入，可作为现代及未来的科研、教育、游览与启智的场所”。这一定义更加突出了国家公园的国家意义，强调维持生态平衡、保持自然状态的重要性，并围绕保护目标确立了限制和禁止的对象。

目前，我国尚未形成明确的国家公园体系。

4. 国家考古遗址公园

“国家考古遗址公园”是目前大遗址利用方式中非常引人注目的一种方式。一般认为，自 2000 年国家文物局批复《圆明园遗址保护规划》起，“遗址公园”的概念已经形成。此后几年间，我国文物主管部门和学术界较多使用“大遗址保护展示示范园区”、“遗址公园”，或用二词互相指代、定义[6]。2009 年 6 月“大遗址保护良渚论坛”之后，国家文物局首次将“建设考古遗址公园”作为大遗址保护利用的有效途径向社会发出倡导，并对考古遗址公园的目标、意义、主要工作方式等做了阐释。当年 10 月在洛阳召开的“第二届大遗址保护高峰论坛”上，总结了各地在考古遗址公园建设方面的经验和成果，并共同签署了《大遗址保护洛阳宣言》，再次肯定建设考古遗址公园的重大意义。12 月国家文物局进而颁布了《国家考古遗址公园管理办法（试行）》以及《国家考古遗址公园评定细则（试行）》。2010 年 10 月 9 日，国家文物局公布首批 12 处国家考古遗址公园的名单，可见“考古遗址公园”是国家文物局层面非常重视的保护利用方式。

《国家考古遗址公园管理办法（试行）》称，“本办法所称国家考古遗址公园，是指以重要考古遗址及其背景环境为主体，具有科研、教育、游憩等功能，在考古遗址保护和展示方面具有全国性示范意义的特定公共空间。”单霁翔认为国家考古遗址公园是对考古类文化遗产资源的一种保护、展示与利用方式，其建设过程“是揭示文化遗产价值的过程，是实现遗址整体保护的过程，是整合文化遗产资源的过程，是创新保护展示理念的过程，是突出城市文化特色的过程，是形成优美生态环境的过程，是促进经济社会发展的过程，是改善民众现实生活的过程，是动员社会各界参与保护的过程”[7]；也是“让城市发展与文物保护两全其美”的重要途径[8]。

（三）研究目的与意义

国家考古遗址公园一方面为遗址保护与研究提供了必要的空间，促进考古研究、遗址保护的可持续发展；另一方面借助系统化、人性化的遗址本体和整体环境景观的阐释与展示措施，引导公众走近遗址、了解遗址，使遗址成为令人流连忘返的游览胜地。因此，考古遗址公园的阐释与展示成为凸显和释读遗址价值的重要手段，也是考古遗址公园建设过程中的关键环节。

在众多类型遗址中，城址类考古遗址是见证人类历史文化发展的重要实物例证，遗址本身作为一种人类历史信息的载体，蕴含着多种复杂的遗址形态及意义，向人们传递着丰富的历史文化内涵，城址类考古遗址的存在起到传承历史文脉、揭示文化发展的连贯性的作用。

在我国分布着众多城址类考古遗址，这些遗址的年代和地域跨度大，保存环境、保存现状和遗址类型也千差万别，为了让公众更深入地认识、了解与研究这些文化遗产及其代表文化，需要对其进行阐释与展示。与其他类型遗址相比，城址类考古遗址往往规模巨大，涵盖遗迹形态较多，本身可观赏性较差，展示难度较高。

现阶段我国遗址的阐释与展示工作仍然处在起步阶段，对于如何在保证遗址安全的同时，采取有效的阐释与展示措施，在真实性、整体性、可读性、可持续性等四个方面体现城址类考古遗址的价值，发挥遗址的社会经济价值，是本课题亟待解决的问题。

1. 研究目的

（1）理顺我国大遗址规划体系，明确国家考古遗址公园规划在我国大遗址规划体系中的重要地位；

（2）探讨国家考古遗址公园规划体系的构建；

（3）总结城址类考古遗址公园特点；

（4）提炼国家考古遗址公园“阐释”（Interpretation）与“展示”（Presentation）的概念、原则和方法。

2. 研究意义

（1）为国家考古遗址公园融入中国国家公园体系提供理论支持；

（2）为国家考古遗址公园的可持续发展提供理论支持；

（3）为国家考古遗址公园的规划设计、建设与运营管理提供技术支撑；

（4）为遗址阐释与展示的方法提供技术支撑。

（四）研究方法

1. 文献综述法

系统收集相关文献资料，通过文献综述法，结合状态分析和过程分析法，探讨国内外遗址利用方式方法以及遗址阐释与展示的原则和方法。

2. 对比分析法

通过对不同国家考古遗址的展示利用情况进行对比分析，了解其差异性和共性特征，据此为我国国家考古遗址公园展示与阐释提供经验借鉴。

3. 空间分析法

运用 GIS 空间分析软件处理“十二五”150 处重要大遗址数据，分析大遗址的空间分布特征及城址类大遗址分布特征。

4. 案例分析法

以西安大明宫国家考古遗址公园为案例，对国家考古遗址公园的展示设施、标识系统、游客满意度以及公众使用后评价进行考察分析。

5. 问卷调查法

运用问卷调查方法对曲阜鲁故城、扬州城进行展示意向问卷调查，对大明宫国家考古遗址公园、宋夹城考古遗址公园使用后评价进行问卷调查。

（五）技术路线（图 1）

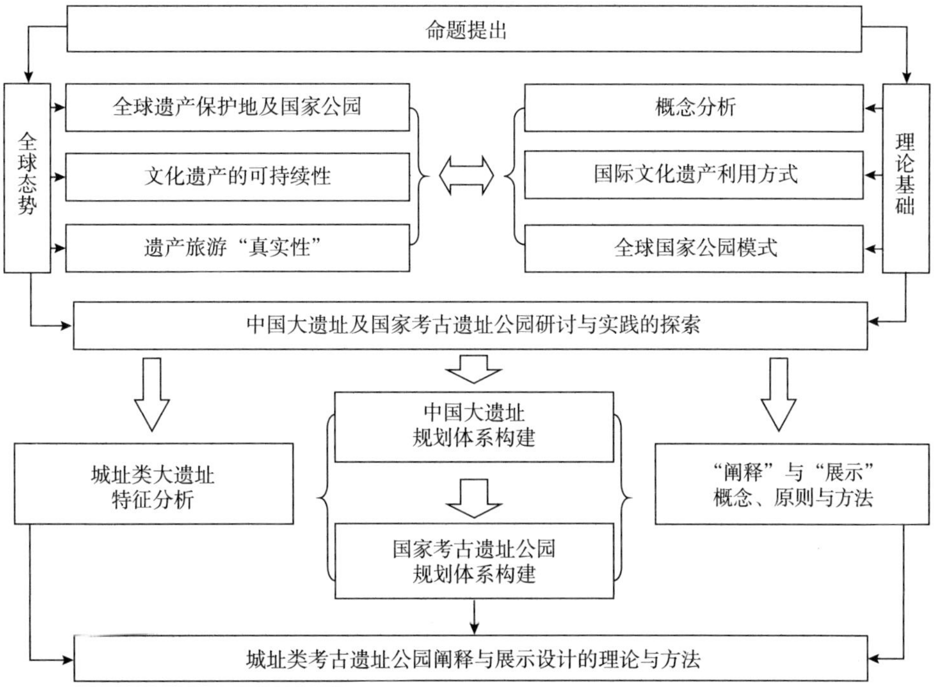

图 1　研究技术路线

二　中国大遗址规划体系构建[9]

21世纪初，保护规划伴随大遗址“整体保护”思想应运而生，2007年《全国重点文物保护单位保护规划编制审批办法》和《全国重点文物保护单位保护规划编制要求》出台，保护规划成为迄今为止支撑大遗址规划的唯一技术文件。

保护规划在过去十余年间进行了大量实践并在大遗址保护方面发挥了有效作用。然而目前作为中国经济体制转型的过渡期、经济增长要求的旺盛期和城市化进程的高潮期，社会对土地资源需求的迫切程度前所未有。大遗址的土地资源属性，使以保护为唯一目的的“保护规划”在面对快速城市化进程和市场经济的冲击下显得苍白无力。部分保护规划因忽视城市发展和社会经济环境分析而缺乏可操作性，只能妥协于随意建设，文物主管部门也只能通过调校保护规划（保护范围）来适应不断变化的外部建设环境。

2010年《国家考古遗址公园管理办法（试行）》出台，标志着大遗址从单纯保护进入保护与展示利用并重的新时期。国家考古遗址公园成为在快速城市化、土地资源紧缺和过度开发的社会环境下，保存和保护大遗址的有效政策手段，也是向社会公众展示大遗址价值的重要平台。同时，国家考古遗址公园的提出，是对原有依赖于计划经济体制和政府主导的大遗址保护体系的全方位冲击。大遗址保护与展示利用的参与者从国有化的一统江山变成多元利益主体，从政府、投资方、规划方、建设方、管理运营方到作为使用者的社会公众，均成为国家考古遗址公园运作的参与者，其对现有单一的大遗址保护规划体系、规划制度以及管理体制上的封闭性和主观性提出挑战。

本文所称“规划体系”，是用以概括大遗址保护与展示规划工作内部各技术层次的递进关系。如果社会需求属于“经济基础”，那么规划无疑属于“上层建筑”。以保护规划为单一支撑的大遗址规划体系，显然已经无法满足中国大遗址保护与展示利用的需求。本文尝试探讨和构建涵盖保护与展示利用多重需求的大遗址规划体系，以期在“十二五”期间，为大遗址保护与展示利用提供一套可操作的规划思路。

（一）“三层次四阶段”的大遗址规划体系

在规划体系构建上，可以借鉴目前发改委、国土资源部、住建部三大部委在规划中“远析趋势近求实际”的原则。在宏观的国土和区域层面注重客观分析长远发展的多种可能性，如发改委2010年最新发布的《全国主体功能区规划》、国土资源部制定的《全国土地利用总体规划纲要（2006～2020年）》、住建部制定的《全国城镇体系规划（2006～2020年）》，均从宏观角度探讨了国土空间开发的战略举措和格局。而在具体城镇层面，目前规划的趋势是逐渐将焦点从远期目标调整为近期发展策略。如早在2002年国务院九部委在贯彻落实《国务院关于加强城乡规划监督管理的通知》精神文件中，将五年近期建设规划确定为主要工作内容，标志了近期建设规划取代了周期为二十年的城市总体规划，成为城市规划体系的主导和核心，从而加强了规划在建设决策中的刚性控制力度。

结合我国目前大遗址保护规划和工程现状，可调整建立“三层次四阶段”的大遗址规划体系：在宏观层次（即研究层次）上，完成国家大遗址保护与展示战略规划和区域大遗址保护与展示体系规划，从而使文保部门建立起与其他主要规划部门（发改委、国土资源部、住建部）平等对话的技术平台；在中观层次（即法律层次）上，完成单体大遗址保护与展示总体规划（即保护规划和考古遗址公园规划），侧重近期（五年）的全局性安排，分析实际需求，确定近期保护和展示范围及重点工程，并着重完善其法律地位；在微观层次（即实施层次）上，完成大遗址本体保护工程、展示工程、基础设施和配套设施建设。“三层次四阶段”的大遗址规划体系可以相互协调补充，在快速多变和跨越式的社会经济发展中，平衡保护与展示、兼顾远景展望与实际操作（图2）。

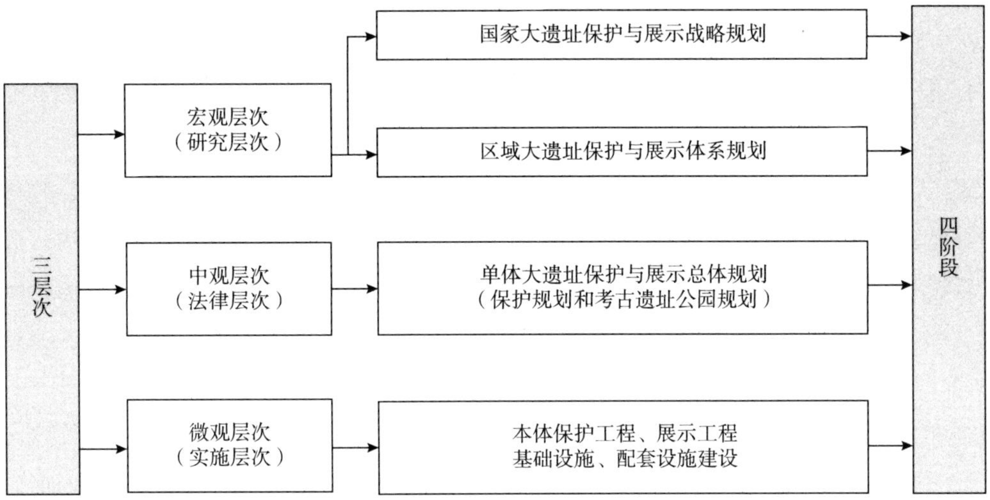

图2　“三层次四阶段”的大遗址规划体系

（二）宏观层次（即研究层次）的国家大遗址保护与展示战略规划

宏观层次（即研究层次）的国家大遗址保护与展示战略规划应以保证国家大遗址保护与展示体系的完整性和前瞻性为目标，是我国大遗址保护与展示的战略性和统筹性规划。规划应从国土资源环境承载力和发展潜力、土地利用和城镇化格局、经济布局、人口分布等综合因素考量和分析，探讨国土范围内重要大遗址的统筹保护与展示战略；提出国家大遗址空间保护战略格局和空间展示战略格局；划分重点展示利用、限制展示利用及禁止展示利用（严格保护）的大遗址区域，明确不同区域的功能定位、保护与展示目标、方向和原则；提出近期保护与展示重点区域及引导策略。

区域大遗址保护与展示体系规划应以优化区域大遗址保护与展示的空间结构，促进区域大遗址保护与展示的可持续发展为目标，是承上启下的协调性和约束性规划。规划应根据国家大遗址保护与展示战略规划划定的功能区域，从区域经济、社会、环境的角度综合分析，提出本区域内大遗址保护与展示发展战略和空间格局；在保护和保留未来发展弹性基础上，明确近期实施保护与展示的重点大遗址项目和实施时序；原则确定重大保护与展示设施布局。

（三）中观层次（即法律层次）的大遗址保护与展示总体规划

中观层次（即法律层次）的大遗址保护与展示总体规划可由现行的保护规划和国家考古遗址公园规划共同构成，是大遗址保护与展示利用的基础性和操作性规划，也是大遗址规划体系的核心。从规划层级而言，保护规划与国家考古遗址公园规划均是针对单体大遗址来探讨保护与建设之间的博弈关系，并尝试寻求一个相对平衡和可操作的规划方案。因此，建议短期内可以分别调整其技术体系使之协同制衡，长期来看则可以双规合一，提高可操作性并避免“规划浪费”。同时，应通过法定文件突出其法律地位，以明确规划范围和各项控制指标的法律性。目前，作为分别支撑单体大遗址保护需求与展示需求的技术文件，保护规划与国家考古遗址公园规划应统一调整和细分编制内容，避免重复性，各司其职，并实现技术体系的无缝衔接，以协同完成单体大遗址的保护与展示规划工作。保护规划应加强对社会经济环境的理性判断、加强对现状问题和矛盾的细致分析，在城市整体发展政策框架下，协同社会、经济、环境和政治制度，合理处理与“三规”（国民经济与社会发展规划、土地利用总体规划、城市总体规划）及其他各类专项规划的关系，确保保护规划范围的可行性并合理预测未来趋势。

（四）微观层次（实施层次）的本体保护工程、展示工程

单体大遗址保护与展示规划层面应尤其需要通过对保护与展示资金的投入与来源进行分析，争取将展示工程及相关建设纳入地方政府审批项目，从而强化市场信息来源，进而引入市场投资。科学合理的保护与展示规划将保证微观层次（即实施层次）的各项工程目标明确、政策到位、保障有力、操作可行，从而顺利落实大遗址保护与展示要求。

综上，大遗址规划体系、规划制度和管理体制的理论构建尚需业界长期的研究和总结，同时也需要更多探索性的规划实践。“十二五”期间对于大遗址的可持续保护与展示的研究和实践，仅仅是一个开端。如何使大遗址在快速城市化进程中得到更有效的保护和更合理的展示利用，将是我们在新的历史时期长期不懈的研究和实践方向。

三　考古遗址公园规划体系构建

在我国，考古遗址公园建设经过多年实践，已有大明宫、隋唐洛阳宫城、殷墟、金沙等一批考古遗址建成公园并投入运营[10]。然而目前考古遗址公园规划与建设尚未建立有效的理论指导体系[11]，在大规模快速建设背景下，以物质形态规划为核心的考古遗址公园规划，由于其强烈的建设导向，将激化“保护”与“发展”的矛盾。面对大面积遗址区遗存的复杂性以及考古研究的长期性，如何在有限的研究支撑和快速开发展示遗址的需求中取得平衡，兼顾“保护”与“发展”，是国家考古遗址公园规划需要首先思考的问题。

（一）多层次规划体系的构建

多层次规划体系的构建旨在将考古遗址公园规划从单一的物质形态规划衍生为集项目决策—场地规划—实施计划—评估与反馈于一体的规划体系。从而将规划重心从如何建设转移到如何管理运营[12]，形成以“软件”体系建设为主的规划模式。

在项目策划阶段形成以解说系统规划为主的规划体系，重视遗址解说“软件”体系（观览、表演及其他体验活动、多媒体场外展示、衍生文化产品开发）的策划和组织运营，可以在开发的同时，最大限度的维护遗址本体及历史环境。而完善的解说系统规划同样也可以作为一项融资手段[13]，促进与

文化产品开发等机构的潜在合作，用于申请经费或其他募集资金活动，拓展资金筹措渠道，支持规划实施。

在场地规划中，以建筑物或构筑物建设展示遗址的方式应慎重选择，应禁止在考古发掘及研究成果尚不充分的遗址上建设永久性展示设施；不鼓励在遗存形态尚不清晰的区域采用地面标识（包括铺装标识、植物标识等可逆标识方式）；在遗址核心保护区内，除必要的配套设施，不宜建设旅馆、餐馆、商店等商业设施，大规模商业建设活动（包括游客服务中心）应避让遗址核心保护区。

详尽的实施计划将最大限度地保证规划项目的顺利进行，评估与反馈体系的建立将为遗址区内所有人为活动提供有效的监控手段和信息反馈机制，从而影响和改善决策，使考古遗址公园规划形成一个良性循环的体系（图3）。

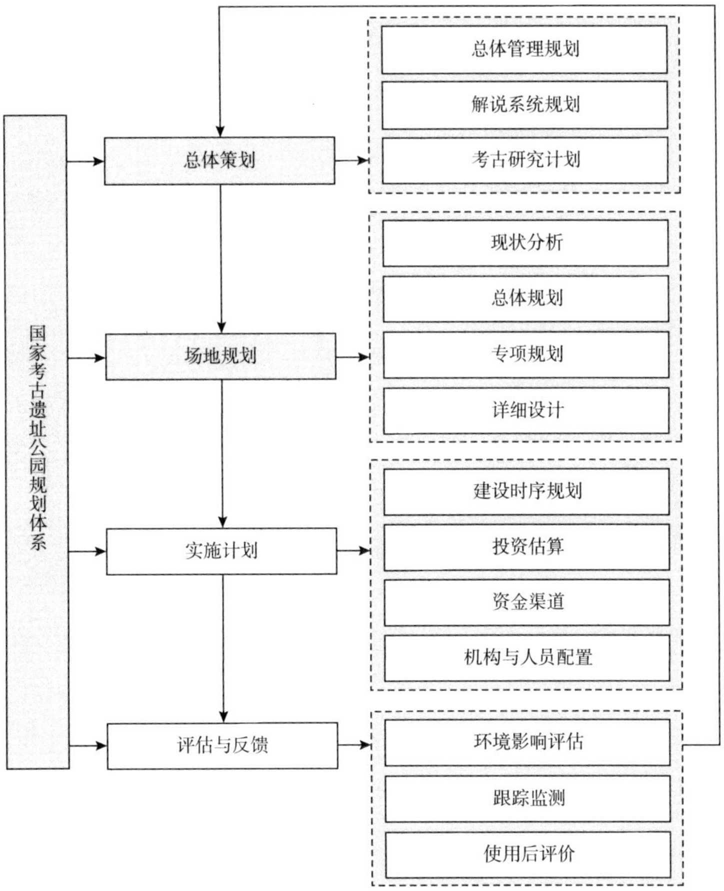

图3　国家考古遗址公园规划体系示意

（二）规划内容

1. 项目策划（Project Plans）

（1）总体管理规划（Management Planning）包括：确定考古遗址公园建设目标、功能定位；区域资源的综合分析与协调；管理机构、管理内容、管理人员、管理设施的数量和规模；游客与市场分析、景点营销、宣传方式等。

（2）解说系统规划（Interpretive System Planning）包括：制定解说目标、资源、主题与题材；分析受众目标群体、背景和来访动机、对解说活动的预期；选择恰当的解说媒介与服务，如导游员解说、语音导览、图文展示、原貌展示、观览休闲活动的策划与组织、开发衍生文化产品等；确定解说设施和服务设施的种类、数量和规模；合理规划游览路线；预估专业解说人员、活动策划和组织人员、表演人员、服务人员数量，制定专业培训计划。

（3）考古研究计划（Archaeological Research Program）包括：规划期内考古工作计划；划定重点保护区、科研区；预估考古与研究工作作业时间、人员数量、所需配套设施规模。

2. 场地规划（Site Plans）

（1）现状分析（Site Analysis）包括：对编制对象所在区域的遗产现状、自然及社会环境现状、用地现状进行综合分析；承接和落实城市规划、保护规划等上位规划的要求，提出本体保护、环境整治和保护策略。

（2）总体规划（Master Planning）包括：根据上层次保护规划及规划区自然、社会、经济和用地现状，划定考古遗址公园范围；明确考古遗址公园总体布局；明确考古遗址公园总体景观风貌。

考古遗址公园总体布局，包括功能分区、交通组织、设施分布，从而规划形成合理的公园总平面布局。

① 功能分区需结合规划区现状，依据考古研究计划，划分出重点保护区、科研区、观览展示区、管理服务区；

② 交通组织需充分落实解说系统规划中制定的游览路线，合理组织动态和静态交通系统，避免破坏遗址本体和自然景观，同时保证遗址展示区的可达性和活动组织的便捷性，兼顾考古科研人员的工作需求；

③ 设施分布需落实项目策划阶段所需管理设施、展陈设施、标识设施，并结合游客需求合理配置公共服务设施；

考古遗址公园总体景观风貌，包括明确景观空间关系、控制配套设施建筑形态、提出公共环境塑造的控制原则和意向。

① 景观空间关系应包括规划区内景观轴线和视廊的控制，建立公园整体空间架构；

② 根据整体空间景观要求，对配套设施建筑的群体形象、体量、高度、屋顶形式、立面设计以及色彩、材质、装饰等提出控制与引导要求，体现整体和谐的风貌特征；

③ 公共环境塑造应提出环境设施（雕塑小品、广告等）、夜景、绿化景观的控制要求和设计原则。

（3）专项规划（Program Planning）包括：竖向规划；照明规划；种植规划；防灾与安防规划；电信、供水、排水、供电、供热、环卫发展目标等基础设施规划。

（4）详细设计（Detailed Design）包括：重点展示区的深入设计，提出环境形象示意；管理设施、展陈设施、标识设施，公共服务设施形象示意。

3. 实施计划（Implementation Plans）

（1）建设时序规划（Construction Sequence Planning）应根据项目策划阶段的活动内容和管理内容，以及场地规划阶段的建设内容，分阶段确定具体的实施项目和行动。

（2）投资估算（Investment Estimation）应根据项目规模、所需资源、技术、设备、时间制定投资预算：包括公园管理和运营经费预算、估算工程量与拆迁量并制定工程经费预算。

（3）资金渠道（Source of Finance）应明确资金落实情况并制定多渠道筹措经费计划，如国家拨款、门票收入、专项经营、民间机构支持、社会募捐等。

（4）机构与人员配置（Institution &Personnel Allocation）应综合管理规划、解说规划、考古研究计划以及场地建设等多方需求，建立统筹管理机构并合理分配人力资源。

4. 评估与反馈（Assessment & Feedback）

（1）环境影响评估（Environmental Assessment）针对可能对遗址本体及环境产生影响的各种观览活动、考古研究活动、管理活动以及建设活动，需要根据遗址保护的相关法规政策进行方案评估。

（2）监测（Monitoring）应对遗址本体及环境、自然灾害、建设活动、管理活动、观览活动、游客容量进行跟踪监测。

（3）使用后评价（Post Occupancy Evaluation）以使用者群体的价值取向作为评价出发点，收集公众对公园的评价数据信息；了解公众对公园展示效果及使用状况的评判；总结公众对公园的需求和期望。从而影响和调整项目策划，使公众可以参与考古遗址公园的设计决策过程。

（三）小结

1. 考古遗址公园规划与保护规划的关系

考古遗址公园规划理论上应作为保护规划指导下的实施性建设与管理规划。然而在保护规划编制过程中，受限于编制时代背景、编制时期考古发掘进展等因素，目前大多数保护规划在保护区、建设控制地带以及环境控制区的管理规定中，对于建设容量与风貌（如建筑限高、体量等）的指标控制过于笼统，缺乏依据与深入研究；对于展陈结构、游客管理等方面的规划也大都是原则性阐述，缺乏特色与针对性。因此，造成规划控制指标与实施脱节，导致保护规划方案很难对后续考古遗址公园的建设规划起到真正意义的指导作用。

所以，在考古遗址公园规划中应重新慎重研究解说系统以及建设控制指标，不可盲目落实保护规划的相关内容。此外，从整个遗址规划体系的连续性来看，建议将城市规划体系中的法定图则引入保护规划，使保护规划对于遗址建设容量控制和环境控制指标得以细化到地块（建议2～10公顷/地块），使其能够更好指导遗址公园等后续规划，同时更具可操作性。

2. 关于考古遗址公园规划边界的探讨

考古遗址公园规划边界的划定，需要参考上位保护规划中的遗址保护范围，但同样需要考虑与周边地区的衔接，如行政边界、土地使用权、周边地块用地功能与公园资源和价值的兼容性以及对外交通、基础设施的共享和连接。

因此，考古遗址公园规划边界应保证有足够的规模维护历史遗存和自然生境系统的完整，以利于资源的长期保护，并满足场外展示、公众休闲以及公园管理运营的需求。在考古遗址公园建设实践中，边界的划定通常也受限于征地情况、开发与运营成本、行政管理方案等，需要在理想方案和实际可操作方案之间进行折中。

3. 遗址区自然环境的生态价值

国家考古遗址公园所处的自然环境除具备景观价值，其生态价值也应予以重视，使之成为展示生态文明的独特场所，为城市提供雨洪净化和调蓄、吸收碳排放、维护地域景观特色、提供乡土物种栖息地等综合生态服务功能。

根据统计，在“十二五”期间国家确定的150处重要大遗址中，121处（占大遗址总数量的83%）大遗址处于中国国土生态安全格局[14]之内，其中52处（占大遗址总数量的36%）大遗址处于生态敏感性最强的一级生态安全格局。可见，大遗址是维护国土生态安全的重要节点。依托大遗址建设的国家考古遗址公园，尤其需要重视规划区内自然生态环境的保护和管理，以维护国土生态安全，并为后世提供平等的了解和享受自然与文化资源的机会，真正实现大遗址的可持续发展。

四　城址类与其他类型大遗址比较分析

（一）“十二五”150处重要大遗址数据分析

本数据统计分析利用地理信息系统（GIS）技术，对“十二五”大遗址保护专项规划中重点保护项目库确定的150处重要大遗址的遗址本体和所在地环境信息建立了空间数据库；收集大遗址及遗址所在地的自然和社会经济等数据[15]。以从中比较分析城址类考古遗址区别于其他类型大遗址的特点。

1. 类型数量分析

除长城、京杭运河等5处线性大遗址，在其他145处大遗址中，包括大型历史园林遗址1处、大型古代石窟寺和石刻遗址1处、大型古代工程遗址5处、旧石器时代古文化遗址和新石器时代早期洞穴遗址6处、大型古代建筑群遗址7处、古代城市遗址61处、古代帝王陵寝与大型墓葬群遗址32处、史前聚落与大型遗址遗迹20处、大型古代手工业遗址12处。

由大遗址类型统计图（图4）可知，古代城市遗址所占比例最大，共57个，占总数量的42%，其次为古代帝王陵寝和大型墓葬群，27个，占总数量的20%，史前聚落和大型遗址遗迹19个，占14%。

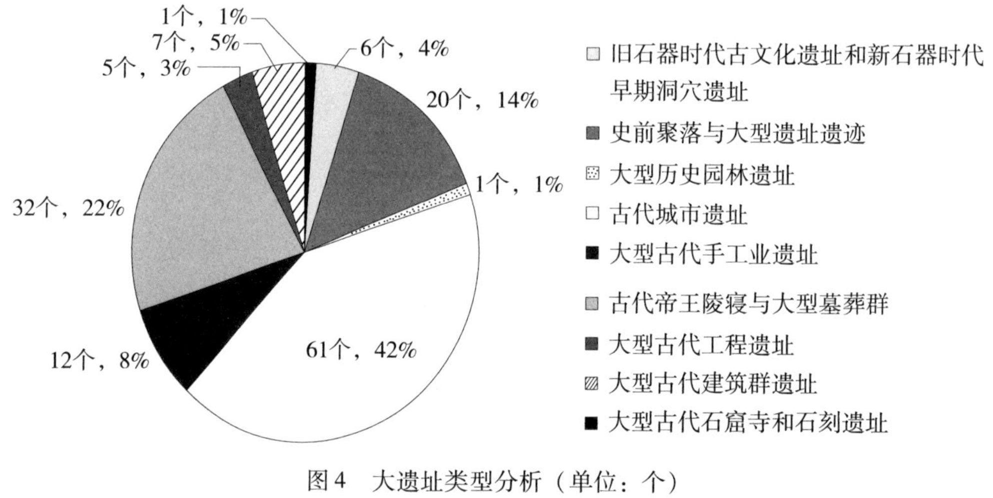

图4　大遗址类型分析（单位：个）

由于大型历史园林遗址等类型数量均较少，不具有明显的可比性，因此，以下比较研究，仅选取古代城市遗址、古代帝王陵寝与大型墓葬群遗址、史前聚落与大型遗址遗迹、大型古代手工业遗址四种类型大遗址进行对比分析。

2. 行政区位分析

从图 5 可知，城址类遗址的行政区位分布于 20 个省市自治区，其中河南省最多，有 12 处，陕西省次之，共 8 处。

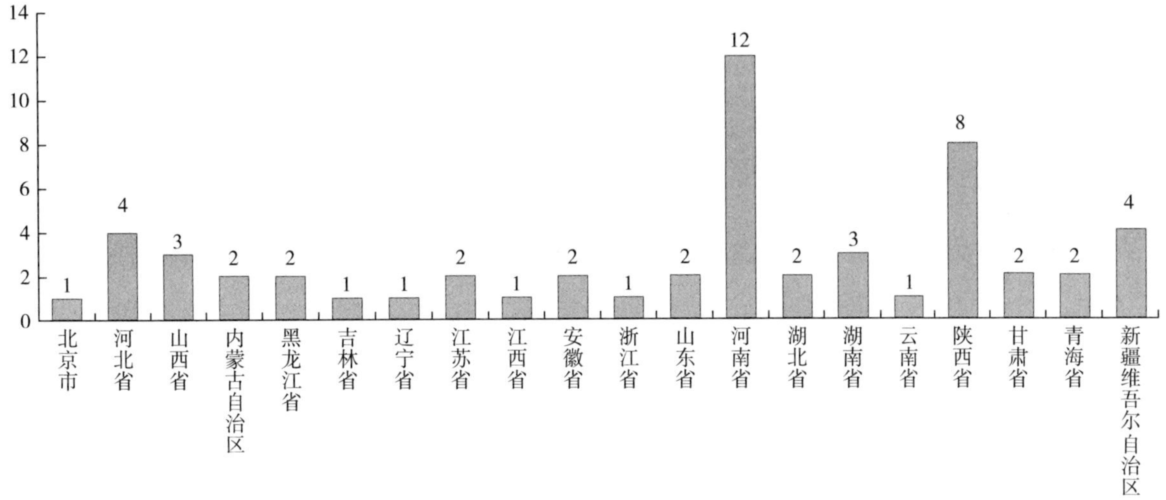

图 5　城址类大遗址行政区划分析（单位：个）

3. 规模比较分析

从图 6 可知，约一半（47%）的古代帝王陵寝与大型墓葬群规模较大，面积大于 20 平方公里，属于超大型遗址，个体多且分布范围广，跨度大，有的甚至跨几个省。

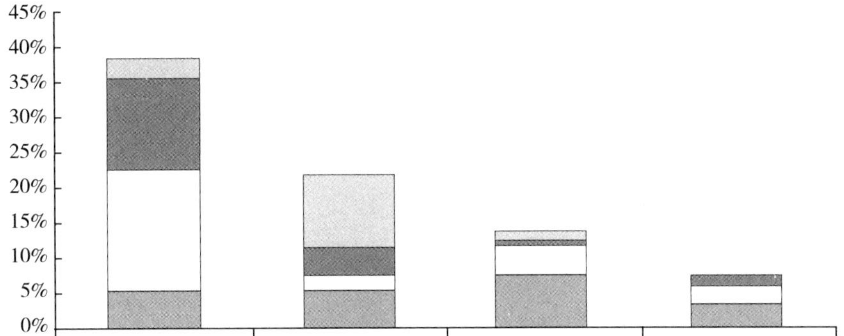

	古代城市遗址	古代帝王陵寝与大型墓葬群	史前聚落与大型遗址遗迹	大型古代手工业遗址
超大型遗址比例（S>20）	3%	10%	1%	0%
大型遗址比例（5<S≦20）	13%	4%	1%	1%
中型遗址比例（0.5<S≦5）	17%	2%	4%	3%
小型遗址比例（S≦0.5）	6%	6%	8%	3%

图 6　各类大遗址规模分析

史前聚落与大型遗址遗迹和大型古代手工业遗址主要以小型遗址为主，分别占 55% 和 45%。相对比而言，近 80% 的古代城市遗址属于中大型遗址。

4. 国土生态安全格局等级比较分析

由图 7 可知，古代帝王陵寝与大型墓葬群、史前聚落与大型遗址遗迹较多处于生态安全格局等级较低区（即较不敏感区）。相对比而言，古代城市遗址处于一级生态安全格局即敏感性最高格局的数量众多，大多是国土生态安全格局的重要节点。

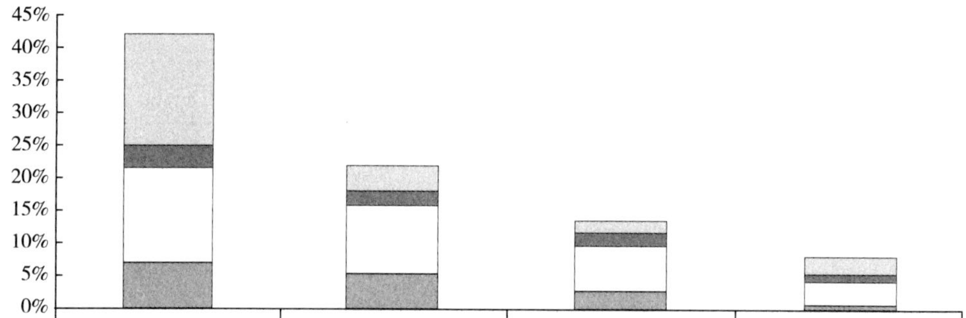

	古代城市遗址	古代帝王陵寝与大型墓葬群	史前聚落与大型遗址遗迹	大型古代手工业遗址
一级比例	17%	4%	2%	3%
二级比例	3%	2%	2%	1%
三级比例	14%	10%	7%	3%
非格局内比例	7%	6%	3%	1%

图 7 各类大遗址所在国土生态安全格局分析

5. 所在地人口密度比较分析

由图 8 可知，古代城市遗址分布在人口中等区、密集区、极密区的数量众多，约占城市遗址总数量的三分之二，约三分之一分布在人口稀少区和极稀区。古代帝王陵寝与大型墓葬群、大型古代手工业遗址、史前聚落与大型遗址遗迹则大多分布于人口中等偏密集的地区。

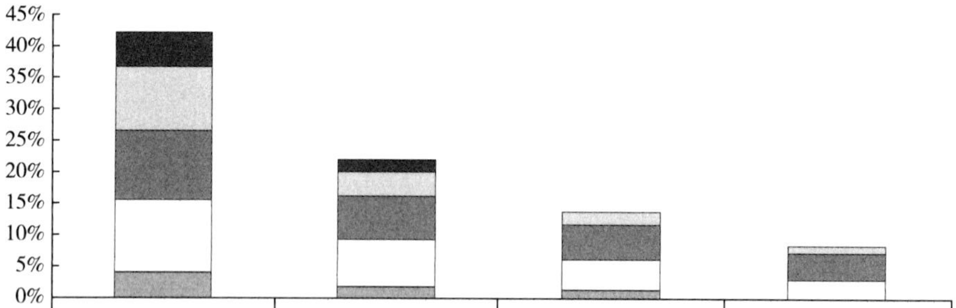

	古代城市遗址	古代帝王陵寝与大型墓葬群	史前聚落与大型遗址遗迹	大型古代手工业遗址
人口极稀区比例	6%	2%	0%	0%
人口稀少区比例	10%	3%	2%	1%
人口中等区比例	11%	7%	5%	4%
人口密集区比例	12%	8%	6%	3%
人口极密区比例	4%	2%	1%	0%

图 8 各类大遗址所在地人口密度分析

6. 所在地 GDP 比较分析

由图 9 可知，古代城市遗址分布于综合经济极发达区、发达区、中等区的数量众多，占城址总数半数以上；史前聚落与大型遗址遗迹、古代帝王陵寝与大型墓葬群半数分布于综合经济欠发达地区；大型古代手工业遗址分布地较为均衡。

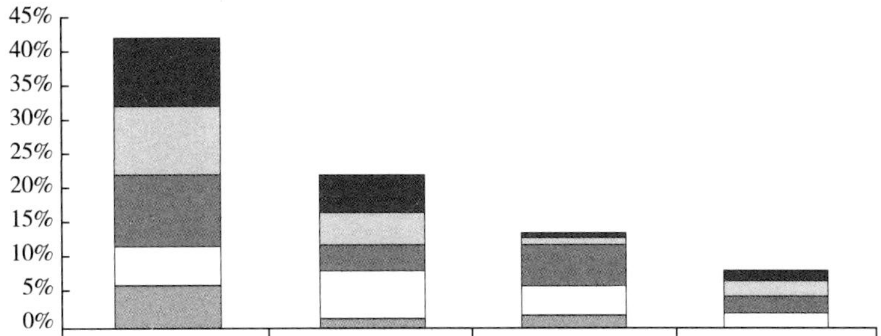

	古代城市遗址	古代帝王陵寝与大型墓葬群	史前聚落与大型遗址遗迹	大型古代手工业遗址
■ 综合经济极欠发达区比例	10%	6%	1%	1%
□ 综合经济欠发达区比例	10%	5%	1%	2%
■ 综合经济中等区比例	10%	3%	6%	3%
□ 综合经济发达区比例	6%	7%	4%	2%
■ 综合经济极发达区比例	6%	1%	2%	0%

图 9　各类大遗址所在地 GDP 分析

7. 可达性比较分析

由图 10 可知，多数古代城市遗址可达性较强，约占 57%。而大型古代手工业遗址和史前聚落与大型遗址遗迹则可达性较弱，仅 20% 的史前聚落与大型遗址遗迹可达性较强。

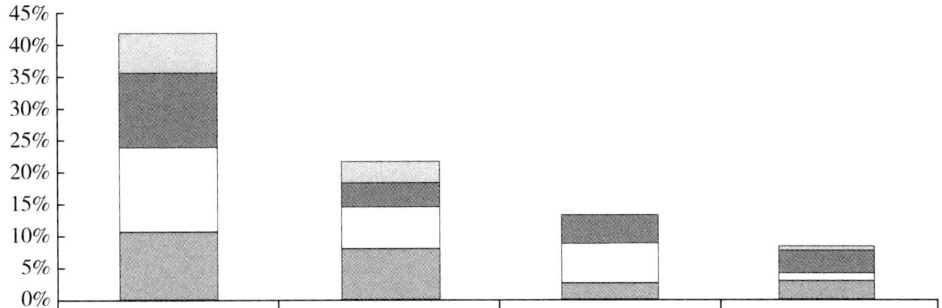

	古代城市遗址	古代帝王陵寝与大型墓葬群	史前聚落与大型遗址遗迹	大型古代手工业遗址
□ 可达性弱比例	6%	3%	0%	1%
■ 可达性较弱比例	12%	4%	5%	3%
□ 可达性较强比例	13%	6%	6%	1%
■ 可达性强比例	11%	8%	3%	3%

图 10　大遗址可达性分析

综上，古代城市遗址是大遗址的重要组成部分，是十二五大遗址重点保护项目中所占数量最多的遗址类型。众多的古代城市遗址处于国土生态安全格局范围内，是维护国土生态安全的重要节点；而多数古代城市遗址位于综合经济较发达地区和人口较密集地区，因此古代城市遗址的保护工作也更多承受着经济发展和人口膨胀所带来的压力。

而大多数古代城市遗址规模均在2～10平方公里，是公园建设的适宜尺度。相较于其他类型遗址，大多数城址类遗址可达性较强，交通便利，也为建设遗址公园提供了有利条件。

（二）城址类考古遗址的价值及载体

与其他考古遗址类型相比，城址类考古遗址往往规模巨大、使用时期较长、遗存众多且不同年代遗存相互叠压现象十分普遍。在对遗址内各类遗存进行正确认知和实施长久有效保护的前提下，如何准确、全面、合理、直观的揭示城址类考古遗址的价值核心，是城址类考古遗址公园阐释与展示设计面临的首要问题。

城址类考古遗址价值核心的认定，可为考古遗址公园设计提供清晰的阐释与展示对象和设计目标。将设计与揭示遗址的过程建立起逻辑关系，从而解决“设计什么”及“做什么样设计”的问题。

笔者认为，城址类考古遗址公园的价值核心在技术层面主要体现在三方面：文化价值、生态价值和使用价值。

1. 文化价值

城址类考古遗址是中国古代城市规划实践的重要例证，也是历史上重大政治、经济、社会活动的发生地和见证地。城址类考古遗址的文化价值超越了单体古迹的历史、科学和艺术价值，其文化价值的核心更多体现在以空间为横轴的城址（宫殿址）规模范围、空间结构、功能布局、历史环境和以时间为纵轴的城址（宫殿址）迁移、历史事件等宏观层面。

基于对城址类考古遗址文化价值核心的认定，城址类考古遗址公园阐释与展示设计对象也主要集中在承担其价值核心的遗址载体上。需要通过诸多阐释与展示手法，揭示城址类考古遗址的重大文化价值。

2. 生态价值

城址类考古遗址公园除具备重大的文化价值，其也应和其他类型城市公园一样，纳入城市绿地系统及生态基础设施范畴，承担起城市绿肺的功能，发挥其生态价值，形成展示生态文明的独特场所。城址类考古遗址公园可为城市提供多种生态服务，包括雨洪净化和调蓄、吸收碳排放、维护地域景观特色、提供乡土物种栖息地等综合服务功能。

3. 使用价值

城址类考古遗址相较于古墓葬、聚落等类型考古遗址，往往沿用时期较长，与人类活动的关系更为密切。甚至有的遗址现在仍处于城市建成区中心，如隋唐洛阳城、扬州城等。城址类考古遗址公园的建设也将更注重其对于社会公众使用价值的挖掘。在有效保护遗址本体及周边环境的生态承载力前提下，使用价值的最大化将促进考古遗址与现代生活更好融合。包括为社会民众提供遗址参观、游览及日常休憩的活动场地及历史文化教育基地等功能，使国家考古遗址公园建设成果惠及民众。

综上，城址类考古遗址公园作为历史遗存、自然环境和人类活动叠加的复杂场地，其规划设计需兼顾三方的协调演进和持续发展。城址类考古遗址公园展示与阐释设计的关键在于对其遗址价值核心的正确认知，对于遗址在文化、生态及使用三方面的价值认定，将有助于明确设计对象与设计目标，从而推演出合理的考古遗址公园的空间规划和展示设计方案。

在面对当前经济全球化所带来的民族身份和文化认同危机以及高速城市化、资源能源紧缺、环境恶化所带来的人地关系危机，考古遗址公园的建设，将有利于维护地域文化、提高民族认同感、修复生态环境、保护和节约自然资本，从而培育和重建健全的自然与文化系统，也让我们更加了解、珍爱脚下的土地以及从中生发的美丽自然和灿烂文化。

五 “阐释”（Interpretation）与“展示”（Presentation）概念与方法

纵观近百年来的文化遗产国际法规变化，文化遗产“保护”一直是国际法规制定的基本原则和根本目的，而对文化遗产的保护与利用这对矛盾关系的处理也始终伴随着国际规则的发展与演变：文化遗产的利用从“有利于保护”发展成为一种“重要的保护方式”；“利用”的内涵从“文化遗产的利用与展示”扩展到“文化遗产的阐释与展示”；文化遗产的旅游利用与发展方式日益成为文化遗产保护与发展的重要课题等等。

同时也不难看到，文化遗产保护与利用关系始终是一种动态关系，国际法规对“利用”的方式内涵、强度与广度都在不断演变，但总的来看，对“利用”的态度越来越积极，“利用”对保护的意义、对公众的教育意义都在不断地提升，另一方面也由于全球性的文化遗产保护财政投入不足问题，“保护”工作对“利用”的依赖程度也在不断提高，与此同时，对“阐释”与“展示”的方式及其可能产生的影响也越来越关注。

20 世纪初以来，现代文化遗产保护从欧洲拓展到世界范围，并逐渐发展形成了较为成熟的理论体系和技术手段。在工作内容的深度和广度上，也从对遗产物质实体的“保护”和“修复”，到对遗产及其环境背景的整体性保存，进而发展到向社会公众全面展示遗产的历史文化内涵，从而实现遗产的社会、文化价值。

（一）“阐释”（Interpretation）与“展示”（Presentation）概念辨析

2008 年，国际古迹遗址理事会第 16 届大会在加拿大魁北克城通过了《关于文化遗产地阐释与展示的宪章》[16]，第一份关于文化遗产阐释与展示的国际宪章终于诞生，也是目前 ICOMOS 唯一针对遗址阐释（Interpretation）与展示（Presentation）的官方文件。宪章将 Interpretation 与 Presentation 作为并列的概念提出并进行了详细定义：

> 阐释指一切可能的、旨在提高公众意识、增进公众对文化遗产地理解的活动。这些可包含印刷品和电子出版物、公共讲座、现场及场外设施、教育项目、社区活动，以及对阐释过程本身的持续研究、培训和评估。
>
> 展示尤其指在文化遗产地通过对阐释信息的安排、直接的接触，以及展示设施等有计划地传播阐释内容。可通过各种技术手段传达信息，包括（但不限于）信息板、博物馆展览、精心设计的游览路线、讲座和参观讲解、多媒体应用和网站等。
>
> 阐释设施指专门用于阐释与展示，包括通过创新技术和现有技术进行的支持阐释的、在文化遗产

地或与之相连的区域内的实物装置、设施和空间。

从以上定义可以看出，阐释和展示可以说是同一整体的不可分割的组成部分，两者之间并没有非常严格的界限。究竟如何理解 Interpretation 与 Presentation？需要我们重新梳理国际遗产阐释与展示相关的宪章、公约、决议、宣言及其他理论研究成果。

1. UNESCO 和 ICOMOS 宪章、公约、决议、宣言中的 Interpretation 和 Presentation

1931 年通过的《雅典宪章》中提到了对考古遗址中的残片和构件进行重新组合粘接的修复方法，并规定新的加固材料与原有材料必须明显地区分开，从而使新旧历史信息对参观者明晰可辩而不致混淆（第六条）。这是国际文件中最早涉及的遗产展示概念的雏形。1964 年《威尼斯宪章》进一步指出"必须采取一切方法促进对古迹（意义）的理解，使它得以再现而不可歪曲"（第十五条）。

展示（Presentation）的首次提出是在 UNESCO 1972 年于巴黎举行的第十届会议上通过的《保护世界文化和自然遗产公约》[17]。《公约》第四条将遗产展示（Presentation）同遗产认定（Identification）、保护（Protection）、保存（Conservation）、传承（Transmission）共同上升到国家责任的高度，并提出了展示的必要手段与措施，即展示所需的机构、工作人员、培训中心，以及适当的法律、科学、技术、行政和财政等各方面的措施，以实现展示的功能。同时，要求各缔约国尽量采取积极有效的措施建立文化遗产的保护、保存和展示的机构，配备适当的工作人员和为履行其职能所需的手段；为保护、保存和展示采取这类遗产所需的适当的法律、科学、技术、行政和财政措施；促进建立或发展有关保护、保存和展示文化遗产的国家或地区培训中心，并鼓励这方面的研究（第五条）[18]。

1990 年 ICOMOS（国际古迹遗址保护协会）制定的《考古遗产保护与管理宪章》也指出向民众展出考古遗产是促进了解古迹价值和意义的至关重要的方法，同时它也是促进了解其保护之需的最重要的方法（第七条）。自《考古遗址的保护与管理宪章》至 2008 年的《关于文化遗产地的阐释与展示宪章》，展示（Presentation）成为重要关键词，其内容意义亦逐渐被扩展为"阐释"活动的具体延伸。

阐释（Interpretation）的首次提出是在 ICOMOS 1990 年于洛桑国际古迹遗址理事会全体大会第九届会议通过的《考古遗产保护与管理宪章》[19]。《宪章》第四条指出，"展示和资料信息应被看做是对当前知识状况的阐释即通俗解释，因此，必须经常予以修改"。同时，它应考虑到了解过去的其他多种方法（第七条）[20]。"阐释"一词的概念在《国际文化旅游宪章》（1999 年）中得到了进一步的扩展。在宪章的词汇表里，"阐释"被解释为"向游客或东道主社区解释并展示东道主社区历史遗址、物品、收藏或活动有形和无形的价值和特点，包括研究工作"。值得注意的是，全文有关文化遗产"利用"的表达都已被"阐释"一词所取代了。在 1999 年澳大利亚古迹遗址理事会修订的《巴拉宪章》[21]第一条中，再进一步扩展了"阐释"的内容，并对阐释做出了较为简洁的定义——阐释是指展示某个遗产地文化价值的各种方式，包括对构件的处理（如维护、修复、重建）、遗产地的使用和活动以及说明性材料的使用。

在 20 世纪 90 年代之后的各类宪章、公约、决议、宣言中，Interpretation 和 Presentation 时常并列使用，如 ICOMOS 1999 年于墨西哥通过的《国际文化旅游宪章》[22]。《宪章》在目标中提出鼓励出台详细的规划和政策来阐释（Interpretation）和展示（Presentation）地方文化遗产及地方文化活动。ICOMOS 2008 年于加拿大魁北克城通过的《文化线路宪章》[23]中，方法部分第四条指出文化线路要协调和整合基础设施、旅游活动、阐释（Interpretation）和展示（Presentation），并将遗产价值真实而完整的转达给游客。与《文化线路宪章》同时通过的《关于遗产地精神的魁北克宣言》[24]中提出通过应用不同媒介、不同技术手段的阐释（Interpretation）和展示（Presentation）活动，保护并传承遗产地精神。

2. 理论研究中的 Interpretation 和 Presentation

根据文献分析，目前国际尚无关于 Presentation 的研究方向。而 Interpretation 的研究始于环境解说或旅游解说。对于相关英文文献和国际文件中的 Interpretation 一词，中国学者的翻译不尽相同：台湾学者多译为“解说”或“阐释”；大陆旅游学界及一些环境学者也译为“解说”，大陆考古文博界、建筑界或遗产界的翻译更为多样，如文化和自然遗产经济学研究专家徐嵩龄研究员以及重庆大学建筑城规学院的郭璇副教授都译为“展示”。《国际文化遗产保护文件选编》一书中，也有不同的译法：如《巴拉宪章》中译为“阐释”，《国际文化旅游宪章》中译为“阐释”，《中国文物古迹保护准则》对应的词汇则为“展陈”。通过对相关英文文献和国际文件的阅读，笔者认为“解说”更贴近 Interpretation 的含义。因此，下文将沿用惯例，将 Interpretation 译为“解说”。

1957 年，美国马萨诸塞州人费门·提尔顿（Freeman Tilden，1883～1982）撰写并出版了《解说我们的遗产》[25]，成为美国解说界的重要经典，Tilden 也因此被誉为“美国环境解说之父”，其所总结的“解说六原则”至今仍为世界各国解说从业人员所研究和遵从。书中介绍了关于美国国家公园、博物馆、古迹解说的原理与技巧、解说设施与方法，并对解说（Interpretation）做了如下描述：

> 数以千计的自然学家、历史学家、考古学家以及其他领域的专家们，在管理守护这些遗产的过程中，为了提供游客们所需要的服务，因此致力于揭露与“美善”和“惊奇”有关的事物，即彰显深藏在其所见所知背后的启示与精神意涵，这些工作便称为“解说”。

Tilden 在其随后发表的论文《解说原则》[26]中，明确定义了何为解说（Interpretation）：

> 解说是一种教育活动，旨在通过运用原始物体、亲身体验和直观的媒体来揭示含义和关系，而不是简单的传递事实信息。

1994 年，美国的旅游解说学家约翰·A·维佛卡（Veverka，J. A）总结了其三十年的遗产解说经验，撰写并出版了《旅游解说总体规划》[27]，成为首部详细介绍解说方法体系及规划策略的专著，堪称遗产解说规划的教科书和技术手册。书中引用了加拿大解说学会（Interpretation Canada）在 1976 年所提出的关于解说（Interpretation）的定义：

> 解说是一个交流的过程，它通过公众（游客）对物体、人类创造物、景观、场地等的亲身体验，揭示文化遗产和自然遗产的内涵及其和我们的关系。

2005 年，由英国遗产教育服务局推出了《遗产管理中的各类问题》系列丛书，其第四卷《遗产解说》[28]记录了英格兰遗产委员会二十年来关于遗产解说的理论和实践，积极探讨遗址与解说之间的相互关系。其中，对于解说（Interpretation）做了如下定义：

> 解说的工作定义是为一个场所的体验增加价值的过程。解说是促进其所管理遗址的教育潜力得到

发挥的关键。

解说是一种沟通过程，它的目标不只是简单的提供信息，也是鼓励他人做出回应。根据之前的定义，解说是一种向游客解说遗址重要性的艺术，其目的之一在传达保护的信息。

解说应包括对于遗址、纪念地和场所的理解；解说基础流程的理解；以及我们在此过程中可能使用的技术的理解；它同样也涉及我们对于受众和游客的理解。

2005 年，澳大利亚新南威尔士州遗产管理处发布了《遗产地和遗产解说指南》[29]，其对解说（Interpretation）进行了如下定义：

解说指表现遗产价值的各种方式。解说需要综合遗产构造的处理、遗产的使用并需通过各种媒介，如活动、标志和印刷品等等。

《指南》中还引用了其他关于解说（Interpretation）的描述：

解说是一种确定或传递意义的活动（Bill Nethery 1995）；

解说是一种建立理解的努力（Alderson）；

很多人需要更多的信息来理解遗产的重要性，而解说便是提供信息的一种方式（Linda Young 1995）；

解说是基于信息的揭示（Robyn Christie）；

解说是一种沟通想法和感觉的方式，帮助人们丰富自己对于世界及在其中扮演角色的理解和感激（澳大利亚解说协会）；

解说是对遗产地的物质和非物质遗产价值的沟通（Geoff Ashley 2003）；

解说是创造性地使用来源广泛的正式和非正式的历史资料、场地、观念（Anne Martin 2003）；

解说是揭示某一事物或场所的多层意义（秩名，1987）；

解说就是讲关于人和遗产地故事的方式（Kylie Winkworth）。

综上所述可以认为，Interpretation 和 Presentation 均可以从广义和狭义两方面来理解。从广义上讲，在 UNESCO 和 ICOMOS 发布的各类宪章、公约、决议、宣言（除《阐释与展示宪章》）中，Interpretation 和 Presentation 基本同义，均可以理解为对遗产形态、价值以及遗产地精神的演示、解读和传播。不同的是随着时间推移，Interpretation 和 Presentation 所涵盖的范围越来越广，其关注对象从单纯的遗址形态和价值拓展到遗产地精神，进而再到对公众参与的重视。而学术领域中关于 Interpretation 的定义和研究，除包括了上述内容及实现方法，其始终关注的重点在如何与人更好的互动，包括游客分类及心理分析、如何激发（Provocation）游客好奇心和求知欲，而非单纯的教导（Education）和传递信息。

从狭义上讲，根据 2008 年《阐释与展示宪章》中的定义，阐释（Interpretation）可以理解为遗产解说信息和方式的选择，即“解说的对象和方法”；展示（Presentation）可以理解为遗产解说媒介和手段的使用，即“解说对象和方法的技术支持”。在学术领域，“解说”（Interpretation）一词则涵盖了《宪章》中所谓阐释（Interpretation）和展示（Presentation）的全部内容，而解说系统规划（Interpretive System Planning）在国外也已是一种业已发展成熟的规划体系，其在遗产解说、遗产地旅游开发及运营管理实践中均发挥着重要作用。

目前在我国，国家考古遗址公园规划尚以物质形态规划（Site Plans）为主导，忽略了物质建设之外的“软件”体系规划和建设，包括解说系统规划（Interpretive System Planning）、总体管理规划（Management Planning）、实施计划（Implementation Plans）以及建设成果评估与反馈（Assessment & Feedback）的编制和执行。阐释（Interpretation）与展示（Presentation）概念的溯源和辨析，将有助于重新思考、组织和完善我国国家考古遗址公园的规划体系，从而使国家考古遗址公园的规划和建设更加科学合理。

最后，我们需要重温 Tilden 关于解说（Interpretation）的经典格言——“通过解说我们才得以了解；通过了解我们才懂得欣赏；通过欣赏我们才能加以保护”。恰切的遗产解说和完善的遗产解说系统规划将为唤起公众珍视历史、保护遗产的意识起到不可估量的重要作用。换言之，遗产解说（阐释与展示）是保护遗产的重要手段，而保护也正是遗产解说（阐释与展示）的最终目的。

（二）“阐释”（Interpretation）与“展示”（Presentation）原则

2008 年国际古迹遗址理事会第十六届大会上获得通过《国际古迹遗址理事会文化遗产地阐释与展示宪章》。这部宪章的目标在于：（1）催进对文化遗产地的理解和欣赏，提高公众意识使其致力于文化遗产的保护与保存；（2）通过精心考证的对遗产地重要性的认识、通过可接受的科学的、学术的方法以及活态文化传统向大众传达文化遗产地的意义；（3）在文化遗产地自然和文化场景以及社会背景中捍卫遗产地的有形的和无形的价值；（4）通过传达遗产地历史结构、文化价值的重要性来尊重文化遗产地的真实性，保护它们免于侵入式的阐释设施、游客压力、不正确或不恰当的阐释的不利冲击；（5）通过提高公众理解并参与为保存而做的不懈努力，确保阐释设施的长期维护以及阐释内容的定期检查为遗产地的可持续保存做出贡献；（6）通过催进权益人、相关社区参与阐释计划的制订和实施来鼓励文化遗产地阐释的包容性；（7）制定包括技术、研究、培训在内的遗产阐释与展示的技术与专业准则。这些准则在其社会背景中必须是恰当的、可持续的。

宪章确定的阐释和展示的七条基本原则如下：

1. 原则一：进入和理解

文化遗产的解说系统应当发挥遗址的价值，发扬其社会教育价值，根据大众不同的特色设置合理的解说系统，向不同的听众传达文化遗址的价值和意义。考虑语言的多样性，增强公众参与性。

2. 原则二：信息来源

对于遗址的展示和说明应当是对遗址全方位的介绍，不仅是从一般意义上科学和学术上得到讯息，而且也可以将遗址所在地的传统和口述史等作为遗址展示内容，对于遗址的研究应当是关于文化遗址和其周边环境的多学科全方面的研究。

3. 原则三：背景与环境

对文化遗址的解说和展示要与文化遗址更加广泛地社会、历史和自然环境联系起来，探索文化遗址的历史、政治、精神和艺术等多个层面的意义和遗址的文化、社会、环境和价值，要尊重所有时期对于文化遗址的重要性做出的贡献和做出贡献的所有群体；在解说和展示中充分考虑到周边景色、自然环境和地理位置是文化遗址的历史和文化重要性不可分割的一部分；在解说中要考虑到文化遗址的无形价值和跨文化意义，以及在学术研究、古代记录和活生生地传统的基础上对文化遗址的不同视角。

4. 原则四：真实性

本着《奈良真实性文件》（1994 年）的原则，对历史文化遗址的解说和展示必须尊重真实性的基本原则。遗产解说项目的设计应当尊重遗址的传统社会功能以及当地居民和相关社区的文化做法和尊严；尊重文化的差异性，不同文化真实性的评估应有所不同；解说和展示要有利于保护文化遗址的真实性；所有看得见的解说性技术设施必须突出遗址的特色、背景以及文化和自然的重要性，同时要能够清楚地辨别；遗址的演唱会、戏剧表演和其他解说性项目必须精心策划，保护遗址的周边环境，将对当地居民的干扰减少到最低程度。

5. 原则五：可持续发展

文化遗址的解说计划除了保持其中心目标外，还要突出文化遗址的自然和文化环境，保持其社会、财务和环境的可持续发展。解说和展示项目的开发和执行应当是文化遗址的总体规划、预算和管理程序不可分割的一部分；在遗址影响的评估研究中，必须全面考虑解说基础设施和游客数量对遗址的文化价值、物理特征、完整性和自然环境的影响；解说和展示要满足更多的保护、教育和文化目的。不能仅仅依靠游客参与数或收入的多少评价解说项目的成功；解说和展示应该是保护进程不可分割的一部分，提高公众对遗址遇到的具体保护问题的认识，解释对保护遗址的完整性和原真性所采取的措施；对于选择成为遗址解说基础设施永久部分的技术和科技成分，其设计和建设要保证有效和经常性地维护。

6. 原则六：兼容并蓄

文化遗址的解说和展示必须是遗产专家、主社区和相关社区以及其他利益相关者进行有意义合作的结果。制定解说和展示项目时要包括学者、社区成员、保护专家、政府机构、遗址经理和解说员、旅游向导和其他专业人士的多学科技能；在规划现场解说和展示项目时要重视和尊重遗址所在地的所有者、主社区和相关社区的传统权力、责任和利益；解说和展示项目的扩展和修改计划要征求公众的意见，由公众参与，每个人都有义务发表意见和见解；因为知识产权和传统的文化权利与解说和其他形式的传播媒介密切相关，所以必须在规划过程中对使用形象、文本和其他解释材料的法律所有权和权利进行讨论、澄清并达成一致意见。

7. 原则七：研究培训与评估

持续的研究、培训、评估是文化遗产地阐释的基本组成部分。

综上，《文化遗产地阐释与展示宪章》依然遵循以往阐释和展示的宗旨，即将阐释和展示视为文化遗产保护和管理的重要组成部分；为促进对文化遗产地的理解和欣赏，提高公众文化遗产保护意识的手段。它所提出的七项目标和七项原则也是对以往的国际阐释与展示理念的总结。但是这并不妨碍它的重要性，它集以往国际阐释与展示理念之大成，是第一份专门的关于文化遗产阐释与展示的国际文件，具有开拓性的意义。

同《文化遗产地阐释与展示宪章》出现之前的国际情形相似，中国已经有比较完善的文物保护法规体系，但是对阐释和展示只是在相关文件中零星涉及，并没有专门的关于阐释与展示的规范性文本，更没有系统的阐释与展示理念；国内对文化遗产阐释与展示的研究也相对匮乏。

面对日益加剧的环境恶化和人类活动对遗产的破坏，在旅游热对遗产的冲击以及各地以营利为先，而不是以保护和教育为主要目的的遗产项目不断增加的情况下，引入文化遗产阐释与展示的国际理念，结合中国的实情，有选择地加以吸收并用于中国的实践，将会对中国的文化遗产保护和管理产生积极的影响。

（三）遗址“阐释”（Interpretation）的媒介

阐释媒介作为遗址阐释的硬件部分，一般可以分为七类，即解说员、牌示系统、宣传印刷品、模型、视听媒体、展览和游客中心、互联网，以揭示场所的历史文化内涵，使来访者通过参观、视听等活动了解感受场所的历史文化信息，具有信息含量大、手段多样化的特点等。事实上，这些方式已经成为遗址阐释与展示的最主要手段。

1. 解说员

即经过专门培训的导游和专业人士向来访者进行的有关场所历史文化信息的介绍。

2. 牌示系统

牌示系统由全景牌示、指路牌示、景点牌示、警示牌示和服务牌示构成。一个完整的牌示系统往往具有多重功能，如指路牌示给出游客所在位置和附近景点的游览线路，对游客的分流管理具有重要的意义；景点牌示通过生动的图文介绍，既包括对与历史场所相关的出土文物、建筑构件残片实物图片的展示，也包括历史文献、历史图片等的展示，将遗址的文化内涵与外在形象美展示给游客；警示牌示则通过提醒游客注意保护环境、遵守公共道德，对游客的行为产生一定的制约作用，从而达到遗产保护与管理的目的；服务牌示则通过提供方便游客的各种服务。

3. 宣传印刷品

宣传印刷品属于一种传统的阐释媒介，也常常被各种各样的旅游代理商作为主要旅游促销手段。包括导游图、书籍、图册、VCD等在内的宣传印刷品，通过免费发送或出售给游客，向他们展示遗址历史、文化、环境及服务等内容。

4. 模型

对于历史进程比较复杂，曾经有过多次改建和变迁的遗址，其现存的建筑或遗址往往仅仅代表了某一个时期的历史面貌，或因遗址规模较大，无法直观感受遗址整体格局，可采用模型阐释。

模型阐释是指按照一定比例制作与遗址相同的模型展示遗址的整体面貌和格局，模型广泛运用在各个遗址的阐释中，特别是微缩模型，可以使游客全面了解整个遗址以及各个时期遗址的格局和结构。模型阐释方式可以全面展示遗址格局，增强遗址的趣味性，模型阐释方式使得遗址的展示内容丰富具体，整体格局也得到宏观的展示，但其展示效果受到技术水平发展直接影响，并且所展示内容并不能替代展示遗址本体所展现出的气势和内涵。

5. 视听媒体

视听媒体是遗址阐释的重要手段。进入21世纪，电子、计算机、信息传输等新技术飞速发展，其中不少新成果、新技术被应用于文化遗产的保护和展示工作之中[30]。景区（点）讲解机、电子触摸屏、放映厅是遗产景区普遍采用的视听媒体，通过这些视听媒体，可使游客对遗址的内容与重要性有一个基本的了解。

视听媒体阐释是使用三维动画等计算机先进技术将图像、声音、动画、虚拟现实、交互式操作等展示手段结合起来运用在遗址展示中，形成一个生动的平台，弥补传统媒介的缺陷，大众可以更加立体深入的了解遗产所传递信息；视听媒体现如今在大多数的遗址展示中都被广泛地应用。

运用现代科技对遗址进行阐释，大大丰富了参观内容，充分调动了观众的视觉、听觉、触觉等感官，起到加深印象的良好作用。视听媒体互动性强，能吸引很多的游客，使游客参与其中，增强兴趣，增长科学知识[31]。在一些遗址中，有时由于受到场地或其他条件的局限，陈列或展示的效果会打折扣，而利用现代技术，如多媒体演示系统，就便于游客对所参观的遗址做更全面、更深层次的认识和了解。将先进的视听技术同遗址的阐释相结合，可增强娱乐性，保持遗址的生命力。

6. 展览与游客中心

展览与游客中心作为景区实物展示厅、解说材料发售与语音解说中心以及播放景区纪录影片的放映厅，具有明显的控制与管理功能。游客中心通过信息和解说，宣传、指导、鼓励和提示游客，以使他们的行为符合规范，从而达到管理游客行为的目的。

7. 互联网等其他展示方式

对遗址相关信息资料的展示和传播不仅仅限于在历史场所内部进行。可以是在更大范围的环境内，以及通过互联网进行更大范围的传播。因此，涉及信息与传媒、文化旅游等多个领域[32]。

（四）遗址“阐释”（Interpretation）的功能

阐释作为一种遗产保护的重要策略，主要具有以下功能：

1. 娱乐、宣传和教育作用

阐释令遗址更有意义，并为人们创造了理解、欣赏和享受这些自然、文化和精神资源的机遇。旅游者不懂或误解艺术，会导致不尊重它，甚至破坏它，导游通过解说可以正确引导游客。大卫（David）在《遗产、旅游和社会》一书中认为解说对纠正游客的误解、偏见很重要[33]。

2. 一种有效的游客管理策略

它鼓励游客采取更加恰当的行为，以达到旅游的持续发展。20 世纪 80 年代以来，关于解说能够帮助达到管理目标的研究越来越多。遗址阐释对世界级和国家级的文化资源的保护和管理是不可缺少的，对遗产的长期保护、保存和持续利用非常重要。

（1）游客“软”管理：阐释使游客意识到他们所参观之处的价值以及他们行动的后果，并影响他们的行为以减少管理问题。

（2）游客“硬”管理

以阐释方式引导游客远离受损或脆弱的环境，到能承受更多游客压力的区域；阐释和遗产保护之间存在着正的相关性，只为了迎合娱乐和市场扩张的解说很难达到保护文化遗产的效果。好的阐释可以使游客产生保护遗产的意识。

3. 促进遗产旅游的可持续发展

阐释是游客体验的主要组成部分。阐释是保证旅游体验质量的关键因素，并且阐释是管理和保护有形遗产的有效手段和旅游可持续发展的关键，可以用于提高游客体验和促进有形遗产的旅游可持续发展。

4. 提升国家和文化认同，培养道德感

随着时间的推移，阐释的理论基础和动机不断发生着变化。阐释不再仅仅作为保存管理的一个方面，而是被置于更广阔的背景之下，在向公众传播文化信息的同时，提升国家和文化认同，培养道德感。

（五）遗址“展示”（Presentation）的内容

文化遗产地的展示最初是在考古遗址的保护和管理中开始受到重视的。与历史建筑不同，遗址通常具有残缺、不完全的特征，而普通大众仅仅从残垣断壁中很难完整地了解其历史文化价值，展示什么以及怎样展示遗址所蕴含的历史文化信息的问题亟待解决。

早期的遗址展示主要是对文物遗存的展示和陈列。然而随着社会文化的发展，单一的陈列性展示越来越不能满足公众日益增加的渴望深入全面地了解和游赏遗产地的需要，遗址展示的对象不仅包含历史遗存的物质实体、遗产的自然和人文环境，还应包含经考证确实存在过的各个时期的历史信息，相关的技术、技能以及场所内的活动，还包括其他无形文化关联等各种物质和非物质的要素。当这些要素完整地、有组织地呈现给来访者的时候，遗址的文化意义才能全面地揭示出来[34]。因此，遗址的展示至少应包含以下内容：

1. 对遗址及其环境的展示

对遗址及其环境的游赏是来访者摄取历史文化信息的最基本方式，因此遗址展示的首要内容是将遗产及其环境的各个要素，包括考古发掘后的遗址实存、历史建筑物及其附属文物、历史街道与城市景观、历史园林景观以及与场所的历史文化内涵相关的特定的地形地貌、林木植被、山水环境等有组织地、较完整地呈现出来。

2. 对遗址各个历史时期的展示

在遗址形成的历史进程当中，遗址本身或其中部分曾经经历过改建、损毁、重建或迁移等变迁，而现存的建筑或遗址及其环境仅仅代表了某一个时期的历史面貌或因残损而仅仅部分地呈现出遗址的原貌。展示应该通过一定手段将确知存在过但已经丧失的历史信息尽可能展示出来，对现存的遗产及其环境所携带的历史信息进行补充。

3. 对相关技术、技能和实践的展示

遗址的建造技术和其他相关技能及实践，是遗址包含的重要的非物质文化遗产要素，是遗址的科学技术价值的集中体现。但是由于背景知识的局限，普通参观者仅仅通过观赏遗产的物质实体，很难想象和理解遗产背后包含的技术、技能及其所蕴含的价值，因此也应当通过一定手段对其进行展示。

此外，对遗址的保护修复技术和实践过程的记录亦应纳入展示当中，从而加强文化遗产保护的示范和社会教育意义。

4. 对相关社会群体及其活动的展示

相关社会群体主要是指该遗址在历史上的所有者、使用者、或者其他与场所的历史文化内涵的形成相关的群体。相关社会群体可能仍然存在并对遗产地的使用和管理发生着影响，例如历史街区、历史村落、文化景观中生活着的居民、寺庙、教堂中的宗教团体等，这些是历史环境的有机组成部分，在遗址的展示当中应该予以尊重并考虑他们的参与。有些与遗产相关的社会群体则已经随着历史的发展变迁或消失，一方面应当通过某些手段把其历史生活的画卷展示出来，同时又要考虑历史场所的合理再利用。

5. 对其他文化关联的展示

一些遗址除了历史、艺术和科学的价值以外，还具有特定的文化象征意义和精神内涵。例如中国历史建筑和城市中包含的传统宇宙观和哲学观[35]，这些联系使得历史建成环境因此具有了三大价值以外的文化象征意义和精神内涵。揭示与遗产地相关的文化关联，是帮助来访者理解遗址意义的又一重要手段。

（六）遗址“展示”（Presentation）的方式

遗址展示内容的丰富性要求展示的操作手段也必须是综合的、多维度的。它可能与遗址的保护、修复、重建等直接相关，也可能通过对历史场所的利用来实现，还包括相关的环境艺术设计、信息资料展览等。

1. 保护性展示

“保护”和“修复”是遗址保护的两种基本方式，其目的是保存、恢复和传达真实的历史信息。同时，保护与修复也是最基本的遗址展示手段，不同的保护、修复手段适用于不同特征的遗址对保存的安全性的不同要求，并且产生了不同的展示效果。

（1）加固与原状展示

一般而言，根据遗址的价值评估和保存情况可以采取维护、加固等手段，从而达到“保存现状”的目的。原状展示即将地上遗址在其原地范围内进行陈列与展示，在遗址上不附加任何建筑设施。原状展示方式主要适用一些有一定体量、本体保存较好、遗址本身的展示性强并且遗址破坏因素发展缓慢，在实施一定保护措施后，可长时间保存下去的遗址，如大型墓葬类的封土、城墙等。原状展示是现阶段遗址展示采用的较为普遍的方式，尤其是保存条件好的土遗址，都大量采用露天原状展示方式，如城墙和大型宫殿的夯土台基、一些大型陵墓的封土等。

（2）场馆、地罩保护与展示

对于地下、水下的遗迹、遗址或一些不宜露天展示的遗址，可以在遗址本体上建造场馆或地罩进行保护展示；也可以选择在正在发掘的考古现场搭建可移动式展厅，对考古发掘现场进行现场展示。在场馆中可以增加一些辅助设施，增强了展示解说性，丰富遗址本身的趣味性来吸引游客。这种展示方式是遗址展示中较为常见的一种形式。此种展示主要适用于一些体量较小，保存状况好，展示性强的地下遗址。场馆和地罩展示的特点是新建建筑空间与历史遗迹的结合能够产生丰富的视觉和空间效果，同时也给图文、视、听等多种展示设施的组织提供了更多的可能性。

（3）回填保护与复原性展示

对于一些规模巨大、难于以建筑空间覆盖，又不宜露天保存的历史遗址，回填与复原相结合的保护和展示方式是比较适宜的。中国、日本等东亚国家的古代城市遗址、宫殿遗址等一般都具有规模宏大，但以土、木为主要构成材料而不宜露天保存的特点。一般在考古发掘和研究、记录工作完成之后，对遗址进行回填保护。为了达到展示的目的，在回填层以上可以对台基、建筑以及环境景观等进行有选择的复原。这样做一方面根除了遗址较易受到的自然和人为因素的侵害，较好地保证了遗产的安全，另一方面通过复原向公众展示了遗产的历史原貌。当然，回填和复原措施不应损害到遗产的真实性并且应该是可逆的，以保证今后对遗址进行进一步研究和采取其他修复展示措施的可能性。

复原性展示包括原状复原展示与基址复原展示。

2. 环境性展示

遗址的环境蕴含着丰富的历史文化信息，因而是保护和修复的重要内容；与遗址相关的环境设计也是彰显历史遗产文化内涵的重要手段[36]。通过对遗址环境的整治和塑造能够再现因遗址本身残缺而丧失的历史文化信息，同时还能强化和丰富场所的文化内涵。有以下几种主要的处理手法：

（1）标识展示

当遗址的环境要素已经不存在或残损较多，而这些环境要素对体现场所的历史文化意义又比较重要时，可以通过标识的环境设计手法将这些已经失去或者模糊的历史环境要素彰显出来。

采用标识展示可以将遗址的格局、分布、形制等历史信息展示出来，发挥遗址的综合价值。在实施标识展示的过程中，需要注意的是在材料的选择上要根据景观设计的要求，与周围环境景观相和谐，也要与遗迹本身的历史传统相统一，从而彰显遗址原有的特色。但需要注意的是在一些城市建成区，标识展示需要辅以其他展示手段，配合遗址公园的形式，增加其现代城市的功能，才能有效的避免现代建筑对其的叠压破坏，缓解遗址保护用地和城市用地紧张的矛盾，而在一些偏远地区，遗址本身展示条件不成熟，人为破坏因素较小，标识展示的意义也就不大。

（2）小品展示

此外，通过带有场所感的小品、雕塑的设置和点缀也能起到突出重点，强化历史文化氛围的作用，是对现存的遗址所传递出的历史文化信息的一个重要补充。

3. 利用性展示

场所中发生的活动也是遗址真实性的重要元素之一。但是由于很多遗址历经岁月变迁，其功能都发生了变化，遗址的再利用和历史场所功能的重置在很大程度上作用于遗址内涵的表达，并且是遗址可持续保护与发展的重要影响因素。

（1）历史功能的延续和恢复

遗址历史功能的延续是对其文化内涵的最好的展示。大多数历史街区、聚落以及一些文化景观都具有传统延续的特点，在保护开发的过程中应当尊重其传统的生活形态和功能。

（2）历史功能的情景模拟

有些遗产地的历史功能已经衰退或完全消失，但是在一定程度上可以通过情景模拟的手段加以再现。

（3）新功能的重置

对于历史功能已经消失并且没有必要恢复或无法恢复的遗址来说，考虑到其再利用的要求或发展文化旅游的需要，可以植入新的功能。新功能的植入应该以对历史遗产的价值的评价为依据，以对遗产的干预最小和尊重历史环境的容量为原则，并且应与场所的文化氛围相协调。

由于遗址展示工作的复杂性，对遗址的综合价值、保存状况、管理使用情况等进行系统的评估是开展一切保护和展示活动的前提；而以评估报告为依据编制系统的展示规划则是开展具体的展示工作的基础。展示规划的内容包括划分合理的功能分区；提出展示和使用要求；规划展示主题和布局；组织展示路线；策划展示设施；设置游客服务设施；测算开放容量等多项内容。此外，持续地进行与遗址相关的研究、人员培训和对展示工作的记录建档以及展示实施后的监督与评估等也是展示工作必不可少的组成部分。

遗址的展示近年来日益成为备受关注的问题之一，这是与社会发展中大众的文化消费的增长引发的对文化遗产认知要求的增长分不开的。目前在国内，有关遗址展示的研究仍处于方兴未艾的阶段。遗址展示正在逐渐从文物保护行业内部凸显出来并分化成为专门的专业领域。遗址的展示不仅是遗产保护与管理的一部分，还与建筑学、城市设计、环境景观设计以及博物馆业、传媒业、旅游业等都有着密切的关系，多学科的合作是其今后发展的必然方向。

六　结论与讨论

（一）结论

1. 建立系统的“三层次四阶段”的中国大遗址规划体系是在快速多变和跨越式的社会经济发展中，平衡大遗址保护与展示、兼顾远景展望与实际操作的必然需求。

结合目前大遗址保护规划和工程现状，我国可调整建立“三层次四阶段”的大遗址规划体系：在宏观层次（即研究层次）上，完成国家大遗址保护与展示战略规划和区域大遗址保护与展示体系规划，从而使文保部门建立起与其他主要规划部门（发改委、国土资源部、住建部）平等对话的技术平台；在中观层次（即法律层次）上，完成单体大遗址保护与展示总体规划（即保护规划和考古遗址公园规划），侧重近期（五年）的全局性安排，分析实际需求，确定近期保护和展示范围及重点工程，并着重完善其法律地位；在微观层次（即实施层次）上，完成大遗址本体保护工程、展示工程、基础设施和配套设施建设。

“三层次四阶段”的大遗址规划体系可以相互协调补充，在快速多变和跨越式的社会经济发展中，平衡保护与展示、兼顾远景展望与实际操作。

2. 国家考古遗址公园多层次规划体系的构建是解决在有限的考古研究支撑和快速开发展示遗址的需求中取得平衡、兼顾“保护”与“发展”问题的有效途径。

多层次规划体系的构建旨在将考古遗址公园规划从单一的物质形态规划衍生为集项目决策—场地规划—实施计划—评估与反馈于一体的规划体系：在项目策划阶段形成以解说系统规划为主的规划体系，重视遗址解说“软件”体系（观览、表演及其他体验活动、多媒体场外展示、衍生文化产品开发）的策划和组织运营；在场地规划中，慎重选择以建筑物或构筑物建设展示遗址的方式，在遗址核心保护区内，除必要的配套设施，严格控制建设旅馆、餐馆、商店等商业设施；罗列详尽的实施计划以最大限度地保证规划项目的顺利进行；建立系统的评估与反馈体系为遗址区内所有人为活动提供有效的监控手段和信息反馈机制，从而影响和改善决策，使考古遗址公园规划形成一个良性循环的体系。

国家考古遗址公园多层次规划体系的构建可以将规划重心从如何建设转移到如何管理运营，形成以“软件”体系建设为主的规划模式。使在面对大面积遗址区遗存的复杂性以及考古研究的长期性，以及有限的研究支撑和快速开发展示遗址的需求中取得平衡，兼顾遗址的“保护”与“发展”。

3. 城址类考古遗址作为历史遗存、自然生境和人类活动叠加的复杂场地，国家考古遗址公园建设是兼顾三方协调演进和持续发展的有效方式。

城址类考古遗址作为“十二五”大遗址重点保护项目中的重要遗址类型，数量众多、总面积巨大，遗存形态多样，不仅承载了重要的文化价值，也是维护国土生态安全的重要节点，同时也更多承受着经济发展和人口膨胀所带来的压力。

在面对当前经济全球化所带来的民族身份和文化认同危机以及高速城市化、资源能源紧缺、环境恶化所带来的人地关系危机，国家考古遗址公园的建设，不仅有利于揭示城址类考古遗址的重大文化价值、维护地域文化、提高民族认同感，也有利于修复生态环境、提供生态服务、保护和节约自然资本，从而培育和重建健全的自然与文化系统，也让将促进考古遗址与现代生活更好融合，为社会民众提供遗址参观、游览及日常休憩的活动场地及历史文化教育基地等功能，使国家考古遗址公园建设成果惠及民众。

4. 考古遗址阐释与展示的深入研究与实践将在国家考古遗址公园建设中发挥不可估量的积极作用。

对于“阐释”（Interpretation）与“展示”（Presentation）的研究将有助于重新思考、组织和完善我国国家考古遗址公园的规划体系，从而使国家考古遗址公园的规划和建设更加科学合理。恰切的阐释与展示体系将为唤起公众珍视历史、保护遗产的意识以及有效管理遗产、促进遗产的可持续发展起到不可估量的重要作用。换言之，遗产阐释与展示是保护与管理遗产的重要手段，而保护和管理遗产也正是阐释与展示的最终目的。

（二）讨论

1. 关于大遗址规划体系、规划制度和管理体制的深入探讨

如今，转型期的中国政府比以往更加重视经济业绩和形象工程，表现为片面性、即时性和功利性的行为特征。大遗址保护与展示工程往往因急于开发单个遗址点而冲击规划的整体性、看重立竿见影的面子工程而冲击规划的长远性、追求短时的经济利益而冲击规划的公益性。因此，大遗址保护与展示工作不仅应建立从国土到区域再到单体的大遗址规划体系，也应建立一套与之相辅相成的法制化规划制度（即保证规划落实的行动规则）和管理体制。规划对于大遗址保护与展示的作用是间接的，需要通过行动规则引导直接实施者的行为才能有序实施，同时需要严密科学的管理方法和制度保证其可持续性。只有规划体系、规划制度和管理体制能够协同作用，才能调整和约束建设行为，同时保障社会对于大遗址保护和展示利用的双重需求。

国家考古遗址公园的提出之于文保行业，非常类似于始于1987年的城市土地使用制度改革（即土地使用权拍卖）和始于1989年住房制度改革（即住房商品化）之于原城市规划行业的冲击，

上述两项重要制度变革使植根于计划体制的城市规划开始探索适应市场经济的新体系，包括新的规划体系，也包括新的规划制度和管理体制。国家考古遗址公园可以作为文保行业打破计划体制和思想、引入市场运作的试验田，并应由此引发大遗址保护与展示相关规划体系、规划制度和管理体制的一系列改革：

（1）在规划编制程序方面，应打破规划编制的内部化操作方式，放开规划编制市场，广泛吸纳文保行业之外的相关规划设计行业优秀技术成果，促进大遗址规划行业的公平化和公开化，引入竞争机制、优胜劣汰。

（2）在规划审批方面，应使行政控制手段由审批方案转向建立控制指标和法定文件，把大遗址保护与展示工作从技术路线引向法治路线。以审批方案为主的行政控制手段适用于计划经济体制主导和政府全盘控制规划实施的运行模式，而在市场运作的逐利性和多元利益主体参与模式下，会在各种工程实施中产生极大不确定性和不规范性。因而只有通过法律手段严格控制建设范围和强度，才能有效保证遗址的安全性和各种建设活动的可控性。

（3）在管理体制方面，应将管理范围收拢到可控范围，尽量避免与其他国家级公园（如国家级风景名胜区、国家森林公园、国家地质公园、国家湿地公园等）管理范围的交叉重叠；理顺并明晰管理范围内的所有权、使用权、管理权、经营权和收益权；增强工程监管和竣工验收机制；完善项目跟踪监测机制；建立责任追究制度；实行动态管理和滚动调校机制；组织编制年度计划或规划年度报告等。

2. 关于遗产阐释与展示的继续研究

中国大陆在阐释与展示用于遗产保护方面的研究和实践，目前还都处于起步阶段。阐释与展示作为大遗址一项重要的保护与管理策略，应给予长期的关注与贯彻。阐释与展示在中国遗产旅游中的应用与研究也亟待深化。

值得探讨的方面包括：

（1）遗址阐释与展示和游客管理有效性之间的关系研究；

（2）遗址阐释与展示的社会经济效益的评估量化研究；

（3）不同类型遗址的不同类型游客的需求差异研究；

（4）遗址阐释与展示系统的规划设计研究；

（5）针对特殊游客群体如儿童、老年人、国外旅游者的遗址阐释与展示规划研究等。

3. 几点延伸思考

（1）大遗址突出的土地属性决定了大遗址在规划过程中需要与国民经济与社会发展计划、土地利用规划、城镇体系规划紧密结合。目前大遗址尚未建立起全国大遗址保护与展示体系规划，在国家层面缺乏宏观指导与调控，难以在技术层面与发改委、国土资源部及住建部对接，此层面尚待研究。

（2）关于大遗址规划编制程序、规划审批、项目管理、工程验收等方面的政策尚待研究。

（3）国家考古遗址公园作为目前国家层面主推的遗址利用方式，其普适性尚待检验。以其涵盖规模划分，构建场馆模式、展示园区模式、遗址公园模式、遗产廊道模式、区域大遗址产业集群模式等不同层次的利用模式是否可行尚待研究。

（4）关于我国目前具备中国世界遗产地与国家考古遗址公园的双重身份的遗产地，其遗址阐释与展示的方式与标准，尚待研究。

[1] 陈勇．遗产旅游与遗产原真性——概念分析与理论引介［J］．桂林旅游高等专科学校学报，2005，（8）．
[2] 张忠培．中国大遗址保护的问题［J］．考古，2008，（1）．
[3] 王刃余．日本考古遗址管理考察与思考［M］．文化遗产研究（第1辑），2012：227．
[4] 傅清远．大遗址考古发掘与保护的几个问题［J］．考古，2008，（1）．
[5] 王维正．国家公园［M］．2000．
[6] 杜金鹏．大遗址保护与考古遗址公园建设［J］．东南文化，2010，（1）．
[7] 单霁翔．大型考古遗址公园的探索与实践［J］．中国文物科学研究，2010，（1）．
[8] 单霁翔．考古遗址公园：让城市发展与文物保护两全其美．经济日报，2012-3-29（11）．
[9] 陈曦．中国大遗址规划体系构建［J］．南方文物，2012（4）．

[10] 单霁翔．大型考古遗址公园的探索与实践［J］．中国文物科学研究，2010，(1)：2-12.

[11] 中华人民共和国国家文物局．遗址公园不是游乐园，别以政绩挂帅．［EB/OL］．http://www.sach.gov.cn/tabid/919/InfoID/19792/Default.aspx.

[12] 杨锐．美国国家公园规划体系评述［J］．中国园林，2003，(1).

[13] Veverka，J. A. Interpertive master planning 旅游解说总体规划［M］．郭毓洁，吴必虎，于萍译．北京：中国旅游出版社，2008.

[14] 中国国土生态安全格局是北京大学景观设计学研究院承担课题《中国国土生态安全格局规划研究》（课题组织单位：国家环境保护总局，2007-2008）的研究成果。中国国土生态安全格局是综合水源涵养、洪水调蓄、防沙治沙、水土保持、生物多样性保护各种安全格局，并在 GIS 中进行叠加，得到国土尺度综合生态安全格局。由于在 GIS 计算中采用从低到高三种缓冲区赋值，因而生成一至三级国土生态安全格局，其生态敏感性从一级至三级递减。

[15] 数据基本信息：① 本数据库坐标系统为北京 1954 平面直角坐标系，投影类型为高斯—克吕格投影，坐标单位米；② 150 处重要大遗址空间属性由课题成员根据地理坐标自主绘制，其他类型、面积、年代等属性数据来源于《全国文物保护单位名录库数据检索系统》；③ 空间数据来源于北京大学景观设计学研究院承担课题《中国国土生态安全格局规划研究》（课题组织单位：国家环境保护总局 2007-2008）；④ 所在地属性数据来源：人口数据来源于国家统计局第五次人口普查数据，GDP 数据来自于 2010 年及以前各省市的统计年鉴，其他数据来源于中科院地理科学与资源研究所的人地系统主题数据库 http://www.data.ac.cn/jieshao.asp.

[16] ICOMOS. ICOMOS Charter for the Interpretation and Presentation of Cultural Heritage Sites.［EB/OL］. http://www.international.icomos.org/charters/culturalroutes_ e.pdf. 2008，10.

[17] UNESCO. Convention Concerning the Protection of the World Cultural and Natural Heritage.［EB/OL］. http://whc.unesco.org/en/conventiontext. 1972，11.

[18] United National Educational，Scientific and CulturalOrganization. Convention Concerning the Protection of the World Cultural and Natural Heritage［Z］. 1972-11.

[19] ICOMOS. Charter for the Protection and Management of the Archaeological Heritage.［EB/OL］. http://www.international.icomos.org/charters/arch_ e.pdf. 1990.

[20] International Council on Monuments and Sites. Charter for theProtection and Management of the Archaeological Heritage［Z］. 1990-10.

[21] Australia ICOMOS. The Burra Charter.［EB/OL］. http://australia.icomos.org/publications/charters. 1999.

[22] ICOMOS. International Cutltural Tourism Charter-Managing Tourism at Places of Heritage Significance.［EB/OL］. http://www.international.icomos.org/charters/tourism_ e.pdf. 1999，10.

[23] ICOMOS. The icomos charter on cultural routes.［EB/OL］. http://www.international.icomos.org/charters/culturalroutes_ e.pdf.

[24] ICOMOS. The Quebec Declaration on the Preservation of the Spirit of the Place (2008)［French］［Portuguese］.［EB/OL］. http://www.international.icomos.org/quebec2008/quebec_ declaration/pdf/GA16_ Quebec_ Declaration_ Final_ EN.pdf

[25] Freeman Tilden. Interpreting our heritage 解说我们的遗产［M］．许世璋，高思明译．台北：五南图书出版股份有限公司，2006.

[26] Freeman Tilden. Principles of interpretation［A］. Laurajane Smith. Cultural heritage：critical concepts in media and cultural studies. Routledge.［C］. Volun. e IV. 2006：9-14.

[27] Veverka，J. A. Interpertive master planning 旅游解说总体规划［M］．郭毓洁，吴必虎，于萍译．北京：中国旅游出版社，2008.

[28] Alison Hems，Marion R. Heritage interpretation. Routled Blockley［M］. 2006.

[29] NSW Heritage office. Interpreting Heritage Places and Items Guidelines.［EB/OL］. http://www.heritage.nsw.gov.au/docs/NSW_ HeritageOffice_ Guidelines%20info_ interpreting.pdf，2005，8.

[30] 董岳．虚拟建筑文化遗产的技术性与艺术性研究，东华大学学位论文，ZIX 陌年.

[31] 王宏钧．博物馆的动态陈列和高新科技运用，中国博物馆，1999 年第 3 期.

[32] Berbard M. Feilden，Jukka Jukilehto. Man-agement Guidelines for World Cultural Heri-tage Sites［M］. Second Edition. ICCROM. Rome，Italy. 1998：100.

[33] David H. Heritage Tourism and Society［M］. Mansell，1997.

[34] Peter Marquis-Kyle，Meredith Walker. TheIllustrated Burra Charter：Good Practice forHeritage Places［M］. Australia ICOMOS. Burwood，Australia，2004：74.

[35] 郭璇．中国历史建成遗产“真实性”中的非物质维度——兼论整体性保护策略的可能性［J］．新建筑，2007 (6)：77.

[36] Elizabeth Vines. Streetwise Asia：A Practi-cal Guide for the Conservation and Revitaliza-tion of Heritage Cities and Towns in Asia［M］. UNESCO. Bangkok，Thailand，2005：38.

后 记

为编辑本套丛书，我院成立了专门的编委会，下设文物保护科技、文物保护工程与规划、社会科学三个审编小组，各组分别由相关专业领域的院领导负责，按照统一的编辑要求进行修订终审工作。各篇课题报告由相关领域专家，分别按照院专辑出版要求及阐述内容，在尊重课题立题与作者原意的前提下，进行了统一审校。

图书付梓在即，感谢我院相关每一位专家为此付出的辛苦与努力，特别感谢文物出版社领导给予的大力支持与帮助，同时感谢我院科研与综合业务处的精心组织。本套丛书的英文审校工作，由我院于冰、沈大娲、王毅、燕海鸣及《中国日报》王慧承担，在此一并致谢。

由于时间仓促，加之能力局限，不足之处在所难免，敬请各位学者、专家批评指正。

编 者

2013 年 8 月 9 日